HELMUT JÄGER
ENTWICKLUNGSPROBLEME
EUROPÄISCHER KULTURLANDSCHAFTEN

DIE GEOGRAPHIE

Einführungen in Gegenstand, Methoden und Ergebnisse
ihrer Teilgebiete und Nachbarwissenschaften

WISSENSCHAFTLICHE BUCHGESELLSCHAFT
DARMSTADT

HELMUT JÄGER

ENTWICKLUNGSPROBLEME EUROPÄISCHER KULTURLANDSCHAFTEN

EINE EINFÜHRUNG

WISSENSCHAFTLICHE BUCHGESELLSCHAFT
DARMSTADT

CIP-Kurztitelaufnahme der Deutschen Bibliothek

Jäger, Helmut:
Entwicklungsprobleme europäischer
Kulturlandschaften: e. Einf. / Helmut
Jäger. – Darmstadt: Wissenschaftliche
Buchgesellschaft, 1987.
 (Die Geographie)
 ISBN 3-534-08891-3

Bestellnummer 08891-3

Das Werk ist in allen seinen Teilen urheberrechtlich geschützt.
Jede Verwertung ist ohne Zustimmung des Verlages unzulässig.
Das gilt insbesondere für Vervielfältigungen,
Übersetzungen, Mikroverfilmungen und die Einspeicherung
und Verarbeitung in elektronische Systeme.

© 1987 by Wissenschaftliche Buchgesellschaft, Darmstadt
Satz: Setzerei Gutowski, Weiterstadt
Druck und Einband: Wissenschaftliche Buchgesellschaft, Darmstadt
Printed in Germany
Schrift: Linotype Garamond, 10/11

ISSN 0174-0865
ISBN 3-534-08891-3

INHALT

Vorwort IX

1. Forschungsziele und Forschungsstand 1
2. Methoden, Anschauungen, Theorien, Konzeptionen . . 5
   - 2.1 Konzeption der tradierten Substanz oder "the past in the present" 5
   - 2.2 Konzeption der Landschaftsgeschichte 6
   - 2.3 Raum und Zeit als Formen geographischer Anschauung – Querschnittliche und längsschnittliche Methoden 8
   - 2.4 Progressive Methode 14
   - 2.5 Regressive Methoden 15
   - 2.6 Typologische oder morphogenetische Methode . 17
   - 2.7 Komparative Methoden 19
   - 2.8 Kombination von Methoden 20
   - 2.9 Das Verhältnis Natur – Mensch 21
   - 2.10 Vom Determinismus zum Subjektivismus . . . 22
   - 2.11 Wahrnehmung, Wertungs- und Verhaltenslehre . 24
   - 2.12 Sozialgeographischer Ansatz und Einzelpersönlichkeit 25
   - 2.13 Der systemtheoretische Ansatz 27
   - 2.14 Theorien kultureller Evolution 28

3. Arbeitsweisen – kulturlandschaftsgenetische Quellen . 32
   - 3.1 Die Karte 32
   - 3.2 Das Luftbild 36
   - 3.3 Schriftliche Dokumente: Quellen und Hilfsmittel zu ihrem Verständnis 39
   - 3.4 Landschafts-, Orts- und Geländenamen 44
   - 3.5 Itinerare, Reiseliteratur 50
   - 3.6 Ältere Landesbeschreibungen und Ansichten . . 54

4. Historisch-naturwissenschaftliche, technische und archäologische Verfahren 59

4.1	Geochronologie, Pollenanalyse, Baumringchronologie und Moorarchäologie	59
4.2	Paläo-Ökologie und Paläo-Ethnobotanik	63
4.3	Vegetationskunde und -geschichte	65
4.4	Archäologische Landesaufnahme und ähnliche Verfahren	67
4.5	Osteo- oder Knochenarchäologie und Tierwelt	69
4.6	Genetische Bodenkunde, Düngung, landwirtschaftliche Erträge	72
4.7	Klimageschichte	78
4.8	Geschichte der Gewässer mit historischer Meereskunde	88
4.9	Phosphatmethode, Bohrungen, Holzkohlenanalyse	100
4.10	Metrologische und statistische Verfahren – Landmaße	101
4.11	Quantitative Verfahren	103

5. Kulturlandschaftliche Relikte als Informationsträger .. 105
   5.1 Wege, Land- und Wasserstraßen, Schiffahrtskanäle und Eisenbahnen als Relikte 107
   5.2 Relikte in bestehenden Siedlungen 115
   5.3 Orts- und Flurwüstungen 119
   5.4 Relikte von Gewerbe und Industrie 122
   5.5 Relikte früherer Wald- und Forstwirtschaft . . . 124
   5.6 Grenzen 125

6. Themen europäischer Kulturlandschaftsforschung . . 128
   6.1 Bevölkerung 129
   6.2 Siedlungen 136
      6.2.1 Siedlungen des ländlichen Raumes . . . 136
      6.2.2 Städtische Siedlungen 164
   6.3 Wirtschaftsraum 174
      6.3.1 Agrarraum mit Gesellschaft und Siedlungen 175
      6.3.2 Wald 180
      6.3.3 Gewerbe- und Industriegebiete 182
      6.3.4 Verknüpfende Studien 183
      6.3.5 Handel und Verkehr 184
   6.4 Wüstungsforschung als Raumstruktur- und Prozeßanalyse 187
   6.5 Entwicklung räumlicher Organisation – Raumordnung in der Geschichte 191

Inhalt VII

6.6 Konzeptionen und Formen der Darstellung . . . 197
   6.6.1 Siedlungsformen und Siedlungsphasen – Gefügemuster von Siedlungsräumen und Siedlungsperioden 197
   6.6.2 Kulturlandschaftsgeschichten – Historische Geographien 199
   6.6.3 Historisch-geographische Atlanten . . . 201

Literaturverzeichnis 207

Register 267

VORWORT

> "It is scarcely possible to write a paragraph before it is called into question by the appearance of something new and definitive."
>
> W. R. MEAD im Vorwort zu ›An Historical Geography of Scandinavia‹ (London 1981, S. V.).

Eine Einführung in die Entwicklungsprobleme europäischer Kulturlandschaften sollte sich drei Schwerpunkten widmen. Der erste liegt auf den Anschauungen, Methoden und Konzeptionen, da sie den Forschungsansatz bestimmen und die heutige Situation durch eine Vielfalt von Richtungen gekennzeichnet wird. An zweiter Stelle wurde großes Gewicht auf die Arbeitsweisen gelegt, da von ihnen abhängt, inwieweit sich die Forschungsziele erreichen lassen. In den letzten Jahrzehnten ist das völlig unabhängige Bemühen des einzelnen Wissenschaftlers durch interdisziplinäre Zusammenarbeit ergänzt, wenn nicht ersetzt worden, freilich unter Beibehaltung der Forschungsobjekte und Ziele eines jeden Faches. Die Kooperation spiegelt sich in gewichtigen Forschungs- und Tagungsberichten nationaler und internationaler Gremien, von denen viele im Text erwähnt und im Schriftenverzeichnis nachgewiesen werden. In die gleiche Richtung wirken auch interdisziplinäre Zeitschriften. Daß sich Entwicklungsprobleme europäischer Kulturlandschaften bei umfassenderer Fragestellung nur noch in Verknüpfung natur- und geisteswissenschaftlicher Verfahren lösen lassen, soll dabei gezeigt werden. Die gegenwärtige Forschungslage erfordert, einen großen Kreis von einschlägigen Disziplinen zu berücksichtigen. Dabei sollte jedoch das primäre Anliegen der Geographie, räumliche Strukturen und Prozesse zu untersuchen, nicht aus dem Auge verloren werden. Bei der Frage nach den Entwicklungsproblemen von Kulturlandschaften hat sich die Perspektive in die raum-zeitliche Dimension zu erweitern. Jenem Erkenntnisziel sind auch alle relevanten Methoden und Ergebnisse geographischer Nachbardisziplinen dienstbar zu machen. In einem letzten großen Kapitel werden gängige Themen zur europäischen Kulturlandschaftsgenese vorgestellt. Dabei geht es zunächst in sektoraler Darstellung um die einzelnen Forschungsbereiche, und darauf werden synthetische Arbeitsrichtungen dargelegt.

Wer noch Anhänger des KUHNschen Paradigma-Modells ist, das in der Geographie und darüber hinaus erheblich kritisiert wird (z. B. JOHNSTON 1984, S. 6), mag die Auffassung vertreten, das Fach entwickele sich in revolutionären Zyklen fort und wird daher der älteren Literatur wenig Beachtung schenken. Der Autor meint hingegen, aus der bisherigen Geschichte des Faches und unter Ausschluß kurzlebiger Moden eher eine evolutionäre Entwicklung belegen zu können und ist daher geneigt, älteres Schrifttum dann zu berücksichtigen, wenn seine Grundgedanken nebst Forschungsansätzen, vielleicht sogar seine sachlichen Ergebnisse noch in wesentlichen Teilen gültig sind. Das gilt durchweg für alle Arbeiten, die auf systematischer und sorgfältiger Auswertung zeitgenössischer Quellen beruhen, wenn auch bisweilen daraus abgeleitete Theorien modifiziert oder überholt worden sind. Eine Einführung wie die hier vorgelegte kann das zum Thema gehörende Schrifttum nicht annähernd vollständig nennen. Das dürfte nicht einmal einem dickleibigen Handbuch gelingen. Wenn manche Schriften, die ebenfalls zum Thema Wichtiges aussagen, fehlen, so ist damit kein Werturteil verbunden. Der Umfang des Literaturverzeichnisses liegt ohnehin an der oberen Grenze einer Einführung. Weitere Veröffentlichungen weisen die Bibliographien des Literaturverzeichnisses nach. Wo der Text ausreichende bibliographische Nachweise gibt, erfolgt keine nochmalige Titelaufnahme im Literaturverzeichnis.

Frau Barbara Herrmann danke ich für die Reinschrift des Manuskriptes, der Deutschen Forschungsgemeinschaft und der Universität Würzburg für Beihilfen zu Forschungsreisen.

1. FORSCHUNGSZIELE UND FORSCHUNGSSTAND

„Kulturlandschaft" wird in dieser Einführung entsprechend dem internationalen Sprachgebrauch (z. B. GREGORY 1981, S. 183 f.; LARKIN/PETERS 1983, S. 39–44; FOG/ HELMFRID, 1982) verstanden als Ausdruck für einen vom Menschen gestalteten und genutzten Teil der Erdoberfläche, der nach bestimmten, vom jeweiligen Bearbeiter ausgewählten Kriterien abgegrenzt wird. Damit ist „Kulturlandschaft" nur noch heuristischer Ausdruck und frei von Hypostasierung und überhöhtem Begriffsrealismus (GERLING 1965). Analog dazu wird der Ausdruck „Landschaft" verwandt. In englischsprachigen Titeln von geographischen Büchern tritt der Ausdruck 'Cultural Landscape' noch stärker zurück als neuerdings im deutschen Schrifttum, obwohl im Vorwort oder Text vieler Werke von der Erforschung der Kulturlandschaft gesprochen wird. Titel lauten etwa ›The Making of the English Landscape‹ (HOSKINS 1957), wie der bekannte, inzwischen sogar als Penguin-Taschenbuch vorliegende englische Klassiker heißt, oder ›Man and the Landscape in Ireland‹ (AALEN 1978). "The main purpose of this book is to describe the cultural landscape of Ireland and its evolution since the first arrival of men in the country some eight thousand years ago", so umschreibt AALEN in seiner Einführung die Zielsetzung seines Werkes. Wenn er fortfährt "cultural or humanized landscapes include all parts of the earth's surface where the natural physical and biotic world has been modified if not wholly transformed by human activity", dann entspricht diese Definition einem verbreiteten Wortverständnis.

Die seit einigen Jahren festzustellende Abwendung von umfassenden Themen wie „Die Entwicklung der Kulturlandschaft in X" hat mehrere Gründe. Die wichtigsten sind die Spezialisierung der Forschung und das seit den 1960er Jahren starke Hervortreten sozialgeographischer, wirtschaftsgeographischer und neuerdings auch bevölkerungsgeographischer Forschungsansätze. Diese sind von den meisten Autoren der Buchgattung „Entwicklung der Kulturlandschaft" oder "Making of the X Landscape" bis in die letzte Vergangenheit nicht genügend berücksichtigt worden. Das gilt auch für das genannte Werk von AALEN.

1. Forschungsziele

Verschiedene Autoren haben auch den Einwand gebracht, die Kulturlandschaft entwickele sich nicht, sondern sie werde durch gezielte Aktivitäten des Menschen verändert. Die Sinngebung und Zwecksetzung des Menschen entscheide über das, was in der Kulturlandschaft an Strukturen geschaffen werde und an Prozessen ablaufe. Diese Kritik ist berechtigt, da in vielen Werken unter dem Titel: „Die Entwicklung der Kulturlandschaft im Raume X" in der Tat die Aktivitäten des Menschen zu kurz kommen. Doch muß hier gerechterweise darauf hingewiesen werden, daß es auch bereits ältere Ansätze gibt, welche dem Menschen nicht nur eine erhebliche, ja die ausschlaggebende Rolle bei der Gestaltung der Kulturlandschaft zuweisen, sondern auch methodische Wege aufzeigen, die Kulturlandschaft nach Sinn und Zwecken zu erhellen. Bereits der Begriff „Kulturlandschaft" geht ja von der Vorstellung aus, daß es sich um einen vom Menschen gestalteten Raum handle, nur wurden menschliche Aktivitäten oft gegenüber der formalen Erörterung des Wandels von anthropogenen Formen vernachlässigt. Eine eindeutige Darstellung der Kulturlandschaft als eines geistigen Gebildes hat schon 1948 M. SCHWIND in Anlehnung an philosophische Lehren von Nicolai HARTMANN und Eduard SPRANGER gegeben. Wenn SCHWIND aus landschaftlichen Objekten herausholen will, was von den schaffenden Menschen hineingelegt worden ist, und hervorhebt, daß „die Landschaft von jeder Zeit anders gesehen und füglich anders behandelt wird", so sind darin ganz wesentliche Elemente der heutigen geographischen Verhaltens- und Perzeptionslehre enthalten. SCHWIND ist jedoch nicht so weit gegangen wie einige der jüngeren britischen Geographen. Sie wenden sich vom Objekt und damit von geographisch-räumlichen Gegebenheiten zum Subjekt oder zur Gruppe als ihrem primären Forschungsgegenstand, so daß sie Gefahr laufen, die Geographie ganz zu verlassen. Denn die Erforschung des Menschen und seines Tuns gehört zur Anthropologie, Soziologie, Politologie und weiteren Wissenschaften vom Menschen und seiner Gesellschaft. Um nicht mißverstanden zu werden, sei nochmals betont, daß hier nicht die Auffassung vertreten wird, zur stärker formalistisch ausgerichteten Kulturlandschaftsforschung zurückzukehren. Der Mensch oder die gesellschaftliche Gruppe, um einen heute beliebten Ausdruck zu gebrauchen, sollte in ihren Intentionen so gründlich wie möglich zur Erklärung räumlicher Strukturen herangezogen werden, doch haben diese im Vordergrund einer geographischen Untersuchung zu stehen und nicht der Mensch. Denn Geographie ist eine Wissen-

1. Forschungsziele

schaft von der Erde und nicht vom Menschen. Nur in der Bevölkerungsgeographie, deren Bedeutung für die genetische Kulturlandschaftsforschung noch immer zu wenig beachtet wird, rückt der Mensch weit in den Vordergrund, doch hat sich auch ihre Konzeption dem Hauptziel der Geographie, der Erforschung räumlicher Strukturen und Prozesse, einzufügen, eine Forderung, welche weltweit vertreten wird und leicht erfüllbar ist. Denn fast überall auf der Erde bildet die Bevölkerung als solche raumbezogene Strukturen und steht im Mittelpunkt von Prozessen (z. B. KULS 1980, S. 21).

Einmütigkeit herrscht in der europäischen Forschung über die Notwendigkeit, zum Verständnis heutiger formaler, funktionaler und prozessualer Strukturen des anthropogenen Raumes dessen Entwicklung zu klären (z. B. CLAVAL 1984). Denn die Strukturen der gegenwärtigen Kulturlandschaften sind nur momentane Gebilde eines räumlichen und zeitlichen Kontinuums, stehen damit in einem lückenlosen Zusammenhang mit früheren und künftigen Strukturen und erfordern deshalb zu ihrer Erklärung auch eine genetische, auf die Entwicklung bezügliche Anschauung. Da das auch ein Anliegen der historischen Geographie ist, bringen die vielen, vor allem ausländischen, Veröffentlichungen, die unter dem Haupt- oder Untertitel „Historische Geographie" laufen, auch wesentliches Material zur genetischen Kulturlandschaftsforschung (MEAD 1981). Da ich den Begriff „Landschaft" nicht holistisch verstehe und damit von der Auffassung, die Landschaft sei mehr als die Summe ihrer Teile, abrücke, könnte nach meinem Wortverständnis „Landschaft" in vielen Fällen durch „Umwelt" und Kulturlandschaft durch „anthropogene Umwelt" ersetzt werden. So etwas gibt es bereits im paläo-ökologischen Forschungsansatz (4.2). Eine derartige pragmatische Auffassung von Landschaft, welche diesen Terminus als einen Arbeitsbegriff behandelt, war bereits vor dem Einsetzen der allgemeinen Kritik am Landschaftsbegriff (z. B. HARD 1973, S. 156 ff.) in manchen geographischen Instituten üblich (GERLING 1965).

Daß der hier vertretene Begriff von „Landschaft" durchaus auch heutigem internationalen Sprachgebrauch entspricht, zeigt die neue angelsächsische Zeitschrift ›Landscape Research‹, die von der interdisziplinären ›Landscape Research Group‹ herausgegeben wird. Unter ihren Themenbereichen gibt es nicht nur geographische, planerische und architektonische, sondern auch Aufsätze zu "Literature and Landscape" und "The Aesthetics of Landscape". Daß auch der Begriff und Ausdruck der „historischen Landschaft" im

1. Forschungsziele

Sinne unseres Wortverstandes von „Altlandschaft" im angelsächsischen Schrifttum aktuell und lebend ist, beweist das neue Werk ›Landscape Archaeology in Ireland‹, u. a. mit einem geographischen Beitrag über ›Historical Landscapes‹ von AALEN (REEVES-SMYTH/HAMOND 1983; AALEN 1983).

Ausdrücke wie genetische Betrachtungsweise werden so verstanden, daß dabei all das, was auf die Entwicklung oder Genese bezüglich ist, im Vordergrund steht. Dabei wird Genese nicht im Sinne naturwissenschaftlicher Gesetzlichkeit aufgefaßt, sondern seiner Urbedeutung entsprechend, die bekanntlich in der Genesis der Bibel zum Ausdruck kommt, als eine Darlegung von Werden und Entwicklung der Kulturlandschaft und ihrer Teile angesehen.

2. METHODEN, ANSCHAUUNGEN, THEORIEN, KONZEPTIONEN

Methode soll hier im allgemeinen Wortverstand aufgefaßt werden als Verfahren zur Erlangung von historisch-landeskundlichen Kenntnissen. Nach meiner Themenstellung kann es hier nur um Methoden gehen, die sich auf Entwicklungsprobleme, mit anderen Worten, auf den raum-zeitlichen Aspekt europäischer Kulturlandschaften erstrecken. Da in vielen Arbeiten erkannt wurde, daß insbesondere die europäischen Kulturlandschaften in ihren Formen und funktionalen Strukturen nicht allein durch gegenwärtige Kräfte bestimmt werden, sondern auch durch das, was aus der Vergangenheit in die gegenwärtigen Raumgefüge hineinragt, ist heute die Bedeutung der historischen Dimension unbestritten (u. a. FEHN 1982). Das gilt auch international, wie z. B. der Methodenkatalog von NEWCOMB (1969) mit Berücksichtigung der USA und Europas zeigt. Die wichtigsten Arbeitsverfahren werden erst ab Kapitel 3 dargestellt.

2.1 Konzeption der tradierten Substanz oder "the past in the present"

„In Beantwortung der Frage, welche Ereignisse und Sachverhalte der Vergangenheit für eine zunächst an der aktuellen Situation interessierte Geographie von Bedeutung sind, gibt es eine alte Faustregel: Von der Vergangenheit übernimmt die Geographie alles das, aber auch nur das, was noch heute erhalten ist, was bis heute nachwirkt, was zur ‚Erklärung' der Gegenwart aus der Vergangenheit beiträgt", so E. WIRTH (1979, S. 88 f.) in seiner ›Theoretischen Geographie‹, die ein für unsere Fragestellung grundlegendes Kapitel über „die Bedeutung der Historischen Dimension für Kulturgeographie und Theoretische Geographie" enthält. Diese Auffassung hat in der deutschsprachigen Geographie bereits eine lange Tradition. Nehmen wir aus den älteren Arbeiten nur das methodisch noch immer anregende Werk von PFEIFER über das Siedlungsbild der Landschaft Angeln, bei dessen Erarbeitung er alle Zustände ausschließen wollte, „deren Fortleben in den Zügen der heutigen Landschaft nicht mehr spürbar" seien (1928, S. 24). Fast gleichzeitig ist diese Konzeption in Großbritannien vertreten worden, wie die dortige Diskussion seit Anfang der 1930er Jahre zeigt. Sie wird mit ihrer ganzen Problematik in einem methodischen und wissenschaftsgeschichtlichen Rückblick, der auch für die genetische Kulturlandschaftsforschung grundlegend ist, aus Sicht der angelsächsischen Forschung von DARBY (1983, S. 424) zusammengefaßt: "'How much history?' They (das sind die britischen Geographen der 1930er Jahre) thought that the past should be invoked only when it was necessary to explain the present. Any information irrelevant to the present should be excluded, and this superfluous information, they said, might well be used in a study of historical geography (so schon J. F. Unstead, 1922). Mackinder, for example, was concerned that we should not 'mix history and geography without seeing clearly what we are doing': I doubt whether many of us were capable of such a 'nicely calculated less or more' that these cautions enjoined."

WIRTH will jene von vielen gewünschte Regel vor allem als heuristisches Prinzip für das 19. und 20. Jh. gelten lassen und sieht ebenfalls die Probleme der Anwendbarkeit in der Praxis. Sicherlich läßt sich mit jener Arbeitsanweisung gewöhnlich rasch in eine Untersuchung eindringen, zumal die aus den meisten europäischen Ländern vorliegenden Kartenserien aus unterschiedlichen Zeitstufen schnell eine Fülle von tradierten Strukturen erkennen und zeitlich bestimmen lassen. Zu den ersten systematischen Entwürfen, die aus der Konzeption der tradierten Substanz hervorgegangen sind, gehören das Modell der Entwicklungsstufen (stages of development) von OGILVIE (1952) und UHLIGS (1956) genetische Kartierung der Kulturlandschaft in Nordostengland. In beiden programmatischen Arbeiten geht es allein um die genetische Erklärung heutiger Strukturen. Weitere Gedanken zur Weite des Rückgriffs in die Vergangenheit enthalten ein Bericht über Historische Geographie in Großbritannien (BAKER 1972) und eine Aufsatzreihe über die historische Dimension im Geographieunterricht (SCHMIDT 1980).

2.2 Konzeption der Landschaftsgeschichte

Für Entwicklungsphasen der Kulturlandschaften, die vor dem 19. Jh. liegen, läßt sich das von den heutigen Strukturen und Funktionen ausgehende Prinzip der tradierten Substanz nur unvoll-

2.2 Konzeption der Landschaftsgeschichte

kommen anwenden. Denn es hat damals Determinanten gegeben, die keine oder nur noch geringe direkte Spuren in heutigen Raumstrukturen hinterlassen haben, aber von großer Bedeutung für die kulturlandschaftliche Entwicklung gewesen sind. So haben z. B. die in den meisten europäischen Ländern weit verbreitet gewesenen mittelalterlichen Wüstungsvorgänge regional so wenig Spuren in heutigen Landschaften hinterlassen, daß diese nicht ausreichen, um die Relevanz jener Prozesse für das Verschwinden, die Veränderung und Neubildung räumlicher Strukturen ermessen zu können. Die Konzeption der tradierten Substanz ist abgestellt auf die „an der aktuellen Situation interessierte Geographie", während manche Nachbarwissenschaften ebenso wie die Historische Geographie an einer lückenlosen Kulturlandschaftsgeschichte interessiert sind. So kann z. B. eine zunächst stärker vergangenheitsbezogene Wüstungsforschung nicht allein Erkenntnisse für die Wirtschafts- und Bevölkerungsgeschichte, sondern auch für die Paläo-Ethnobotanik und die Forstgeschichte liefern. So hängt z. B. die mittelalterliche Ausbreitung der Kiefer von Reliktstandorten aus in manchen an Laubwäldern reichen Kulturlandschaften mit dem Wüstungsvorgang zusammen. Oft sind durch spätere Rodung und die Forstwirtschaft jene neu gebildeten Kiefernbestände völlig vernichtet oder bis auf kleine Reste beseitigt worden, so daß eine von den heutigen Verhältnissen ausgehende Forschung jene prozessualen Zusammenhänge nicht erfassen könnte. Ihre Klärung ist jedoch wichtig zum Verständnis z. B. von Pollendiagrammen und der Lebenskraft und Anpassung einheimischer Kiefernarten (JÄGER/SCHERZER 1984).

In den angelsächsischen Ländern sind wegen ihrer Aussagekraft Landschaftsgeschichten per se, mit anderen Worten solche, die nicht auf das, was bis heute überliefert ist, abgestellt werden, weit verbreitet. Mustergültig dafür ist DARBYS ›The Medieval Fenland‹ (1940).

Die Bedeutung einer in der Theorie lückenlosen, in der Praxis natürlich auf bestimmte Schwerpunkte hin orientierten Landschaftsgeschichte hat wohl auch wesentlich dazu beigetragen, daß es in der britischen und irischen Geographie keine genetische Kulturgeographie oder genetische Siedlungsforschung deutscher Prägung gibt. Vielmehr sind diese Bereiche dort voll in die Historische Geographie integriert. Das zeigen instruktiv mehrere neuere Schriften, die sich mit Fragen der Forschungsansätze wie der Forschungsgeschichte befassen. So erscheint z. B. im Index einer Geschichte der modernen britischen Geographie (FREEMAN 1980) weder ein

Stichwort, das auf die genetische Kulturgeographie, noch auf Kulturlandschaftsentwicklung hinweist, weil alle derartigen Forschungsrichtungen im englischsprachigen Bereich in die Historische Geographie gehören. Sie ist daher im Register zusammen mit dem Bereich "History and Geography" durch 16 Zeilen mit Hinweisen vertreten. Ein Rückblick auf 50 Jahre Geographie in Irland enthält neben geographischen Teilgebieten, die auf die Untersuchung rezenter Strukturen ausgehen, wie Wirtschaftsgeographie, die beiden Kapitel ›Historical Geography of Ireland pre-1700‹ (BUCHANAN 1984) und ›Historical Geography of Ireland from circa 1700‹ (JONES HUGHES 1984). Denn die Historische Geographie umfaßt in beiden Ländern auch alle Typen von Studien, die Entwicklungsprobleme der Kulturlandschaften oder ihrer Teilbereiche betreffen. Deshalb werden z. B. Bücher wie ›The Irish Woods since Tudor Times‹ (McCRACKEN 1971) und ›Das Werden der Agrarlandschaft in der Grafschaft Tipperary‹ (LEISTER 1963) im Pre-1700-Kapitel aufgeführt. Daß das Thema des "geographical change" ein Teilbereich der Historischen Geographie sei, geht auch aus einem grundlegenden Forschungsbericht des derzeitigen Herausgebers der weltweit bekannten Zeitschrift ›Journal of Historical Geography‹ hervor (PRINCE 1980). Dieser internationale Forschungsstand zwingt uns daher, Arbeiten in großem Umfang zu berücksichtigen, die sich im Titel als historisch-geographische bezeichnen.

2.3 Raum und Zeit als Formen geographischer Anschauung – Querschnittliche und längsschnittliche Methoden

In jeder Arbeit, die sich mit der Entwicklung von Kulturlandschaften befaßt, verbinden sich räumliche mit zeitlichen Betrachtungs- und Darstellungsweisen. Kein Geringerer als Immanuel KANT (1724–1804) hat sich richtungweisend mit beiden in seiner ›Physischen Geographie‹ befaßt und alle noch heute gültigen Anschauungen lassen sich letzten Endes auf ihn und weiter bis CLÜVER (1580–1622) zurückführen. Die Geographie betrifft nach KANT „Erscheinungen, die sich in Ansehung des *Raumes zu gleicher Zeit ereignen*". „Die Geschichte desjenigen, was zu verschiedenen Zeiten geschieht und welches die eigentliche Historie ist, ist nichts anderes als eine kontinuierliche Geographie." Sobald sich die Geographie mit dem befaßt, was „Landschaftsgeschichte" oder ähnlich genannt

2.3 Raum und Zeit

wird (Tab. 1), tritt neben das mehrdimensionale Kontinuum des Raumes das der Zeit. Wie der Raum in seiner Ausdehnung ein Nebeneinander ohne Leerstellen aufweist, so bildet die Zeit ein fließendes, wenn auch eindimensionales, lückenlos Zusammenhängendes. Niemand kann beide zusammen in ihrer Gesamtheit auffassen und darstellen, so daß bereits früh Verfahren entwickelt wurden, die dennoch den Weg zu einer möglichst vollkommenen Anschauung ermöglichen.

Tabelle 1: Terminologischer und begrifflicher Rahmen zum Forschungsstand in genetischer Kulturgeographie und Landschaftsgeschichte

1.1. Genetische Erklärung heutiger Landschaften
- Das Heute aus der Vergangenheit
- Entwicklungsstufenanalyse
- Classification according to states of development
- Past-in-the-present-Konzeption
- Konzeption der tradierten Substanz, der persistenten Formen und Funktionen
- Reliktgeographie
- Landschaftsgenetik

1.2. Grundformen der Anschauung und Darstellung in Landschaftsgeschichte und Altlandschaftsforschung in ihren varianten Bezeichnungen

Landschaftsgeschichte	Vergangene Landschaften
- Chronologische Betrachtungsweise, Verfahren oder Methode	- Chorologische Betrachtungsweise, Verfahren oder Methode
- Längsschnittliche Betrachtungsweise	- Querschnittliche Betrachtungsweise
- Längsdurchschnitte	- Querdurchschnitte
- Längsschnittsmethode	- Querschnittsmethode
- Vertical themes	- Horizontal cross-sections
- Diachrone Betrachtungsweise	- Cross-sections in time
- Geographical change	- Synchrone Betrachtungsweise
- Sequent occupance	- Geographies of the past
- Genetische Betrachtungsweise	- Past landscapes
- Landschaftsgenese	- Altlandschaften
- Genetic approach	(konkretes Beispiel: spätmittelalterliche Landschaft) veraltet:
- Evolutionary approach	historische Naturlandschaft (Urlandschaft), historische Kulturlandschaft, historische Landschaft
- Evolutionärer Ansatz	

2. Methoden

Während die querschnittliche Betrachtungsweise oder Methode aus der Anschauung des Raumes, also aus dem, was gleichzeitig neben- und miteinander ist, entwickelt wurde, so die längsschnittliche Betrachtungsweise oder Methode aus der Anschauung des Raumes im zeitlichen Wandel. Quer- und längsschnittliche Betrachtungsweisen sind Instrumente oder Kunstgriffe, deren sich die Kulturlandschaftsgeschichte bedienen muß, um überhaupt die dingliche Erfüllung und Veränderung von Räumen in der Zeit erfassen zu können. Als Formen der Anschauung und damit der Erkenntnis sagen diese Methoden über ihren Gegenstand nichts aus und sind deshalb offen für traditionelle wie neue Interpretationen des geographischen Seinsbereichs.

Angesichts dieser zeitlosen Eigenart von quer- und längsschnittlichen Betrachtungsweisen (JÄGER 1982a) überrascht es nicht, wenn sie schon bei Carl RITTER in dessen Vorlesungen über Allgemeine Erdkunde als vorgeprägt erscheinen, wenn auch noch nicht unter den späteren Namen und in der heutigen Präzision: „Gewöhnlich bearbeitet man auch die Geographie nur für eine gewisse Zeit: *für die Vergangenheit oder die Gegenwart.* So redet man von alter Geographie, Geographie des Mittelalters und der neuen Zeit. Wir suchen die dauerhaften Verhältnisse auf und *verfolgen ihre Entwicklung durch alle Zeiten,* von Herodot bis auf die unsrigen. So finden wir auf, was sich durch allen Zeitenwandel hindurch in dem Erdorganismus als gesetzmäßig bewährt hat und erhalten die vergleichende Geographie. Durch sie wird einleuchtend, wie *das Heute aus der Vergangenheit* entstanden ist" (RITTER postum 1862, S. 23, zitiert nach J. WIMMER 1885, S. 304). In diesen wenigen Sätzen von RITTER ist neben der quer- und längsschnittlichen Betrachtungsweise auch die Konzeption der tradierten Substanz enthalten. Auf die historisch-geographische Konzeption der „Allgemeinen vergleichenden Erdkunde" RITTERS hat erstmals PLEWE (1960, S. 67) hingewiesen. Da es sich bei den chronologischen und chorologischen Betrachtungsweisen um Techniken handelt, die alle Disziplinen, die raum-zeitliche Verhältnisse untersuchen, anwenden müssen, um ihren Gegenstand überhaupt erfassen zu können, finden wir jene auch außerhalb der Geographie. So kennt Jacob BURCKHARDT chronologische Verfahren, Längsdurchschnitte und Querdurchschnitte durch die Geschichte (postum GANZ 1982, S. 159, 225f., 409). In den botanischen Disziplinen der Vegetationsgeschichte und der Paläo-Ethnobotanik sind chorologische und chronologische Betrachtungsweisen ebenso üblich wie bereits seit 1834 in den geologisch-paläologischen Disziplinen der Erdgeschichte und der Paläogeographie. Aus völliger Verkennung der erkenntniskritischen Situation wird die mit dem Namen DARBY in England verbundene Querschnittsmethode, mitbedingt durch eine gewisse Oppositionsstellung zu jenem Altmeister der englischen historischen Geographie, von einigen jüngeren britischen Geographen als „orthodox" bezeichnet. In die britische Forschung führt SIMMS ein (1982, S. 74 ff.). Ein Markstein für die Entwicklung der „Historischen Landschaftskunde" war die an RITTER anknüpfende, aber seine Gedanken weiterführende methodische Arbeit von WIMMER (1885), die begriffsbildend war und die landschaftsgeschichtliche Konzeption förderte. Seine Ausdrücke „historische Landschaftskunde", „historische Naturlandschaft", „historische Kulturlandschaft" und Feststellungen wie „Landschaften haben ihre Geschichte" haben die weitere Forschungsgeschichte ebenso beeinflußt wie die landschaftsgeschichtlichen Inhalte seiner Kapitel. Wenn WIMMER (a. a. O. S. 132) z. B. „architektonische Wandelbilder aus Kleinasien entwirft", so besteht seine textliche Darstellung aus dem, was wir heute als Längsschnitt durch die gebaute Umwelt von Kleinasien bezeichnen würden. Insofern sind bei WIMMER Quer- und Längsschnittsmethoden klar ausgeprägt, wenn auch nicht als solche bezeichnet. Über den Einfluß von WIMMER über WAIBEL auf die inhaltliche Gestaltung einer „Entwicklungsgeschichte (= Genese) der Landschaften und ihrer analytisch erkannten Einzelerscheinungen" unterrichtet Wilhelm MÜLLER-WILLE in einem Aufsatz, der in seiner methodischen Bedeutung zu wenig Beachtung gefunden hat (1952a). Er selbst war als Schüler von WAIBEL dieser Konzeption verpflichtet und hat sie selbst methodisch weitergeführt (1983). Das bezeugt vor allem seine Studie ›Zur Kulturgeographie der Göttinger Leinetalung‹ (1948), in der es ihm darauf ankam, mittels genetischer Untersuchung aufzuzeigen, wann die einzelnen Elemente mit ihren Funktionszusammenhängen, „die zur heutigen Kulturlandschaft führen" in prozessualen Abläufen entstanden sind. Für dieses Ziel setzt er konsequent die Querschnittsmethode ein, mit Karten landschaftlicher Zustandsphasen für die Zeit um 400, 800, 1200 und 1600 n. Chr. Diese Stadien werden durch die textliche Beschreibung der Veränderungen und deren Ursächlichkeit miteinander verbunden. Dabei werden als Kräfte neben den Naturgegebenheiten auch Bevölkerungsentwicklung, Wirtschafts- und Betriebsformen, gesellschaftliche Strukturen und Umschichtungen, soziales und kulturelles Leben, Bodenpolitik, Erfahrungen und Ziel- und

Zwecksetzungen berücksichtigt. Zur Bezeichnung einer Landschaft einer beliebigen Vergangenheit hatte SCHLÜTER schon 1938 den Ausdruck *Altlandschaft* geprägt und später in Bd. 1 seines großen Werkes erläutert (1952–58). Das Modell der zusammenhängenden Aufeinanderfolge kulturlandschaftlicher Stadien (sequent occupance) wurde schon 1929 in den USA von WHITTLESEY entwickelt (dazu MIKESELL 1978) und hat von dort die britische Forschung erheblich beeinflußt (DARBY 1953, S. 9 f.).

Der Querschnitts- wie der Längsschnittsmethode verpflichtet waren in Deutschland mehrere Arbeiten aus der Schule von Hans DÖRRIES, der bewußt historischer Anthropogeograph war (W. MÜLLER-WILLE, 1955, S. 9). Zu den aus jener Zeit nachwirkenden Arbeiten gehören neben einem grundlegenden Aufsatz von DÖRRIES (1928) vor allem drei Dissertationen. REDDERSEN (1935), welche die Veränderungen des Landschaftsbildes im hannoverschen Solling seit dem frühen 18. Jh. untersuchte, war, wie der Ausdruck „Landschaftsbild" bezeugt, noch stark der morphographischen oder formal-deskriptiven Schule verpflichtet. Dennoch bleibt diese Studie in ihren wesentlichen Ergebnissen zeitlos gültig, weil sie unter Heranziehung aller ihr erreichbaren gedruckten und ungedruckten Quellen die Veränderungen des Landschaftsbildes vom älteren Zeitpunkt aus in grundlegenden äußeren Erscheinungsformen zu erfassen und kartographisch darzustellen unternahm. HERZOGS Untersuchung (1938) über das Osnabrücker Land im 18. und 19. Jh. ist ein frühes Beispiel aus Deutschland für eine kulturgeographische Landeskunde, die nur indirekt auf die Gegenwart abgestellt war. Daß sich Untersuchungen über die Entwicklung von Kulturlandschaften grundsätzlich auf räumliche Strukturen jeder Zeitstufe beziehen können, zeigen z. B. auch die Studien von HELMFRID (1962) „über die ältere Agrarlandschaft und ihre Genese" im schwedischen Östergötland und GRINGMUTH-DALLMER über ›Die Entwicklung der frühgeschichtlichen Kulturlandschaft auf dem Territorium der DDR‹ (1983). Einen Fortschritt in der Konzeption der kulturlandschaftsgenetischen Arbeiten brachte die schon 1935 abgeschlossene Dissertation von TACKE über ›Die Entwicklung der Landschaft im Solling‹. Er geht über eine Registrierung der äußeren Erscheinungen hinaus, um durch die Beantwortung nach den Faktoren der Kulturlandschaftsentwicklung die bewegenden Kräfte für diese Veränderung, ihre Ursprünge, die Momente für ihre Auslösung und ihre Auswirkungen aufzeigen zu können. „Bei einer solchen Fragestellung konnte der Ausgangs-

2.3 Raum und Zeit

punkt nur das heutige Landschaftsbild sein. Dieses war in seinen wesentlichen Erscheinungsformen zunächst zu beschreiben. Dann war zu fragen, welches in dieser sich so darbietenden Kulturlandschaft die heute als Faktoren der Kulturlandschaftsentwicklung wirkenden Kräfte seien und ob und wie von ihnen eine bestimmte Periode der Kulturlandschaftsentwicklung gekennzeichnet werde. Von da aus war sodann weiter in die Vergangenheit zurückzugehen und waren, soweit das vorhandene Quellenmaterial ausreichen würde, weitere solcher Perioden der Kulturlandschaftsentwicklung aufzudecken" (1943, S. 7). TACKES Arbeit ist weder streng nach der Querschnitts- noch der Längsschnittsmethode strukturiert, vielmehr bildet er Perioden besonderer Raumprägung, wobei er bestimmte Wirtschaftsbereiche als dominierende Faktoren ansieht. So trägt z. B. ein Kapitel den Titel: ›Die Landwirtschaft als vorherrschender Faktor der Kulturlandschaftsentwicklung 1530–1730‹. Bereits mit Blick auf diese Arbeit von TACKE ließe sich eine Kritik, wie sie von einigen britischen Geographen gegen die landschaftsgeschichtliche Richtung angelsächsischer Prägung geäußert wird, für den deutschsprachigen Raum nicht aufrechterhalten. Diese Bemängelung kommt in Formulierungen zum Ausdruck wie: „Die Landschaft erzählt ihre Geschichte nicht selbst" (SIMMS 1982, S. 74). Denn TACKE wie auch einige weitere deutschsprachige Geographen dieser Zeit und Arbeitsrichtung (BRUNKEN 1938) berücksichtigen mit wechselnden Schwerpunkten durchaus schon wirtschaftliche, rechtliche, soziale, administrative, demographische und technische Kräfte, die eine landschaftliche Veränderung bewirken. Daß dabei die heutige Feinabstufung noch nicht erreicht wurde, ist forschungsgeschichtlich bedingt. Da dieser Abschnitt nur Methodisches zu diskutieren hat, aber keinen Überblick über die Fortentwicklung der Forschungsansätze bis heute geben soll (vgl. Kap. 2.8 ff.), sei abschließend auf die querschnittliche und längsschnittliche Betrachtungsweise in der thematischen Kartographie hingewiesen. Im Standardwerk von WITT (1970, S. 632) wird festgestellt: „Bei den meisten synoptischen Gesamtaufnahmen handelt es sich um kartographische Darstellungen eines Gebiets zu einem bestimmten Zeitpunkt. Will man, wie es in der geographischen Forschung meist notwendig ist, die kartographische und textliche Deskription des gegenwärtigen Zustandes durch eine Untersuchung des Werdens im Laufe der Geschichte vertiefen, so wird man dafür meist den Weg der historischen Querschnittsanalyse (die für den jeweiligen Zeitpunkt keine Analyse, vielmehr eine Synthese sein muß!) wählen. Der Vergleich des kartographisch festgelegten Landschaftszustandes in verschiedenen Zeitpunkten läßt Schlüsse auf die Ursache der Entwicklung in den einzelnen Phasen zu." Mit anderen Worten: fast jede Landkarte, sei es eine topographische oder thematische, ist nach der Querschnittsmethode entworfen, weil diese nichts anderes als eine Grundform unserer Anschauung darstellt. Selbst der abendliche Wetterbericht des Fernsehens mit der Wetterkarte und den gerafften Satellitenaufnahmen, welche erklären sollen, wie es zum gezeigten Bild in der Verteilung der Drucksysteme und Fronten gekommen ist, verbindet die quer- und längsschnittlichen Betrachtungsweisen. Andere Arten der Darstellung wären zwar denkbar, aber viel ungeeigneter. Wie sich die darstellerischen Schwierigkeiten der Verbindung von räumlichen Querschnitten mit der textlichen, die jeweiligen Zustände in genetischer Sicht erklärenden Darstellung überwinden lassen, zeigt vorbildlich die große Untersuchung über die Besiedlung des nordöstlichen Ostpreußens (H. u. G. MORTENSEN 1937/38).

2.4 Progressive Methode

Sie besteht darin, daß die Forschung von älteren zu jüngeren Stadien räumlicher Gefüge und Funktionszusammenhänge fortschreitet, um dadurch zu einer genetischen Erklärung der jeweils jüngeren Entwicklungsstufen zu gelangen. Der Begriff ist rein formal und nicht wertend im Sinne einer sich allmählich in der Qualität steigernden Entwicklung zu verstehen. Eine solche ist in der Regel festzustellen, doch gibt es durchaus auch Rückbildungen kulturlandschaftlicher Substanz, verbunden mit Verschlechterungen in der Lebensqualität im Verlaufe der Landschaftsgeschichte, ausgelöst z. B. durch Agrar-, Bevölkerungs- und Siedlungs- oder Umweltkrisen. Die meisten Darstellungen folgen der progressiven Methode, auch wenn die Untersuchung selbst regressive Verfahren angewandt hat. Beispiele für progressive Darstellungen sind die landschaftsgenetischen oder -geschichtlichen Studien von RÖLL 1966; ENGELHARD 1967; MITCHELL 1976 und AALEN 1978. Auch das methodisch instruktive Werk von GRINGMUTH-DALLMER über die Entwicklung der frühgeschichtlichen Kulturlandschaft auf dem Territorium der DDR (1983) folgt in der Darstellung im ganzen der progressiven Konzeption.

2.5 Regressive Methoden

Sie gehen davon aus, daß ein enger Zusammenhang zwischen landschaftlichen Verhältnissen zu einem bestimmten – gegenwärtigen (A) oder früheren – Zeitpunkt und vorangegangenen Entwicklungsstufen bestehe. Man beginnt also die Untersuchung nach Klärung der späteren Verhältnisse und schreitet in die Vergangenheit zu den unbekannten zurück, die ebenfalls festzustellen und zu begründen sind. Seit BAKER (1968) werden unter dem Blickpunkt des Forschungszieles unterschieden: die *retrogressive* Methode als die eigentlich historisch-geographische, weil sie auf mentale Rekonstruktionen vergangener Landschaften abzielt, also von A auf B schließt, und die *retrospektive* Methode mit dem Erkenntnisziel der genetischen Erklärung heutiger oder früherer Landschaften mit dem Schluß A(B) auf B(C) zu A(B). Die retrospektive Methode erfordert in ihrer praktischen Anwendung einen zusätzlichen Schluß von vergangenen Landschaften über deren Fortentwicklung zu späteren, oft den heutigen Zuständen, so daß sie die Arbeit mit der retrogressiven Methode voraussetzt (JÄGER 1973, S. 12). Manche Autoren verwenden beide Bezeichnungen synonym. Bei beiden Methoden erzielt die Anwendung quer- und längsschnittlicher Verfahren besonders gute Ergebnisse. Bereits Georg LANDAU, einer der ersten bedeutenden Landeshistoriker, hat mit der retrogressiven Methode gearbeitet, als er „die Territorien in bezug auf ihre Bildung und ihre Entwicklung" untersuchte. „Jener sich zeigende Zusammenhang zwischen Gegenwart und Vergangenheit" wies ihn darauf hin, von dem noch heute Bestehenden, also vom Bekannten auszugehen. „Ich mußte gewissermaßen stromaufwärts wandern, gleich einem Reisenden, der die unbekannten Quellen eines Flusses aufzusuchen beabsichtigt" (1854, S. III f.). Eine Verfeinerung der rückschließenden Methode mit Anwendung auf die historisch-geographische Atlaskartographie brachte der von der Österreichischen Akademie der Wissenschaften herausgegebene ›Historische Atlas der österreichischen Alpenländer‹ (1906–1957), wenn sich auch nicht alle der zunächst in Aussicht genommenen Wege im Verlaufe der Arbeit als gangbar erwiesen haben (FRANZ/JÄGER 1980, S. 2 ff.). Zu den ersten kulturgeographischen Dissertationen, welche die retrogressive Methode konsequent auf archivalischer Grundlage anwendeten, gehört die im Jahre 1930 einsetzende und bis zum Jahre 1530 zurückgreifende Untersuchung von TACKE über den Solling (1935/43). Weiter differenziert wurde die retrogressive Methode anhand von Studien zur Entstehung der süddeutschen Gewannflur durch KRENZLIN/REUSCH (1961). Nach ihren Feststellungen, die sich inzwischen vielfach bestätigt haben, läßt sich eine Genese von Kulturlandschaftselementen, wozu die noch in den 1950er Jahren in Mainfranken verbreitet gewesene Gewannflur gehörte, nur dann sachgerecht klären, wenn die Untersuchung Schritt für Schritt anhand von Karten und Akten der Archive in die Vergangenheit bis zu dem Material des 16. Jh. und womöglich noch weiter zurückschreitet. Da die einzelnen früheren Besitzer der Parzellen anhand der schriftlichen und kartographischen Zeugnisse wie die Vorfahren bei einem Stammbaum zurückverfolgt werden, hat KRENZLIN die Methode als *Rückschreibung* bezeichnet. Wie ergebnisreich die Methode der Rückschreibung unter Erstellen von Hofstammbäumen sein kann, hat auch eine Untersuchung über die Entwicklung der Kulturlandschaft in einem Teil des nordwestlichen Weserberglandes gezeigt (MARTEN 1969).

Zu den Arbeiten, welche mittels Rückschreibung am weitesten in die Vergangenheit zurückgeführt haben, gehören die gründlichen ›Untersuchungen zur Geschichte des Grundbesitzes in der Paderborner Feldmark‹ von BALZER (1977). Sie enthalten neben einer ausführlichen Methodendiskussion (S. 12–23) mehrere Kapitel, in denen Rückschreibungen erfolgen, wobei an Quellengattungen neben Katasterkarten und -verzeichnissen vor allem weitere Arten von Besitznachweisen (z. B. Pachturkunden, Besitzübertragungen), Hofnamen, Rechnungen, Lagerbücher, Urbare, Lehns-, Stiftungsurkunden sowie Renten- und Zehntrechte ausgewertet werden. Die sich daraus ergebende Karte 1:10000 der Besitzrechte um 1300 ist ein hervorragender Beweis für die aussagekräftigen Ergebnisse, die sich mit dieser Methode erzielen lassen.

Eine rückschreitende Arbeitsweise besonderer Prägung verwendet auch die von W. MÜLLER-WILLE entwickelte und 1944 erstmals in seinem bekannten Beitrag über Langstreifenflur und Drubbel vorgestellte topographisch-genetische Methode. Sie zerlegt z. B. Fluren, an deren Analyse sie entwickelt wurde, in einzelne Flurformenbezirke, die sich nach formalem Gefüge, Besitz- und Nutzungsverhältnissen, nach Besitz- und Hofentwicklung, Düngung, Flurnamen und weiteren Indizien voneinander unterscheiden. Die einzelnen strukturell unterschiedlichen Flurformenbezirke will MÜLLER-WILLE mit verschiedenen Entwicklungsstufen der Flur parallelisieren, wobei er danach strebt, Primär- und Sekundärformen zu identifizieren. Diese Methode läßt sich wie die von KRENZLIN entwickelte Rückschreibung auch auf die Untersuchung von Siedlungen anwenden, wenn selbstverständlich dazu die für Städte und ländliche Siedlungen spezifischen Indikatoren herangezogen werden. Welche Erfolge sich mit der topographisch-genetischen Methode erzielen lassen, wenn vielseitige Hilfsmittel angewandt und aufeinander bezogen werden (Bodenqualität, Flurnamen, Urkunden und Akten, topographische Verhältnisse, formales Gefüge, rezente und ältere Besitzverhältnisse, unterschiedliche Intensität und Dauer der Düngung, Entfernung zur Siedlung, archäologische Befunde, Nutzungsverhältnisse), hat eine Studie von HAMBLOCH gezeigt (1962).

2.6 Typologische oder morphogenetische Methode

Sie geht von der Erfahrung aus, daß typische Formen und Funktionen bestimmten landschaftlichen Entwicklungsstufen entsprechen. So stammen z. B. kleingekammerte Fluren, deren Parzellen blockförmige oder unregelmäßige Umrisse besitzen und von Wällen umgeben werden ("celtic fields"), im außermediterranen Europa aus vorindustriezeitlichen Phasen der Landschaftsentwicklung (z. B. BRONGERS 1976). Haufendörfer mit regellosem Grundriß und dichter Bebauung sind jedenfalls in Europa typische Spätformen eines langen Werdeganges. Fast jede typologische Bestandsaufnahme von Orts- und Flurformen (SCHRÖDER/SCHWARZ 1978) zielt ab auf genetische Erkenntnisse. Instruktiv dazu ist neben vielen weiteren Arbeiten die Darstellung von Formen, Typen und Genese des Platzdorfes in den böhmischen Ländern (SPERLING 1982). Ein System von Formenreihen hat in Weiterführung älterer Anstöße (z. B. W. MÜLLER-WILLE 1952, S. 219), mit Beachtung unterschiedlicher formaler Stadien von Fort- und Rückbildung, BORN vorgelegt (1977). Zu den funktionalen Typen gehören z. B. Bodennutzungs- und Betriebstypen. Bei der Arbeit mit typologischen Methoden lassen sich vor allem aus Kartierungen oft Hinweise auf Innovations- oder Kulturströme gewinnen. Typologische Ähnlichkeiten bedeuten aber nicht in jedem Fall Übertragungen und damit kulturelle Zusammenhänge. Bestehen diese nicht und liegen dennoch typologische Ähnlichkeiten vor, handelt es sich um sogenannte Konvergenzen. Sie können rein räumlich sein und damit nur eine Zeitstufe betreffen oder raum-zeitlich, d. h. in unterschiedlichen Räumen zu unterschiedlichen Zeiten auftreten. Sie bilden sich dann unabhängig voneinander, wenn Ähnlichkeiten in den Naturbedingungen und in den gesellschaftlichen, technischen, wirtschaftlichen, rechtlichen und politischen Verhältnissen bestehen. Anleitungen zur typologischen Arbeit bieten eine Reihe vorbildlicher Einzelstudien, von denen manche in den folgenden Hauptkapiteln genannt werden. Grundtypen und Begriffe der Fluren, Siedlungen und Bevölkerung des ländlichen Raumes mit deutschen, französischen, englischen und schwedischen Abschnitten enthalten die von UHLIG, LIENAU und WENZEL herausgegebenen ›Materialien zur Terminologie der Agrarlandschaft‹ (1967–78). Wegen der Fülle von Abbildungen sind aus dem britischen Bereich für typologische Studien wertvoll die Bändchen über ›Village Plans‹ (ROBERTS 1982) und ›Medieval Fields‹ (HALL 1982) und aus Schweden ein großes Werk über ältere Dorftypen (ERIXON 1960). Da jedes Typisieren nur bei begrifflicher Klarheit gelingen kann, sind neben den großen Enzyklopädien vor allem Fachlexika und Glossare mit ihren Schrifttumsnachweisen unentbehrlich, wie vor allem das Reallexikon der Germanischen Altertumskunde – RGA – (darin z. B. Stichworte Altlandschaft, Dorf, Einzelhof, u. a.) und das Lexikon des Mittelalters (Stichworte z. B. Bauern-, Bürgerhaus, Einfriedigung). Beide sind noch im Erscheinen, aber schon jetzt unentbehrlich. Für die typologische Arbeit im britischen und irischen Raum ist auch das Glossar der agrarlandschaftlichen Ausdrücke von ADAMS aussagekräftig (1976). Wer sich mit Fragen der Kulturlandschaftsgenese befaßt, wird häufig auch in den älteren Enzyklopädien und allgemeinen Lexika, die das jeweilige Wissen ihrer Zeit beschreiben und über Landwirtschaft, Gewerbe, Technik, Industrie und andere einschlägige Bereiche überraschend brauchbare Auskünfte geben, manche Antwort finden. Eine reiche Quelle für das 18. und frühe 19. Jh. ist die zur Goethezeit sehr angesehene und wegen ihrer Bedeutung in einem neueren Nachdruck wieder leichter verfügbar gemachte, 242 Bände umfassende Enzyklopädie von KRÜNITZ (1773–1858); auch das große Konversationslexikon von J. MEYER in 46 Bänden (1839 bis 1852) ist hier zu nennen. Über weitere ältere und neuere Lexika unterrichtet W. LENZ (1972).

2.7 Komparative Methoden

Das Typisieren führt zum Vergleichen, zum prüfenden, wertenden und erklärenden Nebeneinanderstellen. Ein vergleichendes Verfahren ist auch die „Analogiemethode", die besonders von Hans MORTENSEN entwickelt worden ist (1946/47; 1962). Sie schließt von der weitestgehenden Ähnlichkeit zweier landschaftlicher Einheiten (z. B. Siedlung, Siedlungsraum) in ihrer formalen und funktionalen Struktur und in ihren Prozessen auf eine im Prinzip ähnliche Kausalität und Genese, sofern „die Lebens- und Umweltverhältnisse hinreichend ähnlich sind, also die sozialen Verhältnisse, die Wirtschaftsweise, der Lebensstandard usw. Um ein Beispiel zu geben: Im nordöstlichen Ostpreußen haben wir im 16./17. Jh. eine echte ‚Landnahme' unter sehr primitiven Verhältnissen und einer primitiven Bevölkerung, die noch im Sippen- und Großfamilienverband lebte. Diese Landnahme können wir auf Grund schriftlicher Quellen in allen Einzelheiten Schritt für Schritt verfolgen. Wir können erkennen, wer als erster allein oder mit einer Gruppe das Land rodet und wie daraus ein Dorf und eine Flur entsteht, ob die Kinder abwandern oder noch Acker zum alten Dorf hinzunehmen, und in welchen Phasen die einzelnen Teile der Flur entstehen. Wir bekommen damit einen Einblick in die Entstehung von Flurformen unter primitiven Verhältnissen, wie keine Urkunde aus Westdeutschland sie uns für den dortigen Raum geben kann. In Nordwestdeutschland haben wir nun des öfteren Flurformen, die genau dem entsprechen, wie wir uns die Fluren der Landnahmezeit im Nordosten nach den dortigen Quellenbelegen vorstellen müssen. Ist es da nicht, solange nicht andere, bessere Beweismittel dagegen sprechen, erlaubt zu vermuten, daß auch im Nordwesten die Fluren so entstanden sind, wie wir es im Nordosten urkundlich beweisen können?" (H. MORTENSEN 1962, S. 206 f.). MORTENSEN hat bereits zutreffend bemerkt, daß die Analogiemethode nur zu Vermutungen oder Hypothesen, also zu einem Forschungsansatz, nicht jedoch zu Beweisen führen kann. Im Sinne jener Methode wurde z. B. darauf hingewiesen, daß die landschaftliche Raumorganisation der Prußen im späteren Deutschordensland Preußen wohl typisch für viele prähistorische und frühgeschichtliche Gesellschaften in Europa gewesen ist, da wir eine ähnliche Raumorganisation bei den slawischen Stämmen und im alten Irland antreffen (JÄGER 1982b). Alle komparativen Methoden sehen in ähnlichen oder gleichartigen Rahmenbedingungen die Ursachen für die Ähnlichkeiten der kulturlandschaftlichen Verhältnisse in unterschiedlichen Erdgegenden. Im Hinblick darauf ist es in den letzten Jahren in der Geographie und verschiedenen Nachbarfächern üblich geworden, von Determinanten einer Entwicklung zu sprechen. So hat z. B. im Jahre 1984 in Bad Homburg ein Interdisziplinäres Kolloquium über Determinanten mittelalterlicher Bevölkerungsentwicklung stattgefunden, bei der das Thema auch aus historisch-geographischer Sicht dargelegt wurde. Eine Publikation der Vorträge wird vorbereitet.

Wenn man sich in der Kulturlandschaftsgeschichte mit Determinanten mittelalterlicher und neuzeitlicher Bevölkerungsentwicklung befaßt, dann kann „Determinante" nicht erneut im Sinne des längst überholten Naturmilieudeterminismus oder eines Neo-Determinismus aufgefaßt werden (TATHAM 1951; GREGORY 1981; JOHNSTON 1984). Genauso bedenklich wäre ein ökonomischer oder gesellschaftlicher Determinismus, weil er die Möglichkeiten des Menschen zur Selbstbestimmung ausschließt. Die Vorstellung, daß den Menschen und seiner Kultur Determinanten lenkten, wird vor allem durch die Lehre vom Erkenntnis-, Bewertungs-, Handlungs- und Entscheidungsspielraum des Menschen relativiert. WIRTH weist jedoch treffend darauf hin, daß der mögliche Handlungs- und Entscheidungsspielraum des Menschen durch Landesnatur und geschichtliche Situationen eingeschränkt werde (1979, S. 230 ff.). Er zählt beide in Anlehnung an POPPER zu den Rahmenbedingungen und stellt fest, daß Landesnatur und historisches Erbe auf alle Sachverhalte einer gegebenen Zeitspanne in einem bestimmten Gebiet etwa in gleicher Weise einwirken.

2.8 Kombination von Methoden

Da es bei der Untersuchung der Entwicklung von Kulturlandschaften um dreidimensionale Objekte hoher Komplexität geht, wird man in der Regel nur zum Ziele gelangen, wenn mehrere Methoden miteinander verknüpft werden. Die meisten der im Schriftenverzeichnis genannten Arbeiten belegen dies. Besonders häufig werden die Querschnitts- und Längsschnittsmethoden zusammen angewandt und mit reduktiven und typologisch-morphogenetischen Methoden verknüpft. Im Rahmen dieser Methoden lassen sich die unterschiedlichen Betrachtungsweisen anwenden, da sie ebenso geeignet für die schon lange bewährten wie für neuere Anschauungen sind.

2.9 Das Verhältnis Natur–Mensch

Überblickt man die Ideengeschichte der genetischen Kulturgeographie, so ist in ihren disziplingeschichtlichen Phasen der Grad der Abhängigkeit des Menschen von der Natur unterschiedlich bewertet worden. Damit im Zusammenhang stehen die Beachtung, die in jeweiligen Forschungsabschnitten wie in Einzelarbeiten den Naturbedingungen geschenkt worden ist und die wechselnden Auffassungen über Ursächlichkeiten und Determinanten aus dem Naturbereich. Im ganzen gesehen zeichnen sich bei generalisierender Betrachtung drei Phasen der Naturbewertung ab. In vielen, wenn auch bei weitem nicht allen Arbeiten, die bis in die frühen 1950er Jahre reichen, wird den Naturbedingungen, nicht zuletzt unter dem nachwirkenden Einfluß der starken Stellung der Physiogeographie der Vor- und Zwischenkriegszeit, eine erhebliche Kausalität zugemessen. Dafür steht besonders der erste, den Forschungsstand der enddreißiger Jahre wiedergebende Band der ›Allgemeinen Geographie des Menschen‹ von Alfred HETTNER (1947, S. 35–100). Neben der Natur kennt er bereits die Anthropo-Sphäre als einen Bereich, der weitestgehend eigenständig ist und neben die Natur tritt. So hatte z. B. auch HETTNER längst das THÜNENsche Gesetz und andere rein wirtschaftlich bedingte Regelhaftigkeiten neben den Naturfaktoren zur Erklärung agrargeographischer Sachverhalte benutzt (a. a. O. S. 306). Die Veränderung der Landesnatur durch den Menschen war seit der lebhaften Ur- und Altlandschaftsforschung, die bereits mit dem klassischen Aufsatz von Robert GRADMANN im Jahre 1901 über das mitteleuropäische Landschaftsbild nach seiner geschichtlichen Entwicklung einsetzte, ein bis zur Gegenwart beibehaltener Themenbereich der genetischen Kulturgeographie (SCHLÜTER 1952–58).

In den 1960er und 70er Jahren ist den naturgeographischen Einflüssen weniger Beachtung geschenkt worden, wenn auch die Kulturlandschaftsgeschichte die Naturbedingungen nicht so völlig ausgeschlossen hatte wie die meisten sozialgeographischen Arbeiten. Davor wurde sie schon deshalb bewahrt, weil in der vorindustriezeitlichen Kulturlandschaftsentwicklung der Einfluß der Naturbedingungen mit Händen zu greifen ist. Die genetisch-kulturlandschaftliche Richtung der Geographie hat deshalb auch an manchen Instituten einen entscheidenden Anteil am Festhalten der institutionellen Einheit des Faches gehabt. Zur Zeit erleben wir eine Trendwende der Art, daß unter dem Einfluß von bereits eingetretenen ökologischen Katastrophen, wie in Afrika, oder drohenden, wie in Europa, das wechselseitige Verhältnis, das zwischen Natur und Mensch besteht, erneut stark in den wissenschaftlichen Gesichtskreis rückt, wenn auch mit verfeinerten und fortentwickelten Fragestellungen und Methoden. Das Thema der Mensch-Natur-Beziehungen läßt sich für alle Perioden der Kulturlandschaftsgeschichte nutzbringend anwenden, sollte jedoch nicht für sich, sondern gleichzeitig unter Berücksichtigung der anthropogenen Umwelt behandelt werden, wie das z. B. MANGELSDORF bei der Untersuchung des mittelalterlichen Wüstungsvorganges im Havelland gezeigt hat (1978).

2.10 Vom Determinismus zum Subjektivismus

Einen Naturmilieudeterminismus als die Lehre von der eindeutigen Bestimmtheit aller anthropogeographischen Sachverhalte durch die Natur hat es in der Geographie wohl nie in seiner idealtypischen Ausschließlichkeit gegeben. Schon in der ›Historischen Landschaftskunde‹ von WIMMER (1885) wird ein eindeutiger historischer Relativismus vertreten, der den Wandel der Kulturlandschaft von – modern gesprochen – Veränderungen in den anthropogenen Rahmenbedingungen herleitet. Typisch für diese Auffassung sind Sätze wie „Die natürlichen Vegetationsformen wurden beseitigt und künstliche an deren Stelle gesetzt; und zwar hat dieses Vegetationsgewand auf einem und demselben Erdraum in den einzelnen geschichtlichen Epochen sein Aussehen mehrfach verwandelt" (S. 71). Der historische Relativismus steht dem Possibilismus nahe. Dieser lehrt, daß die Landesnatur je nach ihren Eigenschaften einen mehr oder weniger schmalen oder breiten Rahmen setzt, innerhalb dessen es für den Menschen unterschiedliche Möglichkeiten räumlicher Inwertsetzung gibt. Für viele Studien über die Entwicklung von Kulturlandschaften gilt die folgende Feststellung: „An zahlreichen Beispielen für den Wechsel der Bodennutzung im Laufe der Landschaftsentwicklung, den soziale Wandlungen oder wirtschaftliche Einflüsse bedingten, konnte die ‚freie Anpassung' (Bobek 1957) der anthropogenen Landschaftselemente in die natürlichen Gegebenheiten aufgezeigt werden" (ENGELHARD 1967, S. 236). Während manche Spielarten des geographischen Possibilismus der natürlichen Umwelt etwa den gleichen Einfluß wie den anthropogenen Faktoren einräumen, neigen manche Arbeiten dazu, die von der

2.10 Vom Determinismus zum Subjektivismus

Natur ausgehenden Einflüsse als geringer zu bewerten. So ergab sich für RÖLL nach einer Untersuchung der kulturlandschaftlichen Entwicklung des Fuldaer Landes seit der Frühneuzeit als Quintessenz (1966, S. 189): „Die vorliegende Untersuchung, welche am Begriff der Entwicklung orientiert ist, zeigt, in welch starkem Maße die Gestaltung der heutigen Kulturlandschaft von den gesellschaftlichen Grundproblemen und Wertvorstellungen der jeweiligen Zeitperioden abhängig ist. Neben den politischen Zielsetzungen der Obrigkeit gingen weitere entscheidende Impulse von der Bevölkerungs- und Sozialsphäre aus, während den naturräumlichen Gegebenheiten hierbei nur indirekte Bedeutung zukam." Die letzten Endes auf eine Neubelebung des Idealismus hinauslaufende „Humanistische Geographie" hat im deutschsprachigen Raum bislang kaum Eingang gefunden (vgl. E. LICHTENBERGER 1984), doch spielt sie im angelsächsischen Bereich bereits in der Historischen Geographie und damit auch in der Landschaftsgeschichte eine gewisse, wohl noch einige Zeit wachsende Rolle, um dann – wie andere Modeströmungen – wieder abzuebben. Zurückbleiben wird dann eine Bereicherung des Faches mit neuen Aspekten und Ansätzen, jedoch keine neue geographische Teildisziplin. Das wichtigste Kennzeichen der "humanistic geography" ist ihr anthropozentrisches, den Menschen mit seinen Ideen in den Mittelpunkt stellendes Weltbild. "No object is free of a subject; whether in thought or action each phenomenon is part of a field of human concern. The intent of an author is present in all actions and all facts, including ... the subjectivity behind the objectivity of scientific concepts" (LEY/SAMUELS 1978, S. 11). Mit dieser Auffassung, die in vielen Büchern und Aufsätzen jener anglo-amerikanischen Richtung so und ähnlich abgehandelt wird, ist annähernd der Standpunkt des deutschen Idealismus des 19. Jh. wieder erreicht, nach dem das Sein von der Idee oder vom Geist her bestimmt werde. Da die "humanistic geography" und andere neuere angelsächsische Strömungen der Geographie des Menschen zu einer subjektivistischen Anschauung führen (LIVINGSTON/HARRISON 1981), besteht auch großes Interesse an der phantasiereichen Empfindung von Landschaft oder natürlicher und gebauter Umwelt in der Dichtung (BIRCH 1981).

2.11 Wahrnehmung, Wertungs- und Verhaltenslehre

Man versteht unter Umweltwahrnehmung die subjektive, auf der Erfahrung beruhende Wahrnehmung und Bewertung der Erscheinungswelt durch ein Individuum bei gleichzeitiger Zielgerichtetheit auf die Objekte, welche der Wahrnehmung zugrunde liegen. Eine derartige Wahrnehmung bedinge nicht nur das Verhalten im täglichen Leben, sondern liege auch dem aktiven Prozeß des Entscheidens (decision making) zugrunde. Insofern ist die Umweltwahrnehmung eine phänomenale Erfahrung und darüber hinaus richtungweisend für raumwirksame Handlungen. Mit einem ähnlichen Modell arbeitet auch die deutsche Sozialgeographie, wie z. B. Abb. 3 im bekannten Band des ›Geographischen Seminars‹ anschaulich darstellt (MAIER u. a. 1977). Für unser Gesamtthema sind jene Arbeiten wichtig, welche die Unterschiede von Kulturlandschaften aus Unterschieden in der Umweltwahrnehmung verschiedener Gruppen, bedingt durch kulturelle, gesellschaftliche und wirtschaftliche Faktoren, erklären. Auf der Umweltwahrnehmung beruht schließlich auch das, was in den USA und Großbritannien als "topophilia" bezeichnet wird und auf YI-FU TUAN zurückgeht (1974). Es handelt sich um gefühlsbetonte Bindungen einer Person an ihre materielle Umwelt, namentlich an besondere Örtlichkeiten oder Gegenden. Wir schließen die knappen theoretischen Darlegungen mit einer Feststellung von WIRTH als Fazit seiner kritischen Auseinandersetzung mit wahrnehmungszentrierten Forschungsansätzen: „Erst wenn zu der Frage nach der Ursache menschlichen Verhaltens die nach Sinn, Zweck und Bedeutung von Handlungen tritt, besteht die Möglichkeit, dem Menschen und seiner Umwelt gerecht zu werden" (1981, S. 194).

Eine unüberwindliche Schwierigkeit für die Anwendung wahrnehmungs- und entscheidungsbezogener Forschungsansätze in der praktischen Arbeit von Kulturlandschaftsgeschichte und Historischer Geographie liegt im weitestgehenden Fehlen der dazu notwendigen Dokumente, bis auf die großen Bestände an Zeugnissen für staatlich-administrative Entscheidungen. Vor allem die Perioden seit dem 18. Jh. besitzen eine für die Klärung mancher Fragen ausreichende direkte Überlieferung. Daher hat sich auch die Forschung, namentlich die sehr rührige in den englischsprachigen Ländern, im Rahmen von Wahrnehmungsstudien vor allem mit jüngeren Entwicklungsphasen der Landschaften befaßt. Was auch aus älteren Quellen über Bewertungen und Bewertungswandlungen erschließbar ist, erörtert KRINGS (1976) an Beispielen aus dem Rhein-Maas-Gebiet.

Das Schrifttum im angelsächsischen Bereich zur Umweltwahrnehmung ist sehr umfangreich, weil es bereits Anfang der 1950er Jahre mit Beiträgen, die Maßstäbe gesetzt haben und dadurch sehr anregend waren, auf hohem methodischen Niveau gestanden hat (KIRK 1951). Zunächst ging es um die Frage, wie Zeitgenossen früherer Kulturlandschaften ihre Umwelt gesehen und bewertet haben. Die Anfänge in der textlichen Darstellung gehen noch weiter zurück, so daß einschlägiges Schrifttum unter Berücksichtigung der USA in einem Forschungsbericht von PRINCE (1969) vor allem seit den 1940er Jahren gewürdigt wird. Es wird bereits versucht, mit der Konzeption der Umweltwahrnehmung auch von Geographen bis in die prähistorische Zeit zurückzudringen (NEWCOMB 1969a). Einen breiteren Überblick über die kulturlandschaftsgeschichtlich wichtigen Arbeiten mit umfangreichen Schrifttumsnachweisen gibt PRINCE unter dem bezeichnenden Titel: ›Real, imagined and abstract worlds of the past‹ (1971). Ein besonderes Kapitel in seinem Forschungsüberblick befaßt sich mit "The ways in which people at different times have seen their surroundings, the ways in which they have assessed (= veranschlagt) their value, and the ways in which they have made and re-made landscape features reflect diverse, often conflicting motives, attitudes and tastes" (S. 32). Zur Einführung in die Thematik sind des weiteren zu empfehlen: BAKER 1972 (ab S. 105 ff.), PRINCE 1980 (ab S. 236 ff.) und das Kapitel ›Behavioural Approaches to the Study on Geographical Change‹ in ›Period and Place‹ (BAKER/BILLINGE 1982). Es enthält auch einen Aufsatz von CLAVAL über ›The Image of France and Paris in modern Times: a historico-geographical Problem‹ (S. 205–211, 346). Schließlich sei hingewiesen auf die Artikel ›Environmental Perception; Topophilia‹ von BILLINGE und ›Behavioural Geography‹ von GREGORY im ›Dictionary of Human Geography‹ (JOHNSTON 1981). In die französische, vor allem gegenwartsbezogene Wahrnehmungsgeographie führt FRÉMONT ein (1976).

2.12 Sozialgeographischer Ansatz und Einzelpersönlichkeit

Nach der sozialgeographischen Konzeption seien „die Träger der Funktionen und Schöpfer räumlicher Strukturen letztlich menschliche Gruppen" (MAIER u. a. 1977, S. 20). Daraus leitet die Sozialgeographie ihre methodischen Ansätze, Fragestellungen und Arbeitsverfahren ab. Mit jener Auffassung von der raumprägenden Kraft von „menschlichen Gruppen" steht die Sozialgeographie in diametralem Gegensatz zu Lehren wie etwa „Männer machen Geschichte", die vor allem vor dem Ersten Weltkrieg verbreitet waren. Gewiß hat die Sozialgeographie ihre Verdienste in der Betonung der räumlichen Aktivitäten von „Gruppen", weil diese als Träger landschaftlicher Prozesse von der Forschung lange vernachlässigt worden sind, so daß man sich vielfach auf eine reine Morphogenese der Kulturlandschaft ohne Analyse der treibenden Kräfte beschränkte. Wer mit dem Begriff der „Gruppe" arbeitet, sollte indes bedenken, daß das, was die Sozialgeographie durchweg als „Gruppe" bezeichnet, nach soziologischer Terminologie nur eine „Quasigruppe" darstellt, da die Struktur fehlt. Sieht man sich im kulturlandschaftsgeschichtlichen Schrifttum um, wird man aber auch in dessen älteren Arbeiten Ansätze zu einem Erkennen und Werten der sozialen Differenzierung des Siedlungs- und Flurgefüges feststellen. Freilich hat erst die Sozialgeographie den fälligen Anstoß zu einem systematischen und theoretisierenden Weiterschreiten in dieser Richtung gegeben, da sie konsequent nach den aus dem gesellschaftlichen Bereich kommenden Faktoren für die Auslösung und den Ablauf räumlicher Prozesse fragt. Ein Beispiel für die stärkere Hinwendung zur sozialgeographischen Betrachtungsweise in der Historischen Geographie ist das Kapitel von DODGSHON über das frühe Mittelalter in der ›Historical Geography of England and Wales‹ (DODGSHON/BUTLIN 1978) mit mehreren Abschnitten, die das Thema „Land und Gesellschaft" variieren. Auch die Volkskunde und die Ethnologie, die sich beide seit ihrer Entwicklung als Wissenschaftsdisziplinen mit der Gesellschaft und ihren Strukturen befassen, können für die Kulturlandschaftsgeschichte erhellende Erkenntnisse sowohl in der Theorie wie in ihren Aussagen zu sachlichen Tatbeständen liefern (u. a. BAUSINGER u. a. 1978; SCHMIED-KOWARZIK/STAGL 1981). Noch mehr gilt das für die Landes- und Sozialgeschichte. So sind die Forschungen über die Landgemeinde grundlegend für viele Bereiche der Kulturlandschaftsgeschichte, darunter die Erforschung der Fluren und Allmenden, der ländlichen Siedlungen, des Landesausbaus und weiterer Prozesse, der Bildung ländlicher Gemeinschaften und Gemeinden mit raumwirksamen Folgen. Einen raschen Einstieg in die vielseitige Problematik bieten die beiden Bände über die Anfänge der Landgemeinde und ihr Wesen, an denen auch Geographen mitgearbeitet haben (Konstanzer Arbeitskreis 1985). Eine Möglichkeit, Einzelhofgruppen von Dörfern mit weiterem Abstand der Höfe zu unterscheiden, ergibt sich z. B. allein aus Einrichtungen der Gemeinschaft, die dem gesellschaftlichen und wirtschaftlichen Bereich angehören.

Wer größere archivalische Aktenbestände kennt, die sich auf Land- und Forstwirtschaft, Verkehr, Gewerbe und andere Gebiete der sogenannten Landeskultur des 16. bis 19. Jh. beziehen, erfährt bald, daß viele auf Dauer prägende Eingriffe in räumliche Strukturen und Funktionszusammenhänge von Einzelpersönlichkeiten ausgegangen sind. Eine Betrachtung allein von „menschlichen Gruppen" würde deshalb zu einer neuen Einseitigkeit führen. Sieht man sich im landschaftsgeschichtlichen Schrifttum um, so ist darin die Beachtung der Einzelpersönlichkeiten in ihrer Raumwirksamkeit ebenfalls unterrepräsentiert. Zu den Ausnahmen gehört etwa eine Arbeit von HELMFRID (1961), in der er zeigt, daß in Schweden, wo im 18. Jh. als erstem kontinentalen Land nach englischem Vorbild die Neuordnung der Agrarstruktur mittels Flurbereinigung in Angriff genommen wurde, Jacob FAGGOT die treibende Kraft gewesen ist. In Deutschland haben Männer wie Albrecht VON THAER (1752–1828) und Johann Nepomuk VON SCHWERZ (1759–1844) einen kaum abschätzbaren Einfluß auf eine Umstrukturierung des Agrarraums ausgeübt. Die Beispiele für die enorme Raumwirksamkeit einzelner Persönlichkeiten ließen sich leicht verlängern und bis ins Mittelalter zurückführen.

2.13 Der systemtheoretische Ansatz

Er vermeidet deterministische Vorstellungen, welche einzelne Faktoren, namentlich die Landesnatur, die Gesellschaft oder die Wirtschaft, als alles beherrschende Steuerungsgrößen betrachten, ebenso wie die possibilistische Sicht, welche entweder deterministische Elemente enthält oder die Natur zum Beiwerk macht. Der systemtheoretische Ansatz ist allen anderen überlegen, weil er die unzähligen Variablen der Natur wie der Kultur in einem interdependenten, durch Aktionen, Reaktionen und Rückkoppelungen erfüllten Wirkungsgefüge zusammenfaßt. Was diese Konzeption zu leisten vermag, hat zum Beispiel die Untersuchung von PFISTER über Bevölkerung, Klima und Agrarmodernisierung in der Schweiz für die Zeit von 1528 bis 1860 gezeigt (1984). Er konnte eine überzeugende Erklärung der Entwicklung von Landwirtschaft und Bevölkerung im Zusammenhang mit Klimaveränderungen erst durch eine ökologische, in der Systemtheorie verankerte Betrachtungsweise erbringen. Er setzte dabei die durch 33 000 Daten nachgewiesenen Klimaveränderungen in Beziehung zu den agrarischen Nutzungssystemen (Variablen u. a.: Flächen, Kulturpflanzen, Fruchtfolge, Düngerpotential, Viehhaltung, Futter-Substitutionsmöglichkeiten) und dem demographischen System (Variablen u. a.: Bevölkerungszahl, Geburten-, Sterberaten, soziale Verhältnisse). Weitere systemtheoretische Ansätze bietet für die Erklärung kulturlandschaftlicher Zusammenhänge in allgemeiner Sicht WÖHLKE (1969 und 1983). Seine Hauptanliegen sind Versuche, die natürliche und die vom Menschen gestaltete Landschaft aus Prozessen zu erklären und diese in einem System zu ordnen (1983, S. 420). Eine Vernetzung von Natursystemen mit Anthroposystemen erarbeitet auch WILLERDING (1977, Abb. 1 u. 2). Da bei ihm das Hauptgewicht auf den Natursystemen liegt, wäre das anthropogene bei erweiterter Fragestellung noch erheblich differenzierungsfähig. Daß sich auch Kulturlandschaftselemente, wie das Bauernhaus, nach Form und Funktion wie Genese am besten mittels eines systemtheoretischen Ansatzes verstehen lassen, hat ELLENBERG (1984, Abb. 1) überzeugend dargelegt (vgl. Kap. 6.2.1).

2.14 Theorien kultureller Evolution

Zu den wesentlichen Merkmalen von Kulturlandschaften gehört neben ihren Persistenzerscheinungen die Veränderlichkeit. Daher stehen die Kulturlandschaften im „ständigen Spannungsfeld zwischen Persistenz und Dynamik" (WIRTH 1979, S. 97). In vielen Arbeiten wird die Veränderung in der Zeit als „Entwicklung", als Wandel oder Prozeß bezeichnet. Bei „Entwicklung" handelt es sich um einen vieldeutigen Begriff. In manchen Arbeiten wird damit einfach rein formal eine Veränderung landschaftlicher Verhältnisse im Verlaufe der Zeit verstanden. Danach wäre Entwicklung nichts anderes als eine chronologische Ab- oder Aufeinanderfolge von Formen, Gefügen und Funktionen, die sich durch Addition neuer Elemente oder durch den Übergang in einen anderen Zustand ergibt (zeitlicher Formen- und Funktionswandel). Ebenso häufig ist der Gebrauch des Begriffs im Sinne seiner bildungssprachlichen Entsprechung, nämlich von „Evolution". In diesem Sinne bezeichnet

Entwicklung = Evolution eine allmähliche, bruchlos fortschreitende Fortentwicklung der Kulturlandschaften von einfacheren zu komplexeren Gefügen im Sinne einer qualitativen Verbesserung oder eines Fortschritts. Eine Vollendung oder Reife ist jedoch nur unter bestimmten Rahmenbedingungen möglich, und da diese nicht stabil sind, können auch landschaftliche Gefüge nur vorübergehend eine vollendete Ausprägung erhalten. Die europäischen Kulturlandschaften waren allgemein vor der Industrialisierung des 19. Jh. stärker als danach in ihrer Substanz synchronisiert, da ihr Veränderungstempo geringer gewesen ist, so daß ihr formales und funktionales Gefüge eher einer Zeitebene entsprach, wohingegen seit dem 19. Jh. verstärkt unterschiedliche Entwicklungsstufen im räumlichen Nebeneinander ausgeprägt sind. Obwohl sich die Geographie in Tausenden von Publikationen mit kulturlandschaftlichen Entwicklungen und Abläufen befaßt hat, ist von ihr bislang keine eigene und umfassende Evolutionstheorie ausgebildet worden; sie besitzt aber verschiedenartige Ansätze dazu und in einigen Arbeiten auch das für eine Theorie erforderliche Problembewußtsein. Das kommt besonders deutlich in der ›Theoretischen Geographie‹ von WIRTH zum Ausdruck, wenn er formuliert: „Welche Bedingungskonstellation gegeben sein muß, damit die Dynamik der Veränderung stärker ist als die Kräfte der Beharrung – darauf auch nur kursorisch einzugehen, würde den Rahmen unseres Studienbuches wieder sprengen" (S. 97). Auch meine Einführung kann nur an die Fragen heranführen.

Die Auffassung von einer qualitativen Änderung oder Evolution wird von der Stufentheorie vertreten, die zwar sehr alte, bis in biblische Zeiten zurückreichende Wurzeln besitzt, aber erst in der Aufklärung des 18. Jh. eine dreiteilige Periodisierung erhielt. Gewiß, Eduard HAHN hat schon 1919 die alte Dreistufentheorie der Menschheitsentwicklung vom Jäger über den Hirten zum Ackerbauer widerlegt, doch war das kein Beweis gegen die Auffassung von Entwicklungsstufen. Fruchtbar bis zu den Neoevolutionisten der Gegenwart wurde die vom Philosophen und Soziologen Herbert SPENCER (1820–1903) vertretene Evolutionstheorie. Er erblickte in der Evolution einen Fortschrittsprozeß mit ständig zunehmender funktionaler Differenzierung, die ihrerseits eine laufend anwachsende Integration und Komplexität bedingte. Immer verschiedenere Teile werden im Verlaufe dieses Prozesses immer abhängiger voneinander. Auf dem Boden einer Stufentheorie steht auch die materialistische Geschichtsauffassung des Marxismus, wenn sie eine gesetzliche Entwicklung über unterschiedliche Wirtschafts- und Gesellschaftsstufen durch Evolution und Revolution bis zum Endziel behauptet. Auch die bis heute in der Geographie vertretene, auf BOBEK (1959) zurückgehende Theorie über die ›Hauptstufen der Gesellschafts- und Wirtschaftsentfaltung in geographischer Sicht‹ ist nichts anderes als eine Variante der evolutionären Stufentheorien. Bezeichnende Vokabeln im Aufsatz von BOBEK sind „Primitivkulturen, höhere Entfaltung, Steigerung der Kultur (S. 295), Errungenschaften" (S. 296). Darin kommt seine Auffassung von einer Vervollkommnung oder Verbesserung im Verlaufe des evolutionären Vorganges zum Ausdruck. Wenn sich MÜHLMANN 1939 (S. 20) mit der Feststellung, daß in der Kultur die einzelnen Variablen wie Technik, Recht, Soziale Organisation, Wirtschaft ganz unterschiedliche Stufen erreicht haben könnten, von der schematisierenden Evolutionstheorie abwandte, war seine Abkehr nicht so radikal, wie er selbst meinte. Denn seine Auffassung führt zur Vorstellung einer „differentiellen Evolution", nach der in Kulturen ihre einzelnen Bereiche verschiedene Entwicklungsebenen mit unterschiedlichen Geschwindigkeiten erreichen. Diese Auffassung ist auch in der Geographie vorhanden, wenn WIRTH wiederholt auf den Gegensatz und das gleichzeitig räumliche Nebeneinanderstehen von Persistenz und Dynamik hinweist (z. B. 1979, S. 92 ff.).

Die Kulturlandschaftsgeschichte wird in Zukunft ihre theoretische Durchdringung fördern können, wenn sie sich durch die Diskussion in den Nachbarfächern wie Geschichte, Soziologie und Ethnologie anregen läßt. Es werden die klassischen wie die heutigen Evolutionstheorien in einer neuen Einführung in die Ethnologie dargestellt (RAUM 1983, S. 275 ff.). In den USA ist eine solche Diskussion längst im Gange, wie die grundlegende Erörterung der verschiedensten Theorien kultureller Evolution unter besonderer Berücksichtigung der Geographie und ihrer wichtigsten Nachbarfächer, namentlich der Ethnologie, durch NEWSON, vorwiegend mittels Auswertung der US-amerikanischen und britischen Forschung, gezeigt hat (1976). Obwohl frühere wie heutige Konzepte kultureller Evolution kritisiert worden sind, besitzen sie mindestens die Funktion von Hypothesen und bilden damit Vorentwürfe für Theorien. Zu den Leitideen über die kulturelle Evolution läßt sich auch das bekannte Modell der Innovation stellen, die als räumlicher Ausbreitungsvorgang von Neuerungen seit den klassischen Arbeiten von HÄGERSTRAND (1952) in vielen – darunter auch kulturlandschaftsgenetischen – Untersuchungen (DENECKE 1976) vertreten ist. Die Innovationslehre ist letzten Endes auf die Auffassung des Diffusionsprozesses durch die Ethnologen zurückzuführen, und diese haben ihrerseits erhebliche Anregungen durch den Geographen RATZEL (1844–1904) empfangen.

Inwieweit die neue, vor allem in den USA entworfene Richtung einer Geschichte wirtschaftlicher Entwicklung für die Geographie fruchtbar werden wird, läßt sich noch nicht absehen. Die zur Zeit besonders in den englischsprachigen Ländern viel diskutierten beiden ersten Bände eines auf vier Teile angelegten Werkes von WALLERSTEIN über den Ursprung der europäischen Weltwirtschaft im 16. Jh. und ihre Konsolidierung zwischen 1600 und 1750 (1974/ 1980) eröffnen eine weite Perspektive. Die Grundgedanken von WALLERSTEIN und weiteren Autoren mit verwandten Denkansätzen, die alle von O'BRIEN zitiert werden (1982), bestehen darin, daß die räumlichen Diskrepanzen zwischen Zentrum und Peripherie in Gewerbe, Handel und Handelsverkehr und ihre jeweilige unterschiedliche Entwicklung vom 16. zum 18. Jh. die Grundlage gelegt hätten für einen hohen Entwicklungsstand hier und Unterentwicklung dort, und zwar im 19. und 20. Jh. Leicht ist erkennbar, daß diese Auffassung ebenfalls zu den evolutionistischen Theorien gehört. Da sich die Geographie seit der Adaption der Theorie des Isolierten Staates von Heinrich VON THÜNEN in den 1930er Jahren mit dem raumstrukturellen und -funktionalen Gegensatz zwischen Zentrum und Peripherie befaßt, dürfte der Ansatz von WALLERSTEIN auf fruchtbaren, zur Aufnahme solcher Vorstellungen bereits vorbereiteten Boden fallen. So versucht NITZ (1984a), die Konzeption von WALLERSTEIN auf einen historisch-geographischen Abriß mitteleuropäischer Agrarraumentwicklung vom 16. zum 18. Jh. anzuwenden. Wer sich mit WALLERSTEIN und den anderen „Entwicklungshistorikern" befassen will, sollte jedoch eine Schwäche ihrer Werke nicht übersehen. Sie besteht darin, daß diese "new history expands micro evidence into macro generalizations" (O'BRIEN 1982, S. 16). Es würde den Rahmen dieser Einführung sprengen, die Einzelbelege dafür zu geben.

3. ARBEITSWEISEN – KULTURLANDSCHAFTSGENETISCHE QUELLEN

3.1 Die Karte

Die Entwicklung der Kulturlandschaften läßt sich für die meisten europäischen Länder mittels topographischer und thematischer Karten flächenhaft bis ins 18. Jh. und gebietsweise bis ins 16. Jh. zurückverfolgen. Deshalb ist älteren Kartenwerken als einzigartigen Dokumenten in den letzten Jahren eine Fülle von Ausstellungen, Bibliographien und Faksimile-Ausgaben gewidmet worden. So hat z. B. die Bristol und Gloucestershire Archaeological Society 1961 eine Auswahl alter Karten ihres Arbeitsgebietes in einem Atlas veröffentlicht. Nennen wir nur als ein weiteres Beispiel die von der National Library of Ireland in Dublin edierte Sammlung ›Ireland from Maps‹ (1980), deren Ziel laut erläuterndem Text u. a. darin besteht, zu zeigen, wie sich ältere Karten für das Studium der Landschaftsgeschichte eines Landes einsetzen lassen. Fast alle Landesvermessungsämter in der Bundesrepublik Deutschland haben in den letzten Jahren ältere Kartenwerke in Faksimile-Editionen neu herausgebracht. Ihre Kataloge weisen Titel und Preise nach. Ähnliches gilt auch für einige Nachbarländer, wie z. B. Dänemark. Die vom Geodaetisk Institut in Kopenhagen veröffentlichten älteren Kartenwerke der Herzogtümer Schleswig, Holstein und Lauenburg sind auch grundlegend für die historische Landesforschung in Deutschland.

Im Rahmen von Historischen Atlanten heutiger oder früherer Territorien werden einzelne oder ganze Serien von älteren Karten reproduziert, weil diese eine einzigartige, durch nichts anderes zu ersetzende, breite Grundlage für landschaftsgenetische Arbeiten sind, ebenso unentbehrlich für Geographen wie für Historiker, Namenforscher oder Volkskundler (z. B. SEEDORF 1982). Als Lieferung 6 (1978) des Historisch-geographischen Atlas des Preußenlandes (MORTENSEN u. a. 1968) ist z. B. ein Faksimile-Druck der berühmten Karte von Ost- und Westpreußen, Preußisch-Litauen, Westpreußen und dem Netzedistrikt in 25 Blättern (Maßstab 1 : 150 000) erschienen, die unter Leitung des Freiherrn von Schroetter 1796–1802 aufgenommen wurde und die Güte des Originals besitzt. Dieses Werk ist sowohl für die deutsche wie für die polnische Forschung ein Ausgangspunkt für historisch-landeskundliche Arbeiten. Eine wichtige Veröffentlichung ist die Generalkarte von den sämtlichen Königl. Preußischen Staaten von D. W. Sotzmann, Berlin 1802, die als Lief. 1 (1981) eines Kartenwerkes zur Preußischen Geschichte von der Hist. Kommission in Berlin zusammen mit dem geographisch-statistischen Repertorium (Bearb. SCHARFE) von Gaspari (1799/1800) herausgegeben wurde. Besonders rührig und mustergültig in der Edition älterer Kartenwerke sind die Historische Kommission von Niedersachsen mit ihren Jahresberichten im Niedersächsischen Jahrbuch für Landesgeschichte und das Nordostdeutsche Kulturwerk in Lüneburg (Hrsg.: E.JÄGER/ L. ZÖGNER), das z. B. den großen Atlas des Grafen Mellin von Livland (1798) ediert hat. Der Historische Handatlas von Brandenburg und Berlin (Hrsg. QUIRIN, HEINRICH u. a.), der zu den besten Territorialatlanten gehört, enthält mehrere Faksimiles von älteren Karten. Sie erlauben, wesentliche Phasen der Entwicklung des Stadtraums von Berlin und Potsdam zu rekonstruieren. Dazu lassen sich im Falle von Berlin wie anderen bedeutenden Städten auch ältere Führer einsetzen, insbesondere wenn diese Stadtpläne enthalten. Manche sind in den letzten Jahren in Faksimiles neu herausgekommen. Das gilt z. B. für den Führer von Berlin (MORIN 1860; 1980). Er enthält einen zwölffarbigen Plan von Berlin 1 : 19230, der die genetischen Viertel der Stadt wiedergibt. Alle wichtigen Phasen der Entwicklung Berlins in den letzten 300 Jahren lassen sich leicht mit Hilfe der Faksimile-Karten-Edition von L. u. G. ZÖGNER (1980/84) rekonstruieren.

Inhaltsreiche Schriften über ältere Kartenwerke mit entsprechenden Faksimiles sind vom öffentlichen Vermessungswesen und historischen Kommissionen herausgegeben worden, wie z. B. die Erläuterungen von MÜLLER-MINY (1977) zur Tranchot-von Müfflingschen Kartenaufnahme der Rheinlande 1801–1828, der Abriß von SCHROEDER-HOHENWARTH über die Preußische Landesaufnahme 1816–75 (1958), eine Sammlung bayerischer Stadtgrundrisse der Mitte des 19. Jh. (Bayer. Landesvermessungsamt 1983) oder der Abriß der Kartographie Brandenburgs (SCHARFE 1972). Ein Quellenwerk für verschiedene historisch-landeskundliche Forschungsansätze ist eine Sammlung von Karten des 16.–18. Jh. aus niedersächsischen Archiven (LEERHOFF 1985). Nach ihrer Konzeption wie graphischen Gestaltung nachahmenswert ist die Geschichte der kartographischen Darstellung Ostpreußens von E. JÄGER (1982).

Ein Pilotprojekt zur Herstellung einer topographischen Karte mit modernen Signaturen und exakten Lagebeziehungen, jedoch abgestellt auf einen Zeitpunkt, der vor Beginn der modernen Kartographie liegt, ist SCHARFE (1984) mittels Auswertung von älteren und neueren Karten gelungen. Der Karte des Landes Braunschweig im 18. Jh., die seit 1955 in einer mustergültigen Bearbeitung herausgekommen ist, liegt eine ähnliche Konzeption zugrunde (SCHNATH 1965, S. 402). In der Regel wohlfeil, mit guten Faksimiles und Bibliographien ausgestattet, sind Ausstellungskataloge der letzten Jahre (z. B. VOGEL/ZÖGNER 1979; ZÖGNER 1981). Der von H. STOOB geleitete Arbeitskreis für Historische Kartographie orientiert in seinem jährlichen Mitteilungsblatt über derartige Neuerscheinungen. Einige große Bibliotheken haben von ihren gedruckten wie handgezeichneten Karten Kataloge veröffentlicht. Die der British Library (Britisches Museum, 1861–1977) z. B. sind unentbehrlich für Arbeiten mit älteren Karten. Auch Deutschland ist in jenen Katalogen stark vertreten. Zahlreiche weitere Nachweise über Kataloge von Kartensammlungen in Bibliotheken, aber auch über das Verzeichnen und Ordnen von älteren Plänen und Karten bringt die Bibliographie von FRANZ und JÄGER (1980, S. 81 ff.).

In den letzten Jahren sind auch hervorragende Kataloge über handschriftliche Karten in deutschen Archiven veröffentlicht worden, wozu z. B. die von Wilfried BLISS bearbeiteten Spezialinventare der Plankammern der früheren Regierungen von Frankfurt a. d. O. (1978), Bromberg (1978), Potsdam (1981) und Marienwerder mit Danzig (1982) aus den Archiven der Stiftung Preußischer Kulturbesitz in Berlin gehören. Vom Katalog ›Kartendrucke von Deutschland bis 1815‹, der sich durch einen faksimilierten Ausschnitt einer jeden der aufgenommenen Karten auszeichnet (Hrsg.: SCHARFE), ist bislang leider nur die 1. Lieferung mit 100 Nachweisen erschienen (Frankfurt a. M., Berlin 1978). Über die handschriftlichen Karten einzelner Archive gibt es gedruckte Findbücher mit knappen Inhaltsangaben: R. SCHUMM: Inventar der handschriftlichen Karten im Hohenlohe-Zentralarchiv Neuenstein. Karlsruhe 1961. – E. KRAUSEN: Die handgezeichneten Karten im Bayerischen Hauptstaatsarchiv sowie in den Staatsarchiven Amberg und Neuburg a. d. Donau bis 1650). Neustadt a. d. Aisch 1973. – A. SCHÄFER: Inventar der handgezeichneten Karten und Pläne zur europäischen Kriegsgeschichte des 16.–19. Jh. im Generallandesarchiv Karlsruhe. Stuttgart 1971.

Die Städteatlanten, die ganz Deutschland oder einzelne seiner

3.1 Die Karte

Länder und andere europäische Staaten erfassen, sind ebenso wie die meisten Historischen Atlanten sowohl der Länder der Bundesrepublik wie des Auslandes Zeugnisse für den Quellenwert älterer Karten zum Studium des Werdens unserer Städte (vgl. Kap. 6.2.2). Manche dieser Atlanten enthalten auch Faksimiles älterer Stadtpläne. Separat davon gibt es für viele Städte faksimilierte ältere Pläne; für einzelne der größeren Städte sind ganze Sammlungen solcher wertvollen Quellen erschienen, so z. B. für Braunschweig (Stadt Braunschweig 1981), Berlin (ZÖGNER/ZÖGNER 1980/84) und London (MARGARY 1982). Auch der mit zahlreichen Beispielen versehene Katalog über Historische Ansichten und Pläne von Geldern ist vorbildlich in seiner quellenkundlichen Funktion (MEURER 1979). Mit Problemen der Analyse älterer Stadtpläne befassen sich des weiteren KEYSER (1958), STOOB in vielen Lieferungen des deutschen und westfälischen Städteatlasses und JÄGER (1984a). Wie sich anhand von alten Karten die Entwicklung einer Weltstadt darstellen läßt, hat am Beispiel von Wien OPPL demonstriert (1983). Er hat mit Hilfe von kartographischen Zeugnissen aus fünf Jahrhunderten die Entwicklung der Stadt bis in die Mitte des 19. Jh. verfolgt. Zwei interessante Pläne des 18. Jh. über bzw. aus Prag hat POKORNY (1980; 1985) vorgelegt.

Die Genese von ländlichen Siedlungen und Fluren ist seit dem klassischen Werk von August MEITZEN (1895), dem ein besonderer Atlasband beigegeben war, vor allem mittels älterer Flur- oder Katasterkarten, welche in der Regel Orts- und oft Hausgrundrisse enthalten, und zugehöriger Katasterbeschreibungen untersucht worden. Einige unserer historischen Landesatlanten, wie der von Baden-Württemberg, bringen faksimilierte Flurkarten zur Veranschaulichung früherer Agrarzustände. Auch die bekannten Karten der Orts- und der Flurformen um 1850 im Gebiet der Bundesrepublik, die im Atlas der deutschen Agrarlandschaft von Erich OTREMBA (1962–72) auf der Grundlage zeitgenössischer Katasterkarten erarbeitet worden sind, veranschaulichen den Wert alter Karten als Basis für landschaftsgenetische Arbeiten. Ein großer Teil der im Kapitel über Siedlungsforschung (6.2.1) erwähnten Arbeiten beruht auf der Auswertung von Flur- und Katasterkarten. Sie sind in allen europäischen Ländern Forschungsdokumente. So hat z. B. die skandinavische Siedlungsforschung, die über besonders genaues und lückenloses Kartenmaterial des 18. und 19. Jh. verfügt, ältere Flurkarten zu weitgespannten Untersuchungen über die Genese von Agrarlandschaften eingesetzt (HELMFRID 1961). Ohne ältere

Flurkarten wäre es nicht möglich, so gewichtige Forschungen über die älteren Feldsysteme (= Flurgefüge und Rotation) zu verfassen, wie sie z. B. durch ein britisches Standardwerk repräsentiert werden (BAKER/BUTLIN 1973). Die wohl beste Einführung in die genetisch-siedlungsgeographische Analyse von Flurkarten hat KRENZLIN vorgelegt (1983 a).

3.2 Das Luftbild

Das Luftbild ist ein eigenständiges Forschungsmittel, welches die Arbeit mit Karten wesentlich ergänzt und für manche Fragestellungen über sie hinausführen kann (SCHNEIDER 1974; 1984). Das gilt zunächst für Luftschrägaufnahmen von Siedlungen, die es ermöglichen, Gebäudeformen und die mit ihnen zusammenhängenden Stockwerkhöhen zu analysieren. Stereoskopisches Messen von Höhen bis zu wenigen Dezimetern ist bei Reihenbildern mit 60%iger Überdeckung möglich. Durch den Schattenwurf bei schrägstehender Sonne, der auch geringfügige Niveauunterschiede erkennen läßt, durch Verfärbungen infolge unterschiedlicher Durchfeuchtung des Bodens (Bodenmarkierungen) und durch Unterschiede in der Wuchshöhe und Färbung von Pflanzen (Vegetationsmerkmale) lassen sich Grundrisse von ehemaligen Naturobjekten und Anlagen des Menschen im Luftbild auch dann noch oft erkennen, wenn sie sich der terrestrischen Beobachtung in Augenhöhe entziehen. Auf diese Weise werden ehemalige Flußläufe und Bachläufe lokalisiert, frühere Küstenabschnitte und Seeufer markiert, Grundrisse von ehemaligen Siedlungen, Befestigungen, Grabanlagen, Reste früherer industrieller Tätigkeit, der Verlauf von Wegen, Landwehren u. ä. Objekte entdeckt. Leider besitzt die Bundesrepublik Deutschland keine große öffentliche Luftbildbibliothek, nicht einmal größere Luftbildabteilungen in öffentlichen Bibliotheken, wie das z. B. bei der Universitätsbibliothek Cambridge der Fall ist. Die für Europa wohl wichtigste Sammlung ist die 5,5 Millionen Bilder umfassende Air Photograph Library der Universität Keele (England), deren Bestand aus dem britischen Verteidigungsministerium kommt und Aufnahmen der Jahre 1939–49 aus Mittel- und Westeuropa sowie dem Mediterrangebiet enthält. Angesichts derartiger Voraussetzungen ist verständlich, weshalb Großbritannien führend im Schrifttum über archäologische und historisch-geographische Luftbildforschung und ihre Ergebnisse ist.

3.2 Das Luftbild

An dem klassischen Werk der Luftbildarchäologie über die historische Landschaft Wessex in England kann sich noch heute jeder schulen. Es befindet sich in vielen deutschen Bibliotheken (CRAWFORD/KEILLER 1928). Bahnbrechend für Deutschland war ›Luftbild und Vorgeschichte‹ mit einem vorbildlichen Beitrag von CRAWFORD über die englischen Erfahrungen (Luftbild und -messung 1938). Seitdem sind im deutschen Sprachgebiet, wenn auch kaum in der Kriegs- und frühen Nachkriegszeit, Veröffentlichungen über historisch-geographische Luftbildforschung erschienen, und zwar seit 1938 auch verstärkt zu den Themenbereichen genetischer Siedlungs- und Flurforschung. Die älteren Arbeiten werden großenteils aufgeführt von UHLIG (1955), der selbst an Beispielen aus Nordostengland gezeigt hat, wie wichtige Erkenntnisse aus dem Luftbild zur Erforschung der Kulturlandschaftsgeschichte zu gewinnen sind. Manche Vorzeit- oder Reliktformen im Luftbild, seien es solche der ehemaligen Landesnatur oder -kultur, sind rasch zu entschlüsseln, wenn sie mit Hilfe von älteren Landkarten analysiert werden. Eine Gegenüberstellung von Landschaftsausschnitten aus Luftbildern und Karten des 17. und 18. Jh. ermöglichte z. B. die Rekonstruktion ehemaliger Gewässerläufe und Moorflächen, eines Burggrabens, ehemaliger Fahrwege, Nutzflächengrenzen und Flurformen. Mit Hilfe von Archivalien war es möglich, die Richtigkeit der aus den Luftbildern gezogenen Schlüsse zu beweisen (JÄGER 1960). Die Erfahrung läßt es bereits zu, Luftbilder genauso wie die Befunde der Geländeforschung (Kap. 5) zum Schließen von Materiallücken einzusetzen, wenn archivalische Zeugnisse fehlen. Keine kulturlandschaftsgenetische Untersuchung kann am Zustand der früheren Umwelt und ihrer Veränderung vorbeigehen. Wie sich mittels Luftbildanalyse Einsichten in die ursprünglichen Verhältnisse unserer Flußauen und ihre anthropogene Umgestaltung gewinnen lassen, zeigt eine Gegenüberstellung von Luftbild und Karte aus den Donau-Auen (GIERLOFF-EMDEN 1968). Zur Schulung in der archäologischen und historisch-geographischen Interpretation von Luftbildern und zugleich wegen ihrer genetisch-landeskundlichen Aussagen empfehlenswert sind eine Reihe neuerer Werke über Großbritannien und Irland mit zahlreichen Luftaufnahmen, teilweise auch erläuternden Skizzen und ausführlichen Textinterpretationen (BERESFORD/ST JOSEPH 1979; NORMAN/ST JOSEPH 1969; ST JOSEPH 1977; RILEY 1980; FRERE/STJOSEPH 1983; KIELY 1985). Die Klärung der römerzeitlichen Kulturlandschaft der Fenlande wäre mit den Entdeckungen von Siedlungen, Flursystemen, Kanälen und ehemaligen Wasserläufen ohne den Einsatz des Luftbildes nicht möglich gewesen. Instruktive, erläuterte Aufnahmen enthält der Forschungsbericht von PHILLIPS (1970).

Aus dem deutschen Sprachraum gibt es ebenfalls eine Reihe von neueren Studien, die größere Themenbereiche der historisch-geographischen Luftbildforschung zusammenfassen oder sich umfangreichen Gebietseinheiten widmen. Gewichtige Einführungen in die Luftbildinterpretation mit Berücksichtigung historisch-landeskundlicher Arbeiten und umfangreicher Bibliographie im älteren Werk hat SCHNEIDER vorgelegt (1974; 1984). SCOLLAR hat im Dienst des Rheinischen Landesmuseums in Bonn durch seine Bildflüge römerzeitliche Überreste transparent gemacht und darüber eine Reihe von Arbeiten publiziert (z. B. 1965). Durch seine Farbaufnahmen, die durch Texte und großenteils instruktive Skizzen erläutert werden, brilliert „das unterirdische Bayern", das ebenfalls ein Ergebnis staatlich geförderter Luftarchäologie ist (CHRISTLEIN/ BRAASCH 1982). In der früheren Reihe der Bundesforschungsanstalt für Landeskunde und Raumforschung über ›Landeskundliche Luftbildauswertung im mitteleuropäischen Raum‹ erschien in einem der letzten Hefte (PLESSL 1969) eine Serie von ländlichen Siedlungsformen Österreichs. Sie waren zur Zeit der Luftaufnahme um 1960 noch nicht durch Flurbereinigung mit Ortssanierung, Urbanisierung oder andersartige Siedlungsausweitung verändert, so daß die gezeigten Orts- und Flurformen noch Rückschlüsse bis ins Mittelalter zulassen.

Beispielhaft für die genetisch-siedlungsgeographische Aussagekraft der niederländischen Forschung sind die durch Luftbildinterpretationen erzielten Ergebnisse in der Erforschung von Vorzeitfluren (BRONGERS 1976). Groß sind die Erfolge der Luftbildforschung in den waldarmen Landschaften des nördlichen Frankreichs und der Ile de France (JALMAIN 1970; AGACHE 1975). Grundlegende Einführungen in das Studium der Kulturlandschaftsentwicklung im Mediterrangebiet mit Hilfe des Luftbildes geben BRADFORD (1957) und SCHODER (1975). Auf der Skandinavischen Halbinsel eröffnet das Luftbild wegen der weitflächigen Waldbedeckung vergleichsweise geringere Möglichkeiten, bis auf Gotland, Öland und die Ackerebenen.

3.3 Schriftliche Dokumente:
Quellen und Hilfsmittel zu ihrem Verständnis

Zu wichtigen Quellen der genetischen Kulturlandschaftsforschung gehören schriftliche Dokumente aller Art. Darunter werden im weitesten Sinn all jene schriftlichen Zeugnisse verstanden, die zur Gewinnung geographischer Erkenntnisse beitragen. Es zählen dazu Urkunden, rechtskräftige Dokumente ebenso wie die Akten, Amts- und Geschäftsbücher, Chroniken, Itinerare, die späteren Reisebeschreibungen, ältere Topographien und Landesbeschreibungen, Statistiken, auch Briefe und Tagebücher können geographische Erkenntnisse liefern. In Großbritannien finden neuerdings im Zusammenhang mit der dort gepflegten Wahrnehmungsgeographie (environment perception) sogar Werke der Dichtung ein großes Interesse bei Geographen, wobei es selbstverständlich um die Frage geht, inwieweit sich darin Erkenntnisse über die Vorstellung und Betrachtung der Landschaft oder, um einen synonymen Begriff zu gebrauchen, der natürlichen und anthropogenen Umwelt gewinnen lassen (vgl. Kap. 2.11). Die meisten Originalquellen werden in Archiven aufbewahrt, deren sich auch der Geograph bei vielen kulturlandschaftsgenetischen Arbeiten zu bedienen hat, sofern er neue Erkenntnisse bringen will. Über alle Arten von Archiven und ihre Benutzung unterrichtet mit europäischer Blickrichtung eine neuere Einführung (E. G. FRANZ 1974). Zum Verständnis von Archivalien und gedruckten Quellen ist die Kenntnis der wichtigsten Arbeitsmittel der sogenannten historischen und philologischen Hilfswissenschaften unerläßlich. Es kann hier keine ausführliche Einführung in diese Disziplinen gegeben werden, doch sei auf wichtige Einstiegsliteratur und auf einige Hilfsmittel hingewiesen. Viele Nachweise weiterführenden Schrifttums mit Einschluß von Bibliographien, Quellenwerken und Fachlexika enthalten die Einführungen in das Studium der Mittelalterlichen Geschichte (QUIRIN 1985), der Neueren Geschichte (OPGENOORTH 1969) und in historische Fachliteratur (MEYER 1980). Das Taschenbuch für Familiengeschichtsforschung führt in mehrere Teilgebiete der Historischen Hilfswissenschaften ein, die für die landschaftsgeschichtliche Forschung grundlegend sind (RIBBE/HENNING 1980). Die älteren Dokumente sind in früheren Sprach- und Schriftformen abgefaßt, die sich mit den entsprechenden Hilfsmitteln erschließen lassen (STURM 1961; GRUN 1966; 1984). Für Deutschland gehören dazu die althochdeutschen (z. B. von SCHÜTZEICHEL), mittelhochdeutschen

(z. B. von LEXER) und frühneuhochdeutschen (z. B. von GÖTZE) Wörterbücher und die für fast alle Sprach- und Dialektgebiete vorliegenden Lexika. Sie sind unentbehrlich bei der Arbeit mit älteren landschaftlichen Geschichtsquellen, ebenso beim Studium älterer topographischer Karten mit Gelände- und Gewässernamen. Dialektwörterbücher befinden sich in den Lesesälen jeder älteren Universitätsbibliothek. Nennen wir als Beispiele nur das sechsbändige Schwäbische Wörterbuch von FISCHER und PFLEIDERER (1901 bis 1936) und das dreibändige Schlesische Wörterbuch von MITZKA (1963–1965). Im norddeutschen Bereich sind viele Quellen in niederdeutscher Sprache verfaßt (LÜBBEN 1970). Für manche Fragen sind zusätzlich die Sprach- und Wortatlanten heranzuziehen. Sie werden in der Bibliographie von FRANZ und JÄGER (1980) über Historische Kartographie nachgewiesen.

Die anderssprachigen europäischen Länder verfügen über ähnliche Werke. Bezeichnungen für landschaftliche Tatbestände älterer Zeit bringt aus den Britischen Inseln das Glossar von ADAMS (1976). Wie mit geographischer Fragestellung altenglische Ausdrücke zeitgenössischer Dokumente, insbesondere der Urkunden aus der Zeit vor der normannischen Eroberung zu interpretieren sind, hat HOOKE in einer Studie über die „Openfield-Landwirtschaft" gezeigt (1981, S. 40ff.).

Für die mittelalterlichen Quellen aller europäischen Länder grundlegend sind die Glossare und Wörterbücher des mittelalterlichen Lateins. Sie werden u. a. nachgewiesen in einer Einführung ins lateinische Mittelalter (LANGOSCH 1983). Wer sich in das mittelalterliche Latein eingearbeitet hat, dem steht ein großer Quellenbestand aus fast allen europäischen Ländern zur Verfügung. Aus den lateinischen Geschichtsquellen des Mittelalters lassen sich in erheblichem Umfang ebenso Erkenntnisse über geographische Verhältnisse in Irland wie in Frankreich, Dänemark, Deutschland oder Italien gewinnen, um nur beispielhaft einige Länder zu nennen (JÄGER 1983).

Wichtig für den Geographen sind unter den historischen Hilfswissenschaften die allgemeine Quellenkunde, die Paläographie sowie die Urkundenlehre; für die neuere Zeit tritt die Aktenkunde hinzu. Wer mit handschriftlichen Quellen arbeitet, kennt die Schwierigkeiten, die sich aus der älteren Zeitrechnung, aus heute nicht mehr üblichen Monatsnamen, aus den nach Heiligen benannten Tagen und anderen Eigenheiten früherer Datierung ergeben. Eine erste Orientierung bietet das bewährte Taschenbuch der Zeitrechnung (GROTEFEND/ULRICH 1971).

3.3 Schriftliche Dokumente

Der genetisch orientierte Kulturgeograph muß sich bei seiner Suche nach geeigneten Quellen der Historischen Quellenkunden bedienen, die für alle europäischen Länder in gedruckter Form vorliegen und z. B. in Universitäts- und Institutsbibliotheken einzusehen sind. Die umfassendste Quellenkunde zur deutschen Geschichte, die in ihrer 10., noch nicht abgeschlossenen Auflage auch die landschaftliche Geschichtsforschung in besonderer Breite berücksichtigt, ist die von DAHLMANN und WAITZ schon 1830 begonnene, inzwischen vielfach verbesserte große Bibliographie, die auch Literatur umfaßt. Besonders aktuell sind für den ganzen heutigen und früheren deutschen Sprachraum die Blätter für Deutsche Landesgeschichte mit ihren Rezensionen und großen Forschungsberichten, unter denen die Historische Geographie, betreut durch Klaus FEHN, vertreten ist. Ein reichhaltiges Verzeichnis von Quellen bietet bis auf einen Band die Reihe des Handbuchs der Historischen Stätten mit bislang 13 Titeln über heutige und frühere deutsche Länder, 2 Bände Österreich und ein Band Dänemark (ohne Quellennachweis), in Vorbereitung Mecklenburg/Pommern, Schweiz und Griechenland. Weitere Nachweise bringt die kommentierte Einführung in das geschichtswissenschaftliche Fachschrifttum von MEYER (1980) mit Annotationen zu den einzelnen Titeln sowie die Einführungen von QUIRIN (1985) und OPGENOORTH (1969). Zu den leicht zugänglichen Quellensammlungen gehört die ›Freiherr vom Stein-Gedächtnisausgabe‹ der Wissenschaftlichen Buchgesellschaft, die als besonderen Vorzug neben dem lateinischen auch den deutschen Text bietet. Der von SPRANDEL herausgegebene Band dieser Reihe, ›Quellen zur Hanse-Geschichte‹ (Darmstadt 1982), bringt z. B. Dokumente aus allen wichtigen Quellengruppen und stellt diese in ihrer historischen Eigenart und Aussagekraft durch Einleitungen zu den Abschnitten vor. Die Stadtrechte, Kämmereibücher, Schoßlisten (= Steuerregister), Chroniken, Schiffs- und Seerechtsbestimmungen, Seebücher u. a. Quellengruppen enthalten historisch-geographische Tatbestände. SPRANDEL faßt seine Vorstellung der Seehandbücher mit der Feststellung zusammen, daß „sich hier ein geschlossenes Quellenmaterial über einen Teil der hansischen Wirtschaftsgeographie" ergebe (S. 421). Zu den historisch-geographisch besonders ertragreichen Werken jener Reihe gehören ferner die von HELBIG und WEINRICH edierten Urkunden und erzählenden Quellen zur deutschen Ostsiedlung im Mittelalter oder die Quellen zur Geschichte des deutschen Bauernstandes im Mittelalter (G. FRANZ 1967), die zuletzt von BAUER betreute livländische Chronik des Heinrich von Lettland, die von Heinz STOOB herausgegebene Slawenchronik des Helmold von Bosau, Dusburgs Chronik des Preußenlandes und die Quellen zur Wirtschafts- und Sozialgeschichte mittel- und oberdeutscher Städte im Spätmittelalter (MÖNCKE 1982). So ergeben sich beispielsweise durch einen Vergleich der Urkunde über die Gründung von Memel (Nr. 149 aus HELBIG/WEINRICH) mit der Kartenserie (Memel) im Deutschen Städteatlas (Kap. 6.6.3) und den relevanten Blättern der Topographischen Karte 1:25000 aufschlußreiche Einsichten in die Entwicklung einer Gründungsstadt des früheren Deutschen Ostens. Das Bestreben, den Arbeiten über Probleme genetischer Kulturgeographie eine solide Grundlage durch Auswertung von Primärquellen zu geben, ist im Wachsen (z. B. LOOSE 1976; HILDEBRANDT 1980; HOOKE 1981).

Neben den Urkunden und Chroniken enthalten Güter- und Einkünfteverzeichnisse für die Verwaltung und Wirtschaftsführung mittelalterlicher Grundherrschaften eine Fülle geographischer Aussagen. Die Vertreter dieser Quellengruppe sind zumeist unter den landschaftlich und zeitlich wechselnden Namen Urbare, Salbücher, Erbregister, Register, Landbücher, Zinsbücher u. ä. bekannt. Sie bringen vor allem Material über Bevölkerung und Siedlung, Land- und Forstwirtschaft, Bergbau, Gewerbe, Binnenfischerei. Ihre Auswertung ermöglicht, frühere Kulturlandschaften, ihre Veränderung und Bedingungen zu rekonstruieren (JÄGER 1977b). Eine Lagerbücher- oder Urbarlehre (Gregor RICHTER 1979) führt in hilfswissenschaftlicher Betrachtung in diesen wichtigen Quellenbestand ein.

International bekannt ist die mustergültige Auswertung des englischen Reichsgrundbuchs, das Wilhelm der Eroberer 1085/88 anlegen ließ, für eine siebenbändige Kulturgeographie Englands um 1085. Sie zeigt u. a., daß damals bereits der größte Teil der heutigen Siedlungen vorhanden gewesen ist und gibt dazu kommentierte Karten über die Verteilung der Bevölkerung, von Siedlungstypen, Grünland, Fischereien, Schafen und anderen Landschaftsobjekten. Von besonderem methodischen Wert für die geographische Auswertung mittelalterlicher Quellen ist die Darstellung von Wald und Forst in den Teilbänden und in dem zusammenfassenden Band von DARBY und seinen Mitarbeitern (1952–1977). Das Problem liegt zunächst darin, daß es im Domesday-Buch für den Wald, wie übrigens für andere flächige Objekte, keine Arealangaben gibt, die sich in heutige Flächengrößen umsetzen ließen. Dieser Sachverhalt ist typisch für mittelalterliche und frühneuzeitliche Quellen, auch aus dem mitteleuropäischen Raum. Die Auswertung wird dadurch noch komplizierter, daß das Domesday-Buch die Arealgrößen des Waldes durch vier unterschiedliche quantitative Angaben ausdrückt, die entweder den Umfang nur indirekt bestimmen, wie Wald für X Schweine oder Wald in Höhe von X solidi (shilling) als Abgabe für die Berechtigung, Mastschweine in den Wald eintreiben zu dürfen. Die absoluten Angaben bezeichnen den Wald nach Länge und Breite in drei Maßeinheiten, deren Größe für das 11. Jh. nicht bekannt ist oder mit quantitativen Aussagen in Form einer nicht sicher in Hektar umsetzbaren Flächenangabe. DARBY ist es trotz dieser Schwierigkeiten gelungen, ein flächiges Bild von der Waldverbreitung um 1086 zu geben. Er hat einfach je nach Quellenaussage lineare oder geometrische Signaturen gewählt und ihre unterschiedliche Größe von den direkten oder indirekten Maßangaben seiner Quelle abgeleitet, so daß streng proportionale Maßstäbe entstanden sind. Sie gestatten, aus seinen Karten Aussagen wie Wald für 70, für 150 oder 350 Schweine oder Wald in einer Breite von 3 und einer Länge von 6 "leagues" abzuleiten. Diese aussagekräftige Methode ist die einzige, um auch bei entsprechender Unbestimmtheit – sie ist die Regel – kontinentaler Quellen zu einer kartographischen Darstellung zu gelangen. Es werden z. B. in den Urkunden des Klosters Weißenburg (GLÖCKNER/DOLL 1979) aus der Zeit des 7. bis 11. Jh. Wiesenflächen durchweg in der Größe von Heufuhren (de feno carradas y) und die Größe von Wäldern nach der Zahl der darin zu feistenden Schweine bezeichnet: ad porcos crassare plus minus XV in Nr. 4 oder ad saginandum CC porcos in Nr. 273. Quantitative Angaben dieser Art lassen sich in deutschen Quellen bis in die beginnende Neuzeit in sehr großer Zahl konstatieren, ohne daß sie bislang von der Geographie für kartographische Darstellungen ausgewertet worden sind.

Abschließend seien noch einige Beispiele für Waldflächen aus einer der vielen Quellen des 16. Jh. gegeben. Es handelt sich um das von GOEDEKE edierte Erbregister der unweit Hannover gelegenen ehemaligen Ämter Ruthe und Koldingen von 1593. Es ist insofern interessant, als es den Übergang von dem mittelalterlichen zum neuzeitlichen Typ der Flächenangaben zeigt. Während darin die Gärten, das Grünland und Ackerländereien bereits in Morgen angeführt werden, erfolgt die Angabe der Waldflächen in wenigen Fällen in Morgen und gleichzeitig möglichen Mastschweinen, in anderen nach Länge und Breite in Meilen, während der dritte Typ der Angabe nur in der Zahl der Mastschweine besteht. Mit der besonderen Problematik metrologischer und statistischer Verfahren und früheren Landmaßen befaßt sich weiter unten Kapitel 4.10.

In der Forschungspraxis wird die Auswertung textlicher Quellen mit möglichst vielen sonstigen Arbeitsverfahren verknüpft. Durch die Kombination von schriftlichen und kartographischen Quellen mit pflanzensoziologischen Aufnahmen im Gelände ist es z. B. im westlichen Schweden gelungen, die erheblichen Veränderungen des Waldes nach Fläche und Holzarten von 1600 bis 1950 zu ermitteln und dazu eine Kartenserie 1 : 100000 zu entwerfen (M. FRIES 1958).

3.4 Landschafts-, Orts- und Geländenamen

Landschaftsnamen, Orts- (= Siedlungsnamen) und Geländenamen (Flur-, Wald-, Gewässernamen) sind wichtige Hilfsmittel, um das Alter von Siedlungen und Siedlungsräumen zu bestimmen. Bereits ein Überblick über den Namenbestand eines Gebietes anhand von älteren und neueren topographischen Karten mittlerer Maßstäbe (1:25000–1:100000) erlaubt in den meisten europäischen Ländern Aussagen über das relative Alter von Siedlungsräumen. Ein sehr großer Namenbestand wird durch ältere Gemarkungskarten erfaßbar. Insbesondere ist es mit Hilfe der Namen möglich, altbesiedeltes und jungbesiedeltes Land, ältere Kern- und jüngere Ausbaufluren, ältere Restwälder und jüngere Neuwälder sowie andere genetisch unterschiedliche Bezirke voneinander zu unterscheiden. Treten dazu noch weitere Indizien, wie prähistorische und frühgeschichtliche Befunde (vgl. Kap. 4.–5.), Orts- und Flurformen (vgl. Kap. 5.3; 6.2.1), so lassen sich die aus Namen zu gewinnenden Erkenntnisse rasch erhärten. Jene Funktion der Namen als Instrumente landschaftsgeschichtlicher Forschung hat dazu geführt, daß sich auch die Kulturlandschaftsgeschichte in Betrachtung der Fortschritte der philologischen Namenforschung seit Jahrzehnten mit Landschafts-, Orts- und Geländenamen befaßt (NIEMEIER 1953; OVERBECK 1957; DARBY 1957; FELDMANN 1964; JÄGER 1971). Diese Sachlage hat auch dänische Geographen und Landeshistoriker bewogen, im Rahmen der Permanent European Conference for the Study of the Rural Landscape, die alle 2 bis 4 Jahre Forscher historisch-landeskundlich ausgerichteter Fächer zu einem Rundgespräch vereinigt, 1979 neun Vorträge zum Thema ›Ortsnamenstudien und ihre Bedeutung für die genetische Sied-

3.4 Landschafts-, Orts- und Geländenamen

lungsforschung‹ aufzunehmen (FRANDSEN u. a. 1981). Sie befassen sich mit Fallstudien aus den drei skandinavischen Ländern, den Färöer, Frankreich, Großbritannien und Italien, so daß sich diese Aufsätze durch ihre Schrifttumsnachweise zum Einstieg in die jeweilige regionale geographische Namenforschung eignen. Den lokalen Namen stehen die Raum-, Landschafts- oder Bezirksnamen gegenüber, die Indizien für ältere Siedlungsräume sein können (ANDERSSON 1981).

Als sprachliche Gebilde werden die Ortsnamen von der Namenkunde erforscht. Diese Teildisziplin der Germanistik verdankt ihre Fortschritte in den letzten Jahrzehnten nicht nur neuen sprachgeschichtlichen Erkenntnissen, sondern in besonderem Maße auch den Befunden der Dialektgeographie sowie engem Kontakt zur Ur- und Frühgeschichte, Siedlungs-, Sozial-, Religions-, Kirchen- und Rechtsgeschichte, sowie zu Geographie und Volkskunde. Eine sich in Bezirksnamen manifestierende sprachliche Raumerschließung (VON POLENZ 1961) ist nicht ohne eine geographische, womöglich politisch-administrative Raumorganisation denkbar (s. Kap. 6.5). Die Ortsnamen sind geistige Elemente der Landschaften und durch ihre Bindung an Örtlichkeiten sowie ihre Aussagekraft unentbehrliche Hilfsmittel für genetisch-kulturgeographische Arbeiten. Drei Erscheinungen vor allem machen die Ortsnamen zu landschaftsgeschichtlichen Zeugnissen: 1. die räumliche Gruppierung bestimmter Typen, die mannigfaltige Ursachen, darunter geographische, historische, sprachliche, gesellschaftliche und ethnische, haben kann; 2. die mit der Typologie (z. B. Bezeichnungen nach der Bodengestalt) zusammenhängende Bedeutung der Namen, und 3. die zeitliche Schichtung der Namen, die auf Siedlungsperioden hinweist. So korrespondieren z. B. die fundamentalen Unterschiede im Namengefüge zwischen Norwegen einerseits und Schweden sowie Dänemark andererseits mit ebensolchen im ländlichen Siedlungsgefüge der Vergangenheit (CABOURET 1981). In Großbritannien, um ein weiteres Beispiel zu geben, lassen sich aus der räumlichen Gruppierung bestimmter Ortsnamenelemente Indizien für ehemalige skandinavische Siedlungsgebiete gewinnen (JENSEN 1981). Gruppierungen bestimmter Typen von Ortsnamen sind besonders dann zu Schlüssen auf das unterschiedliche Alter von Siedlungsbezirken verwendbar, wenn sie im Zusammenhang mit naturräumlichen, urkundlichen und archäologischen Befunden ausgewertet werden (SCHLESINGER 1976, S. 35–40).

Will man Örtlichkeitsnamen erklären, muß stets von den ältesten urkundlich überlieferten Formen ausgegangen werden. Diese sind entweder einfache Wörter, wie Hagen, oder es handelt sich um zusammengesetzte Namen, die aus einem Grundwort (z. B. -dorf) und einem Bestimmungswort bestehen, das ein Personenname, eine Sachbezeichnung oder ähnliches sein kann (z. B. Friedensdorf, Altkrs. Biedenkopf, aus Friedehelmisdorf um 1220). Häufig sind die ursprünglichen Formen der Namen im Verlaufe von Jahrhunderten derartig verändert worden, daß sie sich aus den heutigen Namen nicht mehr ableiten lassen. Zu bedenken ist ferner, daß Siedlungen älter als ihre Namen sein können; denn so lange wie es Ortsnamen gibt, haben auch Umbenennungen von Namen stattgefunden, und zwar von Siedlungsnamen wie von Flurnamen. Umbenennungen von Siedlungsnamen stehen oft im Zusammenhang mit Verschiebungen von Volksgrenzen sowie mit tiefgreifenden Veränderungen in Weltanschauung oder politischen Verhältnissen. So sind z. B. im Zusammenhang mit der Einführung des Christentums manche Siedlungen umbenannt worden: aus dem altertümlichen Siedlungsnamen Werflohe (REULING 1979, S. 152) wurde z. B. Kirchhain (1244 Chirkhain, Landkr. Marburg). Gewiß, der Geograph sollte zur Erklärung schwieriger Namensformen die Hilfe von Sprachwissenschaftlern in Anspruch nehmen, doch lassen sich mit einigen sprachwissenschaftlichen Grundkenntnissen und der Hilfe von Fachliteratur und historischen Ortslexika, welche die ältesten Formen und manchmal auch Erklärungen liefern, bereits statistisch auswertbare und sich auf größere Gebietseinheiten erstrekkende Erkenntnisse gewinnen. Diese reichen oft schon aus, um eindeutige siedlungsgenetische Schlüsse zu ziehen. Auch für den Sprachwissenschaftler ist umgekehrt bei der Erklärung von Namen die sogenannte Realprobe wichtig. So kann sich z. B. ein Flurname wie „die Rotäcker" sowohl auf die Farbe wie auf eine frühere Rodung von Wald beziehen. Handelt es sich um eine Ackerlage auf weißlichen Muschelkalkböden, scheidet jedenfalls eine Herleitung von der roten Farbe des Bodens aus. Im Falle von roten Buntsandsteinböden wären beide Erklärungsmöglichkeiten in Rechnung zu stellen, wobei sich durch archivalische Untersuchungen vielleicht die Erklärung als Rodegelände erhärten oder widerlegen ließe. Bei der Erklärung von Namen ist zu beachten, daß solche, die ursprünglich natur- oder kulturgeographische Landschaftselemente beschrieben haben, mit deren Veränderung eine Wandlung ihres Sinngehaltes erfahren können. Es entwickelte sich z. B. die Bedeutung von altenglisch und altsächsisch „tun" = Zaun, Hecke über

3.4 Landschafts-, Orts- und Geländenamen

„eingezäuntes Grundstück" zu „eingezäuntes Grundstück, auf dem ein Bauernhof erbaut ist" und dann weiter durch Beschränkung auf einen Teil des Vorstellungsinhaltes zu „Bauernhof" oder zu einer Gruppe von Bauernhöfen oder überhaupt von Gebäuden, so daß das in England zu „town" fortentwickelte Wort im Mittelalter schließlich den Wortverstand von Weiler, Dorf und schließlich Stadt annehmen konnte. Die Entwicklung ist im deutschen Sprachraum nicht mehr bis zur letzten Stufe fortgeschritten, sondern hier ist im niederdeutschen Sprachgebiet nur die Bedeutung von dörflicher Siedlung erreicht worden: z. B. Bovenden und Nörten, im Leinegraben zwischen Göttingen und Northeim, leiten ihr Grundwort von -tun ab.

Wenn Namen als kulturlandschaftsgeschichtliche Zeugnisse zu vertieften Studien ausgewertet werden, dann ist der gesamte Namenbestand einer Landschaft zu berücksichtigen. Vorbildliche regionale Sammlungen von Ortsnamen sind: Sveriges ortnamn, geordnet nach Verwaltungsbezirken (Stockholm/Uppsala 1906–1981), eine im Erscheinen begriffene Reihe der Ortsnamen historischer Provinzen Schwedens (z. B. LINDE 1982), und die bekannte britische County-Reihe. Zu bedenken ist, daß innerhalb von Großräumen, wie von Mitteleuropa oder im germanischen Sprachgebiet, gleiche Namentypen, wie z. B. die -ingen- oder die -dorf-Namen ein durchaus unterschiedliches Alter besitzen können, weil sich viele Namensformen allmählich durch Ausstrahlung aus einem kleineren Ursprungsgebiet in der Art von Innovationswellen ausgebreitet haben. Einiges spricht z. B. dafür, daß manche -ingen- und -stad-Siedlungen in Skandinavien ein höheres Alter als die ältesten dieser Formen im südlichen Deutschland besitzen. Als in Dänemark das Namenelement -stad nicht mehr üblich gewesen ist, wurde es in Island noch häufig zur Benennung von Orten verwendet (HELMFRID 1962, S. 59 ff.). Im deutschen Westen kamen die -dorf-Orte vielleicht schon im 6., sicher im 7. Jh. n. Chr. auf, in der Pfalz sind sie kennzeichnend für den ersten sich an die Landnahme germanischer Siedler anschließenden Ausbau der Merowingerzeit (7. und erste Hälfte des 8. Jh.), im Gebiet östlich der Elbe und Saale hingegen wurde -dorf noch als Grundwort zur Bezeichnung von Siedlungen verwandt, die vom 11. bis 13. Jh. gegründet worden sind. Es ist sogar noch im 18. Jh. bei Ergebenheitsnamen (Karlsdorf, Friedrichsdorf, Altkr. Hofgeismar) gewählt worden. Das Grundwort -dorf gehört zu den Namenelementen mit einer sich über Jahrhunderte erstreckenden West-Ost-Wanderung. Unter den vielen friderizianischen Siedlungen des 18. Jh. waren unter den Namengrundworten u. a. -feld, -dorf, -berg und -tal zahlreich vertreten, sogar noch -hain und -rode. Die Bestimmungsworte besitzen durchweg zeitentsprechende Formen, wie Johanns- oder Kunzen- (SCHLENGER 1985). Inwieweit es bei den -dorf-Namen auch eine Ausbreitung der Sitte der Namengebung nach Norden gegeben hat, ist noch ungeklärt. Manche Forscher nehmen es an, doch gibt es auch historisch-geographische Indizien für eine einheimische Entstehung der vielen sich insbesondere in Dänemark, aber auch in Südschweden findenden Siedlungsnamen auf -torp. Dazu paßt, daß es nach sprachlichen Befunden eine das Gotische wie das Westfränkische und Nordische umfassende Grundbedeutung von Thorp und seinen sprachlichen Entsprechungen gegeben haben könnte (SCHÜTZEICHEL 1977, S. 29). Wenn viele der dänischen und mehr noch der schwedischen -torp-, -orp-, -arp-, -trup-, -rup-Namen, die alle „-dorf" bedeuten, nach ihrer Lage und christlichem Personennamen im Bestimmungswort jünger sind, ist das bei der sich über mehr als 1000 Jahre erstreckenden Verwendung dieses Grundwortes kein Widerspruch (HALD 1950).

Wichtige Vorarbeiten zum landschaftlichen Erfassen von Ortsnamen liefern manche der historisch-geographischen Atlanten, wie z. B. der von Baden-Württemberg (SCHRÖDER/SCHAAB 1972 ff.) mit einer von JÄNICHEN erläuterten Karte der Verbreitung typischer mittelalterlicher Ortsnamengrundworte.

Wer Landschafts- und Bezirksnamen als Instrumentarium bei der landschaftsgeschichtlichen Forschung einsetzen will, sollte sich zunächst mit dem kritischen Werk des Sprachwissenschaftler von POLENZ vertraut machen (1961). Über Landschaftsnamen, zu denen auch die Bezirksnamen gehören, ist von geographischer Seite zuletzt 1966 ein Sammelbericht erschienen (H. FEHN), der noch immer Ausgangspunkt für relevante Untersuchungen sein muß. Zu den Bezirksnamen rechnen in Schweden auch die Namen von Kirchspielen, die ja dort recht große Gebiete einnehmen können. Neue Anstöße zur landschaftsgeschichtlichen Arbeit mit Bezirksnamen gibt anhand von schwedischen Beispielen ANDERSSON (1981), der auch Parallelfälle aus Dänemark erfaßt und auf relevante ältere Literatur hinweist. Bezirksnamen des 8. bis 12. Jh. und Gaunamen von 800–1100, aus denen sich manche der heutigen Landschaftsnamen entwickelt haben, bringen in Erläuterung von JÄNICHEN der Historische Atlas von Baden-Württemberg (SCHRÖDER/SCHAAB 1972) und von KIRCHHOFF der Geschichtliche Handatlas

3.4 Landschafts-, Orts- und Geländenamen

von Westfalen (Provinzialinstitut 1975). Gaue mit ihren Namen, die zu den Bezirksnamen gehören, und Siedlungsgebiete um das Jahr 1000 stellt für Niedersachsen im Deutschen Planungsatlas Bd. II (1950) ROSIEN dar. Für Mitteldeutschland ist HESSLER (1957) noch immer grundlegend. Wie sich Namen und Lage von Gauen und Marken neben vielen weiteren Quellengruppen für die Klärung der frühgeschichtlichen Kulturlandschaft einsetzen lassen, hat soeben für das Territorium der DDR in einer vorbildlichen Arbeit GRINGMUTH-DALLMER gezeigt (1983). Die vom Ständigen Ausschuß geographischer Namen unter LIEDTKE 1983 herausgegebene Karte der Bundesrepublik Deutschland mit Namen und Abgrenzungen ihrer Landschaften enthält neben sehr alten Bezeichnungen, wie „Angeln", auch junge Namen wie „Kuppenrhön" und „Hinterer Odenwald", welche die wissenschaftliche oder die Schul-Geographie seit dem 19. Jh. geprägt haben.

Während die historisch-geographische Bedeutung der Siedlungs- und Bezirksnamen darauf beruht, daß sie als Zeugnisse für die Kulturlandschaftsgeschichte größerer Räume, ja ganzer Länder dienen können, fördern die Geländenamen, zu denen die Flurnamen rechnen, vor allem kleinräumige Untersuchungen. Selbstverständlich muß der mit Siedlungs- und Geländenamen arbeitende Geograph auch solide philologisch-namenkundliche Kenntnisse besitzen und wissen, wie weit er selbst bei der Interpretation gehen kann und ab wann er sich des Rats eines Namenforschers bedienen muß. Im Gegensatz zum reichen geographischen Schrifttum über Siedlungsnamen gibt es kaum Aufsätze oder Bücher über Geländenamen aus geographischer Feder. Das Fehlen einer geographischen Gelände- oder Flurnamenkunde überrascht um so mehr, als in vielen Arbeiten namhafter Kulturgeographen wie Anneliese KRENZLIN (1983), Wilhelm MÜLLER-WILLE (1983) und Hans MORTENSEN (1934) und der von ihnen ausgegangenen Richtungen immer wieder Geländenamen bei landschaftsgeschichtlichen Studien als Forschungsinstrumente eingesetzt werden. Einen Einstieg in eine systematische Geländenamenkunde könnten neben Arbeiten der Vorgenannten solche von TIMMERMANN (1960) über Prinzipien bei der Gebung von Flurnamen und über ihre Aussagekraft, die Studie über den Sachbezug und den Aussagewert von „-feld-Namen" des Sauerlandes (FELDMANN 1964) und von JÄGER (1971) über Raum- und Geländenamen als landschaftsgeschichtliche Zeugnisse sein. Zu den Flurnamen gehören nicht allein die Bezeichnungen von Einzelparzellen (z. B.: die Große Breite), von Parzellenverbänden (z. B.: die

Langen Äcker), sondern auch von Parzellenkomplexen, wozu auch die „Zelgen" zu rechnen sind. Wie sich in der Praxis mit Zelgen-Namen arbeiten läßt, zeigen etwa HILDEBRANDT (1980) und EGLI (1983). Unverzichtbar für die Arbeit mit Flurnamen ist ein terminologischer Rahmen für die Flurformen, wie er in dem bekannten Werk von LIENAU und UHLIG (1978) mit umfangreichen Schrifttumsnachweisen niedergelegt ist.

Das philologische Schrifttum zur Namenkunde ist zu vielen Arbeiten in Geographie und Landesgeschichte heranzuziehen. Eine ältere, noch nicht wieder erreichte Zusammenfassung hat BACH vorgelegt (1953–1954). Laufend berichtet über den neuesten Stand die Zeitschrift ›Beiträge zur Namenforschung‹. Für den Geographen besonders instruktiv ist aus einer großen Zahl wichtiger Arbeiten die leider ungedruckte Dissertation von KRAMER ›Die Flurnamen des Amtes Moringen‹ (1963). Sie ist auf streng archivalischer und sprachwissenschaftlicher Grundlage aufgebaut, berücksichtigt in seltener Vollständigkeit auch jegliche Art von Gelände- und Wald-, die Gewässernamen und die Namen für alle Arten von Pfaden, Triften, Wegen und Straßen, ferner den geographischen Forschungsstand und zeigt z. B., wie sich Erkenntnisse über den älteren Akkerbau und die Graswirtschaft sowie über den Wüstungsprozeß aus Flurnamen gewinnen lassen. Für die Analyse von Flurkernen alter Siedlungen wird künftig die räumlich weit gespannte sprachwissenschaftliche Analyse von TIEFENBACH heranzuziehen sein (1980). Grundlegend für die genetische Kulturlandschaftsforschung sind schließlich 47 Beiträge des Gießener philologischen Flurnamenkolloquiums von 1984 aus mehreren europäischen Ländern (SCHÜTZEICHEL 1985). Darin werden u. a. Bezeichnungen für Sumpf, Ackerland, Grenzen und -feld-Namen erörtert. Von siedlungsgenetischer Bedeutung sind u. a. zwei Beiträge über Wüstungen und Flurnamen von HAUBRICHS über den lothringisch-saarländischen Raum und von SCHUH über Franken.

3.5 Itinerare, Reiseliteratur

Itinerare (Itineraries, Itinéraires): Das Wort Itinerar leitet sich ab aus dem lat. iter, Fahrt, Reise, Weg. Itinerare sind zunächst Reisehandbücher und Straßenkarten der römischen Zeit und des Mittelalters. So werden auch Routenbeschreibungen für Pilgerreisen des Mittelalters nach Rom und nach Jerusalem als Itinerare bezeichnet

(RÖHRICHT 1900). In der Forschung werden sie, insbesondere wenn es sich um spätmittelalterliche und jüngere Itinerare handelt, auch Routenhandbücher genannt (KRÜGER 1974). Der historisch-geographische Atlas des Preußenlandes (MORTENSEN u. a. 1968 ff.) enthält in Lfg. 1 eine Karte der Postwege des Deutschen Ordens in der ersten Hälfte des 15. Jh., die nach Quellen und Darstellungsart zu den Itineraren zu rechnen ist. Die sogenannten Herrscheritinerare des Mittelalters sind Übersichten über die Aufenthaltsorte und Reisewege der Herrscher. Sie werden nach örtlichen und zeitlichen Angaben aus den von ihnen jeweils ausgestellten Urkunden gewonnen. So spricht man z. B. vom Itinerar Kaiser Heinrichs IV., wenn es sich um eine kartographische oder textliche Darstellung seiner Reisewege und Aufenthaltsorte handelt. Es bringt z. B. der Westermann Atlas zur Weltgeschichte (1956, S. 62) Karten über die Reisen Kaiser Ottos I. und Friedrichs I. und der große Historische Weltatlas des Bayerischen Schulbuchverlags (T. II, 1970, S. 115) eine Karte ›Itinerar Karls IV. (1346–78) in Deutschland‹. Itinerare (Routenhandbücher) sind wichtige Quellen über die früheren Verkehrs- und Handelswege sowie die an ihnen gelegenen Städte und sonstigen Rastplätze. Die Erforschung von Reisewegen der ehemaligen Herrscher, aber auch von Pilgern, von Kaufleuten und sonstigen Reisenden, wie z. B. Gesandten, steckt noch in den Anfängen, namentlich auch bezüglich ihrer kartographischen Darstellung (RIECKENBERG 1965).

Reiseliteratur: Reisebeschreibungen und -handbücher sind eine Quellengruppe eigener Art und für die genetische Kulturlandschaftsforschung wie für die Historische Geographie zur Lösung mancher Probleme, die sich auf frühere Zustände, ihre Erklärung und Veränderung beziehen, unentbehrlich. In den letzten Jahren sind mehrere Bibliothekskataloge herausgekommen, die in Verbindung mit Ausstellungen Reiseliteratur und ihre Standorte nachweisen, so in Göttingen (BENDACH/KUTTER 1980) und in Würzburg (MÄLZER 1984). Zur kritischen Betrachtung will eine räsonnierte Bibliographie über die reisetheoretische Literatur des 16. bis 18. Jh. führen (STAGL 1983). Diese Arbeit trägt zu einer kritischen Würdigung der Reiseberichte selbst bei, weil manche von ihnen den theoretischen Forderungen nachgekommen sind.

Den raschesten Zugang zur älteren Reiseliteratur eröffnen die Kataloge der großen wissenschaftlichen Bibliotheken, von denen die bedeutendsten, der British Library (früher British Museum) und der Library of Congress, in großen deutschen Bibliotheken stehen. Auch die große Sammlung von Reise- und Schiffahrtsliteratur des National Maritime Museum in Greenwich/London ist durch einen gedruckten Katalog erschlossen. Manche Bibliotheken geben besondere landeskundliche Kataloge mit Reisebeschreibungen heraus (Nieders. Landesbibl. Hannover 1971) oder verfügen in ihren systematischen Katalogen über besondere Nachweise ihrer Reiseliteratur. Der laufende Katalog der Neuerwerbungen – Geographie –, den die Niedersächsische Staats- und Universitätsbibliothek Göttingen herausgibt, enthält einen Abschnitt ›Reisen und Entdeckungen‹. Darin werden u. a. Neudrucke älterer Reiseliteratur und Erstausgaben älterer Reiseberichte nachgewiesen. Zu den besten Bibliographien zählt eine schwedische mit Reisen vom 10. Jh. bis 1950. Soweit sie über Schweden hinausgehen, sind andere skandinavische Länder eingeschlossen. Es ist ferner die deutsche, britische und französische Reiseliteratur über Schweden vertreten, ebenso das Schrifttum über bedeutende Reisende in Schweden (BRING 1954). Eine der umfassendsten Bibliographien ist die dreibändige von COX (1935–49).

Welchen Quellenwert Reisebeschreibungen für die Geographie, insbesondere für kulturlandschaftsgenetische Studien besitzen, zeigen z. B. die von DARBY herausgegebene ›Historical Geography of England‹ (1951) und die ›Historical Geography of Scandinavia‹ von MEAD (1981). Die Beschreibung der Reisen des Freiherrn von Herberstein nach Rußland (1549), den die Russen noch heute als „Kolumbus von Rußland" bezeichnen, ist z. B. das erste umfassende Werk über die Geographie, Geschichte, Sitten, Gebräuche, Sprache, Religion, Verfassung und Regierungsform Rußlands. Deutsche Ausgaben erschienen 1557, 1567, 1926, 1964 und 1966. Es befand sich wie zahlreiche weitere Reisebeschreibungen über alle Erdteile und viele Länder auch in der Bibliothek von Carl Ritter (PLEWE 1978). Spätere Reisebeschreibungen über Rußland, die heute einen hohen Quellenwert besitzen, sind u. a. die Werke von PALLAS (1771–76), KOHL (1841) und BLASIUS (1844). Materialreich sind auch die älteren Reisehandbücher von BAEDEKER, z. B. über Rußland (1912). Über alle europäischen Länder gibt es ältere Reisebeschreibungen, die heute den Wert einzigartiger Quellen besitzen. Als Beispiel sei hier zunächst Großbritannien mit einigen wesentlichen Werken angeführt. Die britische Hakluyt Society (Sitz in London) widmet sich seit 1846 der Herausgabe alter Reisebeschreibungen und hat in ihren Editionen auch zahlreiche Werke über kontinentaleuropäische Länder (QUINN 1974). Zu den klassischen

3.5 Itinerare, Reiseliteratur

Reisebeschreibungen z. B. über Großbritannien gehören die Werke von LELAND (1. Hälfte 16. Jh.) und CAMDEN (2. Hälfte 16. Jh.). Wesentliche Strukturelemente englischer Landschaften des 17. Jh. spiegeln sich z. B. in den Reiseberichten von Peter MUNDY (Hrsg. Sir R. Temple, London 1925) und Celia FIENNES (Hrsg. E. W. Griffiths, 1888). Zum besten gehört das Werk von Daniel DEFOE, bekannt als Autor des ›Robinson Crusoe‹, der in ›A Tour through England and Wales‹ das Land am Vorabend der industriellen Revolution darstellt (wohlfeile Ausgabe in Everymans's Library). Aus dem „Goldenen Zeitalter der Reisen", dem 19. Jh., sind auch zahlreiche deutsche Werke über Großbritannien und Irland überliefert, z. B. von KOHL (1843/44). Zu den großen deutschen Reisebeschreibungen über Italien zählen GOETHES ›Italienische Reise‹ (1816/17) und die Werke von GREGOROVIUS (1870–77) und HEHN (1905). Eins der umfangreichsten älteren Werken über Frankreich ist die Darstellung der Reise in die mittäglichen Provinzen von Frankreich im Jahre 1785 bis 1786 (THÜMMEL 1791–1805). Manche Berichte sind fachlich ausgerichtet, wie z. B. die Reisewerke des englischen Agrarökonomen Arthur YOUNG (1741–1820), der Sekretär des bekannten englischen Board of Agriculture gewesen ist und mehrere europäische Länder bereiste. Sie gehören dort zu wichtigen Quellen über Landwirtschaft in der Entwicklungsphase des 18. Jh. (GAZLEY 1955). Sie übten in ihrer Zeit einen innovativen Einfluß auf Verbesserungen der agrarischen Verhältnisse aus und wurden deshalb in viele Sprachen, darunter auch ins Deutsche, übersetzt. Die britische Geographie hat sich mehrfach mit ihm befaßt, in Deutschland vor allem LEISTER (1962).

Sehr umfangreich ist auch die Reiseliteratur über den mitteleuropäischen Raum. Ihre systematische Auswertung für die genetische Kulturgeographie sowie die Historische Geographie steht noch in den Anfängen. Viele ihrer Werke liefern auch vortreffliche Dokumente für die Wahrnehmungsforschung. Es gibt noch keine zusammenfassenden Bibliographien, so daß die geschichtlichen Landesbibliographien im allgemeinen die umfassendste Orientierung bieten. Der Katalog des Britischen Museums in London besitzt außerdem Appendizes wie im Band ›Germany‹ mit Abschnitten über Topographie und Reisen. Wie Young in Großbritannien, so unternahm Alexander von Lengerke – seit 1842 kgl.-preußischer Landesökonomierat – zahlreiche landwirtschaftliche Informationsreisen durch Deutschland (1839; 1846–53), Frhr. von Haxthausen durch Rußland (HALLER/TIGGESBÄUMKER 1978).

In Handbüchern und Berichten über Entdeckungs- und Seereisen (NOUGIER u. a. 1960 ff.; HENZE 1975 ff.; DAY 1980) werden zwar vorwiegend überseeische Länder erfaßt, doch sind sie bei Forschungen über europäische Themen zu berücksichtigen. Denn in frühgeschichtlicher Zeit waren große Teile des europäischen Nordens und Ostens noch zu entdecken. Zu den klassischen europäischen Entdeckungsreisen gehören die Fahrten des Wikingers Ottar aus Halogaland (jetzt Helgeland) im nördlichen Norwegen, der im 9. Jh. mehrere Fahrten unternommen hat, die ihn u. a. bis zum Weißen Meer und in die Ostsee geführt haben. Nachrichten darüber enthält die von dem angelsächsischen König Alfred dem Großen veranlaßte Übersetzung und Erweiterung der ›Historiae‹ des OROSIUS. Ein anderer Entdeckungsbericht darin stammt vom Kaufmann Wulfstan. Seine Fahrt ging von Haithabu über die Ostsee zum Land der baltischen Völker, über deren Gebräuche wir interessante Aufschlüsse erlangen. Altnordische Quellen enthalten auch einzigartige Nachrichten über den Handelsverkehr im skandinavischen und balto-russischen Raum (EBEL 1978; BEKKER-NIELSEN 1974). Zu den wichtigsten Quellen zählt die altnordische Sagaliteratur (NIEDNER/ NECKEL 1912–30).

3.6 Ältere Landesbeschreibungen und Ansichten

Neben den älteren Ausgaben der amtlichen Karten und sonstigen topographischen Kartenwerken des 18. und 19. Jh. gehören die gleichzeitigen topographischen Landesbeschreibungen zu den wichtigsten Quellen für die Landeskunde (MEYER 1968). Selbst manche topographischen Werke des 17. und 18. Jh. sind nicht ohne Wert für die Forschung, weil sie sowohl für die Landeskunde der damaligen Zeit wie für genetische Studien Erkenntnisse liefern können. So hat uns Matthäus MERIAN ein Bild der deutschen Stadt am Vorabend des 30jährigen Krieges geliefert. Sein öfter in Neuauflagen herausgegebenes Werk ist zuletzt in den 1960er Jahren neu ediert worden. Einer der bedeutenden Topographen des 16. Jh., Kaspar HENNEBERGER, ist mit einer Beschreibung des Landes Preußen (= Ost- und Westpreußen, 1595) und einer Karte darüber (1576) hervorgetreten. Wie die meisten der gedruckten Landkarten aus dieser Zeit besitzt auch die von HENNEBERGER nur noch einen geringen Wert für die Forschung, wenn man von der Geschichte der Kartographie absieht. Zu seinen Verdiensten gehört die erstmalige

3.6 Ältere Landesbeschreibungen

zutreffende Lokalisation historischer Landschaften. Auch der historische Teil seines Werkes ist insofern typisch für viele Topographien des 16. und 17. Jh., als es weithin nur Kompilationen aus anderen durchweg bekannten Quellen mit moralisierenden Abschweifungen verbindet. Dennoch sind einige originale Mitteilungen bis heute von Interesse, wozu etwa Beobachtungen über Sitten, Gebräuche von Volksstämmen und Schilderungen über den Handwerkerstand sowie das Hofleben gehören. Da in HENNEBERGERS Landesbeschreibung, wie in manche anderen dieser Zeit, Beobachtungen aus vieljährigen Reisen eingegangen sind, böte sein Werk Material für das Thema „Umweltwahrnehmung", und zwar von ihm selbst wie von Landesbewohnern. So schildert er, wie sogar Einheimische oft über die nächst gelegenen Örtlichkeiten zueinander in Widerspruch geraten wären. Gehörtes, Selbstgesehenes und Erwandertes ist auch, um nur noch eine Darstellung des 16. Jh. zu zitieren, in die berühmte Beschreibung Deutschlands von COCHLÄUS aus dem Jahr 1512 eingegangen, die LANGOSCH mit deutscher Übersetzung ediert hat (1976). Das wissenschaftliche Interesse an den Topographien des 16. Jh. ist immerhin weltweit so groß, daß eine der besten Arbeiten über die damaligen Topographien Deutschlands in den USA erschienen ist (STRAUSS 1959; vgl. SICK 1984).

Die historisch-geographischen und statistisch-topographischen Landesbeschreibungen vom Ende des 18. bis zur Mitte des 19. Jh. sind, wie neuere Nachprüfungen ergeben haben, großenteils so gründlich, daß sie heute bei kartographisch-landeskundlichen Arbeiten vielfach eine durch keine anderen Unterlagen ersetzbare Quelle bilden (HINKEL 1971). Teilweise hängt das mit dem gewaltigen Verlust von Akten und Archivgut während des letzten Krieges und unmittelbar danach zusammen. Deshalb findet ›Statistik und Staatsbeschreibung in der Neuzeit‹ (RASSEM/STAGL 1980) ein wachsendes wissenschaftliches Interesse. Es handelt sich um Werke, die in topographischer und statistischer Beschreibung alle für wichtig gehaltenen naturräumlichen, demographischen, wirtschaftlichen, mitunter auch kulturellen und religiösen Erscheinungen eines Landes, oft auch seiner administrativen Bezirke, Landschaften und wichtigsten Orte, manchmal unter Einschluß aller Dörfer, systematisch abhandeln.

Es konnte z. B. für die Karten der Verwaltungsgliederung 1785 und der Siedlungen nach ihrer Rechtsstellung 1785 im Historisch-Geographischen Atlas des Preußenlandes (H. MORTENSEN u. a.

1968–) die Topographie von GOLDBECK (1785–89) als unverzichtbare und zuverlässige Quelle neben anderen Unterlagen ausgewertet werden. Den gleichen Quellenwert besitzen zahlreiche Topographien aus gleicher Zeit und den folgenden Jahrzehnten. Dazu gehören etwa die sehr sorgfältig aus amtlichen Unterlagen seiner Zeit erarbeiteten ›Topographical Dictionaries‹ von LEWIS über die einzelnen Länder von Großbritannien. Wegen seiner Bedeutung als Quelle ist seine große und ausführliche Topographie von Irland (1837) 1970 in den USA in einer Reprint-Ausgabe erschienen. Auch in der Bundesrepublik Deutschland, in der DDR, Österreich und anderen europäischen Ländern sind in den letzten Jahren wegen ihrer wissenschaftlichen und heimatkundlichen Bedeutung ältere Landesbeschreibungen in größerer Zahl wieder gedruckt worden. Nennen wir nur BRATRING (1804–09; 1968) und BERGHAUS über die Mark Brandenburg (1854/56; 1970), HÜBNER über das Hochstiftsgebiet von Salzburg (1796; 1983), SCHRÖDER über das Herzogtum Schleswig (1854; 1973), SCHRÖDER/BIERNATZKI über Holstein, Lauenburg, Hamburg und Lübeck (1855/56; 1973), VOGEL über das Herzogtum Nassau (1843; 1971) und WALTHER über das Großherzogtum Hessen (1854; 1973). Die Reihe ließe sich noch erheblich verlängern. Der wissenschaftliche Wert jener Topographien ist indirekt durch die Herausgabe wichtiger Kartenwerke des 18. und 19. Jh. durch die Landesvermessungsämter und Historischen Kommissionen in den letzten Jahren erhöht worden, da beide zusammen zu ersten raschen Erkenntnissen führen. Der gedruckte Katalog der British Library (British Museum) ist eine Fundgrube für den Nachweis älterer Landesbeschreibungen aller Länder der Erde. Außerdem gibt es Spezialbibliographien z. B. in Großbritannien (MITCHELL/CASH 1917; ANDERSON 1881; HUMPHREYS 1917). Auch die wertvolle Bibliographie älterer Landesbeschreibungen über Irland ist neu herausgegeben worden (MASON 1823/1970). Die Literaturgattung der Landesbeschreibungen ist seit Mitte des 19. Jh. allmählich durch wissenschaftliche Landeskunden abgelöst worden. Während die älteren von ihnen als weitgehend zeitbedingte, unter dem Einfluß von Lehrmeinungen stehende Äußerungen heute durchweg überholt sind und wegen ihrer großen statistischen und topographischen Lücken nur geringen Quellenwert besitzen, ist die Wertschätzung der älteren Landesbeschreibungen aus den dargelegten Gründen noch im Wachsen.

Über die ältere Druckgraphik, die entweder, wie im Falle von MERIAN, einen wesentlichen Teil von Landesbeschreibungen ein-

3.6 Ältere Landesbeschreibungen

nimmt, oder ohne größere textliche Erläuterungen herausgegeben worden ist, sind in den letzten Jahren wichtige kritische Untersuchungen erschienen. Sie gehen vor allem der Frage nach, inwieweit es sich um reale Darstellungen oder um Abbildungen mit künstlerischer Freiheit handelt. Dabei gelangen alle Methoden historischer Kritik zur Anwendung. Ein wichtiges Nachweisbuch älterer Druckgraphik des 15. und 18. Jh. verdanken wir FAUSER (1978). Kritische Arbeiten mit grundlegenden weiteren Schrifttumsnachweisen über Sehweise und Darstellungsarten älterer Druckgraphik haben vor allem JACOB (1982), SCHMITT/LUCKHARDT (1982), SCHMITT (1984) und SCHÜPP (1984) vorgelegt. Wegen des dokumentarischen Wertes bildlicher Darstellungen von Städten und Landschaften hat das Institut für Vergleichende Städtegeschichte an der Universität Münster im Rahmen des Unternehmens ›Westfalia Picta‹ mit Unterstützung der DFG systematisch Nachweise topographischer Darstellungen gesammelt und wissenschaftlich bearbeitet. Während die Inventarisation im Jahre 1984 an das Westfälische Landesmuseum für Kunst und Kulturgeschichte übergegangen ist, werden in einer Arbeitsgruppe unter Michael SCHMITT die Untersuchungen über den Aussagewert druckgraphischer Darstellungen weitergeführt, zunächst über die Stadt Neuss. Eine kommentierte Sammlung aquarellierter Federzeichnungen von 1611/15 aus dem Stralsunder Stadtarchiv, die sämtliche vorpommerschen Städte abbildet, ist eine Fundgrube für kulturlandschaftsgenetische Studien (EWE 1980).

Manche bereits edierte Arbeiten erfassen für einzelne Länder und Landschaften den weit verstreuten Bestand an alten Ansichten. Sie sind Dokumente für die Landschafts-, Stadt- und Baugeschichte sowie die Umweltwahrnehmung in ihrer Zeit. Sie sind bis in die 1950er Jahre von der Forschung wenig beachtet worden, bilden aber heute für mehrere Disziplinen der historischen Landesforschung wichtige Quellen. Die geographische Landschaftsgeschichte hat diese Dokumente erst zögernd ausgenutzt. Zu nennen wären die Bände über die Schweiz (BOURQUIN 1968), die Bodenseelandschaft (SCHEFOLD 1984), den Schwarzwald (SCHEFOLD 1981), Franken (HOFMANN/SCHUHMANN 1981) und Schleswig-Holstein (KLOSE/MARTIUS 1962). Die Aufmerksamkeit, welche alte Landschaftsansichten finden, äußert sich auch in bemerkenswerten Ausstellungen in Museen und Bibliotheken, zu denen gewöhnlich bibliographisch und bildnerisch bedeutende Kataloge erscheinen, wie z. B. über die Ausstellung der Landschaftsbilder aus der Rhön in der

Universitätsbibliothek Würzburg (MÄLZER 1985). Selbstverständlich wird der landschaftsgeschichtlich geschulte Geograph manche Abbildungen anders interpretieren als ein Kunsthistoriker oder Bibliothekar.

4. HISTORISCH-NATURWISSENSCHAFTLICHE,
TECHNISCHE UND ARCHÄOLOGISCHE
VERFAHREN

Historisch-naturwissenschaftliche Verfahren nenne ich jene Arbeitsmethoden, die mit Hilfe von Naturwissenschaften Erkenntnisse über räumliche Verhältnisse der Vergangenheit liefern. Dazu gehören insbesondere Befunde über die Natur- und Kulturlandschaft früherer Zeiten, ihre dingliche Erfüllung und ihre Veränderungen. Während naturwissenschaftliche Fragestellungen und Methoden in der Geographie seit ihrer Erneuerung im 19. Jh. üblich sind, haben in den letzten Jahrzehnten naturwissenschaftliche Methoden auch in Fächern, die ihnen bis dahin weniger verbunden waren, zu erheblichen, auch für die Geographie relevanten Fortschritten geführt. Das gilt besonders für die Archäologie, die vor allem durch ihren Zweig der Siedlungsarchäologie (JANKUHN 1977b) für die genetische Kulturlandschaftsforschung grundlegend geworden ist. Eine Einführung bieten die ersten Bände der neuen Schriftenreihe ›Archäologie und Naturwissenschaften‹ (Bd. 1/2, Bonn 1977/1981). Auch der schon 1969 als Forschungsbericht der DFG publizierte Überblick über die vielseitige Zusammenarbeit zwischen Spezialgebieten der Biologie und der Vor- und Frühgeschichte ist noch immer als Einführung eine lohnende Lektüre (BOESSNECK 1969).

4.1 Geochronologie, Pollenanalyse, Baumringchronologie und Moorarchäologie

Die Chronologie als Lehre von der Zeitmessung und -rechnung ist für die Kulturlandschaftsgeschichte grundlegend, da sie die zeitliche Orientierung vermittelt. Sie ist genauso wichtig wie ein Zurechtfinden im Raum, da ja Raum und Zeit zu den wichtigsten Denkformen landschaftsgeschichtlicher Forschung gehören. Für die älteren Abschnitte der Kulturlandschaftsgeschichte, die durch die geschichtswissenschaftliche Zeitmessung (Kap. 3.3) nicht datierbar sind, bieten sich die Ergebnisse mehrerer naturwissenschaftlicher Verfahren an. Eine aus einem Schwerpunktprogramm der DFG über Feuchtbodensiedlungen im Alpenvorland erwachsene Einführung in die Problematik mit weiterführender Literatur bieten BILLAMBOZ/BECKER (1985) und STRAHM (1985).

Die Geochronologie (ZEUNER 1958; FRANKE 1969) ist vor allem von der Geologie und der Geomorphologie entwickelt worden. Zu den klassischen Methoden der Geologie zählt die stratigraphische, die Ermittlung der Gleichzeitigkeit oder des relativen Alters räumlich getrennter Schichten mit Hilfe von geschichteten Sedimenten und Leitfossilien. Im Prinzip geht man davon aus, daß eine höher liegende Schicht später als die darunter liegende abgelagert sein muß. Die Warvenchronologie [schwed. varv = Schicht] beruht auf der Auszählung von Bändertonen als Ablagerungen von Seen, die durch ihren jahreszeitlichen Wechsel von Bedingungen und Ausformung der Sedimentation eine absolute Altersbestimmung erlauben. Der Geomorphologie verdanken wir vor allem Datierungen, die mit der Eiszeit und ihren Folgeerscheinungen zusammenhängen. Es gehören dazu: 1. Die Datierung mittels Strandwällen und Uferlinien (VOSS/MÜLLER-WILLE 1973). Es liegen z. B. im finnischen Schärenhof Strandwälle infolge der Landhebung heute völlig außerhalb des Meereseinflusses über höchsten Brandungsständen. Durch vergleichende Untersuchungen und zusätzliche Datierungsmethoden, z. B. mittels Fossilien, können sie zur geochronologischen Altersbestimmung früherer Küsten herangezogen werden (GIERLOFF-EMDEN 1980). 2. Durch Moränen früherer Gletschervorstöße lassen sich auch für die prähistorische und historische Zeit klimageschichtliche Daten gewinnen. 3. Überall in Mittel-, West- und Nordeuropa sind Schotterterrassen der Flüsse mit eiszeitlichen Klimaschwankungen in Verbindung zu bringen, während Funde im nacheiszeitlichen Auelehm mit prähistorischen und historischen Ereignissen korrelierbar sind. 4. Mittels archäologischer Funde in Dünen, die vielfach eine deutliche Schichtung zeigen, hat sich deren Bildung mitunter für die prähistorische und historische Zeit datieren lassen (Kap. 4.6).

Die Verfahren der Geochronologie sind vielfach mit Erkenntnissen der Pollenanalyse, Baumringchronologie u. a. Methoden zu verknüpfen. Pollen der Pflanzen sind verschieden geformt, so daß sich von den Pollen auf die Pflanzen schließen läßt. Da sich Pollen fossil insbesondere in Mooren erhalten, ergibt deren stratigraphische Analyse einen Überblick über die Aufeinanderfolge der Vegetation an bestimmten Örtlichkeiten. Die Pollenanalyse hat Dia-

4.1 Geochronologie

gramme vom Ende der Eiszeit bis zur Gegenwart erarbeitet und damit einen der wesentlichsten Beiträge für Datierungen auch in prähistorischer und historischer Zeit geschaffen. Einen instruktiven Einblick in die Möglichkeiten bietet noch immer das Werk von FIRBAS, das sich auch durch enge Verbindungen von Pollenanalyse mit der Entwicklung der Besiedlung, der Land- und Forstwirtschaft auszeichnet (1949, 1952). Wichtig für Pollenanalyse, Paläo-Ökologie und Paläo-Ethnobotanik sind Studien von WILLERDING und LANGE (Kap. 4.2). Das grundlegende britische Werk über die nacheiszeitliche Geschichte der britischen Flora von SIR GODWIN (1975) berücksichtigt die Einwirkungen des Menschen seit dem Neolithikum.

Zu den älteren geochronologischen Arbeitsweisen und zur Pollenanalyse sind neuerdings einige weitere naturwissenschaftliche Verfahren gekommen, so daß heute eine noch vor wenigen Jahrzehnten unerwartete Genauigkeit möglich geworden ist. Zu erwähnen sind vor allem die Radiocarbonmethode, die Thermolumineszenzdatierung, die Spaltspurmethode, die Datierung anhand der Razemisierung von Aminosäuren und des thermoremanenten Magnetismus sowie die Dendrochronologie. Diese Methoden erfordern die Mithilfe von entsprechenden Sachkennern. Einen sehr guten Überblick mit weiterführenden Schrifttumsangaben bieten: H. JANKUHN, KORBEL, D. JANKUHN, CAPELLE, ROTTLÄNDER, DRIEHAUS, JACOB-FRIESEN u. a. im Artikel ›Chronologie‹ des Reallexikons für Germanische Altertumskunde (Bd. 4, 1981, S. 607 bis 674).

In den letzten Jahren hat die *Baumringchronologie* (Dendrochronologie) zu beachtlichen Erkenntnissen über die Entwicklung kulturlandschaftlicher Strukturen wie Gebäude, Siedlungen, Verkehrsmittel (Schiffe), Verkehrswege (Bohlenwege) geführt. Die Dendrochronologie gibt die Möglichkeit, Holzfunde und damit z. B. das Fällungs- und Verarbeitungsdatum von Eichen auf das Jahr genau zu datieren. Wegen Erschwerung der Bearbeitbarkeit durch Ablagerung wurden nämlich Eichen in der Frühzeit im Fällungsjahr verbaut. Der Erfolg der Methode ist abhängig von der Jahresringzahl der Probe sowie von Holzart, Wuchsgebiet und Standortbedingungen. Die Voraussetzung für die heute bereits weit in die Vergangenheit zurückreichenden absoluten Datierungen war die Aufstellung einer lückenlosen Jahresringchronologie. „Nachdem es neuerdings in Hohenheim gelungen ist, die Eichenstandardkurve des nordalpinen Raumes lückenlos von der Gegenwart bis 4000 v. Chr. zurückzu verlängern, ist das gesamte Dendro-Datennetz urgeschichtlicher Pfahlbausiedlungen des nördlichen Voralpenlandes zwischen 4000 und 800 v. Chr. jahrgenau datiert" (KROMER/BILLAMBOZ/BECKER 1985, S. 241).

Von besonderem Erkenntniswert ist, daß sich die Chronologien aus Süddeutschland mit den Chronologien, die in Nord- und Westdeutschland erarbeitet worden sind, sicher synchronisieren lassen. Auch in den europäischen Nachbarländern ist die dendrochronologische Forschung auf dem Weg zu Chronologien über lange Zeiträume (SMITH 1972; LAMBERT/ORCEL 1977). Wertvolles Material für die dendrochronologische Auswertung liefert die *Moorarchäologie*, insbesondere durch die Ausgrabung von Bohlenwegen. Sie ist am weitesten in Nordwestdeutschland entwickelt, wo sich in den letzten Jahren ganz neue Einsichten über die handwerklichen Fertigkeiten des vor- und frühgeschichtlichen Menschen und seinen Verkehr erzielen ließen. Die Moorarchäologie gibt durch ihre Verknüpfung mit Pollenanalyse und Stratigraphie des Moores die Möglichkeit einer Datierung, wobei die Funde in ihre früheren Umweltverhältnisse eingeordnet werden können, so daß sich in Verbindung mit dem übrigen archäologischen Material vielseitige Einsichten in die Entwicklungsfolgen und ehemaligen Verkehrsverhältnisse, Besiedelungsstufen und Wirtschaftsformen ergeben. Über Ergebnisse der Moorarchäologie unterrichten mehrere archäologische und historisch-landeskundliche Zeitschriften aus Nordwestdeutschland, darunter die Nachrichten des Marschenrates zur Förderung der Forschung im Küstengebiet der Nordsee. Der Moorarchäologie verdanken wir u. a. den Nachweis, daß der Verkehr bereits zur Bronzezeit hoch entwickelt war (HAYEN 1978, 1983).

Ein neues Problem, das sich durch den erfolgreichen Einsatz naturwissenschaftlicher Verfahren zur Gewinnung von Zeitdaten ergeben hat, ist bei Datierungen älterer prähistorischer Kulturen die Diskrepanz zwischen konventioneller Chronologie, die auf der Überlieferung des Alten Orients beruht, und den Daten der Radiokarbon- und Baumjahresringmessung. Es bestehen daher zur Zeit im Schrifttum je nach Ursprung der Datierung Diskrepanzen bis zu Zeitspannen von 2000 Jahren bei dem Zeitansatz für den Beginn des Neolithikums (z. B. LINKE 1976, S. 3; RÖSCH 1985, Tab. 6).

4.2 Paläo-Ökologie und Paläo-Ethnobotanik

Die in den letzten Jahren durch interdisziplinäre Zusammenarbeit entwickelte Paläo-Ökologie untersucht die Beziehungen ur- und frühgeschichtlicher sowie mittelalterlicher Menschengruppen und Kulturen zu ihrer natürlichen Umwelt. In Veröffentlichungen dieser Arbeitsrichtung, die von der britischen Geographie stärker als von der deutschen gepflegt wird, hat der Ausdruck „Umwelt" oder seine englische Entsprechung „Environment" den älteren Ausdruck „Landschaft" abgelöst. Das ist wegen der größeren Präzision zu begrüßen. Inhaltlich handelt es sich um eine erhebliche Fortentwicklung des älteren landschaftskundlichen Ansatzes, der früher in Deutschland gepflegt wurde. Zwei Arbeitsrichtungen stehen im Vordergrund: Zahlreich sind die neueren Arbeiten über die Einwirkung des Menschen auf seine Umwelt. Bereits in urgeschichtlicher Zeit ist sie viel stärker verändert worden, als es bis vor wenigen Jahrzehnten angenommen wurde (LYNCH 1981). Selbst für die periphere Kuusamo-Region nahe dem Polarkreis im nordöstlichen Finnland ist durch Pollenanalyse nachgewiesen worden, daß der Mensch dort seit dem Neolithikum seine natürliche Umwelt verändert hat (HICKS 1976).

Ein zweiter Forschungsansatz geht den Abhängigkeiten menschlicher Gruppen von ihrer Umwelt nach. Derartige Beziehungen sind bekanntlich vor der Technisierung unserer Kultur viel handgreiflicher als heute gewesen, wo sie nicht beseitigt sind, aber weniger direkt hervortreten. Hochgradig abhängig von ihrer natürlichen Umwelt waren die alt- bis mittelsteinzeitlichen Menschen (ca. 600000–3500 v. Chr.), um so mehr, als zu ihrer Zeit der europäische Raum nördlich der Alpen noch durch die Eiszeit und die darauf folgende, sich in Klima, Böden und hydrographischen Verhältnisse sowie Meeresspiegelstand stark von der Gegenwart unterscheidende Nacheiszeit geprägt war (A. MORRISON 1980). Beide Fragestellungen – Einwirkung und Abhängigkeit des Menschen – sind in einem alle prähistorischen Zeitalter umfassenden Werk über britische Probleme dargestellt, das wegen seiner interdisziplinären Ausrichtung vorbildlich ist (SIMMONS/TOOLEY 1981). In der Paläo-Ökologie verbinden sich geographische, vorwiegend morphologische und paläo-klimatische Forschungen mit solchen der Bodenkunde, Botanik und Archäologie; je nach Fragestellung sind auch Geologie und weitere verwandte Disziplinen vertreten.

Durch ähnliche Fragestellungen und Methoden steht in enger

Beziehung zur Paläo-Ökologie die Paläo-Ethnobotanik. Es ist die Wissenschaftsdisziplin, welche die Nutz- und Kulturpflanzen prähistorischer bis mittelalterlicher Zeit in ihrem natur- und kulturlandschaftlichen Rahmen untersucht (BEHRE; WILLERDING passim). Feststellungen über agrarlandschaftliche Sachverhalte seit Einführung von Ackerbau und Viehwirtschaft im Neolithikum bauen seit einigen Jahrzehnten weitgehend auf paläo-ethnobotanischen Befunden auf. Dazu werden fossile Pflanzenreste – z. B. Früchte und Samen – sowie Pollenkörner aus Siedlungsschichten oder sonstigen Ablagerungen analysiert. Durch die paläo-ethnobotanische Auswertung von Pflanzenresten lassen sich Erkenntnisse über folgende geographische Fragenkreise erzielen:

1. Landnahme und Ausbau des Kulturlandes, insbesondere nachzuweisen mit Hilfe der Pollenanalyse.
2. Kulturelle, wirtschaftliche und gesellschaftliche Unterschiede zwischen Landschaften und zwischen ihren Teilelementen, wie städtischen und ländlichen Siedlungen.
3. Verbreitung von Nutz- und Kulturpflanzen, wie Getreidearten.
4. Innovation und Diffusion oder Einführung und Ausbreitung von Kulturpflanzen und Anbaumethoden.
5. Einblick in die vegetabilische Ernährung.
6. Bodennutzungsarten und Fruchtwechsel. Vor allem lassen sich mittels Unkräutern unter Berücksichtigung geologischer, bodenkundlicher und morphologischer Verhältnisse ehemalige Ackerstandorte, Flurausdehnungen, Bestandsbeschaffenheit, Stickstoffversorgung, mit Einschränkung die Getreideart (Unkräuter des Sommer- und Wintergetreides!) sowie die ehemalige Wuchshöhe des Getreides bestimmen.
7. Einfuhr von Nutzpflanzen und Kulturpflanzen.
8. Temperaturverhältnisse, Klima (z. B. atlantische oder kontinentale Bedingungen), Bodenfeuchtigkeit, Bodenazidität.

Vor allem die Arbeiten der letzten Jahre haben gezeigt, daß es seit dem Neolithikum und bereits innerhalb kürzerer Zeitphasen wie seit der Eisenzeit zu erheblichen Veränderungen im Anbau gekommen ist. Das gilt für die meisten europäischen Teilräume. Die zur Zeit beste Einführung in paläo-ethnobotanische Arbeitsweisen mit umfangreichem Schriftverzeichnis unter Berücksichtigung mehrerer europäischer Länder gibt WILLERDING (1979; 1980). In welchem Maße Fragen der Siedlungsentwicklung und Landnutzung durch jene Arbeitsweisen geklärt werden können, zeigt auch vorbildlich der Beitrag von LANGE, vorwiegend anhand von Material aus der DDR (1971). Paläo-Ökologie und Paläo-Ethnobotanik vereinigen sich in einem methodisch vorbildlichen wie inhaltsreichen Werk über die Entwicklung der irischen Landschaft (MITCHELL 1976). Beide Arbeitsrichtungen werden in Verbindung mit Historischer Geographie auch unter der Bezeichnung "landscape archaeology" zusammengefaßt (REEVES-SMYTH/HAMOND 1983). Der Paläo-Ethnobotanik ist es gelungen, über Jahrzehnte offene Forschungsprobleme zu lösen. Dazu gehört z. B. die Klärung des Beginns der Plaggenwirtschaft, die von großem Einfluß auf die Ausbreitung der Zwergstrauchheide im nordwestlichen Mitteleuropa gewesen ist (BEHRE 1976; ELLENBERG 1982, S. 662 ff.). Eine europaweite, weit über 1000 Nachweise umfassende Bibliographie der Paläo-Ethnobotanik des Mittelalters mit Arten-, Autoren-, Orts- und Sachregister nebst einer Einführung in Forschungsstand und Methodik verdanken wir WILLERDING (1978/79).

4.3 Vegetationskunde und -geschichte

Da der Wald in mehreren europäischen Ländern etwa 30% und mehr der Fläche einnimmt und im Mittelalter auch die Länder, die heute 10% und weniger Waldfläche besitzen, erheblich stärker bewaldet waren, ist das Interesse an ihm groß. Bis zur Intensivierung der Landwirtschaft im 18. Jh. und zur Industrialisierung im 19. Jh. waren viele Schichten der Bevölkerung als Nutzer von Holz, durch Waldgewerbe oder Waldweide enger mit dem Wald verflochten. Daher sind zahlreiche Arbeiten über die Veränderungen der Ausdehnung, Zusammensetzung und Nutzung des Waldes kulturlandschaftsgenetisch, namentlich wirtschaftlich orientiert, so daß sie erst im Kapitel 6.3.2 vorgestellt werden; denn hier geht es zunächst um die geobotanischen Aspekte. Da jedoch seit der Neolithisierung der Wald durch den Menschen und seine Wirtschaft verändert worden ist, gibt es für die Entwicklung seit der Jungsteinzeit keine Vegetationsgeschichte ohne Berücksichtigung des Menschen. Deshalb enthält das große Werk über die spät- und nacheiszeitliche Waldgeschichte Mitteleuropas nördlich der Alpen von FIRBAS (1949/52), das noch in den Grundzügen unentbehrlich ist, auch Abschnitte über die Beziehungen der vor- und frühgeschichtlichen sowie mittelalterlichen Besiedlung zur Waldentwicklung. Auch das Standardwerk von ELLENBERG (1982) über die Vegetation Mitteleuropas mit den Alpen berücksichtigt umsichtig die Einwirkungen des Menschen auf die Vegetation in genetischer Sicht (z. B. S. 240 ff.; 662 ff.). Ein mehrbändiges Werk über Waldgesellschaften des mitteleuropäischen Raums nördlich der Alpen faßt zahlreiche Vegetationsaufnahmen in Listen und Tabellen zusammen und eignet sich deshalb als Ausgangspunkt für geobotanische, für die Landschaftsgenese bedeutende Untersuchungen. Über die Entwicklung der Baumarten und der Erica-Heiden im nordwestlichen Deutschland gibt es zwei maßgebende Arbeiten (HESMER/SCHRÖDER 1963; MENKE 1963). Nach Einzelstudien hat OVERBECK das Standardwerk über die norddeutschen Moore geschrieben (1975). Es bietet auch einen Überblick über die Hauptmoortypen Europas und stellt die Moore Nordwestdeutschlands als Quellen zur Vegetations-, Klima- und Siedlungsgeschichte dar. In die jüngere Geschichte der Vegetation unserer Flußauen führt WILLERDING ein (1960). Da seit Einführung von Ackerbau und Viehhaltung durch die ganze prähistorische Zeit ebenso wie im Mittelalter und in der Neuzeit bis ins 19. Jh. enge Beziehungen zwischen Vegetationseinheiten, der Besiedlung und bäuerlichen Wirtschaft bestanden haben, sind wenigstens in einzelnen unserer regionalen historisch-landeskundlichen Atlanten auch Karten der natürlichen oder naturnahen Vegetation vertreten. Vor allem der Historische Handatlas von Brandenburg und Berlin zeichnet sich durch eine Karte 1:650000 der potentiellen natürlichen Vegetation aus (KRAUSCH 1965). Da sie aufs Jahr 1000 n. Chr. abgestellt ist, kann sie als Grundlage für verschiedene vegetations- wie kulturlandschaftsgeschichtliche Forschungsrichtungen dienen. „Dargestellt ist diejenige Vegetation, die sich damals bei Aufhören jeglicher menschlicher Einwirkung herausgebildet hätte und die außerhalb der damaligen Siedlungslandschaften sicher auch noch tatsächlich vorhanden war" (KRAUSCH in den Erläuterungen zur Karte, S. 1). Die Karten der natürlichen Waldgesellschaften, der natürlichen Heidegesellschaften und Hochmoore im Mitteldeutschen Heimatatlas (MEUSEL 1957) erfassen den Raum zwischen Fulda, Fränkischer Saale und Spree. Die Karte der natürlichen Verbreitung einzelner Baumarten und der natürlichen Waldgebiete im Atlas Östliches Mitteleuropa (KRAUS u. a. 1959) sind wegen ihres kleinen Maßstabes 1:8 Mill. in ihrer Aussagekraft beschränkt.

Für Deutschland als Ganzes mit seinem geographischen Rahmen ist die Karte von HUECK 1:3 Mill. über die natürliche Vegetation aus dem Atlas des Deutschen Lebensraums von 1938 in der Darstellung einiger Vegetationseinheiten überholt, wie z. B. des „Eichen/Birkenwaldes" im nordwestlichen Deutschland, weil dort nach neueren Erkenntnissen vorwiegend Rotbuchen, z. T. mit starker Beteiligung der Eichen, verbreitet waren. In gleichem oder größerem Maßstab ist noch keine neuere Karte erschienen. Eine erste Korrektur kann aber anhand der Vegetationskarte (ca. 1:10 Mill.) von ELLENBERG erfolgen (1982, Abb. 1). Immerhin gibt es mehrere neuere regionale Darstellungen der natürlichen Vegetation, die wichtige Hilfen für kulturlandschaftsgenetische Arbeiten bieten. Dazu gehören einige der von der Akademie für Raumforschung und Landesplanung herausgegebenen Planungsatlanten, wie die von Niedersachsen und Nordrhein-Westfalen, mit Darstellungen der potentiellen natürlichen Vegetation in den Maßstäben 1:500 000 bis 1:800 000. Auch hier hängt es vom Jahr der Kartenbearbeitung ab, inwieweit der Inhalt noch dem gegenwärtigen Forschungsstand voll entspricht. Auch für die DDR liegt eine Karte der natürlichen Vegetation 1:500 000 vor (SCAMONI u. a. 1964). Als Einführung ins Waldbild des gesamten europäischen Raumes hat noch immer die Darstellung von RUBNER und REINHOLD zu gelten (1953). In welcher Richtung die historisch-landeskundliche Forschung bei der Auswertung von Karten der potentiellen natürlichen Vegetation anzusetzen hat, ist bereits in den älteren Arbeiten von GRADMANN (1901; 1948) und in jüngeren, z. B. von ELLENBERG in einem vegetationskundlichen Beitrag zur Siedlungs- und Landschaftsgeschichte, gezeigt worden (1954). Aussagekräftige, gut illustrierte Studien über die Einwirkung der bäuerlichen Weidewirtschaft auf die Vegetation in früherer Zeit liegen auch aus Skandinavien vor (C. FRIES 1949; FRÖDIN 1954; M.FRIES 1958). Weitere Arbeiten zur genetischen Kulturlandschaftsforschung auf vegetationskundlicher Grundlage werden in Kapitel 6.3.2 vorgestellt.

4.4 Archäologische Landesaufnahme und ähnliche Verfahren

Der ur- und frühgeschichtlichen Forschung verdanken wir eine große Zahl von Bodenfunden, über die es im Fachschrifttum eine sehr umfangreiche Literatur gibt. Vor allem Wissenschaftler aus Institutionen der staatlichen Denkmalpflege, die in allen Ländern bestehen, veröffentlichen regelmäßig Fundberichte in Zeitschriften der Ur- und Frühgeschichte, die z. B. in der Bundesrepublik Deutschland für ihr Gesamtgebiet oder von jedem Flächenstaat jährlich herausgegeben werden. Weitere wichtige Quellen sind Jahresberichte und Mehrjahresberichte der Archäologischen Denkmalpflege mit Fundkarten, Buchreihen über bedeutende Ausgrabungen, wie z. B. über Manching, Haithabu oder Feddersen Wierde, Monographien über einzelne Kulturepochen und -regionen, Handbücher über die Urgeschichte von Landschaften und Ländern und die für einige Landkreise, namentlich von Schleswig-Holstein, vorliegenden Bände einer archäologischen Landesaufnahme. Eine knappe, aber thematisch umfassende Einführung in die Methoden und Erkenntnismöglichkeiten der Archäologischen Landesaufnahme mit wichtiger Literatur hat JANKUHN vorgelegt (1973). Er versteht darunter „ein Inventarisationsvorhaben, das auf eine möglichst vollständige Erfassung aller Funde eines bestimmten Gebietes in Museen, Sammlungen, und im Privatbesitz abzielt und das darüber hinaus bestrebt ist, durch systematische, möglichst lückenlose Geländebegehung in diesem Gebiet vor- und frühgeschichtliche Denkmäler und Fundstellen zu erkennen, sowie diese kartographisch und deskriptiv festzulegen". Darüber hinaus werden alle weiteren Informationen über frühere und heutige Denkmäler und Funde erfaßt. Die Funddokumentation der Ur- und Frühgeschichte ist grundlegend für die Kulturlandschaftsgeschichte, da es möglich ist, aus der Verbreitung, Lage und Veränderung archäologischer Funde und Fundgruppen Indizien für Siedlungs- und Kulturgebiete, Verkehrsräume und -beziehungen, Landesbau und Wüstungsbewegungen abzuleiten. Die Wahrscheinlichkeit, auf bestimmte altlandschaftliche Strukturen und Prozesse schließen zu können, wird durch Einbeziehung der Befunde von anderen Forschungsbereichen erhöht, die in den Kapiteln 3, 4 und 5 dargestellt werden. Das gilt etwa für die Paläo-Ethnobotanik, die Osteoarchäologie, die Ortsnamenforschung, die Analyse älterer topographischer Karten, von Bodenkarten und Luftbildern. Bereits seit den für ihre Zeit richtungsweisenden Arbeiten von Gradmann und Schlüter hat die Geographie die Ergebnisse der Ur- und Frühgeschichte, namentlich ihre Fundkarten, berücksichtigt, da sie ein wichtiges Zeugnis für das flächenmäßige Erfassen und die Datierung der älteren Siedlungsräume liefern. So gehören die archäologischen Funde neben der Rekonstruktion der Naturbedingungen, den Ortsnamen, geschichtlichen Nachrichten und den Flurformen zu den Grundlagen für die bekannte Karte von SCHLÜTER über die Siedlungsräume Mitteleuropas in frühgeschichtlicher Zeit (1952–58). Sie ist zwar in Einzelheiten überholt, doch in ihren Grundzügen noch gültig, zumal eine Neubearbeitung noch aussteht.

4.5 Osteo- oder Knochenarchäologie und Tierwelt

Untersuchungen an älteren Tierknochen, die in der Regel durch Ausgrabungen gewonnen werden und sich auf Material vom Paläolithikum bis zur frühen Neuzeit stützen, liefern eine Fülle von Erkenntnissen über die früheren Umwelten, ihre Veränderung durch natürliche oder anthropogene Faktoren und über den wirtschaftenden Menschen. Selbstverständlich müssen Tierknochenfunde kritisch ausgewertet werden. Dabei spielen z. B. als Probleme die Fragen nach der Erhaltung, der wirtschaftlich bedingten Selektion und von Tierimporten eine Rolle. Bereits seit der Mitte des 19. Jh. sind mit mehr oder weniger Regelmäßigkeit Untersuchungen von Tierknochen und Tierresten aus menschlichen Ansiedlungen durchgeführt worden (JANKUHN 1977b, S. 178), doch erst in den letzten zwanzig Jahren ist dank dem Anfall von Millionen von Knochen bei den archäologischen Großgrabungen an die Stelle der Untersuchung einzelner Individuen diejenige von Populationen getreten. Zu diesem Fortschritt hat die Entwicklung elektronischer Zählgeräte und statistischer Auswertungsverfahren wesentlich beigetragen. Mit den älteren Methoden wäre es nicht möglich gewesen, das sich massenhaft einstellende Befundmaterial sachgerecht auszuwerten.

Als erste Einführung in die Methoden und Ergebnisse der Osteoarchäologie empfiehlt sich der kurze, aber inhaltsreiche Überblick eines der international führenden Erforscher der Geschichte der Wild- und Haustiere mit weiterführendem Schrifttum (BOESSNECK 1975). Der gleiche Verfasser hat in der Einleitung zu seiner zusammenfassenden Auswertung der Tierknochen aus den bedeutenden Ausgrabungen des latènezeitlichen Oppidums von Manching südöstlich von Ingolstadt dargelegt, wie z. B. die Frage nach der Versorgung und Ernährung der Bevölkerung einer vorgeschichtlichen Großsiedlung mit Hilfe osteoarchäologischer Verfahren beantwortet werden kann (1971). „Was wir über Tierhaltung, Jagd und Fischfang in ländlichen Siedlungen des norddeutschen Küstengebietes wissen, fußt, ausgenommen die Zahl der Tierboxen in den Wohnstallhäusern, allein auf Untersuchungen an Tierknochen, deren Erhaltungszustand davon abhängt, in welche Medien sie eingebettet waren" (REICHSTEIN 1984, 1, S. 274). Eine neuere europaweite Einführung in die Probleme und Forschungsansätze bietet der Sammelband "Husbandry in Europe" (GRIGSON/CLUTTON-BROCK 1984).

4. Historisch-naturwissenschaftliche Verfahren

Wenn die Osteoarchäologie gezeigt hat, daß im ganzen gesehen im westlichen Mitteleuropa die Prozentsätze der Wildtierknochen in Siedlungen seit der Jungsteinzeit klein gewesen sind, so ergibt sich daraus die geringe Bedeutung der Jagd für die Nahrungsversorgung. Wenn man bedenkt, daß die verbreitete Waldweide im näheren und weiteren Umkreis der Siedlungen die Wildtiere verscheuchen mußte und in den abgelegenen Bereichen das Raubwild, die noch im Mittelalter sogenannten „Untiere", die Bestände der heute gejagten Wildtiere klein hielten, dann kommen diese Feststellungen nicht mehr überraschend. Fische sind wahrscheinlich unter den Wildtierresten unterrepräsentiert, da sich ihre Gräten rasch zersetzen und nur mittels besonders aufwendiger Verfahren ihre noch verbliebenen Relikte nachweisbar sind (REICHSTEIN 1984, 1, S. 275 f.). Der zusammenfassende Überblick über die Erforschung der Tierwelt in den Siedlungen im Küstengebiet der Bundesrepublik Deutschland von REICHSTEIN (1984) erstreckt sich auf die Zeit vom 5. Jh. v. Chr. bis zum 11. Jh. n. Chr. Dank vorliegenden Materials aus den verschiedensten Epochen dieses großen Zeitraums und durch Vergleich mit späteren Befunden läßt sich bereits in Umrissen erkennen, welcher Wandel sich in der Tierwelt von der prähistorischen Zeit bis ins Mittelalter und noch einmal seitdem bis heute vollzogen hat. Da die einzelnen Tierarten recht unterschiedliche Ansprüche an die Landesnatur stellen, läßt eine statistische Untersuchung der Waldtierarten auch recht sichere Schlüsse darauf zu, inwieweit der Zustand der Landschaft noch naturnah gewesen ist und welcher Art die Flächen waren. So sind z. B. Auerhahn, Uhu und Rothirsch Tiere des Waldes; auch der Luchs gehört zu den reinen Waldbewohnern, an deren Rückgang oder völligem Verschwinden sich neben der Verfolgung durch den Menschen auch die Rodung der Wälder und die Ausweitung des Ackerbaus erkennen läßt. Andererseits begünstigte dieser Vorgang die Ausbreitung anderer Wildtierarten. Dazu zählen z. B. die Hasen, deren optimale Lebensräume die sommerwarmen Kultursteppen mit geringen Niederschlägen sind, ferner die Mäusebussarde und Turmfalken mit ihrer Präferenz für offene Landschaften (REICHSTEIN 1984a, S. 81 f.). Über die Einwirkungen der kulturlandschaftlichen Entwicklung auf die Großtiere gibt es bislang nur wenige Monographien, aber wenigstens eine vorbildliche Arbeit (MÜLLER-USING 1960). Welche Einblicke sich in die Wild- und Haustierwelt mittelalterlicher Burgenbewohner und ihrer von ihnen abhängigen Nahrungswirtschaft ergeben, hat ebenfalls REICHSTEIN gezeigt (1981).

4.5 Osteo- oder Knochenarchäologie

Der Rückgang der Wildtiere durch ihre planmäßige Verfolgung und die fortschreitende Intensivierung der Landeskultur wird in mehreren Untersuchungen über die Entwicklung der Kulturlandschaft oder größerer ihrer Bereiche dargestellt. Dazu gehören vor allem vier Werke des verdienstvollen Geographen Friedrich MAGER, die jeweils exemplarisch für ihren Gegenstandsbereich sind: Die Entwicklungsgeschichte der Kulturlandschaft des Herzogtums Schleswig in historischer Zeit (1930/37, insbesondere Bd. 1, S. 365 bis 383), die von der Geographie in der Bundesrepublik Deutschland kaum beachtete, aber lesenswerte Geschichte des Bauerntums und der Bodenkultur im Lande Mecklenburg, die in der wendischen Zeit einsetzt und bis ins 20. Jh. führt (1955), und sein letztes großes Werk über den Wald in Altpreußen, womit er das ehemalige Deutschordenspreußen bezeichnet. In ihm hat er der Jagd und der Wildnisfischerei eigene Abschnitte gewidmet. Mustergültig und bislang ohne Parallelen in seiner Konzeption ist sein Buch über Wildbahn und Jagd in Altpreußen, das wie seine anderen Werke aus den archivalischen Quellen erarbeitet worden ist, daher zeitlos gültig bleibt und eine enge Verknüpfung von Kulturlandschaftsentwicklung und Wildbestand bietet (1941). Dieses erschien im letzten Kriege und nicht in einem geographischen Verlag; daher besitzen nur wenige deutsche Bibliotheken ein Exemplar. Da es nicht in eine der sich damals oder heute als „modern" gebenden geographischen Schulen einzuordnen ist, hat es auch die zünftige Hochschulgeographie kaum beachtet, obwohl es bereits viele Ansätze von Fragestellungen enthält, die vor allem in letzter Zeit in der weiteren Öffentlichkeit interessant geworden sind. Daß auch in großen Forsten des westlichen Deutschlands, die im Besitz von Territorien gewesen sind, die fürstliche Jagd entgegen einer im landeskundlichen Schrifttum weit verbreiteten Meinung gegenüber der lebenswichtigen Holznutzung stark zurücktreten konnte, ist durch Auswertung von Holzrechnungen und Abschußzahlen aus den Forstakten nachgewiesen worden. Nach diesen Unterlagen war auch im 17. und 18. Jh. der Wald nicht so wildreich, wie man sich das oft vorstellt. Die höchste Bestockung an Wild gab es in Tiergärten – eingezäunten Walddistrikten –, in denen auch die größten Strecken erlegt wurden (JÄGER/SCHERZER 1984, S. 51 ff.).

4.6 Genetische Bodenkunde, Düngung, landwirtschaftliche Erträge

Da Böden zusammen mit dem Klima die wichtigste Grundlage für die Landwirtschaft bieten und der Boden sich in der Zeit durch Wandlungen natürlicher Parameter ebenso wie durch Einwirkungen des Menschen verändert, gehören die Erkenntnisse der Bodenkunde, namentlich unter Berücksichtigung der historischen Wandlungsfähigkeit der Böden, zu Grundvoraussetzungen kulturlandschaftsgeschichtlicher Arbeit. Will man sich mit dem Boden in seiner Bedeutung für die Besiedlung und Wirtschaft befassen, und zwar seit Einführung von Ackerbau und Viehhaltung, die Mitteleuropa bereits im 5. vorchristlichen Jahrtausend erreicht haben, dann sind die Böden zunächst nach Bodenart und genetischem Bodentyp, nach historischer Wandlungsfähigkeit und Veränderung sowie ökologischer Standortgüte zu gruppieren. Daraus ergeben sich Erkenntnisse über die Standorteigenschaften, Bodenfruchtbarkeit und Bodenbewertung. Wichtigste erste Hilfsmittel sind die Bodenkarten der Maßstäbe 1:1 000 000 bis 1:25 000 (nicht flächendeckend vorhanden), die für viele europäische Länder wenigstens in den Maßstäben bis 1:100 000 vorliegen. Das neueste, für kulturlandschaftsgeschichtliche Studien einsetzbare Werk ist die Bodenkundliche Standortkarte 1:200 000 für Niedersachsen, die eine Serie eines Kartenwerks des Naturraumpotentials von Niedersachsen und Bremen bildet und vom Niedersächsischen Amt für Bodenforschung herausgegeben wird.

Eine knappe, aber alle wesentlichen Gesichtspunkte berührende Einführung bieten SCHEFFER (1978) über den Boden und MEYER (1978) über Bodenkunde und Siedlungsforschung. Auch die Studie beider Bodenkundler von 1965 stellt Grundsätzliches über die Beziehungen von Bodenkunde und Siedlungsgeschichte heraus. Arbeiten über den Boden als Standortfaktor ur- und frühgeschichtlicher Siedlungen und Wirtschaftsflächen sind auch für die mittelalterliche Besiedlung grundlegend (GRINGMUTH-DALLMER/ALTERMANN 1985; LINKE 1976).

Im ganzen gesehen läßt es der Forschungsstand noch nicht zu, die Genese der Bodentypen heutiger Karten mit der Vegetations- und Siedlungsgeschichte so zu korrelieren, daß sich flächenhaft die Wechselbeziehungen zwischen der Umwelt, die sich seit Beginn der Kulturlandschaftsgeschichte im Neolithikum mehrfach auf natürlichem Wege gewandelt hat, und dem Menschen, der sie ebenfalls

4.6 Genetische Bodenkunde

verändernd beeinflußte, darstellen ließen. Jedoch gibt es manche regionalen und lokalen Erkenntnisse aus interdisziplinären Forschungen der letzten 20 Jahre, welche die Größe und Art des Problems zeigen.

Ein indirektes Indiz für das Ausmaß der Veränderungen unserer Acker- und Grünlandböden sind die landwirtschaftlichen Ertragssteigerungen. Sie setzen, mit regionalen Unterschieden in einzelnen europäischen Ländern und ihren Teilgebieten, und dort wiederum in zeitlicher Differenzierung bei verschiedenen Kulturen, zwar schon mit Einführung der Fruchtwechselwirtschaft ein, doch erst um 1860 begann in Deutschland in größerem Umfang die Einfuhr von Guano, und erst 1861 wurde bei Staßfurt die erste Fabrik zur Verarbeitung von Kalisalzen in Betrieb genommen. Weithin in Europa beginnt die durch Mineraldüngung herbeigeführte Intensivierung der Landwirtschaft, wodurch erhebliche Umwertungen der Böden möglich wurden, zwischen 1860 und 1880. Diese auf Fortschritten in der Düngung und Agrartechnik beruhende Ertragssteigerung setzte sich, unterbrochen durch den Ersten und Zweiten Weltkrieg und einige weitere Krisenphasen, bis zur Gegenwart fort. Da der Beginn im 19. Jh. eng mit dem Bau der Eisenbahnen zusammenhängt, auf denen der Mineraldünger befördert wurde (JÄGER 1961, S. 145), gibt die Eröffnung der Linien nach 1860 einen ungefähren Anhaltspunkt für den Beginn stärkerer Veränderungen der Böden durch intensivere Düngung (vgl. Kap. 4.6). Wenn möglich, sollten für kulturlandschaftsgeschichtliche Arbeiten Unterlagen aus der Zeit vor den intensiven Bodenveränderungen herangezogen werden. Sie lassen sich mit modernen Bodenkarten zur Gewinnung von Erkenntnissen kombinieren. In viele Einzelprobleme von Bauernwirtschaft und Gutsbetrieb in der vorindustriellen Zeit führt SAALFELD ein (1960). Welcher Art ältere Zeugnisse über den Bodenwert sein können, zeigen etwa die Generallandesvermessung des Landes Braunschweig von 1746–1784 (KRAATZ 1975, insbes. S. 19 und S. 72 ff.), die westfälischen Akten der Katastralabschätzung 1822 bis 1835 oder der Grundsteuerregelung 1861–1865 (MÜLLER-WILLE 1940). Wo Daten über die Grundsteuerreinerträge der 1920er Jahre vorliegen, stellen auch diese ein viel aussagekräftigeres Zahlenmaterial für Rückschlüsse dar als neuere Ertragsmeßzahlen, weil die stärksten Produktivitätssteigerungen erst im Zeitabschnitt 1950 bis 1980 eingetreten sind. Deshalb ist eine Karte der Grundsteuerreinerträge im historischen Atlas von Brandenburg und Berlin erkenntnisreich (MERKEL 1966). Für das gesamte Gebiet des ehemaligen

Deutschen Reiches waren die Unterlagen der Reichsbodenschätzung aus den 1930er Jahren vorhanden. Sie führen immerhin an die früheren Verhältnisse heran, weil damals die Böden noch bei weitem nicht so durch die intensive Landwirtschaft verändert worden waren, wie sie es heute sind. Wo die Ergebnisse der Reichsbodenschätzung veröffentlicht worden sind, wie z. B. im Falle der Bodengütekarte von Bayern 1:100000 (1959 ff.) oder des Bodenkundlichen Atlas von Niedersachsen 1:100000 (GESSNER 1940), sind sie leicht greifbar und lassen sich unschwer in die topographische Karte 1:100000 übertragen. Über Ertragswerte der Landwirtschaft in der vorindustriezeitlichen Phase, namentlich in der frühen Neuzeit und im Mittelalter, liegen neben einer Masse archivalischer Einzelbelege zahlreiche gedruckte, aber zumeist versteckte Angaben für enger begrenzte Gebiete vor. In ihnen spiegelt sich die wechselnde Bodengüte. Zu den Befunden gehören z. B. auf Flächen bezogene Ernteerträge des 16. Jh. im östlichen Niedersachsen (WISWE 1953, S. 110 bis 115) oder Zahlen, die HERZOG aus dem Osnabrücker Land mitteilt (1938, S. 72). Wie unterschiedlich in Abhängigkeit von den ökologischen Verhältnissen auf niederhessischen Staatsgütern des 16. Jh. die Flächenerträge gewesen sind, zeigt ein Vergleich der Wirtschaftspläne für die Domänenländereien von ca. 1580 mit modernen Boden- und Klimakarten. Bei der Auswertung der von ZIMMERMANN (1934, S. 129–138) herausgegebenen Quelle sind die unterschiedlichen Maßrelationen innerhalb des Niederfürstentums Hessen zu beachten. Denn unter den Ämtern dieses Territoriums gab es mindestens acht unterschiedliche Getreidemaße. Für seine Außenämter sind weitere Abweichungen anzunehmen. Durch die mit den ehemaligen Maßeinheiten verknüpften Unsicherheiten, die für alle früheren Territorien gelten, wird die Errechnung von altlandschaftlichen Flächenerträgen und deren Indizierung für Bodenqualitäten erheblich erschwert.

Einführungen in die Verhältnisse zwischen Aussaat und Ernte, die sogenannten Ertragsrelationen, aus Großbritannien bieten u. a. Studien über die Abtei Ramsey (RAFTIS 1957), die Domänen des Bistums Winchester (FARMER 1977) und die Arbeit über Güter des Bischofs von Worcester von DYER mit Ertragstabelle (1980, S. 128 ff.). Über die Flächenerträge des 19. und ersten Drittels des 20. Jh. in Großbritannien und Irland unterrichtet das ›Abstract of British Historical Statistics‹ (MITCHELL/DEANE 1962).

Mit dem allgemein verwandten Verfahren, die Relation zwischen Aussaat und Ernte zu berechnen, befaßt sich in kritischer Sicht

4.6 Genetische Bodenkunde

GRINGMUTH-DALLMER (1985 a). Sein Ansatz, den Landesausbau, und zwar den äußeren wie den inneren, als Funktion einer Entwicklung der Produktivkraft anzusehen, verdient allgemein Beachtung.

Eine weitere, noch wesentlich ausbaufähige Hilfe kommt für Untersuchungen über altlandschaftliche Böden und ihre Fruchtbarkeit von der Paläo-Ethnobotanik (vgl. Kap. 4.2). Insbesondere hat in den letzten Jahren die stärkere Heranziehung von Resten der Unkräuter ganz neue Erkenntnisfelder erschlossen (WILLERDING 1986). Durch Auswertung von Pflanzenrestfunden aller Art, wozu auch die Pollen und Früchte zählen, sind bezüglich des Bodens Aussagen zu mehreren Bereichen möglich. Zunächst lassen sich Ackerstandorte, namentlich mit Hilfe von Ökodiagrammen, differenzieren. Viele Unkräuter sind als gute Standortanzeiger anzusehen und erlauben Rückschlüsse auf Licht, Temperatur, Kontinentalitätsgrad, Bodenfeuchte, Bodenazidität, Stickstoff u. a. mehr. Eine gründliche Einführung in dieses Forschungsgebiet bietet mit weiterführendem Schrifttum WILLERDING (1980).

Nach neueren Arbeiten in Großbritannien beginnen dort die Einwirkungen des Menschen mit dauernden Veränderungen von Böden bereits im Mesolithikum. Folgender Prozeß wird für die Mittelsteinzeit angenommen: Die Vernichtung von Wald in seinen oberen Wuchsgebieten durch Feuer, um zusätzliches Weideland für die Jagdtiere zu gewinnen, führt zu einer weiteren Versauerung der ohnehin bereits sauren und armen Böden mit einer Förderung des Wachstums von Deckenmooren (SIMMONS/DIMBLEBY u. a. 1981). Mit weitreichenderen anthropogenen Einwirkungen der neolithischen Wirtschaft auf die Böden befaßt sich vor allem anhand von Örtlichkeiten aus dem Lake District, wo u. a. im Zusammenhang mit Waldvernichtung Bodenabtragung nachgewiesen wurde, SMITH mit Mitarbeitern (1981). Auch dort dehnten sich Deckenmoore durch die Waldvernichtung auf bis dahin torffreie Böden aus. Ähnliche Befunde der Ausbreitung von Deckenmooren im Zusammenhang mit neolithischer oder bronzezeitlicher Besiedlung kommen aus den Gebirgen von Mittelwales und dem englischen Südwesten (Exmoor) sowie aus dem nördlich Irland (SMITH 1981, S. 149 ff.). Daß heute kaum noch Arbeiten über die ur- und frühgeschichtlichen Gesellschaften möglich sind, ohne die Wechselbeziehungen zwischen Boden und Mensch zu beachten, zeigt auch eine Studie über die Einwirkung des Menschen auf die Entwicklung von Boden und Vegetation im Südwesten von Irland in der Zeit von 4000 v. Chr. bis um 800 n. Chr. (LYNCH 1981).

Fragen nach der früheren Leistungsfähigkeit der Böden, nach der Art der Bodenbewirtschaftung und nach der Abgrenzbarkeit von früheren Siedlungs- und Wirtschaftsflächen sind durch die Zusammenarbeit von Bodenkunde, Botanik, Archäologie und Geographie anhand von mehreren Fallstudien im Rahmen des Schwerpunktprogramms der DFG ›Vor- und frühgeschichtliche Besiedlung des Nordseeraums‹ untersucht worden. Die Hauptergebnisse sind im ersten Sammelband durch GEBHARDT, BRUNNACKER, KROLL und BEHRE mitgeteilt worden (KOSSACK u. a. 1984, S. 97–113). Die Abhängigkeit der Nahrungsproduktion vom Boden und dessen Veränderung durch den Menschen ist im gleichen Band im Rahmen von Textabschnitten über Flurformen, Geräte, Düngung und Ernte von ZIMMERMANN aufgezeigt worden (a. a. O., S. 246–263). Die anthropogenen Veränderungen in der Marsch und ihre Auswirkungen auf die Entwicklung der Natur- und Kulturlandschaft haben BANTELMANN und REINHARDT dargestellt (a. a. O., S. 113–124).

Mit Auftragsböden, deren bekanntester der sogenannte Plaggenboden ist, hat sich die Geographie seit den Arbeiten von NIEMEIER mehrfach befaßt (zuletzt 1972). In den letzten Jahren sind auch botanische Studien hinzugetreten, weil Analysen des Plaggenbodens neben kulturlandschaftsgeschichtlichen auch damit zusammenhängende vegetationsgeschichtliche Fragen klären können. So hat z. B. KROLL bereits für die vorrömische Eisenzeit Bodenverbesserungen durch Auftrag von Wattschlick aus Strandwallsand und den Auftrag von Gras- und Heideplaggen nachgewiesen. Dadurch wurden vom Menschen Böden geschaffen, deren Fruchtbarkeit weit über jener der natürlichen Böden lag (1975; 1980). BRONGERS hat Massenberechnungen eingesetzt, um das Aufbringen von humosem Bodenmaterial von außerhalb des Ackerlandes auf prähistorische Felder zu beweisen (1976). Die Plaggenwirtschaft benötigte große Flächen zur Gewinnung der Moor- oder Heideschollen (= Plaggen), so daß sie das Landschaftsbild erheblich veränderte. Für heutige Siedlungen der nordwestdeutschen Geest, deren Flurkerne in das frühe und hohe Mittelalter zurückgehen, hat BEHRE durch botanische Untersuchungen Beginn und Dauer der Plaggenwirtschaft nachgewiesen. Der Wandel der Agrarnutzung durch Einführung der Plaggenwirtschaft im 10. Jh. ließ sich im Pollendiagramm aufzeigen. (BEHRE 1980 und 1984, S. 111 u. 113). Zu den bodenanalytischen Verfahren gehört auch die Phosphatmethode, die frühere Besiedlung und Ackernutzung belegen kann. Sie ist seit den Arbeiten von LORCH (z. B. 1951) vielfach von der genetischen Siedlungsgeogra-

4.6 Genetische Bodenkunde

phie und neuerdings auch öfter von der Ur- und Frühgeschichte angewandt worden (KIEFMANN 1973).

Die Verfeinerung der Untersuchungsmethoden hat in den letzten 25 Jahren in Gebieten, wo Dünen und Flugsande verbreitet sind, zahlreiche Befunde über anthropogene Sandverlagerungen erbracht. Diese hängen damit zusammen, daß Dünen und erhabene Flugsanddecken wegen ihres trockenen und relativ bodenwarmen Untergrundes schon seit dem Mesolithikum bevorzugte Siedlungsplätze, namentlich in der Nähe von Wasser, waren. Beschädigte der Mensch selbst oder sein Vieh die dünne Bodendecke auf Dünen und Sanden, konnten diese erneut in Bewegung geraten. Nur wenige Belege seien hier vorgestellt. So sind z. B. schon für das Ende der Jungsteinzeit jüngere Dünenbildungen festgestellt worden. Über ausgedehnte Sandverwehungen und Dünenbildungen auf mehreren Fluren und einem Friedhof der vorchristlichen Eisenzeit im festländischen Nordseegebiet weist M. MÜLLER-WILLE hin (1965, S. 123 ff.). Schon in prähistorischer Zeit konnten neue Formen des Ackerbaus zu einer Intensivierung der Landwirtschaft und damit zu einer gesteigerten Bildung von Dünen und Wehsänden führen. WATERBOLK hat das für die niederländische Landschaft Drenthe mit Datierung in die ausgehende Bronzezeit nachgewiesen (1962). Dort wurden so große Teile landwirtschaftlicher Nutzflächen unbrauchbar, daß eine Abwanderung aus der Sandgeest, wo diese lagen, in die Marsch, die damals besiedelbar geworden war, einsetzte (WATERBOLK 1979, S. 8 ff.). In der Schleswiger Geest hat RICHTER die Überdeckung einer alten Landfläche durch Dünensand für die Zeit bald nach 300 n. Chr. festgestellt (1967). Die Reaktivierung von Sanden im Nürnberger Reichswald in der zweiten Hälfte des 5. Jh. haben HABBE u. a. aufgezeigt (1981). Besonders eindrucksvolle Beispiele für Veränderungen der früheren Bodenoberfläche durch Sandverwehungen kommen aus Dänemark. Auf der Lindholm Høje nördlich des Limfjordes wurden in den letzten Jahren unter Sanddecken und Dünen, die bis zu 4 m Höhe erreichten, etwa 700 Gräber aus der Wikingerzeit und mittelalterliches Ackerland in Form schmaler Wölbäcker, das zu einem Gehöft des 11. Jh. gehörte, freigelegt (RAMSKOU 1976). Das für den Aufbau der Sanddecken notwendige Bodenmaterial stammte von Rodungsflächen, die offenbar im Zusammenhang mit einer am Fuße der Anhöhe liegenden Ansiedlung stehen. Im 17. und 18. Jh. nahm als Folge unbedachter menschlicher Eingriffe die Versandung in Skagen im nördlichsten Jütland so zu, daß die damalige Stadtkirche unbrauchbar geworden war. Ihr Turmrest steht noch heute in einem Dünengelände (zuletzt KLOSE 1982). Auch die bekannten, bis zu 70 m Höhe anwachsenden Dünen der Kurischen Nehrung sind erst im Verlaufe des Mittelalters und der frühen Neuzeit durch Vernichtung ihrer schützenden Vegetationsdecke, namentlich des Waldes, in Bewegung geraten und haben Siedlungen und Kulturland verschüttet (MAGER 1938). Durchweg sind die Wanderdünen seit dem 19. Jh. systematisch durch Anpflanzungen befestigt worden. Zur Beurteilung der Zusammenhänge zwischen Besiedlung, bäuerlicher Wirtschaft und Böden ist auch die Frage nach dem Wechsel der Bodenbewertung durch den Menschen im Zusammenhang mit einer Änderung der Bodennutzungs- und Betriebssysteme sowie der Landbautechnik und den Produktionszielen wichtig. Die wechselnde Bodenbewertung seit dem 18. Jh. hat HARD untersucht (1965).

4.7 Klimageschichte

Viele Probleme der Genese europäischer Kulturlandschaften, insbesondere die Veränderungen ihrer natürlichen Rahmenbedingungen, aber auch manche Entwicklungen in den Bereichen von Gesellschaft, Wirtschaft und Verkehr lassen sich nur unter Berücksichtigung des Klimas und seiner Veränderungen verstehen (WIGLEY u. a. 1981). Im Gegensatz zur älteren, statischen Auffassung von der Stabilität des Klimas über große Zeiträume, namentlich in historischer Zeit, kann kein Zweifel mehr darüber bestehen, daß es auch während der rund 10 000 Jahre, welche die Nacheiszeit bereits umfaßt, merkliche Klimaschwankungen von größerer Tragweite für den Menschen und seine Wirtschaft in prähistorischer und historischer Zeit gegeben hat. Die Fragen nach den zeitlichen Änderungen des Klimas führen mitten hinein in eine komplexe Problematik, die naturwissenschaftliche wie historische Vorgänge berührt. Deshalb sind in den Kreis der Erforscher des Klimas der Vergangenheit, der zunächst von Meteorologen (FLOHN 1950), Geographen (MANLEY 1952) und Botanikern (FIRBAS 1949/52) gebildet wurde, in den letzten Jahren auch Historiker eingetreten (PFISTER 1984). Bei allem, was über Klimaschwankungen der Nacheiszeit geschrieben ist, muß man sich klarmachen, daß trotz einer wohl bereits mehrere 1000 Veröffentlichungen umfassenden Breite der Forschung die Disziplin der historischen Klimaforschung erst am Beginn einer stürmi-

4.7 Klimageschichte

schen Entfaltung steht. Verfahren wie Pollenanalyse, die historische Gletscher- und Vereisungsforschung, die Paläolimnologie mit der Warvenanalyse, die Baumjahresringanalyse, die genetische Bodenkunde, die Geologie und die Archäologie ergeben zusammen mit den klassischen Arbeitsweisen – Studium von Chroniken, älteren Witterungsaufzeichnungen und langfristigen instrumentalen Beobachtungsreihen – ein immer feineres Bild von den Klimaschwankungen und -veränderungen in historischer Zeit. Dennoch steht eine umfassende Klärung der Klimageschichte im gesamteuropäischen Rahmen noch aus, da sich angesichts der großen räumlichen und zeitlichen Variabilität der Klimaelemente die Ergebnisse aus einem europäischen Klimagebiet nicht ohne weiteres in ein anderes übertragen lassen. Denn das Klima der Vergangenheit war regional ähnlich differenziert wie unser gegenwärtiges.

Besondere Schwierigkeiten ergeben sich aus der Notwendigkeit, scheinbare Klimaschwankungen, die in Wirklichkeit nur eine Reihe von Jahren umfassende Zirkulationsanomalien sind, von echten Klimaschwankungen zu trennen. Erschwerend wirkt ferner, daß es sich bei den Klimaschwankungen um aperiodische Fluktuationen verschiedener Größenordnungen handelt, so daß nur einschränkend mit Extrapolationen gearbeitet werden kann. Die gesicherten Befunde intensiver Forschung der letzten Jahre haben zu Werken geführt, die unter übergeordneten, europa- bis weltweiten Aspekten einen erheblichen Teil bisheriger Arbeiten auswerten (LAMB 1977, 1982; FLOHN/FANTECHI 1984; FLOHN 1985). Daneben gibt es einzelne regionale Studien, die ebenfalls neben eigenen weiterführenden Gedankengängen eine zusammenfassende Auswertung bisheriger umfangreicher Einzelstudien bieten.

Will man den oft subtilen und indirekten Einflüssen des Klimas auf die Kulturlandschaft gerecht werden, ist eine ökologisch-anthropogeographische Betrachtung auf rein systemtheoretischer Grundlage angemessen, da sie allein den verzweigten und interdependenten Beziehungen zwischen einzelnen Klimafaktoren und der sonstigen natürlichen wie anthropogenen Umwelt mit mannigfaltigen Rückkoppelungen gerecht werden kann (PFISTER 1984, Bd. 2). Doch ehe ein solches Oberziel erreichbar wird, ist sehr viel analytische Kleinarbeit erforderlich. Die Klimageschichte ist in ihren älteren Forschungsabschnitten vor allem durch die Geologie und die Botanik gefördert worden und noch heute kommen über die Vegetationsgeschichte ganz wesentliche Einblicke in frühere Klimazustände und ihre Veränderungen. Da die meisten europäischen

Länder seit Mitte des 19. Jh. ein exakt und systematisch arbeitendes Meßnetz für das Klima aufgebaut haben, die Luftthermometer erst im 17. Jh. aufkamen und Witterungsbeschreibungen in Europa in Form von regelmäßigen Aufzeichnungen nicht über das 16. Jh. in die Vergangenheit zurückgehen, werden auch in Zukunft die älteren Klimaphasen nur mit Hilfe von physikalischen (Isotopen, Moränen, Sedimente) und biologischen Daten zu erfassen sein. Noch wichtiger als die Baumringanalyse (Kap. 4.1; FRENZEL 1977) zur Gewinnung indirekter Klimadaten ist die botanische Pollen- und Großrestanalyse, deren Ergebnisse in Vegetationsgeschichten eingehen (vgl. Kap. 4.2 und 4.3). Daher gehört die große, in ihrer Breite noch nicht wieder erreichte Zusammenfassung aller wesentlichen Einzelarbeiten bis 1949/52 unter dem Thema der Waldgeschichte Mitteleuropas seit Ende des Pleistozäns auch zu den Standardwerken historischer Klimaforschung. Ihr besonderer Wert für den Geographen besteht in der Verknüpfung der Vegetations-, Klima- und Siedlungsentwicklung seit dem Ausgang der älteren Steinzeit. Die Alpen, die FIRBAS nicht berücksichtigt hat, haben inzwischen eine eigene, neuere Darstellung erhalten (KRAL 1979). Die fruchtbare Konzeption der Verbindung von Aussagen über Pflanzengesellschaften, Klima und Besiedlung mit Landwirtschaft ist von der botanischen Vegetationsgeschichte bis heute beibehalten worden, wie z. B. die zahlreichen Arbeiten von BEHRE, WILLERDING und den Botanikern der DDR, insbesondere Elsbeth LANGE (z. B. 1971), zeigen. Die Aufsätze BEHRES sind großenteils aufgelistet im Berichtsband über die ur- und frühgeschichtlichen Forschungen im deutschen Küstengebiet (KOSSACK u. a. 1984, S. 450 f.), während sich beispielhaft ›Über Klimaentwicklung und Vegetationsverhältnisse im Zeitraum Eisenzeit bis Mittelalter‹ WILLERDING (1977) geäußert hat. Wie sich die Frage nach Wald und Offenland während des Neolithikums, die bereits den Mitbegründer der geographischen Altlandschaftsforschung, Robert GRADMANN, im Zusammenhang mit dem Klima und seinen Veränderungen beschäftigt hat (zuletzt 1948) nach heutigem Erkenntnisstand beantworten läßt, zeigen Elsbeth LANGE (1980) für Mitteldeutschland und WILLERDING für Niedersachsen (1983).

Ein britisches Gegenstück zu dem großen Werk von FIRBAS bietet GODWIN in seiner Geschichte der britischen Flora (1975). Seine Korrelationsgraphik (Fig. 31) für den Zeitraum von heute bis vor 14000 Jahren verknüpft die Entwicklung der Vegetation unter besonderer Berücksichtigung des Waldes mit der von Klima, Meeres-

4.7 Klimageschichte

spiegelständen der Nord- und Ostsee, schottischen Eisständen (bis −10000) und den prähistorischen sowie historischen Perioden. Im methodischen Kapitel des Werkes werden vor allem acht naturwissenschaftliche, ferner archäologische Verfahren zur Gewinnung von Daten dargestellt. Großbritannien und Irland eignen sich ebenso wie Skandinavien, Norddeutschland und das nordöstliche Europa für den Einsatz der Pollenanalyse besonders gut, weil dort große Moore weit verbreitet sind. Daher sind von Norddeutschland und den skandinavischen Ländern mit Einschluß von Dänemark erste und weitere Anstöße zur Entwicklung der pollenanalytischen Disziplin und ihrer Verknüpfung mit Klima- und Vorgeschichte gekommen (z. B. NORDHAGEN 1933; JESSEN 1939; IVERSEN 1954), und noch heute gehören die einschlägigen Publikationen der nordischen Länder zur unverzichtbaren Lektüre beim Studium der Klima- und Kulturlandschaftsgeschichte (z. B. FRIES 1956; SIMONSEN 1971). So bewertet z. B. RÖNNESETH die spätmittelalterliche Klimaverschlechterung bei seinen historisch-geographischen Studien im südwestlichen Norwegen als eine Ursache der damaligen kulturlandschaftlichen Regression (1975, S. 188 ff.). Weil sich viele Verbreitungsgrenzen von Pflanzen (z. B. Rotbuche, Stieleiche) und nördliche Anbaugrenzen von Kulturpflanzen (z. B. Gerste, Roggen, Weizen, Hafer) durch Norwegen, Schweden und Finnland ziehen, wirken sich dort bereits geringere Klimaschwankungen auf agrarische Kulturen aus. Deshalb lassen sich auch Wüstungsprozesse in Island (THÓRARINSSON 1963) und Norwegen viel einleuchtender mit Klimaschwankungen erklären (SANDNES 1971) als in Mitteleuropa. Dort konnte die Landwirtschaft in den klimabegünstigten Naturräumen solche Schwankungen eher auffangen. Allenfalls kommt es dort zu gewissen Arealverschiebungen bei empfindlichen Spezialkulturen, wie dem Wein (MÜLLER 1953; WINKELMANN 1960; WEBER 1980).

Eine neuere Zusammenfassung des Einsatzes der Pollenanalyse zur Rekonstruktion früherer Klimate hat BIRKS vorgelegt (1981). Sie wird ergänzt durch einen Überblick über physikalische Methoden (GRAY 1981), glaziologische Verfahren (PORTER 1981), archäologische (MCGHEE 1981) und sonstige anthropogene Dokumente (INGRAM u. a. 1981). Ohne die Bedingungen des Klimas und seine Veränderungen zum Besseren oder Schlechteren zu kennen, läßt sich weder die prähistorische Umwelt (SIMMONS/TOOLEY 1981) noch die historische verstehen. Nur Irland besitzt bislang eine Synthese von Erd-, Klima- und Kulturlandschaftsgeschichte mit besonderem

Gewicht auf den Phasen seit Beginn des Eiszeitalters (MITCHELL 1976).

Der Schwerpunkt der klimageographischen und meteorologischen Arbeiten liegt auf den Klimaschwankungen der letzten Jahrhunderte, seltener kommt es bei der Erforschung der Klimageschichte zu Rückgriffen über 1000, 2000 oder mehr Jahre. LAMBS Werk von 1982 besitzt eine einzigartige Stellung, weil er zunächst einen weltweiten Einblick in das geophysikalische Klimasystem und in die klimageschichtlichen Forschungsansätze gibt. Zugleich enthält es einen Grundriß der nacheiszeitlichen Menschheitsgeschichte vor dem Hintergrund der Klimageschichte mit besonders eingehender Berücksichtigung von Europa. Die Forschungslage ist durch die Hilfsmittel und Methoden bedingt. Denn sowohl die Klimageographie wie die Meteorologie arbeiten zunächst und vor allem mit instrumentellen Daten, die jedoch erst in lückenloser Folge und gleichzeitig dichterem Netz im 19. Jh. einsetzen. Bis ins 17. Jh. reichen wenige instrumentale Meßreihen zurück. Die zweitälteste Temperaturreihe, die bis heute fortgeführt worden ist (PFISTER 1984, I, S. 50), stammt aus den Niederlanden und beginnt 1706. Aus dem 16. Jh. sind Witterungstagebücher und Wetternotizen ausgewertet worden, und für die vorangehende historische Zeit gibt es nur lückenhafte schriftliche Zeugnisse über besondere Witterungsereignisse, wie sehr trockene Sommer, langanhaltende Winterkälte, Zufrieren von Gewässern u. a. (WEIKINN 1958). An Stelle der direkten Belege muß für diese und die noch ältere Zeit die große Gruppe der schon erwähnten indirekten Daten treten. Einmalig in seiner Konzeption der Verknüpfung von Klimageschichte und Menschheitsgeschichte, und seiner Zeit weit vorauseilend, war BROOKS (1926), doch fehlten ihm für seine weitreichenden Schlüsse noch die dazu erforderlichen Daten, so daß sich vieles als Spekulation erwiesen hat. Dennoch sind von seinem Werk viele Anregungen, auch auf MANLEY und FLOHN, ausgegangen. Sie haben später mit erheblich verbesserten Methoden und ums Vielfache vermehrten Daten die historische Klimaforschung auf eine solidere Grundlage stellen können. So hat MANLEY, der bereits vorher zahlreiche Einzelstudien publiziert hatte, in einer Zusammenfassung auf die komplexen Zusammenhänge zwischen Klimaschwankungen und Veränderungen in den Bereichen Nahrungsspielraum, Krankheiten und Todesrate in Großbritannien hingewiesen (1952), während FLOHN zur gleichen Zeit den Klimaschwankungen im Mittelalter und ihrer historisch-geographischen Bedeutung nachgegangen ist (1950). Von ihm stammt auch eine neue Einführung in die Forschungsprobleme der Klimaveränderungen in Vergangenheit und Zukunft (FLOHN 1985). Ein Sammelband mit 21 Aufsätzen zur Geschichte des Klimas und seiner wechselnden Einwirkung auf den Menschen ist eine weitere wichtige Zusammenfassung von Einzelarbeiten; sie orientieren über alle an der Klimageschichte arbeitenden Disziplinen und lassen sich dank eines Sachindexes und der Fülle der Schrifttumsangaben auch als Nachschlagewerk verwenden (WIGLEY u. a. 1981).

Ein weiteres Handbuch der Klimageschichte seit dem Jahr 1000 unter besonderer Berücksichtigung von Westeuropa und der Schweiz sowie von Schriftquellen aller Art stammt von dem bekannten französischen Historiker LE ROY LADURIE (1967). Wegen seiner Bedeutung ist es unter anderem Titel ins Englische übersetzt worden (1972). Die wohl zur Zeit beste deutschsprachige Einführung in alle klimageschichtlichen Quellentypen mit Auswertung von 33 000 Daten mittels EDV in einem besonderen Programm (CLIMHIST) und der Berücksichtigung von ca. 300 Publikationen, vornehmlich aus Mittel- und Westeuropa, ist mit der Klimageschichte der Schweiz verbunden. In ökologischer Betrachtungsweise werden die nachgewiesenen Klimaveränderungen in Beziehung zu agrarischen Nutzungssystemen (Variablen: Flächen, Kulturpflanzen, Fruchtfolge, Düngerpotential, Viehhaltung, Futter, Substitutionsmöglichkeiten, u. a.) und dem demographischen System mit seinen Variablen gesetzt (PFISTER 1984). Kapitel über Klimaschwankungen enthalten auch manche der Lehr- und Handbücher über Allgemeine Klimatologie, wie z. B. das deutschsprachige Standardwerk von BLÜTHGEN (1980).

Um zu weltweit gültigen Theorien zur Erklärung von Klimaänderungen zu gelangen, wertet die Meteorologie heute die Ergebnisse aller relevanten Fächer aus und geht dabei bis in die Klimaverhältnisse fernerer geologischer Vergangenheit zurück. Vor allem der Verlauf der erheblichen Klimaveränderungen der Tertiärzeit ist in den letzten Jahren durch eine erhebliche Verfeinerung der Arbeitsmethoden, darunter Fortschritte in der Tiefseebohrung und Isotopenanalyse, genauer erforscht worden. Die klimageschichtlichen Erträge dieser Arbeiten hat soeben Flohn dargestellt (1985, S. 164 ff.).

Nicht überall in Europa haben sich Klima und natürliche Vegetation seit dem Neolithikum erheblich verändert. Vor allem in Regionen mit stark ozeanischem Klima, wie auf den Orkney-Inseln und dem westlichen schottischen Hochland, zeigen Befunde über

Vegetation, Boden, Klima und Besiedlung, daß die naturlandschaftlichen Grundzüge seit dem späten Neolithikum die gleichen geblieben sind. Das neolithische Klima hat dort, anders als z. B. in England und in Mitteleuropa, etwa dem heutigen entsprochen (DAVIDSON u. a. 1976, S. 354). Vom historischen Klima sind am besten die letzten 1000 Jahre erforscht, so daß z. B. LAMB für diese Zeit und für einige Daten zurück bis in die Zeit um Christi Geburt mehrere Kurven verschiedener Klimaelemente vorlegen kann (1984, S. 25 bis 64). Sie betreffen jedoch nur jeweils größere Teilräume von Europa und sind nicht auf dieses als Ganzes zu übertragen. Es können Klimaschwankungen durchaus in weiter auseinanderliegenden Teilräumen von Europa invers verlaufen. Insbesondere gilt das für die beiden unterschiedlichen Klimaregionen der mediterranen und der kühlgemäßigten Zone. So wirkten die Alpen wie heute als Klima-, Witterungs- und Wetterscheide. In der kühlgemäßigten Zone zeigen sich zwischen dem mittelalterlichen Klimaverlauf der westeuropäischen Region des ozeanischen und der mitteleuropäischen des subozeanischen Klimas gewisse Parallelen (LAMB 1984, S. 34). Tendenziell nehmen in wärmeren Perioden der Nordhalbkugel infolge der nordwärtigen Verlagerung der Westwetterlagen die Niederschläge in höheren Breiten zu, während im südlichen Teil der mittleren Breiten die Niederschläge durch Ausdehnung des subtropischen Hochdruckgürtels nach Norden abnehmen. In kühleren Perioden nehmen die Niederschläge im Süden der mittleren Breiten zu, in den hohen Breiten verringern sie sich durch Südverlagerung des Westwindgürtels. Vereinfacht ausgedrückt: es können Klimaveränderungen durch eine Ausdehnung des zirkumpolaren Kaltluftwirbels (vortex) entstehen, so daß sich dadurch das polare Regime ausdehnt, weil sich der Westwindgürtel und der subtropische Hochdruckgürtel äquatorwärts verschieben. In warmen Epochen läuft der umgekehrte Vorgang der polwärtigen Verlagerung des zirkumpolaren Kaltluftwirbels ab (LAMB 1982, S. 49; FLOHN 1985, S. 160 f.).

In manchen Zeitabschnitten läßt sich auch ein gemeinsamer Klimagrundzug für das mittlere, westliche und nördliche Europa feststellen. Das gilt z. B. für das hochmittelalterliche Klimaoptimum. Allerdings zeichnen sich gewisse Unterschiede in seinem Höhepunkt ab. Während für das westliche und nördliche Europa eher die Zeit zwischen 1150 und 1300 als wärmste Periode anzusetzen ist (LAMB 1984, S. 35), kommen für den alpinen und mitteleuropäischen Raum, wohl auch für das östliche Europa wahrschein-

4.7 Klimageschichte

lich der Abschnitt zwischen 900 und 1100 in Betracht (FLOHN/ FANTECHI 1984, S. 35; FLOHN 1985, S. 131). In den nächsten Jahrzehnten ist mit einer weiteren regionalen und chronologischen Verfeinerung der Daten zu rechnen, da die historische Klimaforschung rasch voranschreitet.

In Umrissen zeichnen sich aus einer Fülle von Einzelbefunden für das besonders gründlich erforschte westliche und mittlere Europa nach dem heutigen Stand folgende Klimaschwankungen seit Christi Geburt ab: nach einem milden 1. Jh. treten für die Zeit des 2. und 3. Jh. überdurchschnittlich kalte Winter heraus, ebenso in der Periode von ca. 800 bis 900/1000 n. Chr. mit feuchten Sommern. Die Phase mit warmen Sommern der Perioden um 300 bis 500, 700 bis 800 und um 950 waren begleitet von allgemeiner Trockenheit und kalten Wintern (LAMB 1977, S. 428). Ins späte 10. Jh. fallen sehr trokkene und warme Sommer; vor allem die Epoche von etwa 1000 bis 1300 ist im größten Teil Europas beiderseits 50°N geprägt von überdurchschnittlich trockenen und warmen Sommern, jedoch verbunden mit milden, feuchten Wintern (LAMB 1977, Fig. 17, 2). Jene Phase wird deshalb von der historischen Klimaforschung, insbesondere von LAMB, als Kleines Optimum (little optimum) bezeichnet. Man darf damit jedoch keine Vorstellung über eine allzu große Änderung der Temperatur verbinden. Aus Befunden von FIRBAS über das Riesengebirge (1952, S. 132) und von LAMB über England (1977, S. 279) ist mit einer Zunahme der Temperatur des Sommerhalbjahres während des mittelalterlichen Optimums von nur etwa 1°C gegenüber der unseres Jahrhunderts zu rechnen. Ähnlich hat man, z. B. nach LE ROY LADURIE, für die kalten Phasen des historischen Klimas an eine Erniedrigung von etwa 1°C gegenüber heute zu denken. In allen durchs Klima begünstigten Räumen haben sich Temperaturschwankungen dieser Größenordnung nur geringfügig, allenfalls auf Sonderkulturen wie Wein, auswirken können (LAMB 1984, S. 39; PFISTER 1984, I, S. 95 f. u. II, S. 47), während die Folgen für die Landwirtschaft an der damaligen Höhengrenze des Anbaus und in anderen Gebieten mit rauherem Klima erheblich gewesen sein müssen. In welchem Maße Auswinterung, lang anhaltende Niederschläge und Schneedecke den Getreide- und Milchertrag verringern können, hat für die Schweiz PFISTER gezeigt. Er weist auch auf die Zusammenhänge zwischen nassen Hochsommern, darauf folgenden kalten Frühjahren und einem starken Anstieg der Todesfälle bei gleichzeitigem Rückgang der Geburten hin (1984, passim). Mit der Aufgabe von Grenzertragslagen und der Entstehung von Flur-

86   4. Historisch-naturwissenschaftliche Verfahren

und Ortswüstungen im Zusammenhang mit einer Klimaverschlechterung hat sich an Beispielen aus dem südschottischen Bergland (Lammermuir Hills) PARRY befaßt (1975; 1978). Dort war ein Wüstungsprozeß während einer jeweiligen Phase der Klimaverschlechterung nachweisbar. Während der erste dem späteren Mittelalter angehört, fällt der zweite mit der sogenannten Kleinen Eiszeit zusammen, da Siedlungen und Land zwischen 1600 und 1800 verlassen wurden. Alles in allem hatte sich hier der Grenzertragsgürtel seit dem mittelalterlichen Optimum in Höhe von ca. 450 m an seiner oberen Grenze auf ca. 260 m gesenkt. Die beiden Arbeiten von PARRY führen beispielhaft in eine subtile Arbeitsweise ein, die agrarklimatische Überlegungen und Techniken mit historisch-geographischen verbindet. Manche Befunde über Standorte bestimmter Natur- und Kulturpflanzen jenseits ihrer späteren Verbreitungsareale sind mit den Daten über das Kleine Klimaoptimum des Mittelalters gut vereinbar, jedoch öfter für sich allein nicht beweiskräftig. Denn die andersartigen Wirtschafts-, Verkehrs- und Lebensverhältnisse des Mittelalters hatten damals auch manche Landstriche, die heute kaum intensivere Kulturen tragen, in Wert gesetzt. Außerdem unterscheiden sich mittelalterliche Kulturpflanzen ihren Standortansprüchen nach von heutigen, selbst dann, wenn sich der Name nicht geändert hat. Z. B. weichen mittelalterlicher Weizen und heutiger Zuchtweizen erheblich voneinander ab. Die weite Verbreitung des Weinbaus bis ins 15. Jh., u. a. bis Ostpreußen und Brandenburg, ist nicht allein aus dem damals wärmeren Sommerhalbjahr zu erklären, sondern u. a. aus den geringeren Geschmacksansprüchen, dem Würzen des Weins und den damaligen schwierigen Verkehrsverhältnissen bei gleichzeitigem ubiquitären Bedarf an Abendmahlswein. Aus Mitteleuropa sind manche Reste früherer Beackerung in höheren Lagen des Berglandes bekannt, aber bezüglich der Veränderungen des Klimas noch nicht näher untersucht worden. Die Arbeit von RICHTER (1952) über Klimaschwankungen und Wüstungsvorgänge im Mittelalter deduziert zu stark, um heute noch als beweiskräftig gelten zu können.

Während des Kleinen Optimums, das in den Alpen gegen 1200/1300 ausgelaufen ist und mit einem Rückgang der Gletscher verbunden war, ließen sich die Alpenpässe leichter überwinden. Die mittelalterlichen Klimaschwankungen haben auch die Verbreitung von Krankheiten und dadurch auch die Bevölkerung und Siedlungen beeinflußt. Wenn die Malaria in Deutschland und in anderen europäischen Ländern nördlich der Alpen im 12. Jh. einen Höhepunkt erreichte, hat man zur Erklärung die damalige warme Periode in Rechnung zu stellen. Im ohnehin wärmeren Italien war dagegen die Ausbreitung der Malaria mit kühlen und feuchteren Klimaphasen verbunden, weil dann die Versumpfung zugenommen hatte. Wie bei vielen anderen Vorgängen ist auch bei der Ausbreitung der Malaria die Klimaänderung nur eine mitwirkende, nicht jedoch die alleinige Ursache gewesen. Die starke Variabilität des Klimas ab 1300 mit Serien von extremen Jahreszeiten ist beim Versuch in Rechnung zu stellen, die Hungersnöte und Seuchen bei Vieh und Mensch (Murrain; Pest; St.-Antonius-Feuer durch Ergotismus, begünstigt durch feuchtes Getreide), die sich im späten Mittelalter häufen, zu erklären (u. a. LAMB 1984, S. 36).

Die Phase vom 14. Jh. bis in die 2. Hälfte des 16. Jh. ist für den ostmittel- und westeuropäischen Raum durch eine Zunahme der Winterkälte und einen Wechsel von sehr feuchten mit trockenen Sommern gekennzeichnet (LAMB 1984, S. 39). Ab 1550 bis etwa 1870 (little ice age) überwiegen kältere Winter und kühlere, feuchte Sommer. Diese im gesamten europäischen Raum nördlich der Alpensüdgrenze nachweisbare Klimaverschlechterung, die den kausalen Hintergrund für eine Reihe ökonomischer, geographischer und demographischer Prozesse abgibt, ist besonders gut erforscht, zuletzt durch PFISTER (1984) und wird vor allem in dem Handbuch von LAMB (1982, S. 201–230) mit Belegen aus Mitteleuropa, Island, Großbritannien und Skandinavien dargestellt. Es weist auch auf manche Indizien hin, die erwarten lassen, daß auch die Mittelmeerländer und selbst Nordafrika von dieser längeren Phase gehäufter ungünstiger Witterung ergriffen waren. Auch LE ROY LADURIE räumt jener Phase mit zahlreichen Einzelbelegen aus dem mittleren und westlichen Europa einen breiten Raum ein. FIRBAS gehört zu den Botanikern, die bereits in der Zwischenkriegszeit am Beispiel des Riesengebirges jene Abkühlungsphase durch den Nachweis des Herabrückens der Waldgrenze um 100 bis 200 m nachgewiesen haben (zuletzt 1952, S. 132). Damit in Einklang stehen ähnliche Beobachtungen aus anderen Teilen von Europa, wozu etwa die erwähnten von PARRY aus dem südschottischen Bergland, von THÓRARINSSON aus Island (1956, S. 14) und Feststellungen über weite und anhaltende Gletschervorstöße in den Alpen zählen, die LE ROY LADURIE eingehend schildert. Zu den Aufgaben künftiger Forschung wird es gehören, noch mehr Querverbindungen zwischen der Untersuchung von Agrarkrisen und Agrarkonjunktur und den Klimaschwankungen herzustellen, freilich ohne die wirtschaft-

88   4. Historisch-naturwissenschaftliche Verfahren

lichen Faktoren zu vernachlässigen. Dazu kann vor allem PFISTER (1984) anregen. In dem Standardwerk von ABEL (1966) stehen wie in fast allen Publikationen aus Agrarpolitik und Volkswirtschaft allein geld- und güterwirtschaftliche Theorien, Kriege und die Bevölkerungsbewegung zur Diskussion, wenn es darum geht, die wechselnden Auf- und Abschwünge der Landwirtschaft vom 17. zum 19. Jh. in den verschiedenen europäischen Ländern zu erklären.

4.8 Geschichte der Gewässer mit historischer Meereskunde

Der frühere Zustand der Gewässer und deren Veränderungen waren für Siedlungen, Wirtschaft und Verkehr wesentlich. Unter den jährlich Tausenden von Veröffentlichungen zur Hydrologie gibt es relativ wenige Arbeiten, die sich mit gewässerkundlichen Verhältnissen der Vergangenheit befassen, obwohl eine solche Arbeitsrichtung zum Verständnis früherer Umwelten und heutiger Probleme ähnlich wichtig wäre wie z. B. die Klimageschichte. Ausnahmen machen vor allem die Meereskunde mit zahlreichen Arbeiten über Schwankungen des Hochseespiegels und Veränderungen von Strömungen sowie die Limnologie oder Seekunde.

Binnenseen. – Seit DE GEER 1905 durch Auszählung von Tonbändern oder Warven in südschwedischen Seen eine absolute Chronologie der Späteiszeit aufgestellt hatte, war die Seenkunde ein wichtiges Arbeitsfeld für die Geochronologie und die Paläo-Ökologie geworden. Auch pollenanalytische Untersuchungen von Seesedimenten erhellen die spät- und postglaziale Entwicklung. Über die neuesten Forschungsansätze und Ergebnisse der Arbeit mit Seesedimenten als Indizien für frühere Umweltverhältnisse und ihre Veränderung unterrichtet ein von HAWORTH und LUND herausgegebener Sammelband (1984). Binnenseen sind naturgeographische Individualitäten und gehören zu den vergänglichsten Gebilden unter den Gewässern, so daß sich seit Beginn der Mittelsteinzeit um 9000/8000 v. Chr. viele verändert haben. Indizien für solche Veränderungen an heute noch vorhandenen Seen sind neben den Sedimenten vor allem vermoorte und trockengefallene Bereiche. Diese lassen sich in der Regel durch eine Kombination von Bodenkarten, geologischen Karten sowie heutigen und früheren topographischen Karten in Verbindung mit sedimentgeologischen Arbeiten kartieren und zeitlich fixieren. Moore unterhalb der heutigen Wasser-

4.8 Geschichte der Gewässer

oberfläche sprechen hingegen für einen Anstieg des Wasserstandes (KIEFMANN 1973, S. 469). „Das Vorhandensein fossiler Uferlinien in nahezu geschlossener Verteilung um den Bischofssee und um den Großen Plöner See über und unter dem derzeitigen Wasserstand lieferten den morphologischen Beleg für unterschiedliche Wasserstände" ist der beispielhafte Befund von KIEFMANN (1975) in einer Dissertation über die ältere Kulturlandschaftsentwicklung in einer Siedlungskammer von Ostholstein. Das Ansteigen des dortigen Seespiegels in historischer Zeit beruhte auf dem Mühlenstau, das Sinken auf Absenkungen im Zusammenhang mit Landeskulturmaßnahmen, während die höheren Seeterrassen aus der Glazial- und älteren Postglazialzeit stammen (KIEFMANN 1975, S. 73 ff.). Über die Errichtung von Mühlen und im Zusammenhang damit auch Dämmen gibt es zahlreiche Urkunden aus dem Mittelalter, da das Mühlenregal damals ein wichtiges Hoheitsrecht war. Denn Getreidemühlen waren als maschinelle Vorrichtung zur Erzeugung eines Grundnahrungsmittels von größter wirtschaftlicher Bedeutung (KISCH 1973). Zeugnisse für anthropogene Senkungen des Wasserspiegels von Seen fallen bereits ins Mittelalter. Im Jahre 1285, um nur ein Beispiel zu nennen, wird in einer Urkunde des Deutschordenslandmeisters für den Sorgensee bei Riesenburg (früher Ostpreußen) eine Ableitung des Wassers durch Kanäle und Gräben ins Auge gefaßt; nach der gleichen Urkunde durfte am Ende des nördlich benachbarten Baalauer Sees eine Mühle mit Damm errichtet werden (JÄGER 1978 a, S. 20).

Je weiter das Eiszeitalter in die Vergangenheit rückt, desto mehr Seen verschwinden durch Verlandungsprozesse, an denen der Mensch oft durch Beschleunigung der Sinkstoffzufuhr infolge vermehrter Bodenerosion beteiligt war. Die starke Eutrophierung hingegen ist erst ein rezentes, vor allem mit der Einleitung von Abwässern und Einschwemmung von Düngemitteln zusammenhängendes Problem. Schon in urgeschichtlicher und seit frühgeschichtlicher Zeit sind Tausende von zumeist kleinen Seen entweder völlig verlandet oder zu Moor geworden. Viele lassen sich durch ältere Karten in Verbindung mit Flurnamen, geologischen und boden- und moorkundlichen Karten nachweisen. Auch schriftliche Dokumente geben Hinweise. Viele jener zu Moor gewordenen Seen sind seit dem 18. Jh. in Wiesenland oder sogar in Ackerland umgewandelt worden. Zahlreiche Beispiele finden sich z. B. in den Inventaren der Plankammern der früheren Regierungen Bromberg, Frankfurt a. d. Oder, Marienwerder und Potsdam unter den Gewässer-, Bruch-

4. Historisch-naturwissenschaftliche Verfahren

und Grabenkarten (BLISS 1978–1982). Verbreitet waren bis in die Neuzeit in Mulden undurchlässiger Böden kleine Naturseen von wenigen Hektar Größe oder darunter. Selbst im relativ trockenen fränkischen Gäuland hat es viele, freilich stets auf einer Wasserstauschicht, gegeben. Bereits die Würzburger und Heidingsfelder Markbeschreibung von 779 nennen vier solcher kleinen Seen als Landmarken. Trockenlegungen derartiger Naturgebilde, die gerade in relativ trockenen Landschaften wichtige Biotope für Pflanzen, Insekten, Amphibien und Wasservögel gewesen sind, vermehrten sich vor allem mit dem Anstieg der Bevölkerungszahl im 16. Jh. (JÄGER/SCHERZER 1984, S. 18 ff.).

Im ostelbischen Tiefland mit seinen sehr flachen Wasserscheiden sind schon im Mittelalter zur Verbesserung der Wasserzuleitung für Mühlen und zur Anlage von Schiffahrtswegen manche Seen durch künstliche Durchstiche miteinander verbunden worden. Dadurch hat sich z. B. das Quellgebiet der Havel hydrographisch erheblich verändert (DRIESCHER 1974).

Flüsse und Bäche. – In Europa gibt es nur noch wenige naturnahe Flußläufe und Bäche. Am ehesten finden sie sich in Ländern und Landschaften mit dünner Besiedlung und geringen Einwirkungen der Landwirtschaft und Technik auf die Gewässer, wie in Island und im nördlichen Norwegen. Da die meisten Grundkarten unserer historisch-landeskundlichen Atlanten und Handbücher die Gewässer nach ihrem heutigen Zustand wiedergeben, können für die prähistorische Zeit, das Mittelalter, ja selbst für die Neuzeit falsche Vorstellungen über frühere Naturbedingungen suggeriert werden. Wer jedoch die in verschiedenen jener Atlanten enthaltenen Karten und Erläuterungen über ältere Stromverhältnisse beachtet, wird vor Fehlschlüssen bewahrt. Der hervorragende Historische Atlas von Baden-Württemberg (1972 ff.) z. B. bringt einen instruktiven Ausschnitt aus der im Original 12,35 m langen kurpfälzischen Rheinstromkarte um 1590 mit Sand- und Kiesbänken, Inseln, Altarmen, Auewäldern, Anwächsen, Flußseen und starken Flußkrümmungen und damit einem für die Zeit vor den Korrektionen typischen Bild unserer großen Ströme. Die nach wissenschaftlichen Gesichtspunkten edierten Inventare handgezeichneter Karten geben eine Vorstellung von den trotz aller Verluste noch immer zahlreichen älteren Gewässerkarten (SCHUMM 1961; SCHÄFER 1971; KRAUSEN 1973 und BLISS 1978–82).

Gewiß, schon in römischer Zeit gab es einzelne Eingriffe in die

4.8 Geschichte der Gewässer

Gewässer, wie z. B. in Großbritannien, wo die Römer bereits ein Kanalsystem geschaffen hatten (PHILLIPS 1970, S. 32 ff.; Ordnance Survey, Roman Britain 1979), doch gerieten diese Anlagen mit der Völkerwanderungszeit in Verfall und erst im Mittelalter werden die Einflüsse des Menschen häufiger und räumlich ausgreifender. Zu den verbreiteten mittelalterlichen Einwirkungen auf die Flüsse und Bäche gehört wie bei den Seen der Mühlenstau. Vor allem im Tiefland, wie u. a. im Spree-Havel-Winkel und in großen Teilen der Bezirke Potsdam, Frankfurt und Neubrandenburg, beruht das mittelalterliche Ansteigen des Wasserspiegels, das einwandfrei durch archäologische Untersuchungen nachgewiesen worden ist, auf dem Bau von Stauwerken für Mühlen (HERRMANN 1959; DRIESCHER 1974). In breiten und flachen Flußauen konnte schon ein mäßiger Stau von nur 1 m Höhe zur Versumpfung und Vernässung beträchtlicher Flächen führen. Selbst manche der umfangreichen Flachmoore in breiten Talauen sind teilweise erst ein Ergebnis mittelalterlicher Versumpfung im Gefolge des Mühlenstaus. Vernässungen nahe den Unterläufen der Ströme können auch natürliche Ursachen haben. Vor allem kommt dafür der eustatische Anstieg des Meeresspiegels in Betracht. Denn bei geringem Gefälle mußte sich diese Veränderung des Abflusses bei einem Stau infolge landwärtiger Winde bis weit ins Hinterland auswirken.

Im übrigen beginnen stärkere Veränderungen der Fluß- und Bachläufe durch Anlage von Schiffahrtskanälen (vgl. Kap. 5.1) und im Zusammenhang mit Landeskulturarbeiten oder Meliorationen im 17., vor allem im 18. Jh. Damals werden auch nachhaltige, zunächst noch vereinzelte Regulierungsarbeiten an großen Strömen in Angriff genommen. So fallen erste Arbeiten zur Beseitigung des ehemals gefährlichsten Schiffahrtshindernisses der Donau, des Greiner Strudels, mittels Sprengung und Strombaumaßnahmen schon in die Jahre 1777/92, um dann 1824/62 und in den 60er Jahren des 19. Jh. zu seiner vollen Beseitigung zu führen (JÄGER 1985). Weitere Einzelheiten über den früheren Zustand fließender Gewässer und ihre Veränderungen durch den Menschen geben DIETZ (1966/1967) und KLASEN (1969). Die am Niederrhein gewonnenen Ergebnisse über die Auswirkungen großer Flußverlagerungen auf die Lage und Entwicklung von Siedlungen lassen sich im Prinzip auch auf andere große Ströme übertragen, soweit ihre Laufstrecken in Niederungen liegen. Das oberrheinische Tiefland rechnet wegen seines Hochgestades nur bedingt dazu. Immerhin hat der frühere, stark mäandrierende Rhein ehemalige Dörfer durch Stromverlagerungen zerstört. Daß infolge von Laufverlagerungen Siedlungen an manchen Flüssen heute auf einer anderen Seite als im Mittelalter liegen, ist auch aus der Steiermark nachgewiesen worden (LAMPRECHT 1953). Für das Verhältnis von Fluß und Grenze ist die Saale (Nebenfluß der Elbe) aufschlußreich. Während sie um 1000 n. Chr. Grenze zwischen Sachsen und wendischen Marken war und bis ins 12./13. Jh. auf der Strecke zwischen Naumburg im Süden und ihrer Mündung im Norden zwei verschiedene Kirchenprovinzen gegeneinander abgrenzte, setzte sich der Fluß im Übergang zum späten Mittelalter durch Verlagerung von jenen älteren Grenzen ab (SCHLÜTER/AUGUST 1959/61, 7, II).

Vor den grundstürzenden Veränderungen durch die neuzeitlichen Strombauten, die für das 19. Jh. in den großen Stromwerken über die Weser (KELLER 1901), die Elbe (Elbstrombauverwaltung 1898) und Oder (Oderstrombauverwaltung 1896) zusammen mit älteren Eingriffen in den ursprünglichen Fluß nachgewiesen werden, waren selbst die größeren Ströme an vielen Stellen, die heute der Großschiffahrt gehören, während des niedrigen Wasserstandes in Sommer und Frühherbst mit Pferd oder sogar zu Fuß zu überqueren. Im Sommer/Herbst des Jahres 1035 überschritt z. B. Kaiser Konrad die Elbe auf zwei Furten zwischen Hamburg und Magdeburg bei Werben mit einem Heer (WIPO, Gesta Chuonradi II. Kap. 3.3). In trockenen Sommern war die Elbe sogar 40 km oberhalb von Hamburg vor den ersten Strombaumaßnahmen nur 50/60 cm tief und damit leicht zu durchwaten. In heißen Sommern ließ sich die Donau im Linzer Becken an mehreren Stellen durchschreiten und sogar zwischen Wien und der Raab-Mündung in Ungarn war die Donau infolge der vielen Stromspaltungen vor den tiefgreifenden Regulierungen noch auf Furten überquerbar (JÄGER 1985).

Die Bachläufe und ihre Veränderungen sind gegenüber den Flüssen von der Forschung völlig vernachlässigt. Erhebliche Veränderungen brachten die Wassermühlen und Auekultivierung des Mittelalters. Viele Überläufe heutiger Bäche führen kaum noch Wasser oder liegen ganz trocken, weil ihre Quellbereiche mit Einführung der zentralen Wasserversorgung seit der Vor- oder Zwischenkriegszeit das Wasserleitungsnetz speisen. Über Fischsterben in Bächen durch Abwässer von Dörfern wird schon im 16. Jh. in der Rhön geklagt, wie sich aus Würzburger Archivalien ergibt (Salb. 20a).

Hochwässer und Flußdeiche. – Im deutschen Sprachgebiet fehlt eine so großartige und kritische Zusammenschau über historische

4.8 Geschichte der Gewässer

Hochwässer der Flüsse, wie sie GOTTSCHALK in einem dreibändigen Werk für die Niederlande vorgelegt hat (1971–77). Mit gleicher Ausführlichkeit werden darin auch Meeresüberflutungen dargestellt. Soweit es zur Klärung und zum Verständnis der Vorgänge in den Niederlanden dienlich ist, werden auch Hochwässer und Sturmfluten in den Nachbarländern erörtert. Daher stehen am Beginn der Untersuchung nach einer kritischen Sicht unzuverlässiger niederländischer Quellen die glaubhaften Mitteilungen von Gregor von Tours bezüglich des Jahres 583 über große Überflutungen entlang von Seine und Marne (GOTTSCHALK Bd. 1, S. 3 ff.). Dank internationaler Vergleiche kann GOTTSCHALK in vielen Fällen entscheiden, ob es sich bei den einzelnen Überflutungen um lokale, regionale, länderweite oder teileuropäische Vorgänge handelt. Diese geographische Bestimmung und der Zeitansatz sind eine wichtige Voraussetzung für die Frage nach den Ursachen. Über den verschiedenen Komplexen, die diskutiert werden, wird möglichen Einflüssen des Klimas besonders kritische Aufmerksamkeit gewidmet. Da die Untersuchung bis zum Jahre 1700 reicht, werden abschließend unter übergeordneten Gesichtspunkten die in den Einzelabschnitten bereits enthaltenen Darlegungen über die Auswirkungen der Meeres- und Binnenüberflutungen auf den Verlauf der Landschaftsgeschichte erörtert. Dabei ergeben sich vielseitige gesellschaftliche und wirtschaftliche Aspekte. Nur wer, wie die Verfasserin selbst, in vielen Teilbereichen der historischen Geographie geforscht hat, kann eine solche Synthese mit genauer Abwägung von mehreren tausend Einzelbefunden erarbeiten. Jeder Band enthält eine ausführliche Quellenkunde und Bibliographie. Darin sind neben niederländischen Arbeiten auch wichtige flämische, französische und deutsche Werke erfaßt. Ein weiteres Problem der Arbeit ist die Frage nach einem Zusammenhang zwischen Sturmfluten und Hochwässern der Flüsse. In der umfassendsten deutschen Darstellung, dem vierbändigen Werk von WEIKINN, werden Hochwässer neben anderen klimageschichtlichen Nachrichten in knapper Chronikform dargestellt (1958–63). Wer mit den Quellentexten von WEIKINN arbeiten will, muß allerdings zunächst nach der Zuverlässigkeit der von ihm überlieferten Autorenstellen fragen. Denn sie sind in ihrer Authentizität unterschiedlich zu bewerten. Die Wiedergabe der Daten selbst zeigt ebenfalls Mängel, so daß bei wichtigen die originale Überlieferung aufzusuchen wäre. Insofern sind die kritischen Einwände von PFISTER gegenüber diesem und anderen ähnlichen Werken sachgerecht (Bd. I, 1984, S. 40 ff.).

Wie in der Gegenwart hatte auch in der Vergangenheit jeder Fluß je nach seinem Einzugsgebiet und den dortigen Gelände- und Klimaverhältnissen und der früheren Bodenbedeckung ein besonderes Abflußregime. Es ist z. B. bei reinen Mittelgebirgsflüssen anders als beim Rhein und der oberen Donau. Für den Menschen und seine Siedlungen gefährliche Hochwässer ergaben sich vor den neuzeitlichen Regulierungen durch Rückstau von wasserreichen Tieflandflüssen in größere Hauptströme bei fast gleichem Niveau sowie durch Eisbarrieren bei gleichzeitigem Hochwasser im Oberstrombereich.

Die unregulierten Ströme erlaubten nur geringe Reisegeschwindigkeiten. So benötigten in der frühen Neuzeit Ruderschiffe von Ulm bis Wien je nach Witterungsverlauf und Wasserständen zwischen 6 (ohne Anlandung mit Nachtfahrt) und 20 Tagen. In Abhängigkeit von Wasserstand und Windrichtung benötigte auf der windungsreichen Eider ein Schiff für die 160 km lange Strecke von deren Mündung bis Hohenhude 6 bis 8 oder mehr Tage. Sogar auf der Untereider konnten sich nach Auffahren auf Sande durch Warten auf Hochwasser Verzögerungen bis zu 6 Stunden und durch Wiederholungen wegen der vielen Untiefen bis zu mehreren Tagen ergeben. Noch im trockenen Spätsommer 1863 mußten bei Rogätz (n. von Magdeburg) wegen des breiten Flußbettes und daher seichten Fahrwassers der Elbe über 100 Schiffe drei Wochen auf steigendes Wasser warten. Damals betrug 120 km weiter stromabwärts bei Wittenberge der Wasserstand nur 0,65 m. Die ausführlichste Darstellung der früheren Gewässer- und Verkehrsverhältnisse eines großen europäischen Stromabschnittes, nämlich der Donau bis zu ihrem Eintritt in die Ungarische Tiefebene, verdanken wir NEWEKLOWSKY (1952–64). Daß frühere Gewässer und Verkehrs-, Wirtschafts- und kulturräumliche Verhältnisse großer Stromgebiete letzten Endes nur im Rahmen interdisziplinärer Zusammenarbeit erforsch- und darstellbar sind, veranschaulicht der Artikel ›Dnjepr‹ im Reallexikon für Germanische Altertumskunde, an dem die Geographie, die osteuropäische und nordische Philologie, die Geschichtswissenschaft sowie die Ur- und Frühgeschichte beteiligt sind.

Deiche sind in den Niederlanden und in Deutschland in den Flußniederungen des Binnenlandes lange vor ihrer Errichtung an den Küsten angelegt worden (HOFMEISTER 1984, S. 43). Möglicherweise reichen die ältesten in Deutschland bis ins ausgehende 10. Jh. zurück. Der Deichbau bedeutet einen der größten anthropogenen Eingriffe in die natürlichen Abflußverhältnisse, führte allmählich zu

4.8 Geschichte der Gewässer

einer Einengung des Stromes auf ein einziges Flußbett und war eine Voraussetzung für das Ausgreifen der Besiedlung und die Intensivierung der Landwirtschaft in den größeren Flußtälern des Tieflandes. Wenn man bedenkt, daß allein die Elbe, und zwar ab ihrem Eintritt ins Tiefland bei Riesa, auf einer Strecke von 592 km von Deichen begleitet wird und zahlreiche ihrer Nebenflüsse gleichfalls, dann kann dieses Beispiel das Ausmaß und damit die kulturlandschaftsgeschichtliche Bedeutung von Flußdeichen veranschaulichen.

Meeresspiegel und Sturmfluten. – Die größte Aufmerksamkeit der Forschung im Bereich der Gewässer hat die Meereskunde gefunden, wie z. B. das große Handbuch von GIERLOFF-EMDEN beweist. Es enthält in seinem 2. Teil (1980, S. 911–954) auch ein Kapitel über Meeresspiegelschwankungen in prähistorischer und historischer Zeit mit einem ansehnlichen Nachweis von relevantem Schrifttum. Zwar ist der Überblick der Konzeption des Handbuchs entsprechend weltweit, doch ist den Vorstößen und Sturmfluten der Nordsee über 7000 Jahre und dem Einfluß der im Mittelalter einsetzenden Deichbauten und anderen anthropogenen Einwirkungen ein besonderer Abschnitt gewidmet. Einzigartig in ihrer Konzeption und lohnend nach ihren Ergebnissen ist die Funktionschronik der schleswig-holsteinischen Westküste über 5000 Jahre. Da ihr Verfasser, Albert BANTELMANN, nach seiner Ausbildung Archäologe und Geograph ist, stellte seine Konzeption schon im Jahre 1967 den archäologischen Befund in seinen altlandschaftlichen Zusammenhang, so daß sein Werk als ein Vorläufer dessen gelten kann, was neuerdings im angelsächsischen Raum als "landscape archaeology" (REEVES-SMYTH/HAMOND 1983) bezeichnet wird. Die nordfriesische Sturmflutkatastrophe von 1362 und die durch sie bewirkten Zerstörungen gingen großenteils auf die umfassende Bedeichung und andere Einwirkungen des Menschen, wie den Salztorfabbau, zurück. Der Landverlust der Hallig Gröde war ein langandauernder Prozeß, der sich in der fünfmaligen Verlegung ihrer Kirche zwischen 1362 und 1779 nachweisen läßt (BANTELMANN 1967, S. 82). Die wichtige und allgemein wirkende Ursache für die starken Veränderungen der Küsten im Verlaufe der Nacheiszeit ist der glazialeustatische Anstieg des Meeresspiegels. Er beträgt an der Nordsee seit 300 v. Chr. ca. 0,9 m, nach Befunden an der schleswig-holsteinischen Westküste bis zum Jahr 1800 um 5,5 cm im Jahrhundert (BANTELMANN/HOFFMANN/MENKE 1984, S. 67). Wesentlich darüber hinaus gehen die Anstiegsbeträge der letzten 100 Jahre, insgesamt

25 cm (KRAMER 1983, S. 34). Da dieser hohe Wert von Pegelmessungen abgeleitet worden ist, dürften an seinem überraschenden Ausmaß die erheblichen Verstärkungen der Küstenschutzmaßnahmen und die dadurch bedingte Erhöhung von Wasserständen beteiligt sein. Mehrere Aufsätze der bekannten Zeitschrift ›Probleme der Küstenforschung im südlichen Nordseegebiet‹ (Jahrgänge 1979, 1982 und 1984) sind dem Problem der nacheiszeitlichen Meerestransgressionen gewidmet. Wichtige Aufsätze zu diesem Themenbereich bietet auch die Zeitschrift ›Die Küste‹, deren Heft 39, 1983 eine annotierte Bibliographie aller Beiträge aus der Zeitschrift ›Die Westküste‹ (1938–1943) und ›Die Küste‹ (1952–H. 37, 1982) enthält. Über die Küstenforschung in Niedersachsen mit Hamburg und Bremen unterrichten unter Einschluß aller einschlägigen Disziplinen der Natur- und Geowissenschaften, der Geschichte, Volkskunde, Ur- und Frühgeschichte, von Küsteningenieurwesen und Wasserwirtschaft die ›Nachrichten des Marschenrats zur Förderung der Forschung im Küstengebiet der Nordsee‹ unter der Schriftleitung von Waldemar REINHARDT, zuletzt Heft 22, 1985. Indirekte Schlüsse auf ehemalige Wasserstände lassen sich aus der Höhenlage ur- und frühgeschichtlicher Wohnniveaus ziehen (BRANDT 1980).
Die wichtigsten Trans- und Ingressionsphasen für das Studium der Kulturlandschaftsentwicklung in den Randländern der Nordsee sind die Überflutungen seit Christi Geburt, da sie manche landschaftlichen Objekte geschaffen oder indirekt herbeigeführt haben, die wenigstens als Reliktformen noch heute vorhanden sind. Die älteren Überflutungen werden nach einer in den Niederlanden entwickelten Chronologie als Calais(C)-Serie bezeichnet (7. bis Ende 3. Jahrtausend v. Chr.); daran schließt sich der jüngere Dünkirchner (D)-Zyklus an. Er beginnt während der ersten Hälfte des 2. Jahrtausend v. Chr. (D0: 1700–1000) und wird bis ins hohe Mittelalter von einer Serie weiterer Transgressionsschübe mit abnehmender Tendenz in der Höhe der Hebungsbeträge gekennzeichnet. „Für die letzten 2500 Jahre, die für die Besiedlung der Marschenzone entscheidend waren, darf man insgesamt mit rund einem Meter rechnen" (BANTELMANN/HOFFMANN/MENKE 1984, S. 51 ff.). Noch bis in die 1970er Jahre waren von der Forschung höhere Beträge veranschlagt worden. Zwischen den einzelnen Transgressionsschüben bestanden längere Ruhezeiten, so daß sich z. B. Torflager bilden konnten. In den Stillstandsphasen erwiesen sich die nicht mehr gefährdeten fruchtbaren Marschablagerungen als ein für die bäuerliche Wirtschaft und die Besiedlung geeignetes Gebiet. Die Über-

4.8 Geschichte der Gewässer

flutungsschübe waren nicht an allen Küstenabschnitten gleich wirksam. Durch DIa (900/800) wird z. B. an den niedersächsischen Küsten die um 1000 v. Chr. begonnene Ruhepause in der Meeresbewegung weithin nicht unterbrochen (z. B. BEHRE/HAARNAGEL 1964, S. 69). Erst DIb (600–200) wird dort wieder in Sedimenten faßbar. Auf ihnen entstehen erneut Flachsiedlungen, die bis zur DII-Transgression bestehen (z. B. BRANDT 1972, S. 150). In den Niederlanden ließ die Dünkirchen-Ib-Transgression der vorrömischen Eisenzeit viele der in voraufgegangener Zeit gegründeten Marschensiedlungen wieder enden. Nur dort, wo der Mensch als Antwort auf die Herausforderung der Natur mit dem Wurtenbau eine neue Technik eingeführt hatte, wie in den westfriesischen Landschaften Westergo, Oostergo und Hunzingo, entstanden die ersten Wurten. Soweit sie nicht wieder verlassen worden sind, liegen auf ihnen die ältesten der noch heute bestehenden Marschensiedlungen, wie Ezinge und Hogebeintum (WATERBOLK 1979, S. 8). Dieser Vorstoß des Meeres wurde durch eine längere Rückzugsphase unterbrochen. Damit hängt der relativ geringe Gesamtbetrag des Anstiegs in den letzten 2500 Jahren zusammen. Die siedlungsgeographischen Folgen des Meeresrückzugs um Christi Geburt, der sich in Niedersachsen durch zahlreiche Befunde entlang der Küste nachweisen läßt, bestanden in einer neuen Landnahme in der Marsch (BEHRE/HAARNAGEL 1984, S. 82). Diese erfolgte zunächst mittels Flachsiedlungen. Als jedoch im Verlaufe der Dünkirchen-II-Transgression (ca. 150/250 bis um 700 n. Chr.) die Sturmfluthöhen wieder gestiegen waren, wurden die Marschenbauern entweder zur Aufgabe ihrer Siedlungen gezwungen, oder sie mußten, wie vorher schon in den Niederlanden, zum Schutz gegen die Sturmfluten künstliche Wohnhügel, die Wurten, anlegen (HAARNAGEL 1973 und 1977, S. 254; BEHRE/HAARNAGEL 1984, S. 79). Die letzten Transgressionen des mittelalterlichen D-Zyklus liegen als DIII um 800 und als DIV um 1100 (BANTELMANN/HOFFMANN/MENKE 1984, S. 52). Viele der Wurten sind nun erst zu mächtigen Hügeln erhöht und erweitert worden, auf denen ganze Dörfer Platz hatten. Wie die berühmte Ausgrabung der verlassenen Wurt Feddersen Wierde durch HAARNAGEL ergeben hat (z. B. 1977, S. 259), läßt sich das Zusammenwachsen von benachbarten Einzelgehöft-Wurten zu einer Dorf-Wurt bis in das 3. Jh. und damit in die Frühphase der DII-Transgression zurückverfolgen. In die letzte Phase der Dünkirchen-III-Transgressionsphase fällt bereits der am frühesten für die Niederlande nachweisbare Beginn des Deichbaus. Der kontinuierliche

Deichbau, der für die Besiedlung und Bewirtschaftung der Marschen ganz neue Möglichkeiten eröffnete und sich allmählich auch auf die Höhe der Sturmflutstände auswirken mußte, läßt sich in den Niederlanden bis ins 11. Jh. zurückverfolgen (GOTTSCHALK, II, 1975, S. 819; BLOK 1984; HALLEWAS 1984) und dürfte wenig später im niederdeutschen Küstengebiet aufgenommen worden sein (REINHARDT 1984; HOFMEISTER 1984; KRÄMER 1984). Die Sturmfluten an der niederländischen Küste und darüber hinaus sind in dem bereits gekennzeichneten großen Werk von GOTTSCHALK mit einer kritischen Erörterung verbreiteter Theorien untersucht worden. Es konnten weder Zusammenhänge zwischen Sturmfluten an der Küste und Überflutungen der Binnenflüsse noch zwischen Sturmfluten und milderen, eisfreien Wintern nachgewiesen werden (GOTTSCHALK, III, 1977, S. 424). Solche ursächlichen Verbindungen waren behauptet worden. Da für das spätere Mittelalter im niederländischen Raum ein regional dichtes und aussagekräftiges Quellenmaterial vorliegt, konnte GOTTSCHALK mindestens für diese Zeit die bis dahin von Physiogeographen, wie BAKKER (1958), angenommene spätmittelalterliche Transgressionsphase als eine Fiktion erweisen, sofern darunter ein alle Küstenabschnitte zugleich erfassender Überflutungsvorgang verstanden wird. Gewiß gab es große Überflutungen, wie 1287, 1362 und 1509 große Meereseinbrüche in Dollart und Jade (z. B. REINHARDT 1983, S. 6; BRANDT 1984a, S. 59 ff.) mit Überflutung von etwa 30 bis 40 Dörfern, doch diese und andere "regional losses of land occurred at wide intervals and at widely separate places. The marine sediments that were deposited do not form a coherent whole. The land losses were amply compensated by land gains elsewhere, so that the sea cannot be said to have gained over the land" (GOTTSCHALK, II, 1975, S. 820). Zur Beurteilung dieser Feststellung hat man sich zu verdeutlichen, daß es ja seit dem 11. Jh. den Deichbau und damit verbundene Landgewinnungsarbeiten gab, wodurch der Transgressionsmechanismus gegenüber der Zeit vor dem Deichbau ein anderer geworden sein muß.

Einen raschen Zugang zu den Problemen von Meeresspiegelschwankungen, Sturmfluten und Besiedlung eröffnet für alle Randländer der Nordsee, darunter auch Deutschland und Großbritannien, ein von VERHULST und GOTTSCHALK herausgegebener Tagungsband, dessen Schwergewicht auf den Vorgängen in den Niederlanden und in Flandern liegt (1980).

Die Verhältnisse der Ostseeküste unterscheiden sich erheblich von denen der Nordsee. Es fehlen bekanntlich die Marschen und weithin besteht Steilküste, so daß sich Wasserstandsschwankungen für die Besiedlung geringer als in den Nordseemarschen auswirken müssen. Nach den neuesten Erkenntnissen hatte der Ostseespiegel um Christi Geburt fast das heutige Niveau erreicht, war dann im Verlaufe einer Regression bis um 1000 n. Chr. auf −88 cm NN gefallen, um dann mit manchen Schwankungen wieder auf das heutige Niveau zu steigen (Voss 1984, S. 94). Da regional wie überregional an der Ostseeküste mit erheblichen endogenen tektonischen Bewegungen zu rechnen ist, gibt es merkliche Abweichungen von diesen Beträgen. So hat Köster in sehr beachteten Untersuchungen (1962) auf Grund slawischer Kulturschichten, die in der Inneren Lübecker Bucht in erheblicher Tiefe unter NN auftreten, auf einen relativen Wasseranstieg in den letzten 700 Jahren von über 1 m geschlossen. Auf enger begrenzte regionale Erdkrustenbewegungen weisen auch Untersuchungen in der Eckernförder Bucht, die ebenfalls auf einen Vergleich der Lage älterer Siedlungshorizonte zum Meeresspiegel zurückgehen. Dabei ergab sich durch Untersuchungen an 19 weit voneinander liegenden Lokalitäten im Innenteil der Eckernförder Bucht im Verhältnis zum heutigen Meeresspiegel eine überwiegende Hebung, gegenüber Senkungen im östlichen Mittelteil der Bucht (Voss 1984, S. 91). Dieser wie auch manche Befunde an der Nordseeküste belegen die Bedeutung regionaler und lokaler Studien. Besonders schlüssige Ergebnisse sind durch interdisziplinäre Zusammenarbeit erzielbar. Sie wird vor allem in den beiden schon mehrfach zitierten Berichtsbänden über archäologische und naturwissenschaftliche Untersuchungen an Siedlungen im deutschen Küstengebiet (Kossack u. a., Hrsg., 1984; Jankuhn u. a. 1984) eindrucksvoll vorgeführt. Ein weiteres Beispiel ist das Höftland von Langballigau an der Flensburger Förde. Dieses Strandwallgebiet ist in seiner Morphogenese und raumzeitlichen Küstenentwicklung in Verbindung mit Meeresspiegelschwankungen und einem jüngereiszeitlichen Gräberfeld durch das Zusammenwirken von Geographie, Archäologie, Biologie, Bodenkunde, Physik und Landesvermessung untersucht worden. Dabei ließ sich die Landschaftsentwicklung ebenso klären wie die zeitlich-kulturelle Stellung des Gräberfeldes (Voss/Müller-Wille/Raabe 1973).

Über den Mittelmeerraum liegt ebenfalls eine Fülle von Beiträgen zum nacheiszeitlichen Anstieg des Meeresspiegels vor. Zum Einstieg in die Probleme und Literatur eignen sich Gierloff-Emdens Handbuch (1980) und die küstenmorphologischen Arbeiten von Kelletat (1974) in Italien und Griechenland.

4.9 Phosphatmethode, Bohrungen, Holzkohlenanalyse

Phosphatuntersuchungen bezwecken die Lokalisation ehemaliger Siedlungen, von Gräberfeldern u. ä. menschlichen Anlagen. Sie beruhen darauf, daß die frühere Besiedlung den Boden durch Fäkalien, Abfälle und sonstige anthropogene Produkte mit schwer löslichen Phosphatverbindungen angereichert hat. Es gibt zu ihrem Nachweis mehrere Analysen (z. B. Molybdat-, Laktatverfahren). Durch die geostatistische Variogrammanalyse läßt sich die Repräsentanz von Bodenproben beurteilen (ZÖLITZ 1980, S. 22 f.). Wichtig ist, im Hinblick auf die Aussagekraft, neuzeitliche, etwa im Zusammenhang mit der Mineraldüngung stehende Phosphatanreicherungen von den altlandschaftlichen, die Befunde über frühere Siedlungsverhältnisse gestatten, zu trennen. Nach Erfahrungen aus vielen Untersuchungen lassen sich aus der Höhe des Phosphatgehaltes unter kritischer Berücksichtigung von späteren Phosphatumlagerungen, etwa im Zusammenhang mit Bodenerosion, Schlüsse auf die Intensität und Dauer früherer Besiedlung ziehen. So ergeben sich z. B. besonders hohe Phosphatanreicherungen auf länger bewohnt gewesenen Siedlungsplätzen von Jägern, Fischern und Viehhaltern; auch länger besetzt gewesene Ringwälle oder mittelalterliche Burgen können hohe Werte liefern. Die besten Einführungen in deutscher Sprache in die Möglichkeiten und Grenzen der Phosphatmethode zur Klärung früherer landschaftlicher Verhältnisse und ihrer Veränderung mit einem umfassenden Überblick über das wichtigste Schrifttum seit LORCH (1951), JAKOB (1955) und vielen weiteren Arbeiten aus Archäologie und Geographie haben anhand von Untersuchungen im östlichen Holstein im Rahmen des von der DFG unterstützten Sonderforschungsbereichs ›Skandinavien und Ostseeraumforschung‹ KIEFMANN (1975) und ZÖLITZ (1980; 1982) vorgelegt. Dort konnten sowohl Phosphatgehalte verschiedener Siedlungselemente bestimmt werden, so daß eine Typisierung von Befunden möglich wurde, wie der Beweis für den Nutzen von systematischen Phosphatuntersuchungen über eine ganze Siedlungskammer hinweg erbracht werden.

In den nach ihren Methoden wie Ergebnissen vorbildlichen Untersuchungen über die vor- und frühgeschichtliche wie mittelalterliche Kulturlandschaft in Schweden ist die Phosphatkartierung und Analyse ein wichtiges Arbeitsinstrument (SPORRONG 1968; LINDQUIST 1968, S. 61 ff.; KLANG/WILDGREN 1977, S. 29 ff.), ebenso im britisch-irischen Bereich (HAMOND 1983).

Die Mikroschürfung, von der Wüstungsforschung bereits 1938 (LORCH) zur Lokalisation und qualitativen Bestimmung von Siedlungen entwickelt, läßt sich wohl am erfolgreichsten in Verbindung mit der Phosphatmethode einsetzen. Für die Sondagen hat sich der Pürckhauer-Bohrstock bewährt. „Im Abstand von wenigen Metern niedergebrachte, zu Profilen oder Gitternetzen vereinigte Sondagen liefern dann einen genauen Einblick in Lage und Ausdehnung der Siedlungsbefunde" (ZÖLITZ 1982, S. 519). Natürlich läßt sich der Bohrstock, namentlich wenn noch sonstige Befunde von ehemaliger Besiedlung vorliegen, auch zu Stichproben verwenden. Daß auch diese beiden Methoden mit weiteren Verfahren, darunter Luftbildauswertung, Absuchen von Scherben, Hüttenlehm und Holzkohlebruchstückchen kombiniert werden sollten, braucht nicht besonders betont zu werden. Falls in heutigem Dauergrünland ehemalige Siedlungen vermutet werden, liefern Maulwurfshaufen oder Ränder von Wegeeinschnitten oft erste Bruchstücke von Keramik, Holzkohle und Hüttenlehm.

Daß sich Relikte der früheren Holzkohlenwirtschaft als Indikatoren für ehemalige Waldnutzung und Waldentwicklung einsetzen lassen, ist mittels Geländearbeiten im Harz, seinem Vorland und im Solling bewiesen worden (HILLEBRECHT 1982). Die Herstellung von Holzkohle beginnt in jenen Landschaften schon vor der Jahrtausendwende. Die aus den ehemaligen Holzkohleproduktionsstätten (Kohlenmeilerplätzen) und Verbrauchsstätten (Hüttenplätzen) gewonnenen Reste ermöglichten mittels mikroskopischer Bestimmung der Holzarten und durch verschiedene Verfahren der Datierung wesentliche Prozesse in der anthropogenen Veränderung der Waldbestandsverhältnisse zu klären. In Verbindung mit möglichst vielen anderen der in diesem Kapitel genannten Arbeitsverfahren ergibt sich eine optimale Forschungssituation zur Rekonstruktion von Altlandschaften oder von früheren Umwelten.

4.10 Metrologische und statistische Verfahren – Landmaße

Metrologische Verfahren sollen mit Hilfe maßanalytischer Arbeitsweisen zu einer Klärung der Prinzipien führen, die dem Aufbau der Gestaltelemente von Fluren, Siedlungen und anderen kulturlandschaftlichen Objekten zugrunde gelegen haben. In Schweden ist vor allem die fluranalytische Arbeitsweise entwickelt worden (HANNERBERG 1955; HELMFRID 1962), doch zeichnen sich auch für

Deutschland vielversprechende Ergebnisse ab (z. B. BÖNISCH 1958; BOELCKE 1964).

Über Maße prähistorischer Fluren und Bemühungen vor allem in den Niederlanden (BRONGERS 1976), die Art und Weise, in welcher das Land systematisch aufgeteilt wurde, zu klären, unterrichtet Michael MÜLLER-WILLE (1979). Über die Vermessung von Fluren in ehemaligen römischen Reichsteilen mit Berücksichtigung u. a. der Schweiz, des Elsaß und westlichen Deutschlands sowie von Großbritannien und des Mediterrangebietes gibt es eine neue Zusammenfassung mit zahlreichen Anmerkungen und Schrifttumshinweisen für das weitere Studium (HEIMBERG 1979).

Ein Desiderat für metrologische Arbeiten über das nachrömerzeitliche Mitteleuropa wäre eine systematische Zusammenfassung aller Quellen über ältere Landesvermessungen und ihre Auswertung. Dazu gehört z. B. die sogenannte „Geometria Culmensis", eine für ihre Zeit einzigartige Instruktionsschrift über die Landvermessung aus der Zeit des Deutschordenshochmeisters Konrad von Jungingen (1393–1407), die in einem Auszug in einer bekannten Quellensammlung (HELBIG/WEINRICH 1968) und als ganzer Text nach den überlieferten Dokumenten von MENDTHAL (1886) herausgegeben worden ist. Auch Meßanweisungen für Hufen, wie sie FRANZ (1967) in seiner Quellensammlung veröffentlicht hat, und ähnliche Zeugnisse wären heranzuziehen. In England ließ sich aus vielen Einzeldokumenten ein System von linearen Maßen erarbeiten, das seit dem 13. Jh. üblich war und der Flurvermessung diente (GRIERSON 1972). Das agrarlandschaftliche Glossar von ADAMS (1976) enthält für ganz Britannien Auflistungen von älteren Maßen und von Einheiten landwirtschaftlicher Betriebe. Beide waren nicht voneinander zu trennen, so daß zu dem gesamten Fragenkreis auch Arbeiten über die früheren Einheiten des bäuerlichen Grundbesitzes heranzuziehen sind, darunter u. a. eine Serie von Studien über die Hufe, die wir dem bekannten Historiker SCHLESINGER verdanken (1974; 1976; 1979); GRINDA (1979) und GISSEL (1979) führen in entsprechende Forschungen ein, die über ältere Hofeinheiten und Landmaße in England und Dänemark vorliegen. Van der LINDEN (1984) konnte mittels Analyse von Siedlungsmaßen Zusammenhänge zwischen der hochmittelalterlichen Besiedlung von Mooren der Holländisch-Utrechter Tiefebene und anschließender Siedlung im nordwestdeutschen Raum nachweisen.

Der flurmetrologischen Arbeitsweise steht die Korrespondenzmethode von RIPPEL nahe (1958). Sie untersucht mit statistischen

Verfahren gehäuft auftretende Nachbarschaftlagen der Parzellen einer Flur, um dadurch zu flurgenetischen Erkenntnissen zu gelangen. Mit diesem Verfahren ließen sich z. B. im nordwestlichen Weserbergland Hofteilungen, die schon vor der hochmittelalterlichen Aufbauzeit erfolgt waren, von späteren abgrenzen (MARTEN 1969, S. 34).

Eine Klärung der älteren Waldflächenmaße, Holzmaße und der Holztaxierung ist unerläßlich für alle Arbeiten, die sich mit der Bildung und Bewirtschaftung großer Forsten befassen. Epochemachend für die moderne Forstwirtschaft waren die territorialen Anfänge durch Wald- und Forstordnungen im 16. Jh. In manchen Territorien, wie z. B. im Hochstift Würzburg, sollten die staatlichen Wälder mit Einführung einer planmäßigen Forstwirtschaft mit Waldmorgen, die größer als Feldmorgen waren, vermessen werden. Da vor allem in den Gemeindewäldern, mitunter sogar in den Staatswäldern weiterhin nach Feldmorgen vermessen wurde, ergeben sich viele Fallstricke bei Untersuchungen über die älteren Waldverhältnisse. Denn oft wurden in räumlichem Nebeneinander ältere und jüngere Maßsysteme mit gleichen Maßbezeichnungen, aber unterschiedlichen Flächeninhalten verwendet (JÄGER/ SCHERZER 1984, S. 23 ff.).

4.11 Quantitative Verfahren

In den letzten Jahren sind, wie in anderen Teilgebieten der Geographie, auch in ihrer historisch-kulturlandschaftlichen Richtung, mit großem Erfolg quantitative Verfahren angewandt worden. „Um Regelhaftigkeiten der Siedlungsentwicklung aufzudecken und sie möglichst präzise und überprüfbar zu formulieren, empfiehlt sich eine quantitative Arbeitsweise. Hat man erst die Siedlungen anhand möglichst vieler und sinnvoll ausgewählter Merkmale in Maß und Zahl beschrieben, so liefern deskriptive und schließende Statistik einen umfangreichen Methodenapparat" (ZÖLITZ 1983, S. 3). Wie damit zu arbeiten ist, wird von ZÖLITZ (a. a. O.) in einer Untersuchung über die siedlungsstrukturelle Entwicklung der Insel Falster vom Mittelalter bis zum 17. Jh. gezeigt. Mit Hilfe der quantitativen Methoden ließ sich ein differenzierteres Bild der Zusammenhänge als mit herkömmlichen Verfahren geben. Solange es noch keine Einführung in die Arbeit mit quantitativen Methoden gibt, welche die besonderen Anliegen der Historischen Geographie berücksichtigt, empfehlen sich für den kulturlandschaftsgenetisch orientierten Geographen neben den geographischen Handreichungen die von der Geschichtswissenschaft erarbeiteten Einführungsbücher, wie vor allem das von OHLER (1980).

Quantitative Verfahren lassen sich in fast allen Teilgebieten der genetischen Kulturlandschaftsforschung einsetzen bis hin etwa zur Phosphatanalyse (s. Kap. 4.9) und zu Synthesen in Form von dynamischen Modellen, um räumliche Veränderungen im Zeitverlauf zu begründen (CURRY 1966). Vor allem die britische Forschung ist in der Anwendung quantitativer Verfahren weit fortgeschritten, wie mehrere Aufsätze im ›Journal of Historical Geography‹ und Forschungsberichte belegen (PRINCE 1980, S. 230). Wie sich die Siedlungsverteilung im späteren irischen County Meath in anglo-normannischer Zeit mit Hilfe der Kombination traditioneller und quantitativer Verfahren erfassen und begründen läßt, hat GRAHAM gezeigt (1975). Seine Arbeitsverfahren sind im Prinzip auf alle anderen Siedlungsgebiete seit dem europäischen Mittelalter übertragbar.

5. KULTURLANDSCHAFTLICHE RELIKTE ALS INFORMATIONSTRÄGER

Gegenständliche Objekte aus früheren Entwicklungsphasen der geographischen Substanz, mit anderen Worten: landschaftliche Relikte oder Überreste, gehören zu den wichtigsten Hilfsmitteln, um die Genese der Kulturlandschaften zu klären. Denn sie informieren über den Verlauf und die Art früherer Verkehrswege, die Lage und Struktur ehemaliger Siedlungen und ihrer Wirtschaftsflächen, über forstwirtschaftliche Betriebs- und Bestandsformen, Industrie, Gewerbe, Grenzen und andere Objekte der Vergangenheit. Sie lassen sich mit anderen Zeugnissen für frühere kulturlandschaftliche Gefüge und Funktionszusammenhänge, wie z. B. älteren Karten und schriftlichen Dokumenten, verknüpfen und werden dadurch zu unentbehrlichen Informationsträgern. Genaugenommen gehören auch Reste von Kulturpflanzen, von Haustieren oder Bruchstücke von früherer Keramik zu den Relikten früherer Kulturlandschaften, doch werden sie bereits von besonderen Disziplinen erforscht, so daß es bei der kulturlandschaftlichen Reliktforschung nur noch um Reste in oder auf der Erdoberfläche geht, die von Objekten stammen, die zum traditionellen Forschungsbereich der Kulturgeographie gehören.

In Großbritannien, wo die Reliktforschung nicht so breit wie im deutschsprachigen Raum ausgebaut ist, wird sie vielfach von der Landesgeschichte wahrgenommen. BERESFORD hat z. B. gezeigt, wie sich Grenzen, ältere Dörfer, Wüstungen, Gründungsstädte der Frühneuzeit und historische Parkanlagen nur durch die Verbindung von schriftlichem Dokument, älteren Landkarten und der Begehung im Gelände erforschen lassen (1957). Eine ganz ähnliche Konzeption vertritt HOSKINS (1967). Wenn auch die britische Kulturgeographie im engeren Sinne die Konzeption der "relict features in the present landscape" nicht kennt, so wird sie bewußt von der dortigen Historischen Geographie wahrgenommen (PRINCE 1969, u. a. S. 120). Diese entspricht teilweise der genetischen Kulturgeographie in Deutschland.

Als Relikte lassen sich im weitesten geographischen Umfang des Begriffs alle Objekte auffassen, welche dem heutigen wirtschaftlichen, gesellschaftlichen und politisch-administrativen Kräftespiel nicht mehr entsprechen. Mißt man mit der Elle dieser Aussage, dann wird ein erheblicher, wenn nicht der größte Teil der uns umgebenden geographischen Substanz zu Relikten. Deshalb werde ich mich hier auf eine Diskussion jener Überreste beschränken, die aus der Zeit vor den 1940er Jahren in unsere Gegenwart überkommen sind. Bereits gibt es besondere Arbeitsrichtungen, welche die Erforschung von Relikten systematisiert haben und die Ergebnisse in übergeordnete Fragen und Darstellungen der Kulturlandschaftsentwicklung einbauen. Die in Großbritannien entwickelte „Landschaftsarchäologie" (ASTON/ROWLEY 1974) faßt das systematisch zusammen, was in Deutschland von der Wüstungsforschung, der Altstraßenforschung, der genetischen Stadtmorphologie, überhaupt von der genetischen Kulturlandschaftsforschung an Verfahren zur Untersuchung von Landschaftsrelikten erprobt worden ist (JÄGER 1965). Der kulturgeographischen Reliktforschung steht die junge Disziplin der Industriearchäologie nahe (SLOTTA 1982), deren Befunde Erkenntnisse für die Erforschung der Landschaftsgeschichte liefern können. Wie sich die Erforschung von Überresten vergangener Kulturlandschaften für die Planung, insbesondere im Bereich von Freizeit und Erholung fruchtbar machen läßt, hat NEWCOMB gezeigt (1979). In den Niederlanden ist sogar der Schutz von Resten alter Kulturlandschaften 1979 gesetzlich festgelegt worden, so daß sich daraus für die dortige Historische Geographie ein neues Aufgabenfeld, nämlich die Ermittlung schützenswerter Kulturlandschafsrelikte, entwickelt hat. Ein Ergebnis und Instrument dieser Bemühungen ist die neue historisch-geographische Landesaufnahme der Niederlande (BURGGRAAFF/EGLI 1984). Ähnliche Bestrebungen, in die Landesentwicklungspläne auch kulturlandschaftliche Relikte aufzunehmen, gibt es in der Schweiz.

Zu den Überresten, die aus früheren Entwicklungsstufen unserer Landschaften überliefert werden und entweder funktionslos sind, wie manche Ruinen, oder eine neue Aufgabe für den heutigen Menschen durch andersartige Nutzung und Bewertung erhalten haben – etwa als historisches Denkmal oder als ästhetisches Objekt – oder noch ihre frühere Funktion besitzen, gehören nicht nur gegenständliche Objekte, sondern auch Beziehungsgefüge (z. B. zentralörtliche) und Funktionsabläufe. So erhalten sich in der Landwirtschaft, insbesondere in peripheren Landschaften mit Familienbetrieben, manche älteren Bodennutzungssysteme und Anbaurotationen viel länger als in Gebieten mit stärker marktwirtschaftlich ausgerichteten Großbetrieben. Ein bekanntes Beispiel war das noch in den 1950er Jahren verbreitete Dreizelgenbrachsystem (HEROLD 1965). Der gemeinsame Agrarmarkt in der EG und die staatliche Landwirtschaftsberatung führen heute auch in den schwächer strukturierten Agrargebieten an der Peripherie nationaler und internationaler Wirtschaftsräume eine rasche Übernahme neuer Erkenntnisse herbei, so daß seit den 1960er Jahren, insbesondere im europäischen Raum nördlich der Alpen, die Gegensätze zwischen Landschaften mit gegenwartsbezogenen Strukturen und solchen mit überkommenen, nur unvollkommen an ihre Gegenwart angepaßten Formen und Funktionsabläufen stark abgeschwächt worden sind. Zu dieser Angleichung der unterschiedlichen Landschaften haben die Gesetzgebung, wie sie z. B. im Raumordnungsgesetz des Bundes zum Ausdruck kommt (z. B. § 2.3), und die Bemühungen der Landes- und Regionalplanung wesentlich beigetragen.

Will man Objekte oder Funktionsabläufe, die aus vergangenen Landschaftsstadien überkommen sind, in ihrer früheren Bedeutung verstehen, so geht das in der Regel nicht ohne ein zusätzliches Studium von Archivalien, von älteren Topographien, Reisebeschreibungen oder auch schöngeistiger Literatur, soweit sie sich mit landschaftlichen Themen beschäftigt hat. Auch die Volkskunde als wissenschaftliche Disziplin bietet Erkenntnisse. Eine interdisziplinäre Arbeitsgruppe, die sich unter anderem mit der früheren und heutigen Rolle überlieferter landschaftlicher Objekte befaßt, ist die britische Landscape Research Group on Literature and Landscape, die sich um die Zeitschrift ›Landscape Research‹ schart.

5.1 Wege, Land- und Wasserstraßen, Schiffahrtskanäle und Eisenbahnen als Relikte

Zu den linienhaften Reliktformen gehören die Überreste von Wegen und Straßen. Ihre Erforschung trägt zur Rekonstruktion früherer Kulturlandschaften und zur Klärung von deren Veränderungen bei. Obwohl „Straße" etymologisch den gepflasterten Weg bezeichnet, werden im wissenschaftlichen Schrifttum, ausgehend von dem mittelalterlichen Sprachgebrauch, häufig auch die älteren unbefestigten Fernverbindungen des Festlandes als „Straße" bezeichnet. Kennzeichnend für den Sprachgebrauch der Quellen ist z. B. die Geometria Culmensis aus der Zeit um 1400 mit ihrer nur wenig später entstandenen mittelhochdeutschen Übersetzung. Die entsprechenden Stellen lauten in der Ausgabe von MENDTHAL (1886, S. 22): „*stratam* regiam habere in latitudine unam perticam" und „dy *lantstrose* sal haben gemeyneclych eyne messerute yn der breyte". Alle Landstraßen sind auch im Deutschordensstaat, den die Geometria im Auge hat, und späteren Ostpreußen bis in das frühe 19. Jh. unbefestigt gewesen (NAGEL 1984). Da die altpreußische Rute 4,60 m betragen hat (WEBER 1878, S. 150), gewinnen wir durch jene Quellenstelle eine Vorstellung von der Normbreite der altpreußischen Landstraßen. Einen Überblick über die Erforschung der Wegbreiten, der Geleise, Spurweiten und Spurweitentypologie enthält ein umfangreicher Forschungsbericht von DENECKE (1979b, S. 449 ff. und 453 f.). Danach haben in der Tat öffentliche Fernstraßen im Mittelalter eine Breite zwischen 4 bis 9 m gehabt. Die Feststellung von DENECKE, daß sich die Angaben über Wegbreiten in den mittelalterlichen Zeugnissen nur in beschränktem Maße mit den Ergebnissen der Geländebefunde in Einklang bringen lassen, kann ich aus eigener Erfahrung bestätigen. Teilweise wird das damit zusammenhängen, daß ja die Fernwege über Jahrhunderte benutzt worden sind und manche Bestimmungen ebenso wie die Maße während dieser Zeit geändert werden konnten. Vielfach haben sich auch die Geländerelikte durch natürliche und quasinatürliche Bodenabtragung verändert. Die mittelalterliche Ausdrucksweise hat durchaus zwischen den unterschiedlichen Arten von Naturwegen unterschieden. So kennt die gegen Ende des 13. Jh. von einem Deutschordensritter verfaßte Livländische Reimchronik (Hrsg. MEYER 1876) folgende Wegearten: breite Straßen (Zeile 1593), schlechte Wege (Z. 6899), schlechte Pfade (Z. 1592), schmale Steige (Z. 6899), Brücken und Stege (Z. 11699). Aus anderen Quellen ließen sich leicht weitere Bezeichnungen hinzufügen. Eine systematische Untersuchung über Worte und Begriffe altlandschaftlicher Verkehrswege gibt es noch nicht. Sie wäre für mehrere Wissenschaftsdisziplinen interessant.

Unverzichtbar ist die Erforschung der früheren Verkehrswege für das Verständnis militärischer Operationen, von Handel und Gewerbe, aber auch zur Erklärung früherer zentralörtlicher Beziehungen oder von Kulturströmungen und sprachlichen Ausbreitungsvorgängen. Die Bedeutung der Feldforschung wechselt mit der Zeitstellung der ehemaligen Verkehrswege. Zunächst sei in die Erforschung der Verkehrswege des Binnenlandes eingeführt. In diesem Kapitel geht es jedoch nur um sichtbare Überreste, während die Erforschung von Straßennetzen erst später zur Erörterung steht (Kap. 6.3.5).

Prähistorische Saumpfade und Wege, die als solche Identifizierungsprobleme aufwerfen, lassen sich nur mittels Geländeforschung untersuchen, wozu im weiteren Sinne auch die Analyse von Karten und Luftbildern gehört. Denn diese sind ja nichts anderes als bildliche und zeichnerische Wiedergaben von Ausschnitten der Erdoberfläche. Bei der Erforschung antiker Verkehrswege, in die RADKE (1971), CHEVALLIER (1972), BAGSHAWE (1979) und SCHNEIDER (1982) einführen, werden mit wechselndem Schwergewicht bei den einzelnen Autoren überwiegend schriftliche oder archäologische Dokumente ausgewertet oder beide miteinander verknüpft. Zu den Großlandschaften mit Meisterwerken römischer Straßenplanung und -baukunst, darunter Bogenkonstruktionen, Brücken und Meilensteine, rechnen die Alpen (PAULI 1981, S. 219 bis 254). Eins der besten Beispiele für die verknüpfende Arbeitsweise in der Altstraßenforschung mit Auswertung von Geländespuren, Siedlungen, Gräberfeldern, der Kirchenorganisation und Befestigungen hat SCHWARZ für das nördliche Bayern vorgelegt (1975).

Eine allgemeine Systematik und Morphologie der Wegespuren für den europäischen Bereich außerhalb der antiken Welt ist in einer regionalen Altstraßenarbeit von DENECKE enthalten (1969). Diese wie andere, vorwiegend oder größtenteils auf Geländerelikte abgestellte Arbeiten weisen in ihren Schriftenverzeichnissen auch Untersuchungen über Altstraßen nach, die allein schriftliche und kartographische Dokumente verwenden (vgl. Kap. 3.3). Er hat sich darin auch mit der Datierung der Wegespuren und der Frage nach der Funktion der früheren Wege befaßt und sie im Zusammenhang mit verschiedenen Gruppen weiterer Relikte untersucht. Dazu gehören insbesondere prähistorische Grabhügel und Befestigungen, mittelalterliche Befestigungen (Burgen, Warten, Landwehren), kirchliche Einrichtungen, Rechtsstätten, Zollstationen, Herbergen und Rasthäuser. Die markantesten Spuren früherer Wege und Straßen im Gelände sind die Hohlwege, die derartig vielgestaltige Formen besitzen, daß DENECKE eine ganze Serie verschiedener Formtypen unterscheidet. Der weniger Geübte könnte schwächer ausgebildete Relikte einer größeren Anzahl von parallelen Wegegleisen als ehemalige Wölbäcker ansprechen (s. Kap. 5.3); ausgetiefte Hohlwege werden insbesondere dann mit natürlichen, durch Erosion geschaffenen Hohlformen verwechselt, wenn sie genau in

Richtung des Gefälles verlaufen und ihre ehemalige Fahrsohle durch linienhafte Erosion vernichtet worden ist. Ob die Tiefe von Hohlwegen durch die Intensität des früheren Verkehrs, durch den Untergrund (RIPPEL 1958, S. 144 ff.) oder beides verursacht worden ist, kann nur von Fall zu Fall und in der Regel nicht ohne zusätzliche Dokumente geklärt werden. Inwieweit aus der Trassierung und der Breite von Hohlwegbündeln (Spurenfächer und -feld), die bis über 500 m erreichen kann (DENECKE 1969, Abb. 30), Schlüsse auf den früheren landschaftlichen Zustand, namentlich auf die Waldbedeckung zu gewinnen sind, wie es MORTENSEN meinte (1963), müßte nach den kritischen Bemerkungen von DENECKE noch nachgeprüft werden (1969, S. 64). In der Regel lassen sich Relikte von früheren Wegen und unbefestigten Straßen im Gelände nur dann in ihrer ehemaligen Funktion erklären, wenn sie mit weiteren archäologischen, kartographischen und schriftlichen Zeugnissen verknüpft werden. Das gilt auch für die Erklärung von Spuren früherer Straßen im Luftbild, das sich, soweit es sich um Offenland handelt, zu einem wichtigen Instrument der Altstraßenforschung entwickelt hat (vgl. Kap. 3.2).

Zu der bereits genannten Reihe von Objekten, die funktional mit Straßen zu verknüpfen sind, müssen noch Siedlungen in ihrer früheren Position im Raumgefüge, vor allem Städte, und auch später wüst gewordene Orte hinzugerechnet werden (SCHÄFER 1976, S. 64 ff.; JÄGER/SCHERZER 1984, S. 26 ff.).

In der Regel waren zwar nach dem Verfall der Römerstraßen und vor Beginn des neuzeitlichen Chausseebaus im 18. Jh. (SCHÄFER 1976, S. 220 ff.) außerhalb der Städte die Straßen unbefestigt, doch gab es bemerkenswerte Ausnahmen. So hat sich z. B. von der alten „Salzstraße", die Lüneburg mit Lübeck verband und vom 12. bis 16. Jh. ihre größte Bedeutung erreichte, noch ein urtümlicher Streckenabschnitt im Breitenfelder Moor (südlich Mölln) erhalten, wo offenbar der Lübecker Rat im 15. Jh. eine Befestigung mit kopfgroßen Natursteinen veranlaßt hatte (REICHSTEIN 1983, S. 43). Durch Holz befestigte Moorwege, die sogenannten Bohlenwege, oder Moorbrücken, wie sie um 1900 genannt wurden, sind aus dem gesamten Zeitraum vom Neolithikum bis zum späten Mittelalter bekannt und aus Irland, England, den Niederlanden, Nordwestdeutschland und Dänemark beschrieben worden. Besonders eingehende neue Forschungen liegen aus Norddeutschland vor (HAYEN 1978; 1979). In den letzten Jahren sind Relikte von alten Fernwegen unter Denkmalschutz gestellt worden, so in Bayern und in Dänemark. Dort hat man auch ihre Bedeutung für den Fremdenverkehr erkannt. Von der urgeschichtlich-mittelalterlichen Heer- und Handelsstraße, die von dem bedeutenden mittelalterlichen Zentralort Viborg quer durch Jütland bis Foldingbro (zwischen Esbjerg und Kolding) führte, ist z. B. südlich Nørre Snede ein größerer Abschnitt unter Landschaftsschutz gestellt worden (DAHL 1979, S. 89, Nr. 183). Die südliche Fortsetzung jener Altstraße läuft übrigens in einem östlichen und einem westlichen sogenannten Ochsenweg längs durch Schleswig-Holstein und ist auch dort abschnittsweise im Gelände erhalten (KLOSE 1964, S. 154 f.). Wie hilfreich Hohlwege als Relikte von Altstraßen für die Rekonstruktion ihres ehemaligen Verlaufs sind, veranschaulichen von der Historisch-Landeskundlichen Exkursionskarte von Niedersachsen vor allem die Blätter Osterode am Harz, Göttingen und Moringen (KÜHLHORN 1970–1976). Die zugehörigen Texte, verfaßt von Dietrich DENECKE und Erhard KÜHLHORN, bringen die Relikte in den größeren Zusammenhang der früheren Straßennetze (s. Kap. 6.3.5).

Den letzten weitgespannten Überblick über die Forschungszweige, Quellen, Methoden, Fragestellungen und Ergebnisse der Altwegforschung hat unter besonderer Berücksichtigung der Relikte, die vor allem in instruktiven Abbildungen dargestellt werden, DENECKE vorgelegt (1979 b). Wenn auch die Masse seiner rund 240 Schrifttumsnachweise aus Deutschland, Österreich und der Schweiz stammt, so ist darüber hinaus die Forschung vieler europäischer Länder mit kommentierenden Bemerkungen und Schrifttumsbelegen vertreten, darunter die Tschechoslowakei, Polen, Frankreich, Belgien und Großbritannien. Erst in den letzten Jahren sind im Rahmen der Erforschung älterer Verkehrssysteme auch in Großbritannien die Relikte früherer Straßen und Wege im Gelände systematischer beachtet worden. Die zur Zeit beste Einführung bietet neben dem Bändchen über die römischen Straßen (BAGSHAWE 1979) in der gleichen, mit Abbildungen und Kartenskizzen ausgestatteten Serie ›Shire Archaeology‹ eine von HINDLE (1982) verfaßte Übersicht über Typen mittelalterlicher Straßen und der Wege. Im ganzen ist jedoch im Vergleich zu Mitteleuropa die Altstraßenforschung in allen ihren Zweigen in Großbritannien und Irland weniger entwickelt. HINDLE bemüht sich um eine Intensivierung. Sicherlich ist dieser Unterschied in der Forschungslage auch sachlich begründet. Denn der Landverkehr hatte auf den Inseln mit ihrer bedeutenden Küstenschiffahrt bei weitem nicht den Rang wie in den mitteleuropäischen Territorien, wo der Verkehr zu Lande oft die einzige Verkehrsart gewesen ist und sich nicht selten lokaler, regionaler Verkehr und solcher über große Entfernungen überlagerten. Die unterschiedliche Situation dürfte auch begründen, weshalb Arbeiten über den älteren Landverkehr in Skandinavien und seine Relikte spärlicher sind (z. B. FRIES 1949, S. 136). Hingegen gibt es sehr interessante schwedische Arbeiten über die früheren Binnenwasserstraßen. Bedingt durch die noch in Mittelalter und Wikingerzeit merklich tiefere Lage des Festlandes war in Schweden bis ins Mittelalter das Tiefland durch ein dichtes Netz von Schiffswegen durchzogen. Denn viele der heutigen Binnenseen standen untereinander, mit den damals wasserreicheren Flüssen und schließlich auch mit der Ostsee in Verbindung. Die einstige Hauptstadtfunktion von Alt-Uppsala und Uppsala (alter Name: Östra Aros), die heute beide an einem winzigen Flüßchen liegen, ist nur verständlich im Zusammenhang mit den frühgeschichtlichen bis mittelalterlichen Schiffswegen. Noch über das 10. Jh. hinaus lagen beide an einem mit der Ostsee in Verbindung gewesenen Schiffsweg. Am gleichen Fluß befand sich 35 km weiter südlich das gegenwärtig nur noch an einem Binnensee gelegene Sigtuna (STÅHLE 1949). Großartige Ruinen von Kirchen europäischer Fernkaufleute des 10., 11. und 12. Jh. bezeugen noch den damaligen europäischen Rang der heutigen Kleinstadt von 3000 Einwohnern. Mit der Veränderung der Küstengestalt in Schweden als Folge der Landhebung, die für die Beurteilung altlandschaftlicher Schiffahrt genauso wichtig wie für die Entwicklung der bedeutenden küstennahen Besiedlung ist, befassen sich außerdem ein Geograph (ÅSE 1970) und ein Siedlungshistoriker (DAHLBÄCK 1974).

In den Randländern der Nordsee und den skandinavischen der Ostsee hat die Erforschung der älteren Schiffswege und Häfen durch die rasche Entwicklung der Unterwasser- und Schiffsarchäologie (ELLMERS 1979; 1983) und glückliche Schiffsfunde aus Ur- und Frühgeschichte, Mittelalter und später Neuzeit mit bedeutenden Erkenntnismöglichkeiten einen großen Aufschwung genommen. So hat z. B. CRUMLIN-PEDERSEN, ausgehend von der Hebung der im Roskildefjord entdeckten Wikingerschiffe, die ein eigenes Museum erhalten haben, eine Studie über die Schiffahrtswege nach Roskilde, der bedeutenden historischen Königs-, Bischofs- und Kaufmannsstadt in Seeland, vorgelegt (1978).

Die von der DFG unterstützten vieljährigen Untersuchungen an ländlichen und frühstädtischen Siedlungen im deutschen Küstengebiet vom 5. Jh. v. Chr. bis zum 11. Jh. n. Chr. haben zu einer Fülle

5.1 Wege, Straßen usw.

von neuen Erkenntnissen über frühere See- und Landtransportmittel, Häfen- und Handelsverkehr geführt, die vor allem im Bd. 2 (JANKUHN u. a. 1984) von Experten verschiedener Fachrichtungen (HAARNAGEL, SCHIETZEL, CRUMLIN-PEDERSEN, JANKUHN, HAYEN) dargestellt worden sind. Dabei waren die gegenständlichen Überreste der Ausgrabungen die wichtigste Erkenntnisquelle. Dennoch bleiben zur Klärung früherer Seehandelsrouten und des Verlaufs der Landverkehrswege noch viele Fragen offen, die sich nur in interdisziplinärer Zusammenarbeit werden lösen lassen. Als Ausgangspunkt für künftige Themen, die sich mit der urgeschichtlichen bis mittelalterlichen Binnenschiffahrt befassen, eignen sich zahlreiche Artikel im Reallexikon der Germanischen Altertumskunde, zumal diese längere Listen weiterführender Literatur bieten. Einschlägige Artikel sind z. B. ›Binnenschiffahrt‹, ›Boot‹ und die Artikel über die einzelnen Flüsse, wie Donau, Eider, Dnjepr und Elbe. Um die älteren historisch-geographischen Verhältnisse der Flüsse und Binnenseen für den Verkehr zu rekonstruieren, müssen auch vielfältige Relikterscheinungen beachtet werden. Dazu rechnen z. B. die zumeist gekrümmten Reste der älteren, einst der Schiffahrt dienenden Flußläufe, an denen der gegenwärtige Schiffahrtskanal vorbeiführt, wie im Falle der Eider oberhalb und unterhalb von Rendsburg. Bei der Frage nach der Schiffbarkeit früherer Gewässer ist zu bedenken, daß bis ins Mittelalter die geringe Schiffsgröße ein Befahren selbst kleiner Flüsse ermöglichte. Wenn im Mittelalter die Ilmenau bis Uelzen, die Werra bis zur thüringischen Grenze bei Wanfried und die Fränkische Saale durch Karl den Großen (Reichsannalen; s. RAU 1955, S. 58) bis zu seiner Pfalz Salz (nahe Bad Neustadt) befahren werden konnten, so beruhte die damalige Schiffbarkeit weniger auf höheren Wasserständen, sondern auf den kleinen Schiffsgrößen.

Die natürlichen Schiffahrtswege sind bereits in einigen Fällen von den Römern zur Ausweitung des Verkehrs miteinander verbunden worden. Während die Lage der Fossa Drusiana im Rhein-Ems-Gebiet noch nicht gesichert werden konnte, sind die römischen Kanäle in Großbritannien – Car Dyke, Foss Dyke – lokalisiert (Kap. 4.8). Vom ältesten Rhein-Main-Donau-Kanal, der unter Karl dem Großen begonnen, aber nicht fertiggestellt wurde, sind noch eindrucksvolle Überreste im Gelände unweit Weißenburg beim Dorf Graben (!) erhalten, so daß HOFMANN daraus Schlüsse auf den logistischen Aufwand ziehen konnte (1977). Einzelne oberitalienische Handelsstädte bauten seit dem 11. Jh. Schiffahrtskanäle (REHBEIN 1984, S. 178). Zu den frühesten und überaus erfolgreichen Kanalbauleistungen des Mittelalters im Raume nördlich der Alpen gehört der Stecknitzkanal, die älteste künstliche Wasserstraße zur Verbindung von Elbe und Ostsee (HARCK 1983). Hätte er nicht die Transportkosten für Frachten aus dem Süden gesenkt, wäre vom 14. Jh. ab für Lüneburg ein Verkauf seines Salzes gegenüber der atlantischen Konkurrenz im Ostseeraum nicht mehr möglich gewesen. An den Ausbau des Flüßchens Stecknitz in der ersten Hälfte des 14. Jh. mit Schleusen schloß sich das Graben eines Schiffahrtskanals zur Verbindung von Stecknitz und Delvenau an, der 1398 fertiggestellt wurde. Bis heute haben sich jedoch nur zwei, allerdings später erneuerte Schleusen erhalten, weil der alte Kanal im 1900 eingeweihten Elbe-Lübeck-Kanal aufgegangen ist. Im 16. Jh. sind mehrere Binnenschiffahrtswege zur Verbindung von Elbe und Ostsee in Gestalt von Kanalbauten und Verbesserungen der Flußschiffbarkeit zwischen Hamburg, Lübeck, Wismar und Dömitz (Elbe) fertiggestellt worden (HARCK 1983, Abb. 17). Ähnlich wie Karl der Große scheiterte auch der Deutsche Orden bei seinem Kanalbau 1409 bis 1418 zur Verbindung von Deime und Wiepe an den Bodenverhältnissen. Er sollte den Schiffen ermöglichen, bei der Fahrt zur Memel das stürmische Kurische Haff zu umgehen. Erst Ende des 17. Jh. wurden in der gleichen Trasse der Kanal und eine Verlängerung nach Norden als Großer und Kleiner Friedrichsgraben fertiggestellt (FORSTREUTER 1966). Beide Kanalabschnitte bestehen noch heute und sind in Lfg. 9 des Historisch-geographischen Atlas des Preußenlandes, welche frühere Verkehrsverhältnisse darstellt, wiedergegeben (NAGEL 1984).

Die Vervollkommnung der Kammerschleuse im 15. Jh. gab den Anstoß zu den großen Kanalbauten West- und Mittel- und ab 1700 auch Osteuropas. Relikte von früher kommerziell genutzten Schiffahrtskanälen, die entweder trocken liegen, sich in den verschiedensten Stadien des Verfalls befinden oder heute als beliebte Gewässer für den Sport mit Booten erneut in Wert gesetzt worden sind, besitzen vor allem Irland und Großbritannien. In England war in der ersten Phase der industriellen Revolution seit 1760 ein dichtes Netz von Schiffahrtskanälen entstanden, von denen es heute noch viele gibt. Daher ist England besonders reich an Veröffentlichungen über seine ehemaligen Kanäle mit instruktiven Abbildungen über ihren heutigen Zustand. Nennen wir nur die Werke von HADFIELD, der die Schiffahrtskanäle von Großbritannien als Ganzes (1966) und von Wales (1960) und weiteren britischen Regionen in insgesamt 11 Bänden beschrieben hat. Kein Wunder, daß in Großbritannien die Kanäle auch Gegenstand der Industriearchäologie und zusammen mit ihren früheren Häfen ein Gegenstand von denkmalpflegerischer Stadterneuerung geworden sind (BUCHANAN 1972, passim). Ähnliches gilt dort für die Eisenbahnen mit ihren aufgelassenen Stationen. Da in Irland das Eisenbahnnetz auf weniger als die Hälfte und in Großbritannien um rund 40% seit seiner maximalen Ausdehnung um 1914 geschrumpft ist, werden viele Landesteile dort von Relikten der ehemaligen Eisenbahnen durchzogen. Manche sind zu Wander- und Radfahrwegen geworden. Es gibt dort über die älteren Eisenbahnlinien eine Fülle volkstümlicher Literatur mit vielen Abbildungen. Als beste geographische Einführung mit Karten ehemaliger Kanäle und Eisenbahnlinien und umfangreichen Schrifttumshinweisen wäre das Kapitel ›Transport‹ von MOYES in der ›Historical Geography of England and Wales‹ zu empfehlen (DODGSHON/BUTLIN 1978). Aus dem deutschen Sprachraum, wo der Rückzug der Eisenbahn aus der Fläche bislang relativ bescheiden geblieben ist, liegt ein Werk vor, in dem die Systematik von Relikten aus dem Eisenbahnzeitalter eine zentrale Rolle spielt (NAGEL 1981).

5.2 Relikte in bestehenden Siedlungen

Zu den Überresten in bestehenden Siedlungen gehören im weiteren Wortverstand sämtliche Objekte des Grund- und Aufrisses einer Siedlung, sofern sie nicht in der Gegenwart entstanden sind. Vor allem handelt es sich um alle älteren Teile des Straßennetzes mit Einschluß der meisten Plätze und in allen älteren Siedlungen, sofern sie nicht durch den letzten Krieg zerstört waren oder durch Erneuerungen umgestaltet worden sind, auch um den größten Teil ihrer Gebäude und sonstige Anlagen mit Einschluß des städtischen Grüns. Das 2000jährige Köln ist z. B. ein aussagekräftiges Studienobjekt, um zu demonstrieren, wie sich geschichtliches Erbe in heutigen Straßenzügen erhalten hat (MEYNEN 1984). Knapp, aber durch Nachweise wichtigen europäischen Schrifttums weiterführend, orientiert JÄGER (1984a) über Forschungsansätze zur Untersuchung des Stadtbildes in Grund- und Aufriß. Insbesondere wird darin auf die europäischen Städteatlanten hingewiesen, die zur Zeit in der Bundesrepublik Deutschland (STOOB 1973 ff.; 1975 ff.; ENNEN 1972 ff.), Großbritannien (LOBEL/JOHNS 1969 ff.), Skandinavien (Danish Committee 1977 ff.), den Niederlanden (HERWIJNEN u. a.

1980 ff.), Österreich (Wiener Stadt- u. Landesarchiv 1982 ff.) und Frankreich (HIGOUNET u. a. 1982 ff.) erscheinen. Sie sind für die Stadtforschung jener Länder wie für vergleichende Fragestellungen eine der wichtigsten Grundlagen, zumal sie durch die Wiedergabe von Originalkarten aus verschiedenen Zeitpunkten der Vergangenheit und durch heutige Kartenblätter rasch erkennen lassen, welche Teile des gegenwärtigen Grundrisses bis hin zu den Grundstücksgrenzen wann entstanden sind. Der zugehörige Text unterrichtet über die früheren territorialen, wirtschaftlichen und gesellschaftlichen Rahmenbedingungen. Da die Städteatlanten des weiteren eine Fülle von historischen, noch heute vorhandenen Gebäuden wiedergeben, in manchen Blättern auch Abbildungen von Aufrissen, geben sie Antworten auf viele Fragen. Ebenfalls der Stadtkernatlas von Schleswig-Holstein, welcher denkmalpflegerisch konzipiert ist, stellt neben die Katastergrundkarte – mit Markierung historischer Gebäude, darunter Kulturdenkmale und stadtbildwirksame Gebäude, Gebäudegruppen, Straßen und Plätze – instruktive Abbildungen der Stadtkerne in senkrecht und schräg aufgenommenen Luftbildern sowie Straßen im Aufriß (HABICH 1976). Die bislang 9 Karten mit Erläuterungsheften der Historisch-Landeskundlichen Exkursionskarte von Niedersachsen bringen auf der Grundlage der heutigen Katasterkarten Grundrisse der inneren Bereiche ausgewählter Städte mit besonderen Markierungen der Baudenkmäler im weitesten Sinne. Dazu rechnen auch Bürgerhäuser, deren Stilmerkmale eine Datierung ermöglichen, so daß sie zu wichtigen Quellen für die Stadtentwicklung werden. Als Beispiele sei hingewiesen auf die Bändchen Duderstadt (JÄGER 1964), Göttingen (KÜHLHORN 1972); Lüneburg (KÜHLHORN 1982) und Stadthagen (KÜHLHORN/STREICH 1985).

Weiteres Material über Aufrisse und Grundrisse der Städte bieten die bekannten Reihenwerke, in denen Bau- und Kunstdenkmäler dargestellt werden. Für Deutschland und Österreich sind vor allem die Handbücher von Georg DEHIO und die Bildhandbücher zu nennen, die – soweit lieferbar – in dem Jahreskatalog der Wissenschaftlichen Buchgesellschaft (Darmstadt) nachgewiesen werden. Die anderen europäischen Länder besitzen ähnliche Werke. Eine weitere wichtige deutsche Reihe sind die von den früheren und heutigen Ländern oder sonstigen Gebietskörperschaften herausgegebenen Bau- und Kunstdenkmäler. Vorbildlich und reich illustriert sind ferner die bisherigen Bände der Denkmaltopographie der Bundesrepublik Deutschland.

5.2 Relikte in Siedlungen

Vor allem der Stadtgrundriß mit seinen genetisch unterschiedlichen Vierteln bietet die Grundlage für die historische Stadtgeographie (CARTER 1983) und die geographische Disziplin der Stadtmorphologie (WHITEHAND/CONZEN 1981) wie im Kapitel über die genetische Erforschung der Stadt noch zu zeigen sein wird (s. Kap. 6.2.2).

Gegenüber den Methoden, die zur Analyse des Stadtgrundrisses entwickelt worden sind (VON DER DOLLEN 1982, S. 96 ff.) und z. B. zur Interpretation in den schon genannten Städteatlanten und in vielen historisch-geographisch orientierten Stadtgeographien angewandt werden (z. B. FERGER 1969), war bislang die Aufrißforschung weniger durchgebildet worden. In den letzten Jahren ist jedoch durch eine Reihe neuer Ansätze die Forschung auch in diesem Bereich vorangeschritten. Neben der verfeinerten Systematisierung im Erfassen von Quellen (SCHMITT/LUCKHARDT 1982) sowie der noch vorhandenen Bestände von Gebäuden (VON DER DOLLEN 1979a; RÜTTGERODT-RIECHMANN 1982) ist vor allem die kritische Untersuchung von Ansichten methodisch verfeinert worden (SCHMITT 1984; SCHÜPP 1984). Daß die Archäologie ebenfalls zu neuen Erkenntnissen in der Aufrißforschung führen kann, haben z. B. die neueren Untersuchungen aus Lübeck (ERDMANN 1980) und vor allem aus Göttingen gezeigt (SCHÜTTE 1984). Dort konnte durch Verbindung von Dendrochronologie (s. Kap. 4.1) und Bauforschung an noch vorhandenen älteren Gebäuden manches an bisherigen Ansichten korrigiert werden. So wurde z. B. beim Göttinger Rathaus der bislang als Anbau des 15. Jh. geltende südöstliche Teil als ursprünglicher Kernbau identifiziert. Das Dachwerk des Göttinger Rathauses konnte auf die Zeit um 1270 datiert werden. Als besonders fruchtbar erwies sich auch die Kombination von Bildquellen mit archäologischen, historischen und bautechnischen Befunden. Von der Stattlichkeit von Bürgerhäusern bereits im 13. Jh. mit Bauformen, die bislang erst viel später vermutet wurden, zeugt das mit Hilfe der Dendrochronologie datierte älteste Göttinger und zugleich zur Zeit älteste niedersächsische Fachwerkhaus aus dem Jahre 1276. Es handelt sich um einen mit der Traufseite zur Straße stehenden dreigeschossigen Bau mit hohem Satteldach. Wie SCHÜTTE (1984) aus diesem und weiteren Befunden schließt, war das typische Göttinger Bürgerhaus in der oben dargelegten Form bereits im 13. Jh. entwickelt. Das ist ein Ergebnis von grundsätzlicher Tragweite für die genetische Erforschung des Aufrisses unserer Städte, da bereits früher als bislang angenommen mit dem Einsetzen konstruktiv hochentwickelter Gebäude zu rechnen ist. Eine Einführung in die Entwicklung des Grundrisses und der Architektur der deutschen Stadt bietet aus kunstgeschichtlicher Sicht MECKSEPER (1982). Zu den empfehlenswerten Studien aus der stattlichen Reihe von Arbeiten über das Bürgerhaus gehört eine Darstellung über seine Eigenart im Raum zwischen Rhein, Main und Neckar (WINTER 1961). Über eine große Sammlung von Baualtersplänen von Städten verfügt Österreich (KLAAR 1973 ff.). Gebäude in Städten stehen im Mittelpunkt einer Einführung von YARWOOD (1976) über die britische Architektur, mit 609 Abbildungen und weiterführendem Schrifttum.

Auch bei den ländlichen Siedlungen ist der Grundriß ein wichtiges Hilfsmittel zur Erforschung ihrer Genese, wobei die Basis für eine Analyse zunächst die Katasterkarte aus unterschiedlichen Zeitstufen bildet. Die Auswertung derartiger Grundrißquellen hat zu vielbeachteten Arbeiten über die Orts- und Flurformen in Mitteleuropa oder seinen Teilgebieten geführt, die seit dem klassischen Werk von MEITZEN (1895) so zahlreich sind, daß hier nur beiläufig auf die mit vielen Schrifttumsnachweisen versehene Zusammenfassung von SCHRÖDER und SCHWARZ (1978) und auf eine neue, sich durch zusätzliche Quellenverarbeitung und hervorragende Kartographie auszeichnende Darstellung von KRENZLIN (1983) hingewiesen sei, zumal sich ein besonderer Abschnitt dieser Einführung (s. Kap. 6.2.1) mit der Erforschung der Orts- und Flurformen befaßt. Als Überreste aus vergangenen Entwicklungsstufen der ländlichen Siedlungen sind des weiteren alle Gebäude aufzufassen, die nicht den heutigen Funktionen voll entsprechen.

Die ältesten Gebäude ländlicher Siedlungen sind häufig ihre Kirchen, die beim Fehlen ältester schriftlicher Ortsbelege Hinweise auf das Alter oder ältere Entwicklungsstufen von Dörfern geben können. Das gilt z. B. für manche Orte in dem mittelalterlichen Kolonisationsgebiet von Ostholstein, die typische Feldsteinkirchen der Zeit um 1200 besitzen, aber auch für viele Dörfer in Niedersachsen und Hessen. Grünsfeldhausen im Taubergrund, um ein Beispiel aus Süddeutschland zu geben, wird urkundlich erstmals für 1332 bezeugt, besitzt jedoch eine Kapelle aus der Zeit um 1180/1210. Die älteren Bauernhäuser in den landschaftsgebundenen traditionellen Formen, über die es einige allgemeine und zahlreiche regionale Werke gibt (s. Kap. 6.2.1), verschwinden zwar mehr und mehr und wandern bestenfalls in die regionalen Freilandmuseen, doch sind noch viele Dörfer so reich an älteren Gehöften, daß sie unverzichtbare Dokumente für die Entwicklung ländlicher Siedlungen bilden können. Das gilt besonders dann, wenn auch die verbreiteten, mit dem agrarwirtschaftlichen und -landschaftlichen Umbruch des 19. Jh. zusammenhängenden Betriebe aus Stein berücksichtigt werden. Sie sind von der herkömmlichen Bauernhausforschung vernachlässigt worden, obwohl sie, wie z. B. weithin in Unterfranken, vielen Dörfern ihren Stempel aufdrücken.

In die Gestalt des englischen Dorfes führt mit besonderer Berücksichtigung der heutigen Verhältnisse und der darin enthaltenen älteren Formen MUIR ein (1980), während TAYLOR (1983) eine zeitlich wie räumlich sehr umfassende, durch umfangreiche Nachweise von Schrifttum ergänzte und durch Karten und Abbildungen reich illustrierte Zusammenfassung mit Beispielen von Siedlungen und von Gebäuden aus der Bronzezeit bis zum 19. Jh. vorlegt. Der Grundriß von Dörfern wird durch ROBERTS (1977) in einen größeren genetischen und sozioökonomischen Zusammenhang gestellt. Das gewichtigste Werk aus dem skandinavischen Raum, das fast 400 Schrifttumsnachweise bringt, befaßt sich mit dem Grundriß und Aufriß von schwedischen Dörfern ohne systematische Regelung (ERIXON 1960).

5.3 Orts- und Flurwüstungen

Die Erforschung von Relikten in Orts- und Flurwüstungen ist Teil der allgemeinen Wüstungsforschung (vgl. Kap. 6.4) und fällt wie diese in die Zuständigkeit mehrerer Wissenschaftsdisziplinen. Die Geographie hat seit der Einführung der Mikroschürfung auf Ortswüstungen (LORCH 1938) so viele Arbeiten über Relikte ehemaliger Siedlungen und ihrer Wirtschaftsflächen, namentlich der Flurwüstungen, veröffentlicht, daß hier nur auf einzelne, darunter vor allem zusammenfassende Studien hingewiesen werden kann. Eine Typologie von Orts- und Flurwüstungen mit ihren Elementen (z. B. Wölbäcker, Stufenraine, Wallhecken, Lesesteinhaufen) bietet aus dem Blickwinkel einer historisch-geographischen Landesaufnahme und mit europaweiten Schrifttumsnachweisen DENECKE (1975; 1979). JÄGER (1979a) gewährt in einer Zusammenfassung der Ergebnisse geographischer und historischer Arbeiten der Feldforschung, die ja auf ein systematisches Erfassen von Relikten abzielt, breiteren Raum. Abbildungen wüster Fluren in Gestalt von Wölbäckern (ridges and furrows) bringt mit erläuterndem Text HALL

(1982). Zu den besten archäologischen Einführungen gehören die Studien von JANSSEN (1975; 1979) über einen großen Teil des Rheinlandes und der Forschungsbericht von HURST über Ausgrabungen mittelalterlicher Wüstungen in England (1971). Durch seine zahlreichen Fotos wüster Ortsstätten aus Großbritannien und Irland ist das sich an einen weiteren Leserkreis wendende Buch von MUIR (1982) instruktiv. Wenn sich viele Werke über Luftbildarchäologie mit Orts- und Flurwüstungen befassen (z. B. BERESFORD/ST JOSEPH 1979; RILEY 1982), beruht das auf der körperhaften Anschaulichkeit, mit der verlassene Ortsstätten und ehemalige Fluren durch Voll- und Hohlformen in Luftaufnahmen, insbesondere Schrägbildern, hervortreten können. Beachtliche Erfolge der Wüstungsarchäologie in der Tschechoslowakei stellt HABOVŠTIAK vor (1984). Der Erforschung dortiger Wüstungsfluren unter Wald hat sich vor allem ČERNÝ gewidmet (ČERNÝ-Festschrift 1983). Seine Festschrift enthält mehrere Aufsätze verschiedener Verfasser (u. a. MĚŘÍNSKÝ; UNGER; NAVRÁTIL; HUML) über Lokalisation und Oberflächenuntersuchungen mittelalterlicher Wüstungen in der Tschechoslowakei.

Die älteren Kartierungen von Wüstungsfluren, die in die 1950er Jahre zurückgehen, führten bei der Interpretation ihres Befundmaterials unter dem Einfluß siedlungsgenetischer Theorien, namentlich der Lehre vom hohen Alter der Langstreifenflur, zu Schlüssen, die sich im Lichte neuerer Erkenntnisse nicht mehr aufrechterhalten lassen. Vor allem hatte man bei den älteren Arbeiten über Wüstungsfluren die Unterschiede zwischen Besitz- und Betriebsparzellen kaum beachtet und die sich daraus ergebende Problematik in der Rekonstruktion des früheren Besitzgefüges und damit der ehemaligen Flurformen zu gering veranschlagt. Wenn sich in seltenen Fällen, wie in der Wüstung Leisenberg nordöstlich von Göttingen, eine in ihrer ganzen ehemaligen Ausdehnung erhaltene Wüstungsflur durch schriftliche Dokumente über die gleiche Wüstung interpretieren läßt, kann es zu einer recht sicheren Rekonstruktion des ehemaligen Flurgefüges kommen (JÄGER 1963). Es läßt sich auch nicht ohne weiteres von einem formalen Unterschied benachbarter Flursysteme auf ein unterschiedliches Alter beider schließen, wie das bis in die Mitte der 60er Jahre oft und bis heute gelegentlich angenommen worden ist. Denn solche formalen Unterschiede können durch das gleichzeitige Nebeneinander verschiedener Bodennutzungssysteme und Ackergeräte verursacht worden sein. Besondere Schwierigkeiten ergeben sich für die Untersuchung von Wüstungsfluren in jenen Gebieten, wo bereits im Mittelalter

Flachackerbau üblich gewesen ist. Aber auch dort konnten sich in geböschtem Gelände Stufenraine bilden, da sie nicht absichtlich geschaffen worden sind, sondern aus dem Zusammenspiel von Pflügen und Bodenabtragung oder -erhöhung entstanden sind. Eine Pionierstudie über die Entstehung von Stufenrainen und Bodenabtragung auf Wüstungsfluren unter Wald verdanken wir MACHANN und SEMMEL (1970). Sie konnten mit Hilfe bodenkundlicher Verfahren frühere Bodenerosion auf mittelalterlichen Fluren nachweisen. Bodenabtragung auf den oberen und mittleren Hangpartien kann zur Ablagerung des Materials am Hangfuß und auf dem anschließenden Talboden führen. Dadurch können wüste Ortsstätten verschüttet werden, so daß sich Schwierigkeiten für eine Lokalisation ergeben. Der Geograph kann durch Mikroschürfung und Lesefunde, darunter Keramik, Hüttenlehm und Holzkohlepartikeln, sowie Kartierung der Relikte über dem Erdboden und Beachten von Ruderalflora in den meisten Fällen bereits zu sicheren Lokalisationen von Ortswüstungen kommen.

Wie differenziert das Bild von der Entwicklung und Funktion später wüster Siedlungen durch Ausgrabungen auf den Ortsstätten werden kann, haben neuere Arbeiten im südlichen Deutschland gezeigt (FEHRING 1973). Der großen Zahl ländlicher Dauerwüstungen des späteren Mittelalters, die noch immer im Zentrum der Forschung stehen und von denen es in Europa um die 50 000 geben dürfte, stehen nur wenige städtische Wüstungen gegenüber. Ihre Erforschung liegt noch in den Anfängen. Mit Relikten unter Wald und sonstigen Quellen der wüsten Stadt Blankenrode ist ein deutsches Beispiel näher beschrieben worden (WÖHLKE 1957; STOOB 1971). Mindestens 16 wüste Städte, von denen noch keine einzige näher untersucht worden ist, besitzt mit stattlichen Ruinen aus dem späteren Mittelalter Irland (JÄGER 1984b, S. 93 f.). Dort wie in England gibt es auch eine große Zahl von wüsten Klöstern abseits heutiger Siedlungen mit großartigen Ruinen. Einige werden von NORMAN und ST JOSEPH (1969) und von MUIR (1982) abgebildet. In den meisten Blättern der Historisch-landeskundlichen Exkursionskarte von Niedersachsen (z. B. KÜHLHORN 1972; 1976) ist die Lage von Ortswüstungen dargestellt und, soweit sie Überreste im Gelände besitzen, im Text beschrieben. Das Blatt Esens (KÜHLHORN 1978) lokalisiert wüste Wurten (= Warfen) aus Mittelalter und früher Neuzeit sowie Ortswüstungen in heutigem Watt. Führungsblätter zu mittelalterlichen Wüstungskirchen hat das Landesamt für Denkmalpflege Hessen veröffentlicht (SIPPEL 1985).

5.4 Relikte von Gewerbe und Industrie

Untersuchungen über Überreste früherer Gewerbe und Industrien, die Informationsquellen für altlandschaftliche Verhältnisse bilden, sind in den letzten beiden Jahrzehnten häufiger geworden, obschon sie gegenüber den Relikten aus früheren Agrarlandschaften noch immer zurückstehen. Vorbildlich mit langer Tradition in der Kartierung römischer Bergwerke ist die Britische Landesaufnahme (Ordnance Survey 1973, S. 110 ff. u. 1979). Die Geographie hat erheblich früher als die junge Industriearchäologie, welche eine hilfswissenschaftliche Funktion erfüllt (SLOTTA 1982), begonnen, Zeugnisse mittelalterlichen und frühneuzeitlichen Bergbaus im Landschaftsbild zu untersuchen (EINBECK 1932). Durch ein systematisches Kartieren der Geländespuren der früheren Montanwirtschaft aus Mittelalter und früher Neuzeit ließen sich die schriftlichen, vorwiegend von Historikern bearbeiteten Zeugnisse um eine aussagekräftige Quellengruppe vermehren. Diese Möglichkeit ist in dem von KROKER und WESTERMANN (1984) herausgegebenen Sammelband zur Bergbaugeschichte durch HUCKER in einem Beitrag über die wüste Bergstadt Blankenrode (1984, S. 104 ff.) beachtet worden. Er stützt sich teilweise auf geographische Vorarbeiten (WÖHLKE 1957). Die umfassendste geographische Arbeit über Relikte früheren Bergbaus und der Verhüttung hat DÜSTERLOH vorgelegt (1967), während sich FREI mit den Geländespuren ehemaligen Eisenerzbergbaus befaßt (1966). Daß sich aus Relikten allein wegen Vernichtung von Überresten in früheren Jahrhunderten kein geschlossenes Bild ehemaliger Verhältnisse ergeben kann, zeigt eine Studie von DENECKE über mittelalterliche Erzgewinnung und Hüttenwirtschaft im Harz (1978, u. a. S. 83). Die frühere Holzkohlenwirtschaft, die vor allem unter Wald viele Relikte hinterlassen hat (HILLEBRECHT 1982), war eng mit verschiedenen Waldgewerben, zunächst vor allem mit der mittelalterlichen Erzverhüttung, verbunden. Die Lage ihrer Hüttenstellen ist mittels Untersuchung von Überresten im Gelände (Schlackenstellen, Rennfeuerplätze, Teichanlagen, Geländenamen) nachweisbar (RIPPEL 1958, S. 105 ff.). Von den letzten Hochöfen, die mit Holzkohlen befeuert worden sind und sich in peripheren Landschaften in abseitiger Lage zu den Steinkohlenfeldern, wie in Ostpreußen, den Alpen oder im Sauerland, befanden, sind einzelne als Denkmäler des Industriezeitalters erhalten (SLOTTA 1982, T. 79b–80b). Pingen (bergbaubedingte Vertiefungen), Schächte, Stollenmundlöcher, Rennfeuer-, Schlacken- und

5.4 Relikte von Industrie

Hüttenplätze, Halden, Meilerstellen und alte Wegespuren als Überreste der früheren Bergbau- und Hüttenwirtschaft des Harzes hat DENECKE für die Historisch-Landeskundliche Exkursionskarte Osterode (KÜHLHORN 1970) bearbeitet. Für interdisziplinäre Zusammenarbeit bei der Untersuchung mittelalterlichen Bergbaus und des mit ihm verbundenen Gewerbes spricht sich JANSSEN (1983) in einer auf Geländerelikten beruhenden Untersuchung aus.

Neben den Metallhütten gehören die ehemaligen Glashütten zu den interessanten Objekten der Kulturlandschaftsforschung. Sie waren vom 15. bis zum 18. Jh. in vielen großen Waldgebieten wie im Böhmerwald, im Thüringer Wald, in Spessart, Solling und Harz oder in den ostpreußischen Forsten verbreitet und haben manche Relikte im Gelände hinterlassen. Dazu gehören vor allem Reste der Glasöfen (JÄGER 1965, Abb. 4), Hüttenteiche und Meilerplätze in der Umgebung. Eine ausgezeichnete, weil auf vieljährigen Studien beruhende regionale Darstellung über die älteren Glashütten in Südniedersachsen hat BLOSS (1977) vorgelegt, während wiederum die Historisch-Landeskundliche Exkursionskarte von Niedersachsen – z. B. Blatt Moringen – zu typischen Standorten im Gelände führt. Ebenfalls in eine Exkursionsbeschreibung eingebettet sind die Hinweise auf landschaftliche Zeugnisse der erst in den 1960er Jahren aufgelassenen Hüttenindustrie im Dill-Gebiet, wo sich ebenfalls viele Relikte früheren Bergbaus unter Wald erkennen lassen (SCHLIEPHAKE 1982, S. 295 ff.).

Ehemalige Steinbrüche werden gewöhnlich als allgemein bekannte Erscheinungen aufgefaßt und sind deshalb bislang von der Forschung bis auf römische Relikte wenig beachtet worden. Ausführliches zur römischen und mittelalterlichen Steinbearbeitung am Untermain mit Gewicht auf den Relikten im Gelände bringt z. B. RÖDER (1967). Je weiter die Konjunkturphase der Natursteinindustrie, die im 18. und 19. Jh. lag, in die Vergangenheit zurücktritt, desto interessanter werden jedoch die großflächig verbreiteten früheren Steinbrüche, zumal sie heute auch in ihrem Wert als Standorte für selten gewordene Pflanzen- und Tierarten erkannt worden sind und viele allmählich vom Wald überwuchert werden. Ihre Untersuchung ist besonders dann von wissenschaftlichem Interesse, wenn sie im Zusammenhang mit der ehemals vom Steinbruchgewerbe lebenden Bevölkerung und ihren Siedlungen erfolgt. Noch Ende des 19. Jh. gab es in Europa zahlreiche Dörfer, in denen fast alle Einwohner in der Industrie der Steine und Erden tätig waren.

Wie sich die Relikte früheren Bergbaus und ehemaliger Industrien zusammen mit den zugehörigen technischen Bauwerken und den Siedlungen der darin tätigen Arbeitskräfte als Zeugnisse für eine landschaftsgeschichtliche Darstellung auswerten lassen, zeigt eine landschaftsgeschichtliche Untersuchung über das westliche Ruhrgebiet von der vorindustriellen Zeit bis in die 1950er Jahre (MERTINS 1964). Relikte ehemaliger Teichwirtschaft, die in weiten Teilen Europas im 16. Jh. einen ersten Höhepunkt erreichte, namentlich in Böhmen, Polen und Deutschland, sind Dämme, Gräben und ehemalige Stauräume (JÄGER 1979c, S. 102 ff.). Zum Verständnis solcher Überreste ist eine Kenntnis der ehemaligen Nutzungssysteme der Teichwirtschaft erforderlich (BECKER 1983). Um eine Zusammenführung von Wirtschaftsgeographie unter historischen Aspekten und Industriearchäologie bemüht sich KRINGS (1981).

5.5 Relikte früherer Wald- und Forstwirtschaft

Aus früheren Phasen der Forstwirtschaft, die sich vor allem in den deutschen Territorien des 16. Jh. in ihrer modernen Form entwickelt hat, gibt es in heutigem Wald noch manche Relikte. Dazu gehören manche Wälle mit Gräben und schmalen Beeten als Reste früherer, rechteckig umgrenzter Saatkämpe, Stufen und Wälle ehemaliger Waldränder, die durch spätere Aufforstungen in die heutige Waldfläche geraten sind, Hohlwege als Relikte ehemaliger Holzabfuhr, vor allem aber Waldbestandsformen aus früheren Perioden der Waldwirtschaft. Reich an älteren Waldbildern sind auch manche Bauernwälder, in welche die moderne Forstwirtschaft erst zögernd eingedrungen ist. In genetischer Sicht sind die Waldbestands- und Waldwirtschaftsformen des Nieder- und des Mittelwaldes Relikte von früher zeitweise vorherrschenden Betriebsformen. Welche Spuren die ehemalige Waldwirtschaft im heutigen Waldland in der Gestalt einzelner Bäume sowie von Waldparzellen und Forstdistrikten hinterlassen hat, zeigt anschaulich an englischen Beispielen RACKHAM (1976). Im Prinzip lassen sich seine Darlegungen auf die meisten europäischen Länder übertragen. Eine wissenschaftliche Vertiefung bietet sein großes Handbuch (1980). Wer sich über Forstwirtschaftsrelikte in Mitteleuropa orientieren möchte, wird unter Berücksichtigung früherer Formen der Waldnutzung bestens unterrichtet durch das große Standardwerk von ELLENBERG (1982). Er stellt auch die Wirkung der früheren extensiven Weide- und Holznutzung auf den Wald unter Berücksichtigung der im Landschaftsbild hinterlassenen Formen dar. Bekanntlich sind viele der sogenannten „Urwälder" nichts anderes als Überreste früherer, durch Viehweide stark gelichteter Bestände, die heute jedoch infolge des Aufhörens der Beweidung ihren Charakter rasch ändern. Indikatoren für frühere Waldnutzung und Waldentwicklung sind die Relikte der Holzkohlenwirtschaft, die sich in vielen unserer mitteleuropäischen Wälder in großer Zahl finden (HILLEBRECHT 1982). Instruktive Abbildungen von Waldbeständen, die ihr Aussehen früheren Formen der bäuerlichen Wirtschaft verdanken, bringen zwei schwedische Arbeiten (C. u. M. FRIES 1949; 1958).

5.6 Grenzen

Durch die im Zusammenhang mit den jüngsten Gebietsreformen aktuellen Fragen nach den Faktoren und den Auswirkungen von Grenzbildungen (Akademie für Raumforschung und Landesplanung 1969) erfahren auch die landschaftlichen Überreste von Grenzen ein gesteigertes Interesse.

Die älteste nachweisbare Grenze Europas nördlich der Alpen, die in mehreren Ländern noch gut erhalten ist, wird vom römischen Limes gebildet. Über ihn gibt es Führer (z. B. BECK/PLANCK 1980; ULBERT/FISCHER 1983) und in Großbritannien außerdem amtliche Kartenwerke (Ordnance Survey 1964; 1969). Eine ähnliche Funktion als Landesgrenze haben die großen britischen Gebietslandwehren gehabt, von denen Offa's Dyke mit Wat's Dyke zwischen den Meeresengen des Dee und Bristolkanals am bekanntesten sind. Diese hatten im 8. Jh. die Aufgabe der Abgrenzung des angelsächsischen Königreichs Mercia gegen Wales (Ordnance Survey 1973a, S. 155). Auch manche mittelalterlichen Territorien in Mitteleuropa sind durch Gebietslandwehren oder durch Burgenreihen abgegrenzt worden (UHLHORN 1969), von denen sich noch einige bis heute erhalten haben. Die meisten Landwehren, von denen die ausdrucksvollsten mehrere hintereinander gelegene Wälle und Gräben aufweisen und durch Warttürme verstärkt sind, rühren her von Städten, die im Mittelalter bedeutend waren und die Grenzen ihres Territoriums manchmal sogar durch eine doppelte Landwehrbefestigung markiert und bis zu einem gewissen Grade auch geschützt hatten. Die Übereinstimmung zwischen mittelalterlichen, noch heute weithin erhaltenen Landwehren und früheren, mitunter noch gegenwärtig gültigen Grenzen zeigen mehrere Blätter der

Historisch-Landeskundlichen Exkursionskarte von Niedersachsen, darunter Duderstadt (JÄGER 1964) und Osterode (KÜHLHORN 1970).
Marksteine oder Grenzsteine, wie sie später genannt wurden, haben sich als Markierungen von Grenzen stärker seit dem ausgehenden Mittelalter, gebietlich sogar erst im Verlaufe der frühen Neuzeit durchgesetzt. Bis dahin sind die Grenzen zumeist durch natürliche Geländepunkte, durch Bäume mit besonderen Zeichen oder durch Erdaufwürfe markiert gewesen. Nur letztere können sich neben den meisten jüngeren Steinen und Gräben als auffällige Relikte erhalten haben. Naturlandschaftliche Phänomene sind, sofern sie nicht verändert wurden, noch beobachtbar, falls es gelingt, anhand einer alten Beschreibung eine frühere Grenze zu begehen. Darüber hat anhand von englischen Beispielen unter Beachtung verschiedener Arten der Markierung BERESFORD berichtet (1957). Die heutige Landesgrenze zwischen Baden-Württemberg und Bayern im Irtenberger Forst westlich von Würzburg geht auf eine Festsetzung von 1584 zwischen dem damaligen Erzstift Mainz und Hochstift Würzburg zurück (JÄGER/SCHERZER 1984, Abb. 3). Aus dieser Zeit wie mehreren späteren Jahrhunderten befinden sich entlang jener Grenze Steine mit Inschriften oder Zeichenmarkierungen. Dazu gibt es aus vielen anderen europäischen Teilräumen Parallelen, wie wohl im Zusammenhang mit der hochgradigen territorialen Zersplitterung und dem heutigen Föderalismus der Bundesrepublik kaum irgendwo so viele Relikte von historischen Grenzen wie bei uns erhalten geblieben sind. Bis in die Gegenwart wirkt die von 1522 bis 1881 vorhanden gewesene österreichische Militärgrenze nach. Sie reichte zur Zeit ihrer größten Ausdehnung, im 18. Jh., in einem bis zu 150 km breiten Streifen von der Adria bis zum Ostrand des Karpatenbogens und ist in einer Fülle älterer und neuerer Literatur behandelt worden (zuletzt ERNST 1982). Den Einflüssen jener Militärgrenze auf die Entwicklung der Kulturlandschaft ist in ihrem ehemaligen dinarisch-pannonischen Abschnitt ROGIĆ nachgegangen (1982). Eine in Europa und Asien einmalige Form des Grenzgürtels und durch sein Vorschieben mehr der nordamerikanischen "frontier" als der relativ statischen österreichischen Militärgrenze vergleichbar, waren die Siedlungsgebiete der russischen Kosakenheere. Sie sind in einer methodisch wie in ihren sachlichen Ergebnissen interessanten Arbeit untersucht worden (ROSTANKOWSKI 1969). Grundlegende Einsichten in das prozessuale Zustandekommen von kulturellen wie politischen Grenzen ergeben sich aus einer umfas-

5.6 Grenzen

senden Untersuchung der interdisziplinären Diskussion über die Entstehung der germanisch-romanischen Sprachgrenze durch PETRI (1977). Eine seiner wichtigen Erkenntnisse war, daß die germanisch-romanische Sprachgrenze nicht, wie früher angenommen, durch eine Siedlungsgrenze der Völkerwanderungszeit entstanden sei, sondern als sprachlich-kulturelle Ausgleichslinie der spätfränkischen Zeit anzusehen ist.

6. THEMEN EUROPÄISCHER KULTURLANDSCHAFTSFORSCHUNG

"Above all, geographical variability – including climatic change – in time and space enables observations as to whether settlement development was due to a single general cause, or – on the contrary – to local divergences from place to place." Mit dieser Feststellung von GISSEL in der Begründung des großen interskandinavischen Projektes in der Erforschung des spätmittelalterlichen Wüstungsvorganges (1981, S. 17) ist ein wichtiger Anlaß für eine europaweite Forschung herausgestellt. Das Vergleichen im Sinne des wertenden und erklärenden Nebeneinanderstellens von Strukturen und Prozessen kann nur dann zu befriedigenden Ergebnissen führen, wenn die regionalen Arbeiten, die in die Vergleiche einbezogen werden, vergleichbare Methoden verwenden und damit in ihren Ergebnissen gegeneinander abwägbar werden. So wäre es nicht sachgerecht, um ein weiteres Beispiel aus der Wüstungsforschung zu bringen, eine Intensitätszahl des Wüstungsausmaßes (= Wüstungsquotient), die auf dem Verschwinden ganzer Ortschaften beruht, mit der Intensitätszahl aus einem anderen Gebiet zu vergleichen, die aus der Analyse des Verschwindens von einzelnen Hofstellen gewonnen wurde. Bei einem europaweiten Vergleich ließe sich auch die im Kapitel 2.7 näher vorgestellte Analogiemethode fruchtbar machen. Ihre wesentlichen Anliegen sind in einem soeben erschienenen Aufsatz über die Grundlinien und Ansätze einer vergleichenden Stadtforschung im außerrömischen Europa enthalten (CLARKE/SIMMS 1985). Des weiteren finden sich Ansätze zu europäischen Vergleichen in den Bänden ›Städteforschung‹ des Instituts für vergleichende Städtegeschichte in Münster (z. B. JÄGER/PETRI/QUIRIN 1984) und den Berichten über die Kolloquien der Kommission für die Altertumskunde Mittel- und Nordeuropas der Akademie der Wissenschaften in Göttingen (z. B. JANKUHN/SCHLESINGER/STEUER 1973 und 1974). Im ganzen gesehen sind die erwähnten Beispiele eher Ausnahmen für eine vergleichende Forschung in europäischem Rahmen. Bislang überwiegt noch immer die regionale Thematik. Das kommt klar zum Ausdruck, wenn man z. B. die Inhaltsverzeichnisse der bislang 10 Bände umfassenden Tagungsberichte der

Permanent European Conference for the Study of the Rural Landscape, die zwischen 1959 und 1983 publiziert worden sind, durchmustert (z. B. JÄGER/KRENZLIN/UHLIG 1968; DUSSART 1971; BUCHANAN/BUTLIN/MCCOURT 1976; KIEŁCZEWSKA-ZALESKA 1978; FRANDSEN/GISSEL/HANSEN 1981; ROBERTS/GLASSCOCK 1983).
Ausgehend von dieser Sachlage werden deshalb in den nächsten Kapiteln neben allgemeingeographischen Themen regionale Studien, wenn auch unter Berücksichtigung verschiedenster europäischer Länder, im Vordergrund stehen.

6.1 Bevölkerung

Die Entstehung kulturlandschaftlicher Gefüge und ihre Veränderungen lassen sich nicht ohne tieferes Eindringen in die Bevölkerungsverhältnisse erklären. Eine hilfreiche Erläuterung von Fachausdrücken der Bevölkerung und ihrer gesellschaftlichen Umstände gibt es wenigstens für den ländlichen Raum (WENZEL 1974). Ein starker genetischer Forschungsansatz ist schon in der allgemeinen Bevölkerungslehre vorhanden, da es dieser um den Bevölkerungsvorgang geht (vgl. hierzu grundlegend MACKENROTH 1953, S. 11 ff.).
Eine Erforschung der Bevölkerung innerhalb der Geographie und der ihr verwandten historischen Landeskunde hat darüber hinaus die Bevölkerung eines Gebietes, einer Stadt oder Landgemeinde, entweder heute oder zu früheren Zeitpunkten, nach vielen Merkmalen zu beschreiben und zu erklären sowie die Entwicklung zu diesem Zustand darzulegen. Neuerdings haben des weiteren Fragen der geographischen Mobilität der Bevölkerung und ihres sonstigen räumlichen Verhaltens an Interesse gewonnen (KULS 1978, S. 3 ff.). In den letzten Jahrzehnten sind zunächst in Frankreich und Großbritannien vor allem im Rahmen von Gemeinde- und Regionalstudien (z. B. Parochialmonographien) neue Einsichten in generatives Verhalten und seine Veränderung in der Zeit gewonnen worden (vgl. HOLLINGSWORTH 1967; GUILLAUME/POUSSOU 1970).
Diese und verwandte Fragestellungen, die sämtlich um die vielfältigen Ursachen und Wirkungen der örtlichen, regionalen und zeitlichen Veränderungen in der Zahl der Geburten, Heiraten und Sterbefälle kreisen, haben in den letzten Jahrzehnten in Fortführung von Ansätzen, die sich bis in die Zwischenkriegszeit zurückverfolgen lassen, eine hauptsächlich in der Geschichtswissenschaft angesiedelte Disziplin entstehen lassen: die Historische Demogra-

phie. Sie verfügt in den ›Population Studies‹ (London 1947ff.) und in den ›Annales de Démographie Historique‹ (Paris 1965ff.) über zwei angesehene Fachzeitschriften. Die Einführung von IMHOF (1977) berücksichtigt den Forschungsstand im deutschen Sprachraum, in Frankreich, Großbritannien und wichtige Arbeiten aus Skandinavien. Sie zeigen, daß der bevorzugte Zeitraum der historischen Demographie die Zeit seit Mitte des 17. Jh. ist. Diese Situation hängt natürlich mit der Quellenlage zusammen, da sich die akribischen Verfahren jener Disziplin schwerlich für das Mittelalter eignen, da dessen Quellen die meisten ihrer Forschungsansätze nicht zulassen. Eine weitere, kürzere Einführung, die ebenfalls dem Geographen vieles bietet, hat IMHOF im Taschenbuch für Familienforschung veröffentlicht (1980).

Während die Zahl der geographischen Arbeiten über die gegenwärtige Bevölkerung in den letzten Jahren rasch angewachsen ist, sind vergleichsweise wenige Untersuchungen über die Bevölkerung unter historisch-geographischen Aspekten im engeren Sinne erschienen, wohingegen es eine Fülle historischer Untersuchungen gibt. Dazu gehört ebenfalls die Familiengeschichtsforschung, die auch manche Arbeiten von allgemeiner oder regionaler Bedeutung für die historische Demographie enthält (RIBBE/HENNING 1980). Weitere Fächer, die an der Bevölkerungswissenschaft mitarbeiten sind Volkskunde, Ethnologie (Anthropologie), Soziologie und Medizin. Eine kritische Bestandsaufnahme der Forschungslage mit richtungweisenden Vorschlägen für die künftige Arbeit gibt LAUX in einer Aufsatzfolge, die sich mit Forschungsschwerpunkten und Zukunftsaufgaben der Historischen Geographie befaßt (1982). Darin bringt er auch nähere Hinweise auf die erfolgreichen Untersuchungen des Geographischen Instituts der Universität Innsbruck über die Bevölkerungsentwicklung in alpinen Tälern und auf wichtige neuere Forschungsansätze in der Geschichtswissenschaft sowie in fächerübergreifenden Arbeitsgruppen, wozu z.B. die Cambridge Group for the History of Population and Social Structure gehört. LAUX' Forderung einer konsequenten Anwendung quantitativ-statistischer Verfahren einschließlich der Datenverarbeitung ist uneingeschränkt zuzustimmen, zumal es aus dem für die Bevölkerungsentwicklung wichtigen neueren Zeitraum ab Mitte des 19. Jh. Zählungen (z. B. England, Irland, Belgien) und damit eine Menge zuverlässiger Daten gibt. Regional kommen schon seit dem 18. Jh. Volkszählungen vor (vgl. MOMSEN 1969, S. 39ff.), so u. a. in Preußen, England, Schweden, Dänemark mit Schleswig-Holstein

6.1 Bevölkerung

und Österreich. Aber auch die große Fülle älteren Zahlenmaterials läßt sich mit Hilfe der Datenverarbeitung erfolgreicher als mit bisherigen Methoden bearbeiten. Manche Forschungsstellen haben bereits Datenbanken entwickelt. Allein oder in erheblichem Umfang vertreten ist die Bevölkerung in verschiedenen Auszügen aus der historischen Statistik, die raschen Zugang zu umfangreichem Material erlauben (MITCHELL/DEANE 1962; MITCHELL/JONES 1971; VAUGHAN/FITZPATRICK 1978).

Besondere Probleme ergeben sich für die Untersuchung von Bevölkerungszahlen und der Bevölkerungsentwicklung des Mittelalters. Zunächst ist eine Statistik der demographischen Bestandsmasse zu erarbeiten. Diese scheinbar einfache Aufgabe stößt jedoch für das Mittelalter auf größte Probleme, selbst dann, wenn von einer Gliederung nach Geschlecht, Alter, Ehen, Ehedauer abgesehen wird und es zunächst nur darum geht, die Kopfzahlen zu erfassen. Mittelalterliche Bevölkerungszahlen lassen sich, sofern keine archäologischen Befunde aus Gräberfeldern zur Verfügung stehen (DONAT/ULRICH 1976; JANKUHN 1976), nur selten exakt ermitteln, weil kaum Kopfzahlen mitgeteilt werden. Zu den mitteleuropäischen Ausnahmen gehören die Straßburger Volkszählung von 1444 und die Nürnberger von 1449/50, welche die äußerst seltene Aufgliederung in Bürger, Bürgerinnen, Kinder, Knechte und Mägde vornimmt (MÖNCKE 1982, Nr. 99 u. 100). Die breiteste und gründlichste spätmittelalterliche Erhebung ist der Florentiner Kataster von 1427–30, dem in Italien erst wieder im 18. und 19. Jh. vergleichbare Erhebungen an die Seite treten (HERLIHY/KLAPISCH-ZUBER 1978). Die hier genannten und weitere spätmittelalterliche Quellen lassen bereits recht zuverlässige Quantifizierungen zu. Mit derartigen Verfahren hat sich für das Mittelalter besonders HERLIHY befaßt (1972). Möglichkeiten der Ermittlung von Bevölkerungszahlen für ein ganzes Land erlaubt der von der päpstlichen Kurie in Polen im 14. Jh. erhobene Peterspfennig. Die mit der Auswertung der Abgaberegister zusammenhängenden Schwierigkeiten sind typisch für viele Quellen mittelalterlicher Bevölkerung. Obwohl der Peterspfennig als Kopfsteuer – de quolibet capite humano – erhoben werden sollte, läßt auch diese Erhebung nur weitgehende Annäherungswerte an die ehemalige Wirklichkeit, aber keine exakten Werte zu. Denn von der Zählung waren mehrere Personengruppen befreit, die zusammengenommen durchaus einen merklichen Prozentsatz der Bevölkerung bildeten. Es waren die noch nicht gefirmten Kinder (unter 13 Jahren), Geistliche, Adelige, die Armen, fahrende Leute, Landfremde und Juden. Da ein Teil der eingenommenen Beträge bei den Kollektoren verblieb, ergibt sich eine zusätzliche Unbestimmtheit für die Errechnung der Bevölkerungszahl auf Grund der eingegangenen Summe. Diese Unbestimmtheiten haben dazu geführt, daß unterschiedliche Autoren zu ganz verschiedenen Zahlen der Auswertung gekommen sind. Damit hat sich KUHN (1960, S. 39 ff.) in einem methodisch noch immer aktuellen Beitrag auseinandergesetzt.

Eine der vereinzelten Quellen der Karolingerzeit, die Personen von Bauernfamilien aus Dörfern südöstlich von Ingolstadt aufzählt, hat HEINZELMANN (1977) ausgewertet. Zu den seltenen spätmittelalterlichen Quellen, welche die tatsächliche Stärke von ländlichen Familien, wenn auch eines kleineren Gebietes aufzeigen, gehört ein Verzeichnis von Freigelassenen aus dem Jahre 1438 aus der Umgebung von Celle (GRIESER 1934, S. 39 ff.). Eine Auszählung ergab die wohl überdurchschnittlich hohe Kopfzahl von 6,6 Personen pro Familie, da eine hohe Durchschnittszahl von 4,76 lebenden Kindern je Familie vorhanden war (JÄGER 1979 b, S. 89). Für die große Masse der ländlichen und städtischen Siedlungen des späteren Mittelalters und der frühen Neuzeit stehen nur indirekte Daten in Form von Wehrpflichtigen, Haushalten, Feuerstellen u. ä. zur Verfügung. Erst recht gilt das für das hohe oder gar frühe Mittelalter. Aus ihm sind für die meisten Siedlungen, falls überhaupt Angaben vorliegen, bestenfalls Zahlen über Mansen, Hufen, Höfe, Lehen oder ähnliche Betriebseinheiten, über Edle, Freie, Kleriker, Hörige, Fischer, Winzer und die verschiedenen Handwerker sowie Berufstätige aus anderen Sparten bekannt. Günstig für die Ermittlung hochmittelalterlicher und älterer Bevölkerungszahlen in Dörfern ist der Umstand, daß sich damals sehr häufig die Zahl der landwirtschaftlichen Betriebe, insbesondere der Mansen und der Haushalte decken, weil die Manse oder Hufe seit der Zeit um 800 ein typischer Familienbetrieb gewesen ist. Die neuesten und besten Studien über die Mansen und Hufen verdanken wir SCHLESINGER (1974; 1976; 1979).

Besonders große Schwierigkeiten in der Ermittlung von Bevölkerungszahlen ergeben sich für die territorial zersplitterten süddeutschen Gebiete, weil durch Archivverluste vom Bauernkrieg bis zum Zweiten Weltkrieg nicht mehr zu schließende Lücken aufgetreten sind. Daher kann die Forschung für das Mittelalter weithin nicht flächendeckend arbeiten. Wenn sich für Dörfer, etwa dank eines einzigen Grundherrn mit guter Überlieferung, die Gesamtzahl der Familien feststellen läßt, ergibt sich die Größe des Multiplikators aufgrund der Kopfzahl, die für eine Familie angesetzt wird. Gewiß, es gab auch im Mittelalter regionale und zeitliche Unterschiede in der Familiengröße. Solange jedoch das Befundmaterial, etwa durch Auswertung von Gräberfeldern und den seltenen schriftlichen Zeugnissen, nicht reicher fließt, wird man an der bewährten Durchschnittszahl von ca. 5 Köpfen für eine Familie festhalten müssen. Versuche, davon abzugehen, haben sich bislang wegen unzureichender Begründung nicht durchsetzen können. So folgert KUHN nach einer kritischen Diskussion von andern Multiplikatoren: „Es wird danach richtiger sein, bei der altbewährten Durchschnittszahl von 5 zu bleiben" (1960, S. 44). Ganz ähnlich hat für Großbritannien KRAUSE gegenüber RUSSELLS wenig überzeugenden Versuchen, einen Faktor nicht größer als 3,5 einzuführen (RUSSELL 1948), mit Belegen argumentiert und geschlossen, daß "Russell's attempt to undermine the evidence of multipliers of 4,5 and 5,0 has not succeeded" (1956/57, S. 432). DARBY, dem wir das methodisch wie stofflich gleich bedeutende sechsbändige Werk über die Domesday Geography of England mit landschaftlichen Querschnitten für die Zeit um 1086 verdanken, hat sich immer wieder, zuletzt 1977 in einer zusammenfassenden Auswertung (S. 57–94), mit den Problemen mittelalterlicher Bevölkerungsgeographie befaßt. Sein Anliegen war, festzustellen, welche Zahlen, Gliederung und räumlichen Verteilungsmuster der Bevölkerung auf Grund der im Europa der damaligen Zeit und für das Mittelalter überhaupt einzigartigen Quellen des Domesday Buches von 1086 möglich sind.

Zu den besonderen Problemen der Domesday-Statistik gehört die Frage, ob die etwa 10% der aufgeführten Bevölkerung ausmachenden servi (Knechte, Sklaven), die in den einzelnen Orten aufgezählt werden, Individuen oder Haushaltsvorstände gewesen sind. Da die Frage nicht zu klären ist, hat DARBY für das England des Jahres 1086 sechs verschiedene Bevölkerungszahlen errechnet: mit den Multiplikatoren 4,0; 4,5 und 5,0 und jeweils mit den Alternativen: servi sind Individuen oder servi sind Haushaltungsvorstände. Daher liegt die niedrigste der von DARBY errechneten Bevölkerungszahlen von England bei 1,2 Millionen, die höchste bei 1,6 Millionen. Wer weitere Probleme mittelalterlicher Bevölkerungsberechnung kennenlernen will, findet nicht nur in den genannten Arbeiten, sondern auch in einer Reihe weiterer Studien ein anschauliches Material. Zu nennen wären u. a. die Kapitel 5 bis 8 in der Einführung in das Domesday-Buch von FINN (1973), das Kapitel ›Domesday Statistics‹ in dem grundlegenden Werk von GALBRAITH

(1974), eine mit kommentierten Schrifttumsnachweisen angereicherte Untersuchung über die Siedlerzahlen der deutschen Ostsiedlung (KUHN 1963), sowie die Studien über Siedlungs-, Wirtschafts- und Bevölkerungsräume im westlichen Mitteleuropa um 500 n. Chr. (MÜLLER-WILLE 1956), über die innere Struktur des Dorfes in der Karolingerzeit (SCHWIND 1977) und die Größe mittelalterlicher Dörfer in Niedersachsen (JÄGER 1979b). Wie ergebnisreich die Verbindung archäologischer, historischer und geographischer Arbeitsweisen zur Feststellung mittelalterlicher Ortsgrößen und Einwohnerzahlen sein kann, hat STEPHAN am Beispiel des Oberen Weserberglandes gezeigt (1978). Zahlen der Bevölkerung und der Dichte in den frühgeschichtlichen Kulturlandschaften der DDR teilt GRINGMUTH-DALLMER mit (1983).

Zur Erforschung mittelalterlicher Wanderungsbewegungen bietet die kritische Auswertung von Beinamen und Familiennamen, insbesondere, wenn sie von einem lokalisierbaren Herkunftsort abgeleitet sind, ziemlich sichere Indizien. Zu den methodisch lehrreichen Studien gehören Arbeiten von HIGOUNET über verschiedene südfranzösische Regionen (1943; 1953) und SCHÜTZEICHEL über das Kölner Einzugsgebiet (1984).

Ein umfangreiches europäisches Schrifttum widmet sich den großen Bevölkerungskatastrophen im Zusammenhang mit Seuchen und ähnlichen Kalamitäten. Zu den klassischen deutschen Werken gehören HOENIGER (1882) und LECHNER (1884). GRUND war der erste Geograph, der in einer noch heute im ganzen gültigen Untersuchung den Zusammenhängen zwischen krisenhafter Bevölkerungsbewegung im späteren Mittelalter, Wirtschaft und Besiedlung nachgegangen ist (1901). Er hatte durch seine überzeugende Arbeit auch die Geschichtswissenschaft, wie z. B. das Werk über Wüstungen von ABEL, das wohl das meistzitierte seiner Art ist, beeinflußt. Für den Geographen wie Historiker wichtig ist der medizinhistorische Klassiker von STICKER über die Pest (1908–12). Über pestgeschichtliche Arbeiten bis in die 1950er Jahre hat KEYSER zusammenfassend berichtet (1957). Mehrere Prozesse, darunter die Pest und ihre Auswirkungen, hat für das späte Mittelalter unter Berücksichtigung der Wirtschaft HELLEINER untersucht (1954).

Eine hilfreiche Einführung in die englische Forschung mit Hinweis auf ihre wichtigsten Werke gibt HATCHER (1977), während KLEIN (1960) zunächst Verlauf und Ausmaß der spätmittelalterlichen Pest im österreichisch-bayerischen Raum darlegt und dann zeigt, wie sich der katastrophale Rückgang der Bevölkerung infolge

6.1 Bevölkerung

der Pest auf die Besiedlung der Ostalpen ausgewirkt hat. Neben der Pest gehörte bis an die Schwelle der Gegenwart die Malaria zu den Seuchen, welche die Bewegungen und Verteilung der Bevölkerung und ihrer Siedlungen erheblich beeinflußt haben. Deshalb hat sich nicht nur die jeweils gegenwartsbezogene Geographie und Geomedizin seit dem ausgehenden 19. Jh. des öfteren mit der Malaria befaßt, sondern auch die Historische Geographie (KRESS 1968, S. 306 ff.; JÄGER 1979 a, S. 224 f.).

Eine demographische Katastrophe für Deutschland als Ganzes war der Dreißigjährige Krieg. Mit seinen Bevölkerungsverlusten, der anschließenden Einwanderung und Neusiedlung sowie den agrarwirtschaftlichen Folgen befaßt sich in regional differenzierter Betrachtung und Wartung FRANZ in einem seit 1940 bereits viermal publizierten Standardwerk (1979).

Auch wenn sich der Geograph sehr in bevölkerungswissenschaftliche Probleme und Verfahren vertiefen mag, wie das LAUX durchaus mit Recht fordert, so sollte er doch als sein Ziel die landschaftlichen oder räumlichen Aspekte nicht aus dem Auge verlieren. Sie werden dadurch erreicht, daß die Abhängigkeit der Bevölkerung von sozioökonomischen und ökologischen Bedingungen und umgekehrt die Raumwirksamkeit der Bevölkerung untersucht wird. Bekannt sind z. B. die Zusammenhänge zwischen geburtlicher Bevölkerungsbewegung und Erbrecht sowie anderen agrargesellschaftlichen, jedenfalls in Raum und Zeit veränderlichen Verhältnissen, ferner Wechselbeziehungen zwischen Bevölkerungszahlen und agrarischen und industriellen Wirtschafts- und Betriebsformen sowie den damit zusammenhängenden Arbeitsbedingungen. Zu den sozioökonomisch-ökologisch ausgerichteten Forschungsansätzen gehören vor allem neuere Arbeiten über Gemeinden in Schweden (vgl. ERIKSSON/ROGERS 1978). Die räumliche Verteilung und Struktur der Bevölkerung und ihre Veränderung in der Zeit wird im Zusammenhang mit den wirtschaftlichen und sozialen Verhältnissen für das ehemalige Land Sachsen vom Jahre 1100 bis zur industriellen Revolution von BLASCHKE dargestellt (1967). Von allgemeiner Bedeutung ist auch sein ausführliches Kapitel über die Quellen und Methoden. Ein Versuch, historische Bevölkerungs- und Sozialgeographie miteinander zu verbinden, hat MOMSEN am Beispiel von Husum vorgelegt (1969). Kleinräumig angelegt ist auch die Untersuchung von PIETRUSKY (1979), während Wilhelm MÜLLER-WILLE das klassische Grundproblem der Bevölkerungsgeographie, die Frage nach dem Verhältnis von „Bevölkerungswachstum und Nahrungsspielraum" oder „Bonitierung und Tragfähigkeit" in weltweiter, auch Europa einschließender Betrachtung, durch neue Forschungsansätze bereichert (1978).

6.2 Siedlungen

6.2.1 Siedlungen des ländlichen Raumes

Wenn hier von ländlichen Siedlungen gesprochen wird, so handelt es sich nicht um die Gesamtheit der nach Form, Funktion und Genese so unterschiedlichen Siedlungen des „ländlichen Raumes" nach dem Wortverständnis der heutigen Raumordnung und Landesplanung, sondern um agrarisch, forstwirtschaftlich, durch Fischerei oder gewerblich geprägte und strukturierte Siedlungen außerhalb der Städte. In diesem engeren Sinne ist hier die Rede vom ländlichen Raum. Seine Siedlungen werden überwiegend als Dörfer (größere Gruppensiedlungen), Weiler (kleine Gruppensiedlungen) und Einzelhöfe bezeichnet. Diese deutschen Ausdrücke haben in vielen europäischen Sprachen ihre Entsprechungen. In die Terminologie der Siedlungen des ländlichen Raumes führen UHLIG und LIENAU (1972) ein, in die Forschungsgeschichte bis 1968 GLÄSSER (1969/83). Ob es noch zweckmäßig ist, heutige nichtzentrale Gruppensiedlungen des ländlichen Raumes als Dörfer zu bezeichnen, erscheint mir für Mittel-, Nord- und Westeuropa durchaus fraglich. Denn die Gemeindeverfassung des 20. Jh. hat die Landgemeindeordnung des 19. Jh. ersetzt. Diese war an die Stelle der Dorfordnung der frühen Neuzeit und des Absolutismus getreten. Dadurch ist das Wort *Dorf* aus der rechtlichen Sphäre und weitgehend auch aus der Amtssprache der Gegenwart verschwunden, allenfalls erlebt es noch in Ausdrücken wie Dorfsanierung, Dorferneuerung (HENKEL 1979) und in Redewendungen wie „Unser Dorf soll schöner werden" eine späte Renaissance. Die Industrialisierung, die mit ihr einhergehende Technisierung der Landwirtschaft, des Verkehrs und die Mobilisierung der Bevölkerung sowie die Ausbreitung städtischer Lebensformen einschließlich des Pendelns, ferner Flurbereinigung, weitestgehender Um- und Neubau ehemals ländlich geprägter Siedlungen und die in manchen europäischen Ländern, wie in Frankreich, noch stärker als in der Bundesrepublik Deutschland verbreiteten Zweitwohnsitze haben das traditionelle Dorf zerstört. Auch andere Formen des Fremdenverkehrs haben dazu beigetragen.

6.2 Siedlungen

Daher sehe ich „Dorf" als einen historisch-geographischen Begriff und Ausdruck zur Bezeichnung einer Siedlungsform an, die in den am stärksten industrialisierten Ländern wie Dänemark, Schweden, Großbritannien, den Benelux-Ländern, Frankreich und Deutschland kaum noch fortbesteht (JÄGER 1977a). Dieser Sachverhalt läßt sich auch daraus ablesen, daß die in unseren bekannten Karten der Siedlungsformen, die durchweg auf die Mitte des 19. Jh. abgestellt sind, wiedergegebenen Grundrißtypen weithin zerstört oder stark abgewandelt sind. Häufig lassen sie sich nur noch auf älteren Karten erkennen. Auch in den Ländern des östlichen Mitteleuropas schreitet die vom Kommunismus geforderte Auflösung des traditionellen Dorfes, wenn auch durch Kapitalmangel erheblich gegenüber der „kapitalistischen Welt" verlangsamt, voran. Es gehört insofern zu den Paradoxien der Geschichte, daß die von MARX und ENGELS im Kommunistischen Manifest 1847/48 geforderte Aufhebung des Gegensatzes von Stadt und Land in den kapitalistisch orientierten Industrieländern viel stärker verwirklicht ist als in den kommunistischen Staaten.

Ein wichtiger und wesentlicher Abschnitt in der Zerstörung des historischen Dorfes hat sich in Ländern wie der Bundesrepublik Deutschland und in Frankreich erst in den letzten 35 Jahren im Zusammenhang mit den erheblichen Veränderungen des ländlichen Raumes abgespielt (vgl. BRUNET 1984), während der Prozeß in vielen Teilen von Schweden und Großbritannien im Zusammenhang mit Neuordnungen des ländlichen Raumes im 18. und 19. Jh. schon früher abgeschlossen worden ist.

Das noch bis in die 1950er Jahre weit verbreitete traditionelle Dorf, das bis zur Gegenwart Objekt vieler Studien zur Kulturlandschaftsgenese ist (ROBERTS 1977; TAYLOR 1983), war eine vorwiegend mit bäuerlichen Höfen mehr oder weniger geschlossen bis weitabständig bebaute ländliche Siedlung. Ihre formalen und funktionalen Elemente, ihre Genese und die zu ihrer Untersuchung erforderlichen Forschungsansätze werden unter Berücksichtigung des deutschsprachigen Raumes, von Belgien, Frankreich und Großbritannien vorgestellt von UHLIG und LIENAU in dem Band ›Die Siedlungen des ländlichen Raumes‹ (1972). Wenn sich auch die Schemata, einzelne Textfiguren und manche Forschungsansätze auf alle Siedlungen des ländlichen Raumes anwenden lassen, so liegt doch das Schwergewicht auf den traditionellen, bäuerlich geprägten Siedlungen. Das geht auch aus dem umfangreichen Schriftennachweis hervor.

Die ländliche Siedlung des Dorfes, oder – wie sie streng formal oft bezeichnet wird – die Gruppensiedlung, steht idealtypisch im Gegensatz zur Einzelsiedlung oder dem Einzelhof und zur Stadt. Wenn es um mittelalterliche oder gar prähistorische Siedlungen geht, kann in manchen Fällen die Unterscheidung zwischen Einzelhof und Dorf schwierig werden. In den letzten Jahrhunderten des germanischen Altertums konnten ein Dorf oder mehrere Dörfer in einen grundherrlichen Hof im Sinne einer Verwaltungseinheit und als Gegenstand der Rechtsprache gehören. Dadurch kam es zu einer Überlagerung von bäuerlichen Siedlungen durch grundherrliche Einrichtungen im rechtlich-administrativen Bereich, der oft allein seinen Niederschlag in den Urkunden und sonstigen zeitgenössischen Dokumenten gefunden hat. Da in den üblicherweise für das frühere Mittelalter lateinischen Urkunden sowohl für das bäuerliche Dorf wie den grundherrlichen Hof das Wort „villa" üblich gewesen ist, lassen sich in den Dokumenten Dorf und Hof nicht immer klar voneinander scheiden (u. a. BADER 1957, S. 20 ff.; SCHÜTZEICHEL 1977).

Probleme der Identifikation können sich selbst noch für spätere Verhältnisse wie die erste Hälfte des 19. Jh. ergeben. Die von der internationalen Arbeitsgruppe zur Terminologie der Agrarlandschaft (UHLIG / LIENAU 1972) zur Abgrenzung gegen die Einzelhofsiedlung vorgeschlagene Maximalentfernung von 150 m zwischen Höfen im Dorf kann nicht als generelles Merkmal übernommen werden, weil sie sich nicht auf alle dörflichen Siedlungen in Europa anwenden läßt. Im vorindustriezeitlichen Schweden z. B. gab es Dörfer mit unbebautem, von großen Acker- und Wiesenflächen eingenommenen Freiraum zwischen den Höfen, der bis zu 700 m Erstreckung reichte. Andererseits gab es in typischen Streusiedlungsgebieten, wie im Münsterland, erst im hohen Mittelalter zu Bauernschaften zusammengefaßte Einzelhöfe im Abstand von nur 200 bis 250 m. Sie waren ebenfalls durch Acker- und Grünland voneinander getrennt. Einzelhofgruppen und sehr locker gebaute Dörfer können sich also im Grundprinzip ihrer formalen Struktur gleichen. Es gibt daher keine allgemeingültigen formalen Kriterien, die schlechthin eine Unterscheidung zwischen beiden begründen könnten, wiewohl sie in vielen Einzelfällen möglich wäre. Deshalb ist vorgeschlagen worden, den Unterschied zwischen Einzelhof und Dorf, jeweils im Sinne einer eigenständigen, ganz oder überwiegend agrarischen Siedlung, im Funktionalen zu suchen (JÄGER 1977a; F. SCHWIND 1977).

6.2 Siedlungen

Auch die Rechtsgeschichte kommt zu einer ähnlichen Auffassung, nach der erst gemeinsame Anlagen wie Anger, Brunnen und Weg ein Dorf ausmachen (BADER 1957, S. 21 ff.). Zu den gemeinsamen Einrichtungen eines Dorfes wird man ebenso den Namen einer Siedlung, der die einzelnen Höfe zu einer übergeordneten Einheit zusammenfaßt, rechnen können, ferner gemeinsame Zäune, Befestigungen, Wälder, Hirten sowie gemeinschaftlich geregelte Anbaurotationen. Da es sich bei dem Hof des Frühmittelalters, und in Skandinavien und Island noch des frühen 19. Jh., um komplexe Anlagen, bestehend aus einer Anzahl funktional unterschiedlich genutzter Gebäude handelte (Gruppen- und Haufenhof) und regional auch zwischen Höfen gemeinsame Vereinbarungen zur Regelung von Weide u. ä. möglich waren, andererseits die Dörfer damals klein gewesen sind, gab es durchaus zwischen dem Einzelhof und dem Dorf fließende Übergänge. So hat es z. B. im Hofsiedlungsgebiet des Schwarzwaldes Wald- und Weideallmenden gegeben, die im Besitz einer ganzen Hofgruppe gewesen sind (HABBE 1960, S. 45). Man könnte daraus den Schluß ziehen, daß Allmendebesitz allein nicht in jedem Falle konstitutiv für eine Dorfsiedlung ist. In diesem Zusammenhang sei darauf hingewiesen, daß in mehreren Ländern, darunter in Mitteleuropa und in Großbritannien, öfter mehrere Dörfer eine gemeinsame Allmende besessen haben, ohne daß es weitere gemeinschaftliche Einrichtungen gegeben hätte, die über das einzelne Dorf hinausgingen.

Jedes Dorf läßt sich in seiner Eigenart zunächst durch die *Lage*, dann durch seine *Form* (s. S. 197 f.) bestimmen. Da viele unserer Dörfer in ihrer Erstanlage in die frühgeschichtliche Zeit zurückgehen, können sich seitdem die naturgeographischen Verhältnisse ebenso erheblich geändert haben wie deren Bewertung durch die Bewohner. Bekannt ist z. B., daß manche Siedlungen durch große Verlagerungen von Strömen, die noch nicht genügend eingedeicht und sonstwie reguliert waren, auf die entgegengesetzte Uferseite geraten sind oder heute um mehrere Kilometer vom Strom abliegen. Zu den neuen Arbeiten, die sich besonders mit der Lage eines Dorfes unter mittelalterlichen und frühneuzeitlichen Wirtschaftsbedingungen und Lagebewertungen befassen, gehört die Studie von YATES, die der dörflichen Wirtschaft am Rande des Fenlandes gewidmet ist (1984). Diese Studie zeigt instruktiv, daß auch bereits im Mittelalter die Wirtschaft mancher Dörfer nicht nur innerhalb einer naturräumlichen Einheit ausgeübt worden ist, sondern oft physisch unterschiedliche Räume, die sich in ihren Naturbedingungen ergänzten, in Wert gesetzt worden sind. So war die große Marschregion des Fenlandes, die noch von DARBY (1940) in einer im übrigen sehr lesenswerten Arbeit über ihre mittelalterlichen Zustände als ein Lebens- und Wirtschaftsraum angesehen wurde, nach den archivalisch abgesicherten Befunden von YATES eng in das Wirtschaftssystem von Dörfern integriert, die an seiner Peripherie in andersartigen, weil viel trockeneren naturräumlichen Einheiten lagen. In der mitteleuropäischen Forschung hat schon Wilhelm MÜLLER-WILLE wiederholt auf die ökologische und davon abhängige naturökonomische Gebundenheit und Zwischenlage von älteren Dörfern hingewiesen, so z. B. mehrfach in seinem Westfalenwerk (1952, S. 167; 170). Jedoch können wir ihm in seiner naturdeterministischen Auffassung über die „bodengebundenen Anpassungsformen" von Orts- und Flurgrundrissen nur noch mit Einschränkung folgen (S. 192).

Was die *Benutzungsdauer* und *-art* unserer Dörfer anbelangt, so gab es in historischer Zeit neben den üblichen Dauersiedlungen in einigen höheren oder im atlantischen Klimabereich oder im Norden gelegenen Gebirgen saisonal besetzte Almsiedlungen. Im Norden lagen sie auch weiter ab von ihren Stammsiedlungen im relativ tief gelegenen Waldland. Sie sind Gegenstand mancher geographischer, volkskundlicher und historischer Studien, die derartige Siedlungen z. B. in den Alpen, in Schottland, auf der Insel Man, in Schweden, Norwegen und Island untersucht haben (WEISS 1941; PITTIONI, KÖNIG, PLOSS, KUHN und M. MÜLLER-WILLE 1973 im RGA).

Kriterien zur *funktionalen* Charakterisierung und Bezeichnung des Dorfs ergeben sich aus der Tätigkeit seiner Bewohner, z. B. Bauern-Handwerkerdorf. Danach ist die Funktion aus der beruflichen Tätigkeit der Einwohner erschlossen. Dazu geben UHLIG und LIENAU nähere Erläuterungen mit weiterführendem Schrifttum (1972, S. 29 ff.). Eine Reihe von kulturlandschaftsgeschichtlichen Arbeiten im deutschen Sprachraum aus der Zwischenkriegszeit hat gezeigt, daß das Dorf der vorindustriezeitlichen Welt keineswegs ein reines Bauerndorf war, ja oft waren bereits damals die Bauern in der Minderheit. So konnte z. B. DEIST schon 1938 auf die große Bedeutung der Leinweberei und des Bergbaus in den Siedlungen des ländlichen Raumes an der hessisch-thüringischen Grenze hinweisen. „In Nentershausen, einem Dorf im Fulda-Werra-Bergland, gab es 1840 nur 2 Bauern unter fast 1200 Bewohnern, im benachbarten Süß war 1844 der größte Teil der Einwohner bei dem Richelsdorfer Bergwerk beschäftigt" (S. 94). Nach dem Kataster des Amtes Rotenburg a. d. Fulda webte dort jeder „Bauer". Die Ämter Rotenburg und Sontra glichen nach LANDAU durch die allgemein verbreitete Weberei weithin „einer großen Fabrik" (DEIST 1938, S. 91). Für den Solling und sein Umland hat bereits TACKE 1935 (veröffentlicht 1943) herausgestellt, daß für die Entwicklungsphase 1730–1830, auch außerhalb der Städte, die Gewerbewirtschaft der vorherrschende Faktor für die Kulturlandschaftsentwicklung gewesen ist. Er hat auch bereits die Bindung der gewerblichen Tätigkeit an bestimmte sozial-ökonomische Schichten der Bevölkerung aufgezeigt: „Träger des Gewerbes waren in erster Linie die ‚kleinen Leute', Brinksitzer und Kleinköter" (1943, S. 87). Anstelle von vielen weiteren Belegen, die vor allem aus den Mittelgebirgen und ihrem Umland kommen, sei eine zusammenfassende Feststellung über die sozioökonomische Lage im ländlichen Raum der Schweiz am Vorabend der industriellen Revolution des 19. Jh. angefügt, die immerhin schon 40 Jahre alt ist (WEISS 1946, S. 116): „Das Schweizervolk ist also nicht ein Bauernvolk, das im 19. Jahrhundert jäh von der Industrialisierung überflutet worden wäre; vielmehr hat sich durch Jahrhunderte hindurch eine bedeutende manuelle Fertigkeit und ein hochqualifiziertes Arbeitertum entwickelt."

Ich habe diesen disziplingeschichtlichen Sachverhalt, für den sich weitere Belege fänden, hervorgehoben, weil die sogenannte marxistische Geographie, die sich vor allem in Großbritannien etabliert hat, die stärkere Beachtung der wirtschaftlichen und gesellschaftlichen Tatbestände als etwas Neues ansieht. "The most obvious approach in this instance is the marxist, but in a sense we are all marxist since great weight is given in any such study to the economic facts" (YATES 1984, S. 29). In der Kulturlandschaftsgeschichte des deutschsprachigen Raumes sind seit den 1930er Jahren, wie die Beispiele zeigen, durchaus wirtschaftliche und gesellschaftliche Fakten mit großem Gewicht berücksichtigt worden.

Daß das Handwerk bereits im Mittelalter, in frühgeschichtlicher und prähistorischer Zeit eine erhebliche, noch immer stark unterschätzte Bedeutung für viele Siedlungen im ländlichen Raum gehabt hat, zeigen die 39 Beiträge eines großen interdisziplinären Projektes der Kommission für die Altertumskunde Mittel- und Nordeuropas (JANKUHN/JANSSEN u. a. 1981 u. 1983). Aus Siedlungen, die zunächst nur temporär ausgeübten Tätigkeiten wie der Fischerei, der Jagd-, Wald- und Holznutzung (z. B. Köhlerei) gewidmet waren, haben sich, wie auch aus manchen Almsiedlungen, Dauersiedlungen entwickelt, wobei oft die ursprüngliche Funktion zurückgetreten oder völlig aufgegeben worden ist. Die meisten der saisonal betriebenen, überwiegend der Ausbeute des Waldes dienenden Gewerbesiedlungen (Hütten zur Gewinnung von Teer, Pech, Harz, Glas, Dagget oder Birkenrindenöl), die vor allem vom späteren Mittelalter bis ins 18. Jh. in vielen großen Waldgebieten Deutschlands, Skandinaviens, Polens, der Tschechoslowakei und Österreichs bestanden haben, sind jedoch bis auf geringe Reste auf dem oder im Erdboden verschwunden. Einen methodisch vorbildlichen Beitrag zu ihrer Lokalisation hat HILLEBRECHT in ihrer Arbeit über die Relikte der Holzkohlewirtschaft als Indikatoren für Waldnutzung und Waldentwicklung vorgestellt (1982). Mit Formen der extensiven Waldwirtschaft und ihrem Einfluß auf Budenwerke und Hütten hat sich besonders MAGER in Band II seines großen Werkes über den Wald in Altpreußen befaßt (1960). Weitere Arbeiten, die in den Themenkreis der nichtagrarischen und teilagrarischen Siedlung des ländlichen Raumes einführen, sind z. B. die Studien über die Entwicklung der Kulturlandschaft am nordwestlichen Harzrand (RIPPEL 1958) und über Bevölkerung, Wirtschaft und Agrarsozialstruktur eines historischen Montanreviers der Eisengewinnung (LOOSE 1980).

Häuser und Gehöfte. – Die Erforschung der älteren, aus der Vergangenheit überkommenen Häuser und Gehöfte teilen sich mehrere Fächer, darunter die Archäologie, das Bauingenieurwesen, die Kunstgeschichte, Volkskunde und Geographie. Ihr kam es seit Beginn der geographischen Hausforschung Ende des 19. Jh. (PESSLER 1906, passim) darauf an, das Haus als landschaftliche Erscheinung zu untersuchen. Dieses Ziel läßt sich am besten erreichen, wenn neben den für die Geographie kennzeichnenden Forschungsansätzen auch die Verfahren und Ergebnisse der oben genannten Nachbarfächer beachtet werden. Das hat auch bereits PESSLER getan, so daß er schon unter den „maßgebenden Faktoren" aufzählt: technisch-konstruktive, wirtschaftliche, wie die Hauptbodennutzung (ob Weinbau, Grünland oder Ackerland), Betriebsgröße, Statusfragen, Wohnansprüche, Hygiene und der Einfluß aus benachbarten Gebieten mit andersartigen Bautraditionen, Oberflächenformen, regionale Naturbaustoffe, während dahinter die ethnische Erklärung konturlos bleibt. Die Einteilung der Entwicklungsphasen der Hausforschung in ethnisch, technisch, genetisch und funktionalistisch bestimmte Theorien ist daher eine grobe Vereinfachung und hält als solche einer Nachprüfung durch die Lektüre des

6.2 Siedlungen

Schrifttums der Jahrhundertwende, als sich die Hausforschung als besonderer Wissenszweig konstituiert hatte, nicht stand. Daß die ältere Forschung vielfach als ethnisch ausgerichtet etikettiert wird, hängt mit ihren Bezeichnungen wie Niedersachsenhaus, Friesenhaus, Fränkisches Gehöft zusammen, die sich übrigens bis in die Schulatlanten der 1970er Jahre verfolgen lassen. Sie dienten jedoch öfter nur als räumliche Abgrenzungen und wurden nur von einigen Autoren zugleich als Hinweis auf eine Herkunft von früheren Volksstämmen aufgefaßt.

Die heutige Forschung ist gekennzeichnet durch eine Verbindung von konstruktiver, genetischer und vor allem funktionalistischer Sicht, wie das etwa in den noch immer maßgebenden Werken von WEISS (1959) und GEBHARD (1957) zum Ausdruck kommt. Sie sieht nicht nur die Häuser im konstruktiven Gewordensein des Typs und in der gegenseitigen Beeinflussung von Gebieten bestimmter Konstruktionsformen durch Ausbreitung von Neuerungen (Innovationen), wobei auch das Verhältnis zur Natur beachtet wird, sondern sie fragt vor allem nach der Bedeutung des Hauses oder Gehöftes für den Menschen, nach der baulichen, wirtschaftlichen und gesellschaftlichen Umwelt, die das Haus umgibt und beeinflußt. Aus der konstruktiven Sicht ergeben sich Bezeichnungen wie vertikales und horizontales Ordnungsprinzip, dividierende Grundrisse (z. B. dreischiffiges Hallenhaus) oder addierende, nach dem Prinzip des Aneinanderfügens gegliederte Grundrisse oder nach der Anordnung der Gebäude. Termini wie Haufenhof, Gruppenhof, Hakenhof, Einfirstanlage u. ä. Überlegungen zur Terminologie der Hausforschung mit einführendem Schrifttum aus dem gesamten deutschen Sprachgebiet und aus Ungarn hat GEBHARD vorgelegt (1982).

Dem bekannten Geobotaniker ELLENBERG verdanken wir durch Einbeziehung der Geoökologie in die Bauernhausforschung eine komplexe Sicht, die vor allem die geographische Hausforschung, die in den letzten Jahren weniger produktiv war, auf eine neue Grundlage stellen könnte. Er berücksichtigt ein breites Spektrum von natürlichen, relativ stabilen und von anthropogenen, relativ veränderlichen Faktorengruppen und Faktoren (1984, Abb. 1). Das zugehörige Schriftenverzeichnis weist eine größere Zahl von geographischen Arbeiten nach. In die kunstgeschichtliche und volkskundliche Forschung führen eine Kunstgeschichte des deutschen Fachwerkbaus (BINDING u. a. 1984), der deutschen Stadt im Mittelalter (MECKSEPER 1982), die in Münster erscheinende Schriftenreihe ›Beiträge zur Hausforschung‹, das im 34. Bd. erschienene Jahrbuch für Hausforschung und eine stattliche Reihe regionaler Monographien deutscher Bauern- und Bürgerhäuser ein. Für den Einstieg in die Forschung besonders empfehlenswert ist die Einführung von BEDAL (1978). Wichtiges Material enthalten auch die Jahrbücher für Volkskunde, wie z. B. das bayerische, und die Führer zu den deutschen, österreichischen, skandinavischen und anderen europäischen Freilichtmuseen, in denen überwiegend Bauernhäuser aus früheren Kulturlandschaften aufgestellt worden sind, ferner manche historisch-landeskundlichen und in der Regel die volkskundlichen Atlanten. In die mitteleuropäische Bauernhausforschung führt unter besonderer Berücksichtigung geographischer Forschungsansätze SCHRÖDER ein (1976). Die beste bauernhauskundliche Darstellung aus Österreich unter besonderer Berücksichtigung landschaftlicher und wirtschaftlicher Gesichtspunkte hat MOSER vorgelegt (1974), in die landschaftlichen Hausformen des gesamten Alpenbereichs führt SOTRIFFER (1982) ein. Einen Zugang zur Schweizer Forschung eröffnet WEISS (1959), zur französischen DE PLANHOL/POPELARD (1976), zur britischen SMITH (1975) und FOWLER (1983), zur irischen DANAHER (1975), zur italienischen BARBIERI und GAMBI (1970) und zur skandinavischen STEENSBERG (1952).

Einzelhof. – Der Gegensatz von Dörfern und Einzelhöfen oder von geschlossener und Streusiedlung hat die europäische Siedlungsforschung seit dem 19. Jh. beschäftigt. Ihre ältere Phase, die in dem großen Werk von MEITZEN gipfelte (1895), stand im Banne der letzten Endes in der Romantik wurzelnden Stammestheorie. Sie wollte alle Äußerungen der Kultur, darunter auch die Siedlungsformen als unveränderlich zu betrachtende Eigenheiten europäischer Stämme und Völker sehen. Mit der Überwindung der starren und statischen Stammestheorie reifte die Erkenntnis, daß in der Frühgeschichte, als es noch Stämme gab, ein und derselbe Stamm je nach natürlicher Umwelt und nach wirtschaftlichen und gesellschaftlichen Verhältnissen sowohl Dorf- wie Einzelhofsiedlung entwickeln konnte (WEISS 1959, S. 274ff.). Bezeichnend sind auch die Mischungs- und Übergangsformen. So liegen in Landschaften mit sehr alten Einzelhöfen, wozu z. B. das südwestliche England gehört (HOSKINS 1963, S. 15ff.), Einzelhöfe und Kleindörfer oder Weiler durch- und nebeneinander. Der veränderte Forschungsstand führte zum Ersetzen der älteren Namen, so wurden z. B. die Bezeich-

6.2 Siedlungen

nungen „Niedersachsenhaus" durch „Dreischiffiges" bzw. „Zweischiffiges Hallenhaus", „Fränkisches Gehöft" durch „Zweiseithof" oder „Dreiseithof" u. ä. Bezeichnungen verdrängt. Kennzeichnend für die heutige Terminologie ist ihre Herleitung aus konstruktiven Merkmalen. Hallenhäuser und Mehrseithöfe gehen in ihrer ehemaligen Verbreitung weit über den niedersächsischen und fränkischen Kulturraum hinaus, weil sie eben nicht an ethnische Bereiche gebunden sind.

Unter Einzelhof wird europaweit ein von anderen Einzel- und Gruppensiedlungen abgesondert gelegener landwirtschaftlicher Betrieb, bestehend aus Grundstück, darauf Wohn- und Wirtschaftsgebäude mit Stallungen, Scheunen, Schuppen, u. ä. verstanden. Beim Einheitshaus, wozu z. B. das seit der älteren Eisenzeit im Küstenbereich der Nordsee (HAARNAGEL 1973, S. 52 ff.) verbreitete dreischiffige Hallenhaus gehört, sind Wohnung, Stallung und Bergung unter einem Dach vereinigt. Ihm steht der gebäudemäßig komplexe Haufenhof gegenüber, der noch im Mittelalter, in Skandinavien bis ins 19. Jh. verbreitet war (FRIMANNSLUND 1956; 1959). Die genetische Verwandtschaft von kleiner Hofgruppe und Einzelhof in Norwegen kommt darin zum Ausdruck, daß beide mit dem Wort „gard" bezeichnet werden. Ein norwegischer Hof konnte bis zu einem Dutzend Gebäude mit unterschiedlicher Nutzung umfassen, z. B. mehrere Ställe für verschiedene Tierarten, Scheune, Getreidespeicher, Schmiede, Mühle, Holzlege u. a. Nach seiner Vielgliedrigkeit entspricht er dem Haufenhof, den es im 19. Jh. noch im deutsch-österreichischen Alpen- und Voralpengebiet gegeben hat. Auch für ihn war kennzeichnend, daß alle Funktionen des landwirtschaftlichen Betriebes und Wohnens in Einzelbauten wahrgenommen wurden (GEBHARD 1957, S. 67 ff.). Haufenhöfe, wie alle anderen Gehöftformen, konnten ebenso im Dorf wie als Einzelhof vorkommen. Wenn Haufenhöfe keine Einfriedigung um die Gesamtanlage besessen haben, ist es bei Ausgrabungen von oberflächig verschwundenen Anlagen nicht immer problemlos, sie von kleinen Gruppensiedlungen zu unterscheiden.

Da es sich beim Einzelhof wie beim Dorf um idealtypische Begriffe handelt, ergeben sich in der Praxis der Abgrenzung für das Altertum und Mittelalter ähnliche Schwierigkeiten der Identifikation, wie sie der Haufenhof aufzuwerfen vermag. Im Mittelalter konnten ein Dorf oder mehrere Dörfer einem grundherrlichen Hof im Sinne einer Verwaltungseinheit und als Gegenstand der Rechtsprechung gehören. Dadurch kam es zu einer Überlagerung von bäuerlichen

Siedlungen durch grundherrliche Einrichtungen. Da in den lateinischen Urkunden sowohl für das bäuerliche Dorf wie den grundherrlichen Einzelhof, zu dem auch die sogenannten Vorwerke, die Grangien der Klöster (E. G. FRANZ 1967, S. 38 ff.; JÄGER 1977 b. S. 107), gehörten, das Wort *villa* üblich gewesen ist, lassen sich Dorf und Hof nicht immer klar voneinander unterscheiden (BADER 1957, S. 20 ff.; JANKUHN 1977 a, S. 219; SCHMIDT-WIEGAND 1977; SCHWIND 1977, S. 453). Hingegen meint lateinisch *curtis* jede Hofanlage vom einfachen Bauerngehöft bis zum großen Herrenhof (KÖTZSCHKE 1953, S. 7 ff.; DÖLLING 1958, S. 19 ff.). Das Hof-Dorf-Problem untersucht JANSSEN (1977) aus der Sicht der Archäologie in Verknüpfung mit Siedlungsgröße und -form.

Der *Einzelhof* war und ist als Siedlungstyp in vielen Teilen von Europa verbreitet, so daß sich die siedlungsgeographische Forschung, namentlich ihr genetischer Zweig, europaweit mit ihm befaßt. In anderen Sprachen werden Einzelhöfe "ferme isolée" (frz.), "isolated" bzw. "single farm" (engl.), "enkeltgård" (dän.), 'einbölt tun' (norw.), 'ensamgård' (schwed.) und 'casa sparsa' (ital.) genannt. Im Süden des deutschen Sprachraums wird der Einzelhof auch als Einödhof (von ahd. einōti = Einsamkeit) bezeichnet. In vielen Arbeiten wird der Einzelhof zusammen mit dem Dorf nach Verbreitung und Genese sowie formalem Typ dargestellt (z. B. TAYLOR 1983).

Eine Aussage zur Lage und Form der landwirtschaftlichen Besitzflächen in der Flur wird mit dem Begriff des Einzelhofs nicht verbunden. In Mittel-, West- und Nordeuropa ist mit dem Einzelhof gewöhnlich eine geschlossene Wirtschaftsfläche (Einödflur) verknüpft. Sie ist aus betriebswirtschaftlichen und topographischen Gründen oft in mehrere, zumeist größere, blockförmige Wirtschaftsparzellen gegliedert (UHLIG/LIENAU 1972, S. II, 57 ff.). In den Mittelmeerländern findet sich häufig trotz Einzelsiedlung Gemengelage des Besitzes. Der Einzelhof rechnet ebenso zur Einzelsiedlung wie alle jene isoliert stehenden Gebäude, deren Bewohner eine nichtlandwirtschaftliche Tätigkeit, etwa in Fischerei, Forstwirtschaft oder Gewerbe, ausüben. Mit den vielfältigen Einzelsiedlungen wie Aschenbuden, Glashütten, Pechhütten, die mit früheren Formen der Waldwirtschaft verbunden waren, befaßt sich das große Werk von MAGER über den Wald in Altpreußen (1960). Nach ihrer Genese sind viele Einzelhöfe ursprüngliche Anlagen, doch können sie auch Reste einer durch einen Wüstungsvorgang geschrumpften Gruppensiedlung sein. Manche solcher Einzelhöfe haben sich er-

6.2 Siedlungen

neut zu kleinen und größeren Gruppensiedlungen entwickelt. Eingehend befaßt sich mit Wachstums- und Schrumpfungsvorgängen ländlicher Siedlungen BORN (1977), wobei der Einzelhof gegenüber dem Dorf und seiner Veränderung in seinem Buch zurücktritt. Regional sind Einzelhöfe überwiegend durch Auflösung ehemaliger Dörfer entstanden, z. B. in Schweden (HELMFRID 1979).

Als eine zwischen Einzelhof und Weiler stehende Siedlungsform wird von einigen Autoren der Doppelhof angesehen (UHLIG/ LIENAU 1972, II, S. 61), während andere diese kleine Hofgruppe bereits zum Weiler, schwedische Autoren zum Dorf rechnen, jedenfalls sofern nachbarliche Fühlungnahme zwecks gemeinsamer Anliegen in der Land- und Forstwirtschaft bestehen (HELMFRID 1962, S. 11f.). In der feudalistischen Zeit war der Übergang vom Einzelhof zur Gruppensiedlung fließend. Denn häufig kam es vor, daß ein in den Urbaren oder sonstigen Grundbüchern angeführter Hof in mehrere Bauernbetriebe aufgeteilt war, ohne daß später eine erneute Vereinigung zu einem Betrieb stattgefunden hat. Manche Kleindörfer oder Weiler, welche -hof in ihrem Ortsnamengrundwort führen, haben sich durch solche Teilungen gebildet. Flächenhaft verbreitete Einzelhöfe, namentlich in Art einer formlosen Dispersion, werden als Streusiedlung, bei örtlicher Verdichtung als Schwarmsiedlung bezeichnet. Diese Formen sind europaweit verbreitet und in der französischen und englischen Forschung als 'fermes dispersées', 'habitat dispersé' (JUILLARD u. a. 1957, S. 57ff.) und 'dispersed settlement' bekannt. Der Übergang von der Schwarmsiedlung zum lockeren Kleindorf oder Weiler mit weiterem Abstand der Höfe ist fließend. Häufig treten im Gebiet mit Streu- und Schwarmsiedlung Einzelhöfe und kleine Weiler neben- und durcheinander auf (ROBERTS 1977, S. 159; TAYLOR 1983, S. 175).

Verbreitung, Genese und Lage. – Die zahlreichen Einzelhöfe der Gegenwart entstammen unterschiedlichen Entwicklungsphasen der Kulturlandschaft. Von ihrer heutigen Verbreitung läßt sich deshalb nur für wenige Gebiete auf das Mittelalter oder gar das Altertum zurückschließen, wie es noch MEITZEN in seinem konzeptionell großartigen, aber längst überholten Werk versucht hatte. Wie groß die interpretatorischen Schwierigkeiten für den Archäologen wegen der formalen Ähnlichkeit von Haufenhof und Gehöftgruppe sowie der stufenlosen Übergänge von mehreren Einzelhöfen zur Hofgruppe und zur kleinen Gruppensiedlung des Kleindorf- oder Weilertyps sein können, zeigen die Befunde von kaiserzeitlich-völkerwanderungszeitlichen Siedlungen auf der Geestinsel Flögeln im Elbe-Weser-Dreieck. „Danach könnten wir bei den Wohnplätzen des 1. Jh. n. Chr. in Flögeln von einzelnen landwirtschaftlichen Betriebsstätten (Gehöften) sprechen oder von kleinen ländlichen Gruppensiedlungen, die wahrscheinlich nicht über die Größenordnung von 3–5 Höfen hinausgehen. Nach den Grabungsbefunden von Flögeln besteht jedoch auch die Möglichkeit, daß wir es in dieser Siedlungsphase bereits, wie im folgenden Abschnitt des 2./3. Jh. n. Chr., in einigen Fällen mit dem Zusammenschluß mehrerer landwirtschaftlicher Betriebsstätten innerhalb eines Hofareals zu einer wirtschaftlichen Einheit in der Form eines ‚Viel- oder Mehrbetriebsgehöftes' zu tun haben" (SCHMID 1979, S. 254). Ein genetischer Zusammenhang zwischen Einzelhöfen der römischen Eisenzeit und solchen der Neuzeit ist z. B. für Gotland in einer mustergültigen kulturgeographischen Dissertation nachgewiesen worden, die in großem Umfang Reliktformen im Gelände heranzieht und beispielhaft für die kulturgeographische Schule der Universität Stockholm ist (CARLSSON 1979). Die Entwicklung der Besiedlung eines ganzen Landes von der Erstanlage der Siedlungen im 9. Jh. allein in Form von großen Einzelhöfen bis heute ist dank der hervorragenden Überlieferung im Falle von Island in Grundzügen aufgehellt worden. Einen anschaulichen Einblick in die Einzelhofsiedlung isländischer Großbauern mit ihrem zahlreichen Gesinde geben die Isländersagas, die freilich keine Geschichte der Besiedlung Islands vom 9. bis 11. Jh. darstellen, sondern wiedergeben, wie sich die Isländer des 12./13. Jh. die Verhältnisse in jenen Jahrhunderten vorstellten (HELLER 1982, Bd. 1, S. 29). Da es sich um Schilderungen handelt, in denen sich das Siedlungsgefüge des 13. Jh., das sich grundlegend nicht vom älteren unterschieden hat, widerspiegelt, besitzen die Sagas einen hohen kulturlandschaftlichen Erkenntniswert, der auch von KUHN in seiner Darstellung des alten Island genutzt wird (1978). Günstigster Standort für den isländischen Einzelhof des Mittelalters, welcher am Fuß von Bergen lag, waren die alten, abgeflachten und längst begrünten Schuttkegel von Bächen. Denn hier verband sich die Nähe zum Wasser mit trocknem, festen Boden einer erhabenen Lage, die einen Überblick über die Liegenschaften erlaubte, und einem sanften Hang ohne Gefährdung durch Lawinen. Gemieden wurden die niedrigsten, weil zumeist feuchten Geländelagen. Der isländische Großbauernbetrieb bestand als echter Haufen- oder Gruppenhof aus einer Anzahl funk-

6.2 Siedlungen

tional unterschiedlicher Gebäude, die nebeneinander in einer Zeile aufgereiht lagen, rechts und links von einem Hauptgang angeordnet standen, oder ungeordnet nach den wechselnden Geländeverhältnissen verstreut waren (KUHN 1978, S. 50ff.).
Alte Einzelhof- und Streusiedlung ist auch aus anderen europäischen Landschaften bekannt. So werden die Einzelhöfe und Weiler im südwestlichen England, die vor allem HOSKINS (1963, S. 15–52) untersucht hat, als Relikte römischer, teilweise urgeschichtlicher Siedlungsstrukturen in Rechnung gestellt, wenn auch nicht an eine allgemeine topographische Kontinuität des einzelnen Gebäudestandortes gedacht wird (TAYLOR 1983, S. 175). Mit einem fließenden Übergang von einer kleinen Gruppe weitabständiger, in die Zeit des germanischen Altertums zurückreichender Einzelhöfe zur Bildung eines lockeren Kleindorfs wird für manche Siedlungen Nordwestdeutschlands gerechnet. Dieses Kleindorf ist dort einige Jahrzehnte lang in der Forschung als Drubbel bezeichnet worden (HAMBLOCH 1960, S. 53ff.). Das Medium, welches das dortige Kleindorf aus Einzelhöfen konstituiert hat, war der gemeinsame Anteil am Dauerackerland des Eschs, das im Streifengemenge parzelliert wurde. Ein Siedlungsgefüge, bestehend aus einer lockeren Reihung von kleineren Betrieben (loose girdles of homesteads), wird aus dem hochmittelalterlichen Wales beschrieben (JONES 1983, S. 43ff.). Im altbesiedelten Land von Mitteleuropa sind große Einzelhöfe z.B. von Vorwerken mittelalterlicher Klöster oder Adelsherrschaften abzuleiten. Solche Anlagen, die großenteils noch heute bestehen, fanden sich z. B. im Gebiet der bedeutenden süddeutschen Zisterzienserklöster Bronnbach und Ebrach (SCHERG 1976, S. 119ff.; JÄGER 1977b, S. 106ff.). Eine in Konzeption und Ergebnissen vorbildliche geographische Untersuchung über die Zisterzienser in der Kulturlandschaft des mittelalterlichen England und Wales hat jenen Grangien (Singular: grangia, curtis, curia, Vorwerk) ein eigenes Kapitel gewidmet (DONKIN 1978, S. 51–67) mit dem Ergebnis: "The grangia was the most important single contribution of the new monastic orders, and particularly of the Cistercians, to the landscape and economy of the twelfth and thirteenth centuries. Throughout Europe it formed the basis of their agrarian operations."

Wenn heutige Dörfer das Namengrundwort -hof besitzen, ist das gewöhnlich ein Hinweis auf ihren Ursprung oder wenigstens auf eine Einzelhofneubesiedlung nach einem längeren Wüstliegen. „Hof" östlich von Salzburg ist z. B. aus einem großen Einzelhof hervorgegangen, der schon im 13. Jh. in mehrere bäuerliche Betriebe aufgeteilt war (ZILLER 1979). Verbreitet sind Einzelhöfe im mittelalterlichen Ausbauland der Mittel- und Hochgebirge, wo sie oft in Mischung mit Weilern vorkommen. Eine besondere, oft als Einzelhof gegründete Anlage waren die südlich der Donau im Alpenvorland wie im gesamten Bereich der Alpen vorkommenden Schwaigen (von ahd. Sweiga = Rinderherde, Weideplatz). Es waren Dauersiedlungen mit dem Zweck, die Grundherrschaft mit den Produkten der Viehwirtschaft – Käse, Milch und Fleisch – zu beliefern. Daher liegen die Schwaigen des Hochgebirges wie des Alpenvorlandes im Bereich besonders graswüchsiger Böden. Deshalb kommen sie in Tirol sowohl im Auegebiet großer Flüsse wie vorwiegend auf den oberen Hängen der Haupttäler und in den Nebentälern in 1200 bis 2000 m Höhe vor (KLEIN 1931, S. 287). Im Bayerischen Alpenvorland lagen sie am Rand feuchter Niederungen, wozu etwa die Donaumoore gehören. Da sie eine erhebliche Bedeutung für die Siedlungserschließung besitzen, sind sie wiederholt Gegenstand von Untersuchungen geworden (STOLZ 1930; KLEIN 1931). Das sonst hilfreiche Werk von SCHRÖDER und SCHWARZ (1978) über die ländlichen Siedlungsformen in Mitteleuropa geht nicht auf sie ein. Viele der großen herrschaftlichen Schwaighöfe gehen in die Rodungsphase des hohen Mittelalters, vor allem ins 12. und 13. Jh. zurück und finden sich z. B. im ältesten bayerischen Herzogsurbar (HEEG 1984), andere sind jedoch erst im Nachmittelalter vielfach aus vier Bauernhöfen durch Zusammenlegen gebildet worden (GEBHARD 1957, S. 64). Viele der spät- bis nachmittelalterlichen Schwaigen sind, wie gewöhnlich die später angelegten Höfe, kleinere Betriebe gewesen. Durchweg lagen die Schwaigen außerhalb der älteren geschlossenen Dörfer. Ein Indiz zur Identifikation der Schwaigen anhand älterer Zeugnisse sind ihre Käseabgaben (KLEIN/HEEG passim).

Die zahlreichen Einzelhöfe des nordwestlichen Deutschlands, über die es viele Untersuchungen gibt, entstammen vorwiegend der Markkottenbesiedlung des 15. bis frühen 17. Jh. (BERTELSMEIER 1942, S. 57ff.) und der Ansiedlung auf geteilten großen Allmenden des 19. Jh. (JÄGER 1961, S. 142f.). Diese junge Schicht hat Entsprechungen in England, wo im Zusammenhang mit der Flurbereinigung (enclosures), vor allem seit Ende des 18. Jh., Höfe in größerer Zahl aus den Dörfern in ihre arrondierten Flurbezirke verlegt worden sind (HOSKINS 1957, S. 157ff.; TAYLOR 1983, S. 224f.). Hinzu traten viele neu gegründete Einzelhöfe auf meliorierten

6.2 Siedlungen

Rauhweiden: "enclosure and improvement were imposing a new pattern of settlement on the old" (PRINCE 1973, S. 398).

Ebenso sind im skandinavischen Bereich die heutigen Einzelhöfe überwiegend ein Ergebnis der neuzeitlichen Flurbereinigung, die mit Aussiedlung aus dem Dorf und vielfach mit dessen Auflösung verbunden war. In Dänemark beginnt dieser Prozeß schon in den 1760er Jahren, während er in Schweden als 'enskifte' und 'lagaskifte' vor allem ins 19. Jh. fällt (HELMFRID 1961). Zusammenfassung von Einzelhöfen durch Umsiedlung zu kompakten Dörfern und umgekehrt sind keineswegs ein einmaliger Vorgang, vielmehr können sie in ein und demselben Gebiet mehrfach nacheinander vorgekommen sein. So hat die litauische Agrarreform des 16. Jh. regional bis dahin vorhandene Einzelhofgruppen und kleine Weiler in regelmäßige Straßendörfer zusammengelegt. Dabei ist es gebietsweise wegen schwieriger Geländeverhältnisse nur zu einer administrativen Zusammenfassung der alten Einzelhöfe und Hofgruppen zu „Dörfern" gekommen (CONZE 1940, S. 27f.). Jene neu gebildeten Dörfer wurden großenteils im Verlaufe einer erneuten Agrarreform in den 1920er und 1930er Jahren aufgelöst, so daß wiederum Einzelhöfe an ihre Stelle traten (HELLMANN 1954, S. 83ff.; 1976, S. 152ff.). Eine abermalige Veränderung des Siedlungsgefüges unter kommunistischem Vorzeichen mit Tendenz zu erneuter Konzentration erfolgt in der Gegenwart. Alles in allem haben durch grundlegende Agrarreformen europaweit manche altbesiedelten Landschaften eine große Zahl von Einzelhöfen erhalten, welche die ältere Forschung fälschlich teilweise in die Zeit des germanischen Altertums zurückprojiziert hatte. Ihrem genetisch-formalen Typ nach handelt es sich um altbesiedelte Gebiete mit junger Siedlungsstruktur (JÄGER 1958, S. 110).

Die Erkenntnis, daß der Einzelhof nicht ethnisch bedingt ist, wie von älteren Theorien angenommen wurde, hat sich heute allgemein durchgesetzt. Als entscheidende Faktoren werden Einwirkungen der Obrigkeit, Wirtschaftsform, Betriebsform, Viehhaltungssystem sowie Besitz- und Nutzungsrechte angesehen. Auch die Landesnatur wirkt indirekt mit. Zunächst das Klima, weil der Einzelhof vor allem in älterer Zeit oft mit der Viehwirtschaft verknüpft war und diese sich wiederum an ökologische Verhältnisse, die Grünland begünstigen, orientierte. Im höheren Bergland wie im schwedischen Hügel- und Bergland, wo das Kulturland durch anstehende Felsen oder Flächen mit eiszeitlichem Blockschutt unterbrochen wird, besitzen die Flurlagen ein kleingliedriges Gefüge, die wiederum die Einzelhofsiedlung begünstigen. Wenn der Einzelhof in Gebirgstälern in gereihter Form auftritt (HABBE 1960), so handelt es sich um eine betriebstechnische wie naturbezogene Optimierung des Standortes. In den Nordseemarschen, wo Einzelhöfe weit verbreitet sind, ist ihre flächenhafte Ausbreitung erst eine Folge des Deichbaus, der eine Streuung der Besiedlung über das ganze nun geschützte Marschenland erlaubte. Vorher gab es zwar neben den älteren Wurtendörfern auch jüngere Einzelhöfe, doch beschränkten sich diese auf Wurten, die sich ihrerseits an höher gelegenen Standorten orientierten (HAARNAGEL/SCHMID 1984, S. 212). Dazu gehörten vor allem die Uferwälle von Prielen, die man wurtenartig verstärken konnte, so daß auch in der uneingedeichten Marsch eine gewisse Reihung von Höfen vorhanden war.

Einzelhöfe sind zwar topographisch, aber nicht genossenschaftlich-administrativ isolierte Siedlungen, soweit es Mittelalter und Neuzeit betrifft. Gruppen von Einzelhöfen waren genossenschaftlich (Bauerschaft, Landgemeinde) oder grundherrlich zu Bezirken mit eigener oder obrigkeitlicher Verwaltung zusammengefaßt, mitunter zusammen mit Kleindörfern. Im südwestlichen England, wo ältere Einzelhofgebiete bestehen, bildeten Gruppen von Einzelhöfen zusammen mit Weilern "townships". Im frühmittelalterlichen Wales, um noch ein weiteres Beispiel zu bringen, waren Kleingruppensiedlungen (vills und hamlets) weit verbreitet und weiter außerhalb Einzelhöfe. Alle zusammen waren in grundherrschaftlich organisierten Nachbarschaftsverbänden zusammengeschlossen, die G. J. JONES, der darüber grundsätzlich und vielbeachtete Arbeiten veröffentlicht hat, "multiple estates" nennt (1961; 1971, S. 251; 1976; 1983; S. 44).

Eine Übergangsform zwischen Einzelhof und kleiner Gruppensiedlung ist im „Mehrbetriebsgehöft" zu sehen, das für die ersten Jahrhunderte n. Chr. nachgewiesen worden ist. Es umfaßte mehrere Betriebe auf einem durch einen Zaun abgegrenzten Hofareal (SCHMID 1984, S. 234). Seine Wirtschaftsführung mag ähnlich der einer "joint farm" erfolgt sein, die zu den alten Siedlungsformen von Schottland gehörte. Auch Irland hat ähnliche Anlagen besessen. Die einzelnen Bauern der britischen „Mehrbetriebsfarm" bestellten gemeinsam das Innenfeld und teilten sich in die Pflichten, die mit der Allmende verbunden waren (ADAMS 1976, S. 59f.; MILLMAN 1975, S. 84). „Mehrbetriebsgehöfte" (multiple farms), die sich in abgelegenen Gebirgstälern Norwegens bis an die Schwelle der Gegenwart befanden, sind in einem umfassenden Forschungs-

6.2 Siedlungen

projekt des Osloer Instituts für vergleichende Kulturforschung untersucht worden (dazu u. a. FRIMANNSLUND 1956; 1959).

Orts- und Flurformen. – Die Erforschung der Orts- und der Flurformen, die oft unter dem Oberbegriff der Siedlungsformen zusammengefaßt werden, war bereits in den ältesten sachkundigen Arbeiten keineswegs Selbstzweck, sondern diente übergeordneten Fragestellungen. So hat Georg LANDAU seine, sich auf große Teile von Europa erstreckenden Untersuchungen des Flurgefüges oder der „Flurverfassung", wie er sich ausdrückte, in Verbindung mit einer genetischen Analyse des Dorfgrundrisses eingesetzt, um die Bildung und Entwicklung von Territorien zu klären. Er hatte in wesentlichen Teilen bereits 1854 Forschungsansätze vorweggenommen, die MEITZEN 1895 mit seinem klassischen Werk in erweiterter Fragestellung weitergeführt hat. Gewiß, MEITZENS wichtigstes Ergebnis der volksmäßigen Zuordnung von bestimmten Orts- und Flurformen läßt sich nicht mehr aufrechterhalten, doch ist seine Grundkonzeption noch immer gültig, soweit er darauf abzielte, Siedlungsprozesse, wirtschaftliche, rechtliche und gesellschaftliche Zustände und ihre Veränderungen mit Hilfe der Siedlungsformen zu klären. Denn diese Funktion erfüllen sie noch heute in der Forschung. Insofern sind sie ein wichtiges Instrumentarium der Kulturlandschaftsgeschichte. Ehe deren Probleme geklärt werden können, muß selbstverständlich zunächst Klarheit über die Genese der Orts- und Flurformen selbst geschaffen werden. Deshalb sind diesem Thema bis in die Gegenwart zahlreiche Untersuchungen gewidmet worden. Wenn sich ihre Zahl in den letzten 10 Jahren relativ vermindert hat, liegt das nur zum Teil in wechselnden Schwerpunkten von Moden der Forschung, sondern vor allem im Forschungsstand. Denn die Genese der europäischen Fluren ist dank zahlreicher Studien in wesentlichen Grundzügen bekannt. Es kann wegen des Umfangs keine auch nur annähernd lückenlose Kennzeichnung der wertvollen Einzelarbeiten erfolgen, sondern nur die Erwähnung exemplarischer Studien und von Zusammenfassungen, die jeweils umfangreiches Schrifttum nachweisen (z. B. BORN 1979; DENECKE 1980; KRENZLIN 1979). Die *Flurformen* sind im deutschen Sprachgebiet in ihrer Entwicklung oder Morphogenese vor allem durch die Fortschritte der Rückschreibung erforscht worden (vgl. Kap. 2.5), wozu Anneliese KRENZLIN maßgebend beigetragen hat (1961; KRENZLIN/REUSCH 1961). Im Mittelpunkt der Bemühungen stand die Klärung der Genese der Gewannflur, deren Vielgliedrigkeit erheblich größere Probleme aufwirft als die mehr oder regelmäßig geformten Fluren, wozu z. B. die Waldhufen gehörten. Sieben wichtige Beiträge zur Entstehung der Gewannfluren, der Langstreifenfluren und der Rundlingssiedlungen aus den Jahren 1895 bis 1964 enthält ein von NITZ herausgegebener Sammelband (1974). Literatur über die Orts- und Flurformen sowie ihre Entstehung aus den deutschsprachigen Ländern, aus Frankreich, Großbritannien und Schweden bieten auch zwei einschlägige Bände der Reihe ›Terminologie der Agrarlandschaft‹ (UHLIG/LIENAU 1972, 1978). Wichtigste Einführungen in die britische Forschung sind die Studien über die Feldsysteme (= Flurformen, Besitzverhältnisse und Fruchtfolgen) von BAKER und BUTLIN (1973), ein reich illustriertes Bändchen über mittelalterliche Fluren (HALL 1982) und zwei Bände über ländliche Siedlungen, die ebenfalls durch zahlreiche Figuren und Fotos zusammen mit der textlichen Darstellung eine sehr gute Vorstellung von den Formen erlauben. Beide weisen zahlreiche weitere Schriften nach (ROBERTS 1977; TAYLOR 1983). Daß die Entwicklung der Orts- und Flurformen nicht isoliert erforscht werden kann, sondern in die Entwicklung der Kulturlandschaft integriert ist, hat die Untersuchung von MARTEN (1969) gezeigt. Ihre überzeugenden Ergebnisse sind durch die Kombination von Siedlungsstruktur, Bevölkerungsverhältnissen mit Höfeklassen und ihre Zuordnung zu bestimmten Siedlerschichten, Flurverhältnissen und Siedlungsbewegungen erzielt worden. Auch die Bewirtschaftung der agrarischen Nutzflächen, die Zehntverhältnisse und vieles mehr war zum Verständnis der Flurentwicklung zu klären. Im Zusammenhang mit der Erörterung der gesellschaftlichen Struktur werde ich noch einmal auf diese Arbeit zurückkommen.

Der weitgespannte Überblick über die ländlichen Siedlungsformen in Mitteleuropa, den SCHRÖDER und SCHWARZ (1978) vorgelegt haben, verfolgt als ein Kernproblem die Frage, welcher Art die Beziehungen zwischen dem Siedlungsgang und der Ausprägung der jeweiligen Formen sind. Daher werden nicht nur in statischer Betrachtungsweise momentane Zustandsbilder von Siedlungsformen vorgestellt, sondern darüber hinaus wird in dynamischer Sicht nach dem Ursprung und der Entwicklung der Formen gefragt. Antworten sind von beiden Verfassern aus einer großen Zahl von regionalen Studien gewonnen worden, die in ihrem umfangreichen Literaturverzeichnis nachgewiesen werden. Es hat sich gezeigt, daß die Einteilung in unregelmäßige Formen des Altsiedellandes und in Regelformen des mittelalterlichen Ausbaulandes und der Neuzeit in

6.2 Siedlungen

der lange Zeit gültig gewesenen Ausschließlichkeit nicht mehr aufrechterhalten werden kann. Werke, an denen sich der Anfänger wie der Fachmann methodisch wie stofflich orientieren können, sind für das östliche Mitteleuropa mit Altformen aus der slawenzeitlichen Landschaftsphase, hochmittelalterlichen und frühneuzeitlichen Planformen die Arbeiten von BENTHIEN (1960), ENGEL (1963) und KRENZLIN (1983). Zur Klärung der Genese unserer Fluren boten weitere Hilfen die Untersuchung mittelalterlicher Wüstungsfluren, wiewohl sich in den letzten 15 Jahren die Erkenntnis durchgesetzt hat, daß es sich bei den nur noch in größerem Umfang unter Wald erhaltenen mittelalterlichen Fluren durchweg um solche des späteren Ausbaus, aber nicht um die viel größer gewesenen des altbesiedelten Landes gehandelt hat. Insofern war die Frage nach deren Entwicklung nur zu lösen, wenn vor allem alle nur möglichen retrogressiven Verfahren eingesetzt wurden. „Die Untersuchungen haben ergeben, daß die Gewannflur das Ergebnis langer und in den einzelnen Landschaften sehr verschieden alter Entwicklung ist. Das Gewann ist nicht primär, sondern mit der Parzellierung als Sekundärform entstanden" (KRENZLIN 1961, S. 200 f.). Als Ausgangsparzellen für die späteren Gewanne ließen sich große Blöcke ermitteln. Diese Feststellung gilt jedenfalls für die meisten Gewanne einer Gewannflur. Daß es daneben auch primäre Gewanne gibt, ist am Beispiel von Allmendaufteilungsgewannen zu zeigen (z. B. MORTENSEN 1962, Abb. 7). Daß die Ergebnisse von KRENZLIN über die allmähliche Herausbildung der Gewannflur durch Parzellierung großgliedriger Ausgangssysteme für den deutschen Sprachraum verallgemeinert werden dürfen, hat sie vor allem durch Zitate aus verschiedenen Landesteilen von Deutschland und Österreich in ihrem Aufsatz über die Genese der Gewannflur gezeigt (1961).

Neben der Gewannflur stand über Jahrzehnte in der deutschen Siedlungsforschung die Entstehung und Verbreitung der Langstreifenflur zur Diskussion, weil sie lange Zeit als Ausgangsform für komplexere Fluren, wozu viele auch die Gewannflur rechneten (NIEMEIER 1944; 1962, S. 285), angesehen wurde. Einen guten Überblick gibt neben dem erwähnten Sammelband (NITZ 1974) auch der knappe Bericht von NITZ über drei Jahrzehnte der Erforschung von Langstreifenfluren zwischen Ems und Saale mit einer hilfreichen Typologisierung und kommentierten Schrifttumsnachweisen (1971). Das wichtigste Ergebnis jener Forschungen war die Erkenntnis, daß es sich auch bei der nordwestdeutschen Langstreifenflur, die lange Zeit als eine Art germanischer „Urflur" angesehen wurde, nicht um eine Form der germanischen Erstsiedlungen handelt. Als älteste erwies sich vielmehr auch für das nordwestliche Deutschland die Blockflur (HAMBLOCH 1960), während die Bildung der sogenannten „Langstreifenflur" auf dem Esch in die Phase des ältesten Ausbaus einer Flur, verbunden mit der Konstituierung des Kleindorfes (Drubbel), im letzten Drittel des ersten nachchristlichen Jahrtausends fällt. Eine weitere Entwicklungslinie eines anderen Typs von Langstreifenfluren hat NITZ bis in eine karolingerzeitliche Ausbauphase zurückdatiert, die er im Einklang mit manchen Historikern als fränkische Staatskolonisation bezeichnet. Es handelt sich um Langstreifenfluren, deren bis zu 2 km lange Parzellen ganz wesentlich über die kürzeren der nordwestdeutschen „Eschsiedlungen" hinausragen und mit relativ großen, oft langgestreckten Dörfern verbunden sind. Solche Langstreifenkomplexe wurden z. B. von NITZ (1971, S. 18 ff.) in Dörfern nahe Dortmund am Hellweg festgestellt und auf Einflüsse der karolingischen Reichsgewalt zurückgeführt. Im gleichen Beitrag hat NITZ durch Vergleich der Altflurforschung in verschiedenen europäischen Ländern unter Berücksichtigung der skandinavischen Altfluren vom Typ der 'Oldtidsagre' dargelegt, daß auf jeden Fall die Blockflur eine verbreitete alteuropäische Altflur gewesen sei (S. 17). Für den nordfranzösisch-belgischen Raum ließ sich eine Entwicklung vom Großblock über die Langstreifenflur zur Gewannflur mit ziemlicher Sicherheit dank reicher und alter Quellen aus Urkunden erschließen. SCHRÖDER-LEMBKE (1959; 1961) hat in ihren Untersuchungen wichtige belgische und französische Arbeiten zitiert. Wesentliche Beiträge zur Problematik der älteren belgischen Agrarlandschaft unter besonderer Berücksichtigung der Fluren verdanken wir VERHULST (1961; 1965). Ein Kernproblem der morphogenetischen Fluranalyse sind Annahmen in der Argumentationskette, wenn es um Aussagen über Entwicklungsprozesse des hohen oder gar frühen Mittelalters geht. Auf diesen kritischen Punkt hat AUSTIN bezüglich britischer und deutscher Arbeiten (z. B. von NITZ 1983; EIGLER 1983) hingewiesen (1985).

Mustert man die europäische Flurforschung, so ergeben sich deutliche Unterschiede in der Konzeption. Im Umfang der Arbeiten über die Entstehung einzelner Flurformen und der mit ihnen zusammenhängenden Ortsformen nimmt die deutschsprachige Forschung eine Sonderstellung ein. Dafür sind zwei Gründe maßgebend. Zunächst erforderte das sich deutlich im regionalen Verbreitungsmuster abzeichnende Vorherrschen jeweils einer Flur- und

6.2 Siedlungen

Ortsform eine Erklärung. Da in Mitteleuropa eine besonders große Vielzahl unterschiedlicher Flur- und Ortsformen vertreten sind, wie z. B. die Verbreitungskarten im Agraratlas von OTREMBA (1962/ 1972) und in der Arbeit von SCHRÖDER und SCHWARZ (1978) zeigen, war die Klärung ihrer Genese ein typisches geographisches und lohnendes Forschungsproblem. Des weiteren hatten sich gerade im deutschen Bereich westlich der Elbe, wo auch zunächst die Schwerpunkte der Flurforschung lagen, besonders viele Altformen bis in die 1950er Jahre erhalten. Damals waren große Teile des süddeutschen Altsiedellandes noch nicht von der Flurbereinigung erfaßt. Daß selbst in den Gebieten des hochmittelalterlichen Landesausbaus östlich der Elbe die Siedlungsformen stärker zeitlich geschichtet und formal sehr vielgestaltig sind, haben zwei neuere Untersuchungen gezeigt. So hat ENGEL für Mecklenburg 21 (1962) und KRENZLIN (1983) für Brandenburg 31 typische Formen ländlicher Siedlungen unterschieden und in instruktiven Karten mit Erläuterungen dargestellt. Diese Vielfalt wird in Karten kleinerer Maßstäbe, z. B. in der von SCHRÖDER und SCHWARZ (1978), zu wenigen Grundtypen zusammengefaßt. In Großbritannien, in Skandinavien, in den Niederlanden, aber auch in großen Bereichen des östlichen Mitteleuropa hatten hingegen mit landschaftlichen Unterschieden in den Hauptphasen Flurbereinigungen, vielfach mit Aussiedlung von Höfen, in der Zeit vom 16. Jh. bis zur Jahrhundertwende den Agrarraum tiefgreifend umgestaltet. Es waren die 'enclosures' in Großbritannien und Irland (TURNER 1980), 'storskifte', 'enskifte' und 'laga skifte' in Schweden (HELMFRID 1961), 'udskifte' in Dänemark (THORPE 1951; HANSEN/STEENSBERG 1951) und die 'Jordskifte' in Norwegen (GLÄSSER 1978, S. 53 ff.).

Gewiß ist es auch heute noch lohnend, über die Entwicklung von Flur- und Ortsformen zu arbeiten, zumal wenn die Fragestellung über die Flur hinausgeht, Funktionales einschließt und die Klärung allgemeinerer siedlungsgenetischer und landschaftsgeschichtlicher Fragen anstrebt. Vor allem kartographische Synthesen (vgl. Kap. 6.6.3), denen die ausgereifte Klassifikation der genetischen Siedlungsforschung zugrunde liegt, bieten vielen der historisch-landeskundlich ausgerichteten Fächer erhellende Erkenntnisse in die zeitliche und räumliche Entwicklung von Siedlungsgebieten. Das gilt z. B. für die Darstellung der Orts- und Flurformen um 1850 im Gebiet der Bundesrepublik Deutschland (OTREMBA 1962/72), die textlich ausführlich erläuterte Karte der ländlichen Siedlungsformen in Mitteleuropa (SCHRÖDER/SCHWARZ 1978) und die Karte der Altformen der ländlichen Besiedlung in der ehemaligen Provinz Brandenburg (KRENZLIN 1983).

Hingegen ist die grundlegende und oft kontrovers geführte Diskussion über die Entstehung der Flur- und Ortsformen im deutschen Sprachgebiet zu einem gewissen Abschluß gelangt, seitdem beide in ihrer jeweiligen situations- und zeitbedingten Ausprägung als momentane Stadien eines Entwicklungsprozesses erkannt worden sind. Erstmals ist dieser Gedanke deutlicher von OTREMBA vorgetragen worden (1951). BORN hat diesen typengenetischen Aspekt dann 1977 erheblich weiter entwickelt und die verschiedenen Stadien der aus der Forschungserfahrung gewonnenen Formenreihen systematisiert. Die in den Formenreihen zum Ausdruck kommenden Entwicklungsstadien lassen sich mit Siedlungsphasen oder -perioden verbinden, die durch eine ganz bestimmte gesellschaftliche, wirtschaftliche und politische Situation gekennzeichnet sind. Einen wesentlichen Fortschritt bei der Suche nach allgemeineren Gestaltungsprinzipien brachte auch OTREMBAS Erkenntnis, daß eine kollektive Landnahme geordnete Formen schaffe und eine individualistische Landnahme zu ungeordneten Formen führe. Daß bei der Frage nach dem Einfluß individualistischer oder kollektiver Gesellschaftsstrukturen die naturräumlichen Verhältnisse zur Erklärung von Siedlungsformen nicht vernachlässigt werden dürfen, ist am Beispiel der Entwicklung ländlicher Siedlungen und Fluren in den Geestgebieten der östlichen und südlichen Niederlande – Drenthe bis Nordbrabant – gezeigt worden (KEUNING 1961). Besonders eng ist der Zusammenhang zwischen naturräumlichen Gegebenheiten und dem räumlichen Nebeneinander von unterschiedlich alten Siedlungsgebieten in Schweden und Finnland im Zusammenhang mit der nacheiszeitlichen Landhebung (z. B. HELMFRID 1962, S. 59). Der Siedlungsbeginn läßt sich dort für manche Landschaften durch das Einsetzen der Bewohn- und Kultivierbarkeit nach dem Auftauchen aus dem Meeresspiegelniveau datieren.

Gesellschaftliche Struktur. – Die Untersuchung der gesellschaftlichen Struktur der Dörfer ist in der Zwischenkriegszeit vor allem im nordwestlichen Deutschland im Zusammenhang mit der Frage nach ihren Ausgangsformen und Entwicklungsstadien gefördert worden. Zu den klassischen Arbeiten gehören die noch immer in wesentlichen Teilen gültigen, weil auf archivalischer Grundlage erarbeiteten Studien von MARTINY über Hof und Dorf in Altwestfalen

6.2 Siedlungen

(1926; ein Auszug aus dieser zu ihrer Zeit maßgebenden Arbeit in H.-J. NITZ 1974, S. 187–211) und von PRÖVE über Dorf und Gut im alten Herzogtum Lüneburg (1929). Ihr Einfluß auf die kulturlandschaftsgeschichtliche Forschung läßt sich leicht durch die Zitate in späteren Arbeiten nachweisen. Schon PRÖVE (S. 6) führte den Ausdruck „Gruppensiedlung" für das Dorf ein, das in seinem Arbeitsgebiet in Spätmittelalter und Frühneuzeit oft nur zwei bis fünf bäuerliche Höfe zählte. Er verzichtet, wie auch die skandinavische Forschung, die es mit ähnlich kleinen Dorfgrößen zu tun hat, auf den Begriff des Weilers. Da es weder in der deutschsprachigen noch sonstigen Forschung allgemeinverbindliche Abgrenzungen zwischen „Dorf" und „Weiler" gibt und eine vergleichende Betrachtung der Definitionen zu lauter Widersprüchen und Ungereimtheiten führt, empfiehlt es sich, anstelle von Weiler den Ausdruck Kleindorf oder Kleingruppensiedlung zu verwenden (JÄGER 1977, S. 67–70). Für PRÖVE und weitere Forscher (z. B. BERTELSMEIER 1942) stellte sich die Entwicklung eines typischen nordwestdeutschen Dorfes der älteren Siedlungsschicht in der Region südlich der Marschen wie folgt dar: Älteste Elemente des Dorfes sind die Vollhöfner (= Akkersleute, Vollspänner u. a.), welche in der Regel in einer Gruppe zusammen liegen und die besten Geländelagen mit ihren Betriebsgebäuden und Betriebsflächen in der Flur einnehmen. Als jüngere Bestandteile wurden die Kötner und die Brinksitzer und Anbauer ermittelt. Von diesen beiden Arten kleinerer Betriebe sind die Kötner, deren Name vom Kotten abzuleiten ist, die ältere Gruppe. Zu ihnen werden im allgemeinen die Neusiedlungen bis etwa zur Mitte des 16. Jh. gezählt. Den Beginn der Kötnersiedlung und gleichzeitig die Beendigung der Vollhöfesiedlung setzte PRÖVE ohne Beleg bereits in die Zeit um 800, während andere mit späteren Daten rechneten. In den ältesten Urbaren der Abtei Werden a. d. Ruhr aus dem ausgehenden 9. und 10. Jh. werden um Wildeshausen und Cloppenburg in einer Reihe von Dörfern „kotti" genannt, doch lassen die Stellen keine Schlüsse auf ihre Größe zu (KÖTZSCHKE, Urbare 1906 A, S. 38 ff.). Aus den halben Hufen des 12. Jh. haben sich nach späterem Sprachgebrauch Kothöfe entwickelt (KÖTZSCHKE 1958, S. CCCI). Wenn in verschiedenen Dörfern um Helmstedt bereits um 1150 „lares" (= Herdstätten, Häuser) ohne zugehöriges Land oder im Zusammenhang mit wenigen Morgen (KÖTZSCHKE, Urbare 1906 A, S. 140 Z. 14) genannt werden, dann sind auch das Hinweise auf eine schon damals vorhandene berufliche und gesellschaftliche Gliederung der dörflichen Bevölkerung. Die Bewohner der „lares" sind die späteren „Häusler". Allerdings sei vor jedem, sich in manchen geographischen Arbeiten findenden Schematismus der Konstruktion von „alten Dorfkernen" und „Urhöfen", etwa nach den ältesten Katasterkarten ohne zusätzliche Auswertung schriftlicher Zeugnisse mit rückschreibendem Verfahren, gewarnt. Dabei ist zu bedenken, daß die in den Quellen aus der Zeit vor dem 18. Jh. auftretenden Höfeklassen vielfach keine eindeutigen und damit sicheren Schlüsse zulassen. In den älteren Quellen des Landes Braunschweig z. B. fehlt die Bezeichnung „Kötner", obwohl es dort derartige Betriebsinhaber mit entsprechenden Kleinhöfen gegeben hat. Auch der Begriff des Meierhofs war dort namentlich vom 14. bis 16. Jh. schwankend. Deshalb sind Untersuchungen über den Begriffsinhalt früherer Bezeichnungen von landwirtschaftlichen Betrieben und ihrer Inhaber unerläßlich. Vorbildlich sind z. B. die Arbeiten von KÜCHENTHAL (1966) und SCHÜTTE (1983). Die Zahl und der Umfang der ältesten Höfe läßt sich nur durch eine Hofgeschichte klären. Wenn möglich sollte diese durch Hofstammbäume näher erläutert werden, wie sie z. B. MARTEN im Rahmen seiner Entwicklungsgeschichte der Kulturlandschaft im alten Amt Aerzen im Weserbergland entwickelt hat (1969, S. 81 ff. u. Beilagen, passim). Er verfolgt die Höfe unter Berücksichtigung von Flurkarten, Grundherren, Zehntkarten, Hausbüchern, Rechten und weiteren Zeugnissen vom 19. Jh. zurück über das 18. und 17. Jh. bis ins 16. Jh. In vielen Fällen ist ein weiteres Zurückschließen bis ins hohe und in manchen bis ins frühe Mittelalter möglich. Für die Klärung der Hofgeschichte als Basis für die Entwicklungsgeschichte der Dorfgrundrisse ist die von RIPPEL erarbeitete (1961) und von ihm wie von MARTEN mit Erfolg angewandte Korrespondenzmethode hilfreich.

Koten, Kotten, Kotsteden oder Kaetstaten und deren Inhaber, die Kotter, Kötter oder Köter werden in Quellen aus dem nordwestlichen Deutschland in größerer Zahl seit dem 14. Jh. genannt (KÖTZSCHKE, Urbare 1917B, S. 62 ff.; ENGEL/LATHWESEN 1963, passim). Sie treten neben und zwischen die größeren und regelmäßiger gestalteten Hofareale der ältesten, in den Quellen des Frankenreichs seit dem 8./9. Jh. und bis ins hohe Mittelalter allgemein als „mansus" oder „huba" (= Hufe) bezeichneten Betriebsschicht (SCHLESINGER 1974; 1976; 1979). Gegenüber ihrer relativen Regelmäßigkeit ist die „fast durchgängige Unregelmäßigkeit" und Streuung der Köterbetriebe kennzeichnend. „Grundsätzlich ist allen Dörfern gemeinsam, daß die Koten fast ausnahmslos außerhalb des Kreises der Höfe liegen, doch immer in ziemlich naher Verbindung mit ihnen. Die Geschlossenheit der älteren Siedlergruppe ließ eine Anlegung von neuen Stellen innerhalb derselben nur spärlich zu. Doch fand man wohl einen Ausweg, der für die Entstehung eines nicht geringen Teils der Koten charakteristisch ist: es wurde für sie ein schmälerer Platz aus einem alten Hof herausgeschnitten. Im ganzen blieb sie aber der Zahl nach gegenüber anderen Möglichkeiten der Ansetzung zurück. Zumeist wurde dabei eine Ecke aus dem Stammhof herausgenommen, deren Größe jedoch ganz verschieden war. Mitunter umfaßte sie ein Viertel des ganzen bisherigen Raumes. In anderen Fällen kann auch ein schmaler Streifen längs des Hofes abgeschnitten worden sein. Ganz selten nur entstanden mehr als nur eine Kote aus einem Hofe" (PRÖVE 1929, S. 29f.).

Die agrarische Nutzfläche der Koten hatte in der Regel nicht die günstige und relativ geschlossene Lage, die den älteren Vollhöfen zukam, vielmehr zeigten sich in vielen älteren Flurkarten die Merkmale eines späteren und allmählichen Erwerbs. Dazu rechneten etwa die Flurstücke der Kämpe, zumeist ungleichmäßig nebeneinander gelegene, mehr oder weniger blockförmige Parzellen außerhalb der Kernflur. Oft waren diese Besitzeinheiten der Kothöfe mit typischen Flurnamen des jüngeren Ausbaus wie Rottäcker, auf dem Hungerkampe, vor der Heide verknüpft.

Als jüngste Schicht von Grundbesitzern des Dorfes wurden in vielen Arbeiten die Brinksitzer herausgestellt. Im Namen wird ausgedrückt, daß ihre kleinen Höfe oder ihre Hausstellen auf dem Brinke, d.h. am Rande des Dorfes oder auf dem Anger, entstanden sind. Nicht selten haben sie sich auf größeren Kirchhöfen angebaut und wurden dann oft „Kirchhöfer" genannt. Der Name für jene Gruppe wird aus den zeitgenössischen Lagerbüchern und Akten hergeleitet und ist wohl administrativer Herkunft. Die Brinksitzerstellen sind in ihrer Masse seit dem 16. Jh. entstanden. Köter und Brinksitzer schließen sich baulich im Dorf fast regelmäßig aneinander oder schieben sich ineinander, wobei jedoch durchweg die Hofareale der Brinksitzer noch kleiner als die der Köter sind. Entweder drängen sich die Brinksitzer auf engen Plätzen dicht nebeneinander, oder sie bilden eine allmählich locker werdende Reihe, die sich oft in die Allmende verliert. Eine Regelmäßigkeit in der Anordnung der Stellen ist noch geringer als bei den Kötern ausgeprägt. Eine scharfe Grenze zwischen den sogenannten Kleinkötern und den Brinksitzern gibt es nach der Größe des Eigentums nicht. Oft besitzen die Kleinköter noch etwas mehr Nutzfläche und wenige

Stücke Großvieh, während viele Brinksitzer ohne Land und nur Besitzer von Kleinvieh waren. Ein wesentlicher Unterschied zwischen den Kötern und den Brinksitzern war der Ausschluß dieser jüngsten Gruppe aus dem durch Rechte an der gemeinen Mark gekennzeichneten Wirtschaftsverband des Dorfes. Kleinköter und Brinksitzer konnten wegen ihrer geringen Nahrungsfläche keine Familie aus der Nutzung ihrer agrarischen Liegenschaften ernähren, so daß sie hauptberuflich Tagelöhner und vor allem Handwerker gewesen sind. Im Zusammenhang mit merkantilen Wirtschaftsströmungen und der Peuplierungspolitik haben vor allem seit dem 17. Jh. verschiedene Obrigkeiten die Ansetzung von Brinksitzern gefördert. Erst damals sind in vielen Teilen des nordwestlichen Deutschland, namentlich in den nordwestdeutschen Mittelgebirgen, wie dem Weserbergland, durch die Verdichtung und Vergrößerung der Siedlungen mittels Kleinköter- und Brinksitzerstellen die großen Haufendörfer entstanden.

Die regional bereits Ende des 16. Jh. verbreitet gewesene dörfliche Unterschicht waren die Häuslinge, die bei einem Vollbauern oder Köter „zur Herberge waren", d. h. dort gegen einen geringen Mietzins oder Tagelöhnerei allein oder mit einer Familie wohnten. Eine gute Quelle für den Nachweis von Häuslingen ist z. B. die Calenbergische Musterungsrolle von 1585 und ähnliche Quellen (z. B. BURCHARD 1935; BURCHARD/MUNDHENKE 1959ff.). Bereits PRÖVE war aufgefallen, daß in größeren Teilgebieten Niedersachsens in vielen Dörfern je ein großer, bevorrechtigter, oft adeliger Hof vorhanden war. Aus seiner, für die meisten Dörfer typischen Lage im Verband der alten Höfe, dem eine Flurlage inmitten der Parzellen der Vollhöfe entsprach, folgerte er, daß das adelige Gut in allen derartigen Dörfern als Bestandteil der ältesten Siedlung anzusehen sei (1929, S. 46 ff.). Zum Gute wie zu den Vollhöfen gehörte regelmäßig ein entsprechender Anteil an Allmendweide und Wald. Oft wird zusätzlich noch ein eigener Gutswald als „Sunder", das ist Sondereigentum, besessen.

Jenes bis auf PRÖVE zurückgehende Modell der Entstehung der nordwestdeutschen Haufendörfer findet scheinbar eine volle Bestätigung in den Erbregistern, Lagerbüchern, Amtsbeschreibungen und Hausbüchern des 16. und frühen 17. Jh. Denn in diesen und ähnlichen Quellen treten die unterschiedlichen Schichten oder Klassen im Dorfe eindrucksvoll durch regelmäßig Dorf für Dorf wiederholte Aufreihung nach dem Grad des Besitzes hervor. Es sind dieses mit Einschluß von Namensvarianten:

6.2 Siedlungen

1. (Volle) Ackerleute, (Volle) Meyer, Ackermänner, Vollspänner.
2. Halbspänner, Halbmeyer (durch Teilungen Viertelmeyer).
3. Köter, Kotsassen. Die Unterscheidung in Großköter, Halbköter, Mittelköter und Kleinköter ist mir nicht vor dem 17. Jh. begegnet und beruht offenbar auf einer Differenzierung durch die Verwaltung. Häufig waren nur die Höfe bis herab zum Halb- und Mittelköter voll an der Allmende (Hute, Mast, Brenn- und Bauholznutzung) berechtigt.
4. Brinksitzer, Brinksassen.
5. Häuslinge, Einlieger. Ihnen entsprachen die Heuerlinge in Westfalen, doch haben diese oft mit ihren Familien in einem eigenen kleinen Anwesen gewohnt und dadurch eine gewisse Bodenbindung besessen.

Dieses bis zur Gegenwart noch vielfach vertretene Sukzessionsschema, das aus den Quellen erarbeitet wurde, läßt sich, so einleuchtend und scheinbar überzeugend es sich darstellt, für viele Landschaften nur noch in modifizierter Form aufrechterhalten. Wenn es hier dennoch breiter vorgestellt wurde, so deshalb, weil es gebietsweise gültig ist und sich die von ihm ausgehenden analytischen Forschungsansätze durchaus noch zur genetischen Untersuchung von Siedlungsgrundrissen und ihrer Entwicklung eignen, wenn freilich manche Wandlungen zu beachten sind. Vor allem sind es zwei Ergebnisse neuerer interdisziplinärer Untersuchungen, die das einfache Sukzessionsschema der Höfe vielfach korrigieren. Zum einen ergeben Ausgrabungen von Dörfern, namentlich das große Projekt auf der Feddersen Wierde, daß bereits germanische Dörfer des 3. nachchristlichen Jh. einen überragenden Hof, eine Gruppe annähernd gleich großer vollbäuerlicher Höfe und des weiteren kleine Betriebe, in denen Landwirtschaft und Handwerk verknüpft waren, besitzen konnten. Nach den wohlbegründeten Interpretationen von HAARNAGEL kann es sich bei dem Großhof auf Grund seiner Lage und der archäologischen Befunde um einen Herren- oder Häuptlingshof gehandelt haben. Die Kleinbetriebe entsprechen nach Lage und archäologischen Befunden durchaus dem, was im Lichte der viel späteren schriftlichen Quellen als Kötter in Erscheinung tritt (HAARNAGEL 1973; 1975; 1977).

Zweitens ergaben Analysen schriftlicher Quellen, daß die großen Meier- oder Ackerhöfe, die sich in zahlreichen Zeugnissen vom 16. Jh. ab finden, und zwei bis sechs Hufen umfassen, als solche Einheiten gebietsweise, wie z. B. in den Lößbörden östlich der Leine, erst im Zusammenhang mit der Auflösung der Villikationen und der

Ausbildung des Meierrechts seit dem 13. Jh. gebildet worden sind. Damals war sozusagen eine neue Hof- und Dorforganisation entstanden (JÄGER 1979b, S. 86ff.). Weitere Modifikationen sind das Ergebnis von teilweise erheblichen Strukturveränderungen, wie Hofverlagerungen und -zusammenlegungen während mittelalterlicher Wüstungsvorgänge (z. B. MARTEN 1969, S. 40–66); schließlich ist es infolge der hohen Verluste an Menschen gebietsweise gegen Ende des 30jährigen Krieges zu Zusammenlegungen von Höfen gekommen.

6.2.2 Städtische Siedlungen

Die wichtigsten neueren Bibliographien zur Stadtgeographie und Städtegeschichte betreffen die Jahre 1952–1970 (SCHÖLLER u. a. 1973); ein europaweites Schriftenverzeichnis reicht bis Mitte der 1970er Jahre (WOLFF 1977). Eine zweite Auflage der KEYSERschen Bibliographie zur Städtegeschichte Deutschlands, die auch wichtige geographische Literatur berücksichtigt, wird von EHBRECHT und STOOB vorbereitet.

Eine knappe, wegen ihrer Systematik sehr zu empfehlende Einführung in die Forschungsschwerpunkte der historischen Stadtgeographie hat VON DER DOLLEN vorgelegt (1982). Weltweit in der Perspektive, bis in die Antike zurückgreifend und noch das 19. Jh. umfassend, mit einseitiger Betonung der anglo-amerikanischen Literatur ist ein englisches Lehrbuch über die historische Stadtgeographie (CARTER 1983). Die in Deutschland entwickelte, in den 1920er und 30er Jahren blühende Stadtmorphologie ist vor allem in Österreich durch KLAAR (1973ff.), BOBEK und LICHTENBERGER (1966) und in Großbritannien durch CONZEN (1978; CONZEN/WHITEHAND 1981) methodisch weitergeführt worden. Insbesondere hat er das begriffliche Instrumentarium zum Erfassen von transformativen und additiven Prozessen, von morphologischen Perioden, Stadtplan- und Gebäudetypen verfeinert. In Birmingham gibt es eine sehr lebendige Urban Morphology Research Group unter WHITEHAND, die jene Tradition fortentwickelt. Zu den jüngeren deutschen Arbeiten zur genetisch-funktionalen Stadtmorphologie gehören etwa Studien von LEISTER über britische Industriegroßstädte (1970) und von SABELBERG. Er verfolgt die Wechselbeziehungen zwischen genetisch festgelegter Bausubstanz und heutigen Funktionen im städtischen Gefüge am Beispiel italienischer Städte

6.2 Siedlungen

(z. B. 1983). Arbeiten über das Stadtbild in Grundriß und Aufriß werden unter besonderer Berücksichtigung der europäischen Städteatlanten, unter denen die deutschen (ENNEN 1972 ff.; STOOB 1973 ff.; 1975 ff.) wegen ihrer Methodik und kartographischen Ausführung eine Spitzenstellung einnehmen, von JÄGER diskutiert (1984 a).

Der Stadtplan ist vor allem in seiner älteren und gewöhnlich schon exakten Form des Urkatasterblattes, das in standardisierter Neuzeichnung die Basiskarte der neueren deutschen Städteatlanten bildet, eine grundlegende stadtgeschichtliche Quelle mit der dreifachen Aufgabe eines Dokumentes für die Zeit seiner Anfertigung, einer Ausgangsbasis für regressive und ebenso für progressive Untersuchungen. Daß seine Auswertung nur zusammen mit weiteren Dokumenten, und zwar kartographischen, schriftlichen, bildlichen und archäologischen möglich ist (vgl. Kap. 3), zeigen die bisherigen Lieferungen der Städteatlanten des In- und Auslandes. Neben dem englischen Werk (LOBEL/JOHNS 1969 ff.) sind der skandinavische (DANISH COMMITTEE 1983), niederländische (HERWIJNEN u. a. 1980 ff.), österreichische (Wiener Stadt- und Landesarchiv 1982 ff.) und französische (HIGOUNET u. a. 1982 ff.) Städteatlas zu nennen. Zusammen mit den deutschen Atlanten verfolgen sie die gleiche Zielsetzung einer Zusammenfassung der bisherigen Forschung und vor allem einer Quellendarbietung für die künftige. Denn durch die Quellenkarten und Faksimiles älterer Stadtansichten wird eine zeitlos gültige Ausgangsbasis für die Untersuchung der Stadtwerdung, völlig unabhängig von momentanen Lehrmeinungen geboten. Über die Funktion jener Atlanten für Forschung, Planung, Denkmalpflege sowie den Unterricht an Hochschulen und sonstigen Bildungsstätten liegen bereits mehrfache positive Äußerungen vor. Einige der Städteatlanten, wie der Deutsche (STOOB 1973 ff.) und der Westfälische (STOOB 1975 ff.), bieten neben dem Kanon der Quellenkarten, die streng das Dokumentationsprinzip einhalten, als besondere Leistung für jede Stadt eine durch die begleitende textliche Darstellung erläuterte Interpretationskarte oder Karte der Wachstumsphasen. Sie gibt die räumlichen und zeitlichen Entwicklungsabschnitte einer Stadt wieder, ausgehend von dem Teil, der nach dem neuesten Forschungsstand als der älteste zu gelten hat; an ihn schließen sich die später entstandenen Stadtteile als sogenannte genetische Viertel an. Da bei dem Versuch, die Wachstumsphasen von Städten darzustellen, die Quellenkarte nur partiell interpretiert werden kann, zusätzlich jedoch weitere Zeugnisse heranzuziehen sind, handelt es sich um eine transzendente Interpretation. Sie erfüllt für die fortschreitende Forschung, wie z. B. für die Stadtarchäologie, ebenso wie die dokumentarische und durch weitere Befunde angereicherte Quellenkarte eine heuristische Funktion, mit anderen Worten: Eine Interpretationskarte, wie sie für die Städteatlanten typisch ist, ist nicht nur eine Zusammenfassung bisheriger Forschungen, sondern dient ebenso sehr der Gewinnung neuer Erkenntnisse. Sie erst setzt einen dialektischen Prozeß in Gang, der nach dem Prinzip der wechselseitigen Erhellung zu weiteren Fortschritten in der Forschung führt.

In Ergänzung zum Grundriß kann der Aufriß der Stadt weitere Erkenntnisse zu ihrer Entwicklung liefern. Daher bieten z. B. die drei neueren deutschen Städteatlanten Ansichten von Städten oder ihren Teilbereichen aus mehreren Jahrhunderten in Form der Wiedergabe originaler Abbildungen. Auf die Problematik der Verwendung älterer Stadtansichten ist bereits in anderem Zusammenhang hingewiesen worden (s. Kap. 3.6). Auch der Stadtkernatlas Schleswig-Holstein (HABICH u. a. 1976), welcher in seiner Zielsetzung vor allem der Denkmalpflege dienen will, stellt neben die Katastergrundkarte mit Eintragung nicht mehr vorhandener Objekte typische Abbildungen der Stadtkerne und ihrer Gebäude im Aufriß. Daß die Archäologie zu neueren Erkenntnissen in der Aufrißforschung führen kann, haben neuere Untersuchungen aus Lübeck (FEHRING/SCHADENDORF 1980) und vor allem aus Göttingen (SCHÜTTE 1984) gezeigt. Dort konnte durch die Verbindung von Dendrochronologie und Bauforschung manches an bisherigen Ansichten korrigiert werden. So wurde z. B. beim Göttinger Rathaus der bislang als Anbau des 15. Jh. geltende südöstliche Teil als ursprünglicher Kernbau identifiziert. Als besonders fruchtbar erwies sich die Kombination von Bildquellen mit archäologischen, historischen und bautechnischen Befunden. Von der Stattlichkeit von Bürgerhäusern bereits im 13. Jh. mit Bauformen, die bislang erst viel später vermutet wurden, zeugt das mit Hilfe der Dendrochronologie datierte älteste Göttinger und zugleich älteste niedersächsische Fachwerkhaus aus dem Jahre 1276. Es handelt sich um einen mit der Traufseite zur Straße stehenden dreigeschossigen Bau mit hohem Satteldach. Das typische Göttinger Bürgerhaus war nach diesem und weiteren Befunden bereits im 13. Jh. entwickelt. Das ist eine Erkenntnis von grundsätzlicher Tragweite für die Erforschung des Aufrisses der Bürgerhäuser und damit der Städte. Hilfreich als allgemeinverständliche Einführung in die bürgerliche Holzarchi-

6.2 Siedlungen

tektur des 14. bis 19. Jh. mit einem Überblick über nord-, ost-, mittel- und süddeutsche Fachwerkbauten ist ein kleines Handbuch von BINDING u. a. (1984).

Einen Beitrag zur Klärung des historischen Stadtbegriffs, über den es eine sehr umfangreiche Literatur gibt (z. B. HAASE 1976–84; ENNEN 1972a; JANKUHN 1974), bietet die Diskussion über die Merkmale der zwischen Dorf und Stadt stehenden Formen. STOOB (1956) hat dafür den griffigen Namen der Minderstadt geprägt. Es sind Siedlungen, die in den Quellen als Markt, Flecken, Tal, Weichbild, Freiheit und Städtlein bezeichnet werden. Diese Siedlungsform läßt sich wegen der zahlreichen Varianten besonders gut in Südwestdeutschland studieren. Untersuchungen von K. FEHN (1970) über frühe Zentren und von MITTERAUER über Markt und Stadt im Mittelalter (1980) leiten bereits zur historischen Zentralitätsforschung über.

Die Genese und Zentralität der Stadt. – Gewiß, die Entstehung der Städte ist ein bekanntes Untersuchungsobjekt von Archäologen und Historikern, so daß von ihrer Seite maßgebende Beiträge gekommen sind. Hier sei ohne Anspruch auf Vollständigkeit nur hingewiesen auf Untersuchungen von ENNEN, JANKUHN, PETRI, SCHLESINGER, STOOB und VERHULST. Aber auch Rechtsgeschichte und Geographie haben seit langem wesentliche Erkenntnisse geliefert, so daß heute eine umfassende Erforschung der Entstehung und Entwicklung von Städten nur noch im Rahmen interdisziplinärer Zusammenarbeit möglich ist. Alle die genannten Fächer sind z. B. vertreten in zwei großen Bänden, die sich mit den Vor- und Frühformen der europäischen Stadt im Mittelalter befassen (JANKUHN/SCHLESINGER/STEUER 1973, 1974), ferner mit sechs verschiedenen Forschungsschwerpunkten der Geschichte des europäischen Städtewesens (JÄGER/PETRI/QUIRIN 1984). Geht es um die frühesten Phasen der Stadtentwicklung, gesellen sich außerdem noch eine Reihe naturwissenschaftlicher Disziplinen hinzu, namentlich die Pollenanalyse und Osteoarchäologie (vgl. Kap. 4.), weil ja zum Verständnis einer Stadt auch ihre Umwelt und die Tätigkeiten ihrer Bewohner zu erforschen ist. Beispielhaft für die interdisziplinäre Erforschung früher Städte unter zusätzlicher Beteiligung von Naturwissenschaftlern ist der großartige Bericht über die mit Mitteln der DFG geförderten Untersuchungen von Handelsplätzen des frühen und hohen Mittelalters im deutschen Küstengebiet (JANKUHN/SCHIETZEL/REICHSTEIN 1984).

Als ein besonderer Forschungsansatz hat sich, namentlich durch die Möglichkeiten der Grabung im Inneren zerstörter Städte nach dem Zweiten Weltkrieg, die sogenannte Stadtkernforschung entwickelt. Darunter wird vor allem die Klärung der materiellen Ursprünge und frühen Entwicklungsphasen städtischer Siedlungen durch archäologische und historisch-topographische Untersuchungen auf der Grundlage schriftlicher Zeugnisse und älterer Stadtpläne verstanden. Der Begriff Stadtkern ist nicht genau definiert (DENECKE 1986). Mustert man das einschlägige Schrifttum zur Stadtkernforschung, so ergeben sich vor allem vier Wortbedeutungen: 1. Innerer, in der Regel nicht genauer abgegrenzter Teil einer Stadt; 2. die sogenannte Altstadt in heutigen Städten höheren Alters. Sie ist oft mit der mittelalterlichen Stadt in rechtlichem Sinne, der „Rechtsstadt" und dem früher, manchmal noch heute ummauerten oder sonstwie befestigt gewesenen Bereich identisch; 3. Ausgangspunkt der Stadtentwicklung. Dieser Sinngehalt entspricht der Bedeutung von Korn (= Kern) in Samenkorn. Daß ein solcher genetischer Ausgangspunkt der Stadtentwicklung auch außerhalb des topographisch-geometrischen Kerns einer älteren Innenstadt, ja außerhalb der ehemalig befestigten „Altstadt" liegen kann, hat BLASCHKE gezeigt (1986); 4. der funktionale Begriff Stadtkern zur Bezeichnung des geschäftlichen Mittelpunktes, der bei den größten Städten bekanntlich als City gekennzeichnet wird.

Daß wir bei den Städten, die bis ins frühe Mittelalter zurückreichen, oft mit mehreren Kernen rechnen müssen, ist anhand von Gent, Brügge und Antwerpen nachgewiesen worden (VERHULST 1986). In die Möglichkeiten archäologischer Stadtkernforschung führt JANKUHN ein (1983). Die Stadtkernforschung hat im Zusammenhang mit der Vernichtung und Gefährdung im und über dem Erdboden durch die Innenstadterneuerung hohe Aktualität erhalten. Sie kommt in neuen britischen, niederländischen und schwedischen Publikationen über die Bedrohung des historischen Erbes in unseren Innenstädten zum Ausdruck (HEIGHWAY 1972; VAN ES u. a. 1983; SARFATIJ 1986; DAHLBÄCK 1986). Wie fruchtbar gerade die Historische Geographie zur erhaltenden Innenstadterneuerung beitragen kann, veranschaulichen die reich mit Plänen und Abbildungen ausgestatteten Bände über Göttingen (DENECKE 1979a) und den Wiederaufbau von Gemünden am Main (SCHÄFER 1985). Bei der Untersuchung des historischen Baubestandes der Städte und seiner Erhaltung berühren sich historische Geographie, Denkmalpflege (HABICH 1976) und Stadtplanung (LEIBUNDGUT/LENDI 1985).

6.2 Siedlungen

In den letzten Jahren ist intensiv über die frühen Städte gearbeitet worden. Als nichtagrarische Zentren mit Handel und Handwerk spielten sie im germanischen und slawischen Kulturbereich eine erhebliche Rolle. Die beiden Göttinger Bände über Vor- und Frühformen der europäischen Stadt im Mittelalter enthalten eine Fülle von Beispielen solcher Städte „alter Art" aus Nord-, Mittel- und Südosteuropa und Schlußbemerkungen von JANKUHN, die besonders rasch in den Problemkreis einführen (JANKUHN/SCHLESINGER/ STEUER 1973, 74). Erst seit dem 12. Jh. gewinnt im mitteleuropäischen Bereich die durch das Stadtrecht geprägte Stadt, die sogenannte Rechtsstadt, schärfere Konturen (vgl. STOOB 1985, S. 148 ff.).

Je weiter sich die Fragestellungen der Gegenwart nähern, desto stärker ist die Geographie im Kreis der Disziplinen vertreten, welche die Entwicklung von Städten und Städtesystemen untersuchen. Das bezeugen etwa die Sammelbände über Probleme des Städtewesens im industriellen Zeitalter (JÄGER 1978a) mit sieben geographischen Beiträgen (von BLOTEVOGEL, CONZEN, HOMMEL, LICHTENBERGER, SCHÖLLER, SCHWIPPE), die sich vorwiegend mit den Prozessen des 18.–20. Jh. befassen und über Urbanisierung im 19. und 20. Jh. (TEUTEBERG 1983) mit vier geographischen Aufsätzen (von BLOTEVOGEL, HEINEBERG, SCHÖLLER und SCHWIPPE). Die geographischen Arbeiten zur Entwicklung der Stadt sind in Auswahl nachgewiesen in Bibliographien zur Stadtgeschichte (KEYSER 1969; WOLFF 1977) und relativ umfassend in solchen zur Stadtgeographie oder in entsprechenden Forschungsberichten. Wer ältere Arbeiten sucht, findet noch immer manche Belehrung bei DÖRRIES (1930) und SCHÖLLER (1953), während aus jüngerer Zeit wenigstens die deutschsprachige Literatur der Jahre von 1952 bis 1970 weitestgehend erfaßt ist (SCHÖLLER/BLOTEVOGEL/BUCHHOLZ/HOMMEL 1973).

Für alle Siedlungsepochen grundlegend ist eine Klärung des geographischen Stadtbegriffs auf der Grundlage umfassender Schrifttumsauswertung durch DENECKE (1973). Er legt den Schwerpunkt auf die räumlich-funktionale Betrachtungsweise, da sie sich insbesondere durch die Konzeption der Zentralität als besonders fruchtbar für die Geographie erwiesen hat. Schon GRADMANN hatte sie in seiner klassischen Studie über die Entstehung, Entwicklung und Formen der württembergischen Städte beachtet (1914), wenn wir auch seinem berühmten Schüler CHRISTALLER erst das maßgebende Werk darüber verdanken. Eine allgemeine Einführung, die in ihrer umfangreichen Bibliographie auch zahlreiche Arbeiten zur historischen Zentralität nachweist, bietet SCHÖLLER (1972). Wie fruchtbar Untersuchungen über zentrale Orte unter historisch-geographischen Gesichtspunkten sein können, weil sie wesentliche Erkenntnisse über die Entstehung, Lage und Verteilung von Städten liefern, haben FEHN (1970) anhand von frühen Zentren in Bayern, KLÖPPER am Beispiel zentraler Siedlungen in Niedersachsen (1952) und BLOTEVOGEL für Westfalen vor der Industrialisierung gezeigt (1975). Ihre Schrifttumsnachweise sind eine Fundgrube für einschlägige Arbeiten auch über andere Regionen. BLOTEVOGEL hat sich auch zu der Bedeutung des Zentralitätskonzeptes für die Volkskunde und Kulturraumforschung geäußert, die ja beide der historischen Geographie nahestehen, ebenso ist er in einem Sammelband über Voraussetzungen und Methoden geschichtlicher Städteforschung vertreten (EHBRECHT 1979). Die zur Zeit wohl beste Einführung in die Zentralität als Problem der mittelalterlichen Stadtgeschichtsforschung bildet ein Sammelband der bekannten Reihe ›Städteforschung‹, in dem allerdings die Geographie nur durch die Einführung des Herausgebers vertreten ist (MEYNEN 1979). Vorindustrielle Stadt-Umland-Beziehungen sind auch am Beispiel von Bonn-Poppelsdorf untersucht worden (VON DER DOLLEN 1979a). Als fruchtbar bis zur Gegenwart hat sich die Konzeption der genetischen Untersuchung einer einzelnen Stadt oder einer kleineren Gruppe von Städten erwiesen. Am Anfang dieses Forschungsansatzes stehen etwa die Arbeiten von DÖRRIES über die Städte im oberen Leinetal (1925) oder von KRÜGER über Höxter und Corvey (1931). Manches darin, wie z. B. Baualteranalysen des damaligen Gebäudebestandes, ist durch unwiederbringliche Verluste inzwischen bereits in den Rang eines Dokumentes gerückt. Selbstverständlich geht es fast jeder der späteren Arbeiten, die der stadtgenetischen Konzeption verpflichtet sind, um eine Verbesserung der Methoden und Arbeitsweisen bei gleichzeitiger Offenheit für Anregungen aus benachbarten Fächern. Aus der langen Reihe einschlägiger Studien können nur einzelne angeführt werden. So bemüht sich die Studie von BEUERMANN über Hannoversch-Münden um eine Verbesserung im Erfassen des Gebäudebestandes (1951), während sich FRIEDMANN (1968) in einer kartographisch hervorragend ausgestatteten Arbeit über 360 Jahre Stadtentwicklung in Mannheim stärker dem funktionalen Bereich zuwendet. Er ist auch bereits bei WÖHLKE (1952) stärker vertreten. In seiner Untersuchung über Bremervörde wird ein besonderes Gewicht auf die Bezie-

6.2 Siedlungen

hungen zwischen Entwicklung der Stadt und ihrem Einzugsgebiet gelegt. Denn dieses ist in der Art seiner Struktur und Verflechtungen mit dem Zentralort für dessen Zustand bedeutend. Allein auf das Mittelalter bezogen geht in einer kartographisch gut ausgestatteten Studie KÖPPKE dem Problem von Stadt und Umland am Beispiel niedersächsischer Städte nach (1968). In eine ähnliche Richtung zielt auch die akribische, methodensichere und dadurch vorbildliche Untersuchung von BALZER (1977) über die Feldmark von Paderborn.

Aus der Kartierung von Standorten der Lieferanten wichtiger Erzeugnisse des Handwerks, die über eine zentrale Handelsstadt exportiert werden, läßt sich bereits für das Mittelalter ein städtischer Wirtschaftsraum abgrenzen (IRSIGLER 1979). Weitere Indizien sind Verwandtschaftsbeziehungen, Besitz- und Kreditverbindungen sowie der Einzugsbereich von Jahrmärkten und Neubürgern. Aus solchen Merkmalen, für die es bei günstiger Archivsituation aus der frühen Neuzeit eine Fülle von Daten gibt, können städtische Einzugsgebiete und die kulturgeographische Stellung einer Stadt in ihrer Region erarbeitet werden.

Ob sich wahrnehmungs- und verhaltensgeographische Aspekte mit der historisch-genetischen Betrachtungsweise innerhalb der Stadtgeographie verbinden lassen, wird in einer Untersuchung von Heidelberg durch BREMER bejaht (1983). Es handelt sich um eine zukunftsweisende Pionierstudie, deren Konzeption sich auf alle älteren Städte mit guter bildlicher und textlicher Überlieferung von Äußerungen über den jeweiligen Ort anwenden ließe.

Zu den ausgeprägtesten, weil hochspezialisierten Typen von Städten gehören solche, deren Wirtschaft und Bewohner einseitig durch einen bestimmten Wirtschaftszweig beherrscht werden. So etwas hat es z.B. in Form der sogenannten Bergstädte schon im Mittelalter gegeben, so daß solche Anlagen mehrfach untersucht worden sind (BLASCHKE 1980; MOLENDA 1983). Zum Typus der Berg- oder Bergbaustadt rechnen auch die Orte, deren Blüte ganz auf dem Salzbergbau und seinen Salinen beruhte, wozu etwa Hallein gehört (KOLLER 1984). Daß Städte mit monofunktionaler Wirtschaft durch konjunkturelle Abschwünge besonders gefährdet waren, zeigt das Schicksal der wüsten Bergbaustadt Blankenrode, die als solche mehrfach von Geographen und Historikern untersucht worden ist (zuletzt HUCKER 1984). Städte, deren frühere Funktionen sich wohl am stärksten in ihrem Grund- und Aufriß geäußert haben, waren die ausgesprochenen Festungsstädte; als Typ wie als regionale Gruppe sind sie in vielen Teilen Europas untersucht worden (DORFS 1972; SCHARFE 1980). Neben Frankreich war die Technik der bastionären Stadtbefestigung am fortschrittlichsten in den Niederlanden entwickelt, das sich im 16./17. Jh., der Blütezeit der Republik, geradezu als europäisches Innovationszentrum herausgebildet hatte (PETRI 1984).

Eine weitere Gruppe von Arbeiten befaßt sich mit der Rolle von Städten als Zentren des mittelalterlichen Landesausbaus, als Orte zur Stabilisierung und zum Vorschieben von Herrschaft und als regionale Innovationszentren für Handel und Gewerbe. Welche politischen und ökonomischen Folgen die Entstehung von Stockholm in der Mälarsee-Region und damit auch in Schweden gehabt hat, ist erst kürzlich im Zusammenhang mit den Ergebnissen einer großen Stadtkerngrabung deutlich geworden (DAHLBÄCK 1983). Besonders instruktiv werden die Voraussetzungen und die landschaftlich-territorialen Folgen der Gründung von Städtegruppen in einem Sammelband über die mittelalterliche Städtebildung im südöstlichen Mitteleuropa und darüber hinaus dargelegt (STOOB 1977). Es sind darin u. a. vertreten Schlesien, Kleinpolen, Böhmen, Österreich, Ungarn und Rumänien.

Bestimmten regionalen Stadttypen, seien es genetische, formale oder funktionale, gilt eine weitere Gruppe von Studien mit historisch-geographischem Aspekt. Welche Mühen und Schwierigkeiten bei der Herstellung einer stadtgeschichtlichen Karte auftreten, wenn es darum geht, den Stadtbegriff herauszuarbeiten, ferner Entstehungsschichten, Gruppierungen, Verbindungen und Zusammenhänge, ist am Beispiel von Westfalen untersucht worden (HAASE, 1, 1978). Die im Rahmen von Vorarbeiten zum Geschichtlichen Handatlas von Westfalen (s. Kap. 6.6.3) von HAASE getroffenen Feststellungen gelten im grundsätzlichen auch für textliche Darstellungen. Die Karte ist übrigens 1982 in der Bearbeitung von SCHÜTTE unter dem Titel ›Städte im Mittelalter und ihre ältesten Herren‹ erschienen. Über die Probleme kartographischer Darstellung von Städteschichten und Stadtrechtsgruppierungen liegen weitere grundlegende Arbeiten vor (STOOB 1970; WENSKUS 1954). Die meisten der historisch-geographischen Atlanten, auf die im Kapitel 6.3 näher hingewiesen wird, enthalten einzelne oder mehrere Karten zu städtischen Siedlungen des Mittelalters und der Neuzeit. Die zugehörigen Erläuterungen führen in das landschaftliche Schrifttum über die Städte ein. Viel Material bieten auch das Deutsche Städtebuch mit seinen regionalen Bänden und die Reihe der

6.2 Siedlungen

historischen Stätten. Von den vielen Monographien über regionale Stadtentstehungsschichten und -typen können nur wenige zitiert werden. Es befassen sich z. B. mit südwestdeutschen Stadttypen und Städtegruppen SCHEUERBRANDT (1972), mit Kleinzentren in Mainfranken BÜHN (1974) oder fränkischen Städten und Märkten im geographischen Vergleich HÖHL (1962). Die Bastiden, hochmittelalterliche Gründungsstädte aus einem Guß im südwestlichen Frankreich, sind ein ertragreicher Gegenstand französischer Forschung (HIGOUNET 1975). Über mittelalterliche Gründungsstädte in Großbritannien hat BERESFORD gearbeitet (1967). Zu den Länderübersichten gehören Monographien über die englische Stadt des Mittelalters (REYNOLDS 1977) und die Entwicklung der niederländischen Stadt (BURKE 1956). Eine Einführung in die Entwicklungsphasen irischer Städte im Mittelalter läßt neben europäischen Gemeinsamkeiten auch regionale Sonderentwicklungen erkennen (JÄGER 1984 b). Im Zusammenhang mit den Forschungen über Städte älteren Typs sind auch in Irland in den letzten Jahren beachtliche Arbeiten über Frühformen mittelalterlicher Städte entstanden, die von SIMMS zusammengefaßt werden (1983). Ein geographischer Sammelband über die Entwicklung der irischen Städte stellt ihre wesentlichen Herausbildungsstufen von vornormannischer Zeit bis ins 19. Jh. dar (BUTLIN 1977), während eine historische Aufsatzreihe dem Werdegang irischer Städte vom Mittelalter bis ins 20. Jh. nachgeht (HARKNESS/O'DOWD 1981).

Die Geschichte der französischen Stadt hat ein großartiges vierbändiges Werk bedeutender Historiker erhalten, die durch ihre Konzeption auch Wesentliches zur Geographie bieten, da in vielen der Einzelbeiträge über topographische Aspekte hinaus Fragen der Zentralität und Städtenetze, ihrer Veränderungen, der Stadterweiterungen, der Umweltwahrnehmung, über kulturelle, wirtschaftliche und administrative Funktionen u. ä. zur Erörterung stehen (DUBY 1980; LE GOFF 1980; LE ROY LADURIE 1981; AGULHON 1983 = Histoire de la France Urbaine 1–4).

Im Zusammenhang mit der Aufwertung der Bevölkerungswissenschaft in den letzten Jahrzehnten wendet sich auch die Städteforschung historisch-geographischer Prägung verstärkt der früheren Bevölkerung, ihren Bedingungen und ihren Veränderungen zu. Welche Methoden zu detaillierten und neuen Erkenntnissen über die Wechselbeziehungen zwischen Grundriß und Bevölkerungsstruktur führen, hat SCHICH (1977) am Beispiel des mittelalterlichen Würzburg aufgezeigt. Mustergültig in analytischer Technik wird die

Entwicklung der Bevölkerung von London für die Zeit von 1580 bis 1650 untersucht (FINLAY 1981). Zur Klärung der Frage nach Gemeinsamkeiten und Unterschieden der Stadtentwicklungen in West- und Osteuropa war die demographische und ökonomische Entwicklung seit 1820 neben der Planung ein bedeutendes Untersuchungsobjekt (FRIEDRICHS 1985).

Stadtrandphänomene sind ein weiterer thematischer Schwerpunkt europäischer Forschung geworden. Eine grundlegende Einführung aus historisch-geographischer Sicht faßt viele Einzelbefunde in Tabellen zusammen (VON DER DOLLEN 1982). Stadtrandphänomene im Berliner Raum haben u. a. SCHICH und ESCHER (1983) und in Köln H. MEYNEN (1983) untersucht. In einem britischen Sammelband über den Aufstieg der vor- und randstädtischen Bebauung wird der wichtigste Aufsatz mit weiterführenden Ideen vom Herausgeber selbst beigesteuert (THOMPSON 1982).

Auch eine Darstellung heutiger Städte gewinnt wesentliche Einsichten aus der genetischen Betrachtungsweise. Das zeigen die bekannte Darstellung über die deutsche Stadt von SCHÖLLER (1967) ebenso wie eine Aufsatzserie in der Zeitschrift ›Siedlungsforschung‹ (FEHN u. a. 1983).

6.3 Wirtschaftsraum

Wenn in diesem Kapitel der Wirtschaftsraum zunächst in Sachbereiche (6.3.1–6.3.3) aufgegliedert wird, obwohl in ihm Land- und Forstwirtschaft, Gewerbe und Industrie neben- und miteinander wirken, so geschieht das aus einem doppelten Grunde. Es gibt eine große Anzahl von Studien, in denen es schwerpunktmäßig nur um einen jener genannten Berichte geht, und andererseits wird durch diese Trennung die Darstellung, die ja einführen soll, übersichtlicher. Im Falle des Agrarraums wird jedoch die Siedlung mit eingeschlossen, weil sie funktional aufs engste mit den agrarischen Wirtschafts- und Betriebsformen verknüpft ist. Ebenso ist der Mensch als Erkennender, Bewertender und Handelnder in vielen Studien, die hier zu erwähnen sind, präsent, auch dann, wenn das im Titel nicht direkt ausgesprochen wird.

6.3.1 Agrarraum mit Gesellschaft und Siedlungen

Die Agrargesellschaft (s. Kap. 6.2.1) als Gestalter des Agrarraumes steht im Mittelpunkt einer eigenen Zeitschrift, in der auch seit ihrer Begründung die Geographie neben der Geschichte und Soziologie vertreten ist: der ›Zeitschrift für Agrargeschichte und Agrarsoziologie‹ (seit 1953). Eine europaweite Einführung in die Erforschung der Landgemeinden mit Forschungsberichten, Fallstudien und Karten bietet ein Sammelband des European Coordination Centre for Research and Documentation in Social Sciences; auch die Geographie ist darin vertreten (DURAND-DROUHIN u. a. 1981). Im neuesten Forschungsbericht, und zwar über die Sozialgeographie des ländlichen Raumes in Irland (SMYTH 1984), ist die genetische Richtung stark vertreten. Denn unter EVANS (1973) ist dort bereits seit Anfang der 1940er Jahre dieser Forschungsansatz der Verbindung von ländlichem Raum und den ihn gestaltenden Gruppen eröffnet worden. Die deutschsprachige Forschung hat sich in den letzten zwanzig Jahren vor allem der großen Gruppe der Kleinbauern und unterbäuerlichen Schichten zugewandt, weil diese der frühen Neuzeit bis an die Schwelle der Gegenwart die strukturelle und funktionale Entwicklung der ländlichen Siedlungen und ihrer Wirtschaftsflächen erheblich, regional sogar entscheidend geprägt haben. Als Einführungen eignen sich für den Südwesten eine Untersuchung von GREES (1975), für den Nordwesten eine solche von NITZ (1978), während LICHTENBERGER (1978a) auf die Bergbauern in den Hochgebirgen Europas blickt und ihre Struktur- und Existenzprobleme unter Rückgriff bis ins 18. Jh. modellartig vorstellt.

Arbeiten über die Agrargesellschaft sind eng verknüpft mit der Frage nach Qualität und Größe der Betriebe, zumal diese kleinsten Bausteine des Agrarraums dessen Gefüge entscheidend gestalten. Da bereits in Kapitel 6.2.1 dazu wichtige Arbeiten vorgestellt worden sind, genügen hier wenige ergänzende Hinweise. Die Betriebsgrößen sind maßgebend von den früheren Vererbungsformen beeinflußt worden, so daß darüber viel gearbeitet worden ist. Unter historischen Aspekten und mit weiterführenden Schriftennachweisen sind die Vererbungsformen und Betriebsgrößen in der Landwirtschaft im Historischen Atlas von Baden-Württemberg dargestellt worden (SCHRÖDER 1980). Daß die Erbsitte der Realteilung einen erheblichen Einfluß auf die Industrialisierung ausgeübt hat, ist mehrfach festgestellt worden (BORN 1958). Daß die Größen von

Betrieben, die in mittelalterlichen Quellen unter einem Namen erscheinen, sehr verschieden waren, ist erst kürzlich wieder von GISSEL am Beispiel des dänischen 'bol', des mittelalterlichen Familienbetriebs, gezeigt worden (1979). Eine Untersuchung, die der Entwicklung der landwirtschaftlichen Betriebsgrößen im Rheinland gewidmet ist, greift bis ins 16. Jh. zurück (ZSCHOCKE 1971).

Eine besondere, seit langem von der Geographie wegen ihrer Raumwirksamkeit berücksichtigte Erscheinung des ländlichen Bereichs sind die Güter im Sinne von größeren, mehr oder weniger herrschaftlich organisierten Landwirtschaftsbetrieben. Noch immer lesenswerte Arbeiten haben LEISTER (1952) über Schleswig-Holstein und H. und G. MORTENSEN (1955) über das östliche Deutschland vorgelegt. Aufschlußreich sind die Karten über die enorme Ausdehnung des früheren Großgrundbesitzes im Historisch-geographischen Atlas des Preußenlandes (H. u. G. MORTENSEN u. a. 1968ff., Lfg. 4 u. 10). Im Tagungsband der Permanent European Conference for the Study of the Rural Landscape in Roskilde (FRANDSEN u. a. 1981) hat das Gutssystem in seiner Raumwirksamkeit einen eigenen Schwerpunkt mit Beiträgen über Dänemark (CHRISTENSEN), Irland im 18./19. Jh. (HORNER) und die Nordschweiz (LEIMGRUBER). Die landschaftliche Stellung großer Domänen im mittelalterlichen Irland untersuchen JÄGER (1983) und SIMMS (1983). Wegen ihrer Übertragbarkeit auf andere Länder verdient eine polnische Studie über den Einfluß der Landeshauptstadt auf die Entstehung großer Herrschaftsgüter allgemeinere Beachtung (LESKIEWICZOWA/SMOLEŃSKA 1978).

In Großbritannien haben neben mittelalterlichen Gütern oder "manors" wegen ihrer mitunter bis heute nachwirkenden Bedeutung für das ältere Siedlungsgefüge altertümliche Formen grundherrlicher Betriebe ein besonderes Interesse der Forschung gefunden. Sie gehen bis in die vornormannische Zeit zurück und werden in der britischen Forschung, die sich besonders auch auf Wales erstreckt, als "multiple estates" (JONES 1976; 1983) oder "composite estates" (HOOKE 1982) bezeichnet. Beide Namen lassen sich unter Einbeziehung der Sache übersetzen als „vielgliedrige Gutsbezirke". In ihrer territorialen und administrativen Organisation sind sie den Villikationen des westlichen Kontinentaleuropas vergleichbar.

Die Orts- und Flurformen, die vor allem von der genetischen Siedlungsgeographie untersucht werden (s. Kap. 6.2.1), sind grundlegende formale und funktionale Elemente des Agrarraums. Mit

6.3 Wirtschaftsraum

ihnen sind die Bodennutzungssysteme im Sinne von Feldsystemen oder Anbaurotationen eng verknüpft. Diese Fachausdrücke und Begriffe sind erst spät in die Landesforschung eingeführt worden. Die Sache selbst ist so alt wie die Nutzung des Bodens durch Landwirtschaft. Jene Termini bezeichnen die Verfahrensweise, nach der beim Ackerbau die Kulturpflanzen (= Kulturarten) in räumlichem und zeitlichem Wechsel über die Nutzfläche verteilt werden. Die Art der Bodennutzung wird von naturräumlichen, agrarwirtschaftlichen, -technischen und -gesellschaftlichen Faktoren, von den Siedlungsverhältnissen und Flurformen, den Kulturpflanzen und weiteren Umständen, die alle nach Raum und Zeit variabel sind, maßgebend beeinflußt. Daher führt eine umfassende Untersuchung der Bodennutzungssysteme rasch zu einem tieferen Eindringen in wesentliche Funktionszusammenhänge heutiger oder früherer Agrargebiete und ist deshalb seit über 100 Jahren ein noch immer nicht erschöpftes Untersuchungsobjekt der historischen Landesforschung, wie eine ganze Reihe neuerer Arbeiten zeigt (JÄGER 1980; DAHLMANN 1980; DODGSHON 1980; ROWLEY 1981). In ihrer regionalen und systematischen Vielfalt treten uns ältere Bodennutzungssysteme erst in den vielen gebietlichen Beschreibungen und Akten des 18. und 19. Jh. entgegen. Die Verhältnisse dieser Zeit sind deshalb von der älteren Forschung am besten bearbeitet worden (MÜLLER-WILLE 1939; POHLENDT 1954). Manche der noch bestehenden Lücken in der Verteilung der Feldsysteme wären für jene Epoche der Materiallage nach zu schließen. Daher wird auch die Art und Verbreitung der Feldsysteme am Vorabend der allgemeineren Rationalisierung der Landwirtschaft, das heißt im 18. und 19. Jh., eine Ausgangsbasis für rückschreitende Forschungen zur Klärung weit älterer Verhältnisse bleiben müssen. Die erste systematische Bearbeitung des Materials aus dem 18. und 19. Jh. ergab die klaren Schemata von MÜLLER-WILLE (z. B. 1941). Ohne sie wären die mit SCHRÖDER-LEMBKE (u. a. 1954; 1959) beginnenden Ansätze zur Erforschung frühmittelalterlicher und späterer Feldsysteme, die schließlich zu den Arbeiten von OTT (1970), STAAB (1975) und HILDEBRANDT (1977) geführt haben, undenkbar. Einen weiteren Weg für die Erforschung frühgeschichtlicher und mittelalterlicher Feldsysteme, von dem in Zukunft noch entscheidende Fortschritte zu erwarten sind, eröffnet die Paläo-Ethnobotanik (vgl. Kap. 4.2). Vor allem in der Verknüpfung ihrer Befunde mit den Feststellungen, die sich aus schriftlichen und kartographischen Zeugnissen ergeben, wird eine der wichtigsten Aufgaben der Zukunft liegen. Eine länderweite Übersicht über die früheren Feldsysteme, zu denen vor allem die Ein-, Zwei- und Dreifelder- oder -Zelgenwirtschaft, die Feld-Gras-Wirtschaft, Koppelwirtschaft, extensive Feldweidesysteme (kurzfristige Ackernutzung im Wechsel mit langfristiger, sich selbst berasender Weide), und eine Reihe von altertümlichen Flächenwechselsystemen (z. B. Feld-Ödland-Wechsel) gehören, liegt mit neueren Fragestellungen nur aus Großbritannien mit England, Wales und Schottland sowie Irland vor (BAKER/BUTLIN 1973).

Bei der Auswertung von Verbreitungskarten ergibt sich die Frage, wie weit der darin enthaltene Zustand in die Vergangenheit zurückreicht. Während die Forschung des 19. und des ersten Drittels unseres Jh. geneigt war, die Bodennutzungssysteme möglichst weit in die Vergangenheit, vielfach bis ins germanische Altertum zurückzuprojizieren, haben jüngere Arbeiten gezeigt, daß sich im Verlaufe der Jahrhunderte Erhebliches geändert hat. In großem Umfang ist mit Egalisierungen oder der Vereinheitlichung von Bodennutzungssystemen durch administrative Maßnahmen zu rechnen. In der Landgrafschaft Hessen-Kassel z. B. hatte die für das ganze Territorium verbindliche Grebenordnung vom Jahre 1739 Richtlinien für eine streng geregelte Dreifelderwirtschaft gegeben, die von den meisten Gemeinden bis zu den Reformgesetzen der Mitte des 19. Jh., mitunter darüber hinaus, eingehalten worden sind. Wenn man im Gebiet der ehemaligen Landgrafschaft und des späteren Kurfürstentums Hessen mittels retrogressiver Methoden (s. Kap. 2.5) die Bodennutzungssysteme der Frühzeit untersuchen will, muß man daher mindestens mit den Zuständen der Zeit vor der Grebenordnung, d. h. vor 1739, beginnen. Für manche Territorien ist schon mit mittelalterlichen Egalisierungen zu rechnen. Wenn z. B. HELMFRID (1962, S. 122 ff.) festgestellt hat, daß sich in Östergötland das Gebiet des Zweizelgenbrachsystems ungefähr mit der Ausdehnung der früheren Solskifte (= hochmittelalterliche Dorf- und Flurregulierung) und dem Geltungsbereich der ostmittelschwedischen Provinzgesetze des Mittelalters deckt, dann sind dort, jedenfalls für die Zeit um 1300, Vereinheitlichungen von Bodennutzungssystemen in Rechnung zu stellen (auch GÖRANSSON 1961). Neben jenen in Wirklichkeit vorgenommenen Egalisierungen gab es andere, die sich allein auf die Akten beschränkten, so daß bei unkritischer Benutzung, oder wenn entsprechende Hinweise fehlen, eine in Wirklichkeit nicht vorhanden gewesene Einförmigkeit der Bodennutzung und ihrer Systeme vorgetäuscht werden kann. So haben z. B. bei der Generallandesvermessung des Landes Braunschweig von 1746 bis 1784 die Vermessungsingenieure schematische Dorf-, Feld- und Wiesenbeschreibungen angelegt und dabei in manchen Orten auf die Wiedergabe von Besonderheiten der Bodennutzung verzichtet, um sie in die vorgegebenen Schemata einordnen zu können (KRAATZ 1975).

Die genetische Kulturlandschaftsforschung hat sowohl im Rahmen verknüpfender, auf die Entwicklung von Kulturlandschaften gerichteter Untersuchungen wie von Detailstudien die Viehhaltung vernachlässigt. Dieser Stand spiegelt sich darin, daß im Sachregister des bekannten Forschungsberichtes von BORN über die Entwicklung der deutschen Agrarlandschaft aus dem Jahre 1974 die Stichworte Haustier, Tierhaltung oder ähnliche Ausdrücke nicht auftauchen. Nur wenige, unter denen Wilhelm MÜLLER-WILLE zu nennen ist (z. B. 1952), haben die historische Viehhaltung in ihren Beziehungen zu ökologischen, marktwirtschaftlichen und betriebswirtschaftlichen Bedingungen verfolgt. Inzwischen gibt es Versuche, die mittelalterliche Viehhaltung und ihre zugehörigen Wirtschaftsflächen, die ja wegen des extensiven Weidebetriebes stark auf die Umwelt eingewirkt hat und von großer Bedeutung für den bäuerlichen Betrieb war, mit verfeinerten Methoden zu erfassen und typologisch zu klassifizieren (JÄGER 1978b, S. 17ff.; 1983).

Unter den Sonderkulturen hat der Weinbau das besondere Interesse der historischen Geographie gefunden, weil er früher in hohem Maße und regional großflächig auf die Bevölkerung, die Siedlungen und die Bodenoberfläche eingewirkt hat. Von ihm gibt es auch mehr als von anderen Sonderkulturen Relikte im Gelände, wenn ehemalige Anbauflächen wüstgefallen sind. Die klassischen Arbeiten haben SCHRÖDER für den Südwesten (1953) und DION für Frankreich vorgelegt (1959). Eine imposante Untersuchung über das weltberühmte Rotweingebiet des Médoc berührt in historisch-geographischer Sicht alle Aspekte von den ökologischen Voraussetzungen über die Entwicklung bis zu den heutigen Problemen (PIJASSOU 1980). Europaweit ist die Perspektive von WEBER über die Entwicklung der nördlichen Weinbaugrenze (1980). Das sehr umfangreiche Literaturverzeichnis ist eine Fundgrube für weiterführende Arbeiten.

Der Landschaftspark des 18. Jahrhunderts ist ein liebenswerter Beitrag aus England zum kulturellen Erbe Europas, so daß er nach Genese und Form Gegenstand vieler Arbeiten ist, zu denen auch die Geographie wesentlich beigetragen hat. Als Einführungen empfehlen sich je eine Studie über Parks in England (PRINCE 1967) und in Schottland (TAIT 1980).

Daß agrarräumliche Probleme bei schwierigen Rahmenbedingungen in den Landschaften mit Grenzböden besonders hervortreten, hat für die Alpen und einige höhere Mittelgebirge LICHTENBERGER in verschiedenen Studien gezeigt, die wichtige ihrer Erkenntnisse genetischen Aspekten verdanken (1966; 1978a; 1979). Wie sehr das historische Erbe in manchen Agrarräumen Sowjetrußlands noch nachwirkt, obwohl sich der Staat nach kommunistischer Zielsetzung seit Jahrzehnten bemüht, die Unterschiede zwischen Stadt und Land aufzuheben, hat ROSTANKOWSKI in der Bemerkung vom „sowjetischen Dorf zwischen Vergangenheit und Gegenwart" ausgedrückt (1982, S. 125).

6.3.2 Wald

Da in vielen europäischen Ländern der Wald mehr als 25% der Fläche einnimmt, hat die Geographie insbesondere seit Robert GRADMANN (1901) und Otto SCHLÜTER (zuletzt 1952–58) neben Studien über den heutigen Wald zahlreiche Arbeiten über dessen Entwicklung in prähistorischer und historischer Zeit vorgelegt. Grundlegende Nachbarwissenschaft ist zunächst die Forstgeschichte, in deren neueste Strömungen zwei Bände des letzten internationalen Kongresses Einblick geben (École Nationale 1982). Als zweite Nachbardisziplin ist für die historische Geographie die botanische Vegetationsgeschichte (s. Kap. 4.3), wie sie etwa in dem noch immer grundlegenden Werk von FIRBAS (1949/52) vertreten wird, unverzichtbar. Auch die ökologisch ausgerichtete Pflanzensoziologie besitzt oft eine genetische Blickrichtung und greift unter Berücksichtigung der anthropogenen Einwirkungen weit in die Vergangenheit zurück (ELLENBERG 1982). Einzelne Pflanzensoziologen (z. B. KRAUSCH 1962) haben hervorragende historisch-geographische Studien publiziert. Er hat auch die Karte der natürlichen Vegetation mit ihren verschiedenen Waldgesellschaften für den Historischen Handatlas von Brandenburg und Berlin bearbeitet (1965) und sich im Zusammenhang mit der Waldentwicklung mit den weitestgehend von der Historischen Geographie vernachlässigten Wiesen befaßt (1955). Daß die heutige Verbreitung des Waldes nur unter Berücksichtigung der Einwirkungen des Menschen in der Vergangenheit erklärt werden kann, ist in einem europaweiten Überblick von DARBY dargestellt worden (1956). Ein Einstieg in die Problematik für das nördliche Süddeutschland (JÄGER 1968) ließe sich angesichts einer hervorragenden Quellenlage leicht erweitern und vertiefen.

Im Vergleich zur Forstgeschichte (u. a. HASEL 1985) und zur botanischen Waldgeschichte ist der Beitrag der Historischen Geographie zur Erforschung des früheren Zustandes der Wälder, ihrer Funktion und Entwicklung nach dem Umfang der Publikationen geringer. Dieser Tatbestand überrascht um so mehr, als es ja ausgezeichnete Ansätze zu einer genetischen Waldgeographie bereits seit langem gibt (auch MÜLLER-WILLE 1938). Die Forschungslage hellt sich allerdings auf, wenn man die vielen Arbeiten vom Typ „die Entwicklung der Kulturlandschaft im Raum X" durchmustert. Dann wird man in den meisten eine Berücksichtigung des Waldes vorfinden. Als Beispiele seien nur die Landschaftsgeschichten über den Kreis Holzminden (TACKE 1943) und das Fuldaer Land (RÖLL 1966) genannt. Der Sammelband von WINDHORST (1978) ist zwar ganz auf die rezenten Waldverhältnisse abgestellt, weist aber in seiner Bibliographie manche historisch-geographisch orientierte Untersuchung aus.

Eine Reihe von Studien über frühere Waldverhältnisse, ihre Rahmenbedingungen und ihre Veränderungen verdanken wir RUBNER (z. B. 1956; 1960; 1964) und HENDINGER (z. B. 1966). Noch immer unerreicht nach Umfang und Vollständigkeit ist das zweibändige Werk von MAGER über den Wald in Altpreußen (1960). Diesem Altmeister der historischen Geographie verdanken wir auch eine mustergültige Untersuchung über Wildbahn und Jagd in einem früheren Territorium (1941). Da sie nur in wenigen Exemplaren während des Krieges an relativ versteckter Stelle erschienen ist, wurde sie bis heute nicht gebührend beachtet.

In den anderen europäischen Ländern ist die Lage ähnlich. Die weitgehende Vernichtung des irischen Waldes seit rund 1600, als die Insel noch ca. 12% Waldfläche gehabt hat, ist von MCCRACKEN untersucht worden (1971). Daß auch für die älteren Phasen der irischen Kulturlandschaftsentwicklung trotz schwieriger Quellenlage waldgeschichtliches Arbeiten möglich ist, zeigt JÄGER (1983). England besitzt ein neueres historisch-geographisches Standardwerk über seinen älteren Wald, das von einem Botaniker verfaßt worden ist (RACKHAM 1980). Er hat sich auch in einer kleineren Einführung mit dem Wald in der britischen Landschaft befaßt (RACKHAM 1976). Analysemethoden für die Untersuchung des Wandels der letzten 60 Jahre hat anhand spezifischer britischer Quellen WATKINS entwickelt (1984). Als besonders ergiebig erweist sich die interdisziplinäre

Untersuchung der Entwicklung von Waldgebieten. Hier steht die Forschung erst am Anfang (JÄGER/SCHERZER 1984). Daß auch die neuzeitlichen Veränderungen der Waldfläche erheblich sein können, hat BREMER (1973) für Brandenburg und Berlin gezeigt.

6.3.3 Gewerbe- und Industriegebiete

Im Zusammenhang mit den Relikten der Industrie ist dieses Thema bereits (s. Kap. 5.4) unter anderen Aspekten erörtert worden. Hier geht es um die Lokalisation gewerblicher und industrieller Stätten im Raum und um ihren Zusammenhang mit anderen Bereichen der Geographie, wobei wiederum nur Arbeiten mit zeitlicher Dimension, aber unter Ausschluß der regionalen Kulturlandschaftsgeschichten zu betrachten sind. Eine rasche Einführung in die deutsche Forschung bieten zwei Berichte von KRINGS (1981; 1982); auch die Bibliographie in dem von HOTTES (1976) herausgegebenen Sammelband über Industriegeographie weist manche Arbeiten nach. In die britische Forschung wird der bald erscheinende, von LANGTON und MORRIS vorbereitete ›Atlas of the Industrial Revolution‹ mit seinen 30 Mitarbeitern, 330 Karten und erläuternden Texten einführen. Da er den Zeitraum vom frühen 18. Jh. bis zum Jahre 1914 betrifft und neben der Industrie auch Siedlungswesen, Verkehr, Sozialverhältnisse, Landwirtschaft, Erziehung, Politik, Bankwesen u. a. Themen umfaßt, lassen sich die meisten Rahmenbedingungen einer für die Gegenwart noch immer maßgebenden Industrialisierungsphase erkennen. Im besonderen stehen im Vordergrund in Großbritannien Fragen der Lokalisation und regionalen Differenzierung, der Kapazität und Typologie der Industrie im zeitlichen Wandel (z. B. KENNY 1982). Ähnliche Zielsetzungen werden im deutschsprachigen Raum verfolgt. Entsprechende Beispiele geben einige der großen historischen Länderatlanten mit ihren Erläuterungen, welche ebenfalls Quellen und weiterführendes Schrifttum nachweisen (z. B. FEYER 1973; BÜSCH u. a. 1975). In einem Forschungsbericht der Akademie für Raumforschung und Landesplanung (1969) über Wirtschaftskarten des 19. Jh. stehen nicht nur methodische Fragen (REEKERS) zur Diskussion, sondern auch die landschaftlichen Voraussetzungen und Folgen der Industrie (BÖHN). Wer den Anfängen der Industrialisierung nachgeht, muß einen besonderen Schwerpunkt auf die natürlichen, demographischen und wirtschaftspolitischen Bedingungen, auf Kapitalbeschaffung, Betriebs- und Unternehmerorganisation, Rohstoffversorgung, Absatz, Verkehrslage, Energieversorgung und Wirtschaftsgeist der Bevölkerung, Verkehrsinfrastruktur und Verkehrsanbindung legen. Manche dieser Determinanten wurden schon in den klassischen Arbeiten über die Entstehung von Industriegebieten untersucht (z. B. KRAUS 1931), während sie in den neueren Arbeiten noch umfassender beachtet werden (FRÜHAUF 1980). Wer den Begriff der „Wirtschaftsformation" auf die Industrie anwenden will, findet einen raschen Zugang durch die Methodendiskussion von HOTTES (1971), QUASTEN (1970) und FRÜHAUF (1980, S. 30ff.). Daß im Mittelalter noch ein unmittelbares Nebeneinander von Erzgruben und Hütten bestanden hat, ist durch DENECKE (1978) in einer auch methodisch belangvollen Karte vorgestellt worden.

6.3.4 Verknüpfende Studien

Werden die einzelnen Sektoren der Wirtschaft unter übergeordneten Fragestellungen miteinander verknüpft, ergeben sich bei einer regionalen Bezugsebene wirtschaftsräumliche Einheiten. Eine solide Grundlage ist eine möglichst großmaßstäbliche und detailstarke Kartierung. Mustergültig ist die historische Wirtschaftskarte der Rheinlande um 1820 (HAHN/ZORN 1973), weil sie in differenzierender Darstellung die land- und forstwirtschaftliche Flächennutzung, Bergbau und alle wesentlichen Gewerbe, außerdem Handel und Verkehr darstellt. Ihr Erläuterungsheft gibt neben einer Methoden- und Sachdiskussion eine Fülle von Quellen- und Schrifttumshinweisen. Unter dem übergeordneten Aspekt der Raumordnung im 19. Jh. (Akademie 1965; 1967) wird in mehreren Forschungsberichten der damaligen Entwicklung von Wald und Forstwirtschaft (ZUNDEL), den Beziehungen zwischen Bevölkerung und Industrialisierung (BLASCHKE), staatlicher Industrieförderung (RITTER) und der Entwicklung des Ruhrgebietes nachgegangen (STEINBERG). Forschungsansätze von Raumordnung mit Wirtschaftsgeographie fördert ein methodisch weiterführender Beitrag von OTREMBA (1963). Viele Kulturlandschaftsgeschichten, denen auch die genetischen Kulturlandschaftsstudien nahestehen, enthalten Abschnitte über die einzelnen Wirtschaftssektoren, die gewöhnlich in eine übergeordnete Fragestellung mit räumlicher Konzeption integriert sind. Zu den empfehlenswerten Beispielen gehören Arbeiten über Nordostengland (UHLIG 1956) und das westliche Ruhrgebiet (MERTINS 1964). Im Prinzip gilt jenes auch für die „Historischen Geographien" von größeren Landesteilen und Ländern. Die bekannte Darstellung von England und Wales (DOGSHON/BUTLIN 1978) enthält z. B. die Kapitel: ›Industry and Towns 1500–1730‹ von LANGTON, ›The Framework of Industrial Change 1730–1900‹ von PAWSON und ›The Process of Industrial Change 1730–1900‹ von GREGORY. Der Konzeption des Gesamtwerkes entsprechend wird die Industrie in allen Teilen unter übergeordneten Aspekten, wie Nachfrage, Versorgung, Technologieentwicklung und Innovationen, dargestellt.

6.3.5 Handel und Verkehr

Handelsweg, Handelsstraße, Handelsverkehr und Handelsschiffahrt sind Worte unserer Sprache, die bereits auf die enge Verbindung von Handel und Verkehr hinweisen. Deshalb faßt auch die „Handels- und Verkehrsgeographie" beide Bereiche sowohl in ihrer rein gegenwartsbezogenen wie historischen Teildisziplin zusammen. Dabei steht im Wirtschaftsraum nicht die Einzellinie des Verkehrs, sondern das Verkehrsnetz mit seinen Knoten- und Umschlagspunkten im Vordergrund. Die verschiedenartigen und oft markanten Reliktformen früherer Landverkehrswege, Schiffahrtskanäle und Eisenbahnen sind bereits in anderem Zusammenhang dargestellt worden (s. Kap. 5.1). Die drei stattlichen Bände zu Handel und Verkehr der vor- und frühgeschichtlichen Zeit (DÜWEL/JANKUHN u. a. 1985), die methodische Grundlagen sowie Darstellungen aus dem Raum vom Mittelmeer bis Island und zur Ostsee und Rußland bieten, wobei auch Meeres- und Flußverkehr berücksichtigt werden, sind durch ihre Beiträge wie Hunderte von Schrifttums- und Quellenhinweisen die zur Zeit beste Einführung in die älteren Phasen. Aus allen europäischen Ländern, die Teile des Reiches der Römer waren, liegen über deren Verkehrswege gute Arbeiten vor. Sie werden nachgewiesen in den Literaturhinweisen von RADKE (1971) und SCHNEIDER (1982). Eine Verknüpfung römischer Straßen- und Stadtnetze nimmt BURGHARDT vor (1979).

Über die Erforschung der mittelalterlichen Verkehrswege informiert europaweit DENECKE (1979 b). Seine umfangreiche Bibliographie, die bis auf wichtige deutschsprachige Arbeiten des 19. Jh. zurückgreift, weist auch Untersuchungen nach, die Verkehrswege und Handel verknüpfen. Noch nicht berücksichtigen konnte er: 1. die

wichtige Karte von SCHAAB (1982) über die Geleitstraßen in Baden-Württemberg um 1550, die in der textlichen Erläuterung 11 weitere, teilweise bis in die Römerzeit oder das Mittelalter zurückgreifende Karten enthält, 2. die Karte der Handelsstraßen des Mittelalters von Brandenburg (HEINRICH 1980), welche drei Straßenschichten, ferner die im östlichen Deutschland wichtigen Krüge, Münzstätten, Zölle, Burgen und Klöster enthält.
Der knappe Forschungsbericht von SCHÄFER (1982) erstreckt sich auf die mittelalterlichen und neuzeitlichen Phasen des Straßen- und Eisenbahnverkehrs. Über die bedeutende mittelalterliche Handelsschiffahrt auf Binnengewässern und Randmeeren unterrichten mehrere Arbeiten von ELLMERS, die reiche Schrifttumsangaben bringen (1972; 1978; 1979). Manche Kapitel in den „Historischen Geographien" sind ganz oder weitgehend dem früheren Handel und Verkehr gewidmet, wobei z. B. von MOYES (1978) Netzwerke der verschiedensten Verkehrsarten und die funktionalen Zusammenhänge von Verkehr und sonstiger Wirtschaft für die Zeit zwischen 1730 und 1900 beachtet werden. HARRIS (1973) verknüpft ebenfalls die Entwicklung der Verkehrswege mit allen anderen davon betroffenen geographischen Objekten. Bezeichnend dafür ist ein kleiner Textabschnitt über Eisenbahn- und Kanalstädte.
Während es eine Reihe von britischen Arbeiten über römische Straßen gibt (MARGARY 1967), liegt bislang erst eine umfassende Studie über das mittelalterliche Straßennetz von England und Wales vor (HINDLE 1982).
Arbeiten über Verkehrsnetze des 16. Jh. und jüngerer Perioden können sich in vielen europäischen Ländern auf zeitgenössische Karten stützen. Epochemachend war bekanntlich die Romwegkarte des Nürnbergers Etzlaub von 1501. Sie ist wegen ihrer Bedeutung ebenso reproduziert worden (LANGOSCH 1976) wie etwa das hervorragende Werk von TAYLOR and SKINNER (1778/1969) über die Straßen Irlands. Ebenfalls manche der Postkarten des 18. und frühen 19. Jh. sind in Reproduktionen greifbar und daher leicht als Quellen auszuwerten. Eins der besten Beispiele ist die Sotzmannsche Straßenkarte der Preußischen Staaten von 1802 (SCHARFE 1981), die im Maßstab 1 : 1 000 000 für das Gebiet zwischen Århus im Norden, Wien im Süden, Antwerpen im Westen und Warschau sowie Grodno im Osten alle wichtigen Postrouten wiedergibt. Noch leichter ist die Entwicklung der Eisenbahnnetze aus zeitgenössischen Streckenkarten zu erschließen. Anläßlich des Jubiläumsjahres 1985 sind in der Bundesrepublik Deutschland eine ganze

Reihe solcher Karten, Eisenbahnatlanten und ältere Kursbücher nachgedruckt worden. Von den Arbeiten, welche die Entwicklung des Netzes der Landverkehrswege von der urgeschichtlichen Zeit bis zu den Eisen- und Autobahnen unter Berücksichtigung der bedingenden Faktoren untersuchen, wäre beispielhaft eine Studie über Sachsen zu nennen (SPECK 1953).

Da jedoch die heutige kartographische und textliche Bearbeitung neuzeitlicher Verkehrsnetze in der Regel durch das, was erfaßt wird, erheblich über zeitgenössische Karten hinausgeht, sind entsprechende Studien unverzichtbar. Ein Beispiel für den großen Umfang herangezogener Archiv- und Aktenquellen, zeitgenössischer Landkarten und Literatur bieten Karten über die Entwicklung der Verkehrsverhältnisse in Altpreußen seit etwa 1700 (E. NAGEL 1984). Methodisch weiterführend sind die dazu benutzten Grundkarten 1:300000. Während für die Zeitstufe um 1700 zur Vermeidung des in vielen Arbeiten wegen rezenter Grundkarten vorhandenen Anachronismus eine Landesaufnahme des späten 18. Jh. reproduziert wurde, liegt der Entwicklung des 19./20. Jh. die topographische Karte von Mitteleuropa (Stand vor 1920) zugrunde. Der relativ große Maßstab hat auch erlaubt, in der Karte für die Zeit um 1700 neben einer qualitativen Unterscheidung der Landstraßen, die Postrouten, die Wasserstraßen und zahlreiche weitere Objekte aufzunehmen, die in funktionalen Beziehungen zu den Verkehrswegen stehen.

Da Handel und Verkehr in Baden-Württemberg eine lange Tradition haben und in ihrer Intensität viele andere Landesteile von Deutschland und Europa übertreffen, sind beide als Kartenthemen auch mehrfach im Historischen Landesatlas vertreten. Neben der genannten Karte der Geleitstraßen haben eine eigene Darstellung die Postrouten von 1490 bis 1803 (LEIBBRAND 1980), die Entwicklung des Netzes der Hauptstraßen von 1855 bis 1976 (FEYER 1977) und die Eisenbahnen (FEYER 1972) gefunden. Aus den Umlaufgebieten der regionalen Pfennige (ca. 1150–1330), den Marktorten von 1250 bis 1828 (SCHAAB 1982) und der Organisation sowie kommerziellen Tätigkeit von Produktions- und Handelsgesellschaften mit Berücksichtigung ihrer Absatzgebiete (EITEL 1976) lassen sich frühere Handelsräume und Wirtschaftsgebiete ermitteln.

Über die Entwicklung des Eisenbahnnetzes gibt es außer den genannten weitere Arbeiten in mehreren europäischen Ländern (u. a. METHLING 1967; HARRIS 1973, S. 510; SCHÄFER 1979; HAJDUCKI 1974). Studien über die Beziehungen zwischen Eisenbahn und anderen Sektoren der Wirtschaft und der Besiedlung sind in England mit seinem frühen und bis um 1950 dichten Eisenbahnnetz häufig mit Themen wie z. B. ›The Impact of Railways on Victorian Cities‹ (KELLETT, London 1969) oder ›Railways and Economic Growth 1840–70‹ (HAWKE, Oxford 1970) verbunden. Bei den Wasserstraßen ist es zur Entwicklung von ausgesprochenen Netzen durch Ausbau der natürlichen und Anlage künstlicher Wasserwege nur dort im Tiefland gekommen, wo der Reichtum an Flüssen und Seen, verbunden mit niedriger Meereshöhe und flachen Wasserscheiden günstige Vorbedingungen geboten haben. Solche bestanden in den Niederlanden oder in dem früheren Brandenburg, wo sich bereits ab dem 17. Jh. ein Netz von Wasserstraßen entwickelte, das seit 1835 bis zur Gegenwart durch Vertiefung und Erweiterung der Fahrrinnen ausgebaut worden ist (KRÖHAN 1964).

6.4 Wüstungsforschung als Raumstruktur- und Prozeßanalyse

Wüstungen im weitesten Sinne sind verschwundene oder geräumte Siedlungen, aufgegebene Wirtschaftsflächen und verlassene, isolierte Industriebetriebe (Industriewüstungen). Wüstungsforschung ist heute interdisziplinär und wird von Archäologen (JANSSEN 1975), Geographen und Historikern (JÄGER 1979a) betrieben (vgl. Kap. 5.3). Während der Historiker Wüstungen als Objekte der sich in der Zeit verändernden politischen und gesellschaftlichen Wirkungsgefüge untersucht, geht es dem Geographen darum, die Wüstungen als Elemente und Faktoren des sich in der Zeit verändernden räumlichen Wirkungsgefüges zu erfassen; anders ausgedrückt: der Geographie geht es um die Wüstungen als landschaftliche Objekte. Dabei hat die Untersuchung von der bloßen Feststellung, Beschreibung und Ursachenforschung vor allem zur Wirkungsforschung voranzuschreiten. Die Wüstungen müssen in die Entwicklung des Siedlungs-, Wirtschafts- und Gesellschaftsgefüges vor, während und nach sogenannten Wüstungsperioden gestellt werden. Mit diesem Begriff wird das massenweise Vorkommen von Wüstungen in einer Zeiteinheit bezeichnet. So können aus Wüstungsvorgängen, um nur vier unterschiedliche Beispiele zu geben, Neubildungen von großen Forsten hervorgehen, neue territoriale, bis heute vorhandene Grenzen gezogen werden (JÄGER/SCHERZER 1984); Wüstungen konnten zu erheblichen, säkularen Veränderungen in der agrarischen Landnutzung führen (DYER 1982) oder zu einem Zusammenbruch der mittelalterlichen Kirchenorganisation (G. MORTENSEN 1973). In den letzten Jahren sind Wüstungen mit Gebäude- und Flurrelikten auch von der amtlichen Denkmalpflege entdeckt und für die Öffentlichkeit in Führungsblättern beschrieben worden (SIPPEL 1985). Einem ähnlichen Ziel dienen neben anderen Zwecken auch alle Blätter der Historisch-Landeskundlichen Exkursionskarte von Niedersachsen, soweit diese Landschaften mit gehäuftem Auftreten von Wüstungen beschreibt (z. B. KÜHLHORN 1972; 1976). Ein wichtiges Instrument der Wüstungsforschung ist das bereits auf Kurt SCHARLAU zurückgehende und zuletzt von ABEL (1976, S. 4) unter Einbeziehung der temporären Wüstungen dargestellte Wüstungsschema, verbunden mit der Errechnung des Wüstungsquotienten, d. h. des prozentualen Anteils der Wüstungen an der Gesamtzahl der Siedlungen, die am Beginn eines Wüstungsvorganges vorhanden waren. Die damit verbundenen Probleme sind zuletzt von BORN diskutiert worden (1972). Die umfassendste Bibliographie über Wüstungen und ihre Erforschung aus dem deutschen Sprachraum hat POHLENDT (1950) vorgelegt. Da inzwischen die Forschung rasch weitergeschritten ist, sind die ergänzenden Schriftenverzeichnisse in den Arbeiten von ABEL (1976) und JÄGER (1979a) heranzuziehen. Eine umfassende Bestandsaufnahme der skandinavischen Forschung unter Einbeziehung von Dänemark, Norwegen, Schweden, Finnland und Island hat als Zusammenfassung der zehn vorangegangenen Einzelbände und zugleich als Abschluß des großen nordischen Wüstungsprojektes eine Gruppe der beteiligten Forscher vorgelegt (GISSEL u. a. 1981). Der Wüstungsprozeß wurde darin im größeren Rahmen der Entwicklung des spätmittelalterlichen Siedlungsgefüges (1300 bis 1600) untersucht, ein richtiger Forschungsansatz, da es nur durch eine solche Konzeption möglich ist, das Gewicht des Vorganges, seine Voraussetzungen, Rahmenbedingungen und landschaftlichen Folgen zu erfassen. Der Sammelband bringt des weiteren eine kritische Bestandsaufnahme der Methoden und ist auch dadurch über seinen regionalen Rahmen hinaus ein wichtiger Beitrag zur europäischen Wüstungsforschung (dazu auch SPORRONG 1984). Diese hat noch immer ihren Schwerpunkt auf den spätmittelalterlichen Wüstungen, weil diese in Gesamteuropa die Hauptmasse der verschwundenen Siedlungen bilden, doch gibt es durchaus auch ältere Wüstungsvorgänge (JANSSEN 1975) und jüngere (LENZ 1958). Auch eine sich an breitere Kreise wendende, aber wissenschaftlich solide, reich illustrierte Übersicht über britische Wüstungen, die auch

6.4 Wüstungsforschung

Irland einschließt (MUIR 1982), betrachtet neben den mittelalterlichen auch die sich in Irland und im schottischen Hochland häufenden neuzeitlichen Wüstungen. Das maßgebende wissenschaftliche Werk über die mittelalterlichen Wüstungen in England, Wales, Schottland und Irland ist noch immer das große, die Einzelforschung bis 1971 zusammenfassende Buch von BERESFORD und HURST, die beide zu den Pionieren der britischen Wüstungsforschung gehören. Inzwischen ist auch die britische Wissenschaft vorangeschritten, wie zahlreiche Einzelarbeiten zeigen (z. B. DYER 1982). Noch nicht überholt, sondern nur ergänzt worden ist auch das große europäische Sammelwerk über Wüstungen des 11. bis 18. Jh., das methodische und regionale Erkenntnisse, vor allem auch unter Berücksichtigung von Spanien, Frankreich, Italien, Griechenland, Polen, den mittel- und nordeuropäischen Ländern sowie Großbritannien unterbreitet (École Pratique 1965). Nach erfolgversprechenden Arbeiten von LÖFFLER (1979) und ZÖLITZ (z. B. 1983) sind Fortschritte in der Wüstungsforschung von quantitativen Methoden zu erwarten (s. Kap. 4.10).

Die Erforschung der mittelalterlichen Wüstungen steht auch im Mittelpunkt der britischen Medieval Village Research Group, die vor allem Archäologen, Historiker und Geographen vereinigt. Ihre jährlichen Reports enthalten Berichte über alle europäischen Länder mit Wüstungsforschung, so z. B. über Italien, Frankreich, Dänemark, die Tschechoslowakei und die Bundesrepublik Deutschland. Im östlichen Mitteleuropa ist die Wüstungsforschung in den letzten 25 Jahren vor allem in der Tschechoslowakei durch gründliche Arbeiten von Archäologen, Historikern und Geographen gefördert worden. Forschungsberichte in deutscher Sprache haben LOB (1972) und HABOVŠTIAK (1984) vorgelegt. In die polnische Forschung führt RUSIŃSKI ein (1962). Für Rußland ist noch immer das große Werk von GOEHRKE über die Wüstungen in der Moskauer Rus maßgebend (1968).

Die Frage nach den Ursachen der vielen spätmittelalterlichen Wüstungen in Europa, die in der Größenordnung von etwa 50000 bis 60000 liegen dürfte, ist trotz der rund 150jährigen Forschungsgeschichte und vieler Begründungen, die in den Tausenden von Wüstungsstudien erörtert werden, noch nicht abschließend geklärt, so daß auch in der Zukunft noch lohnende Arbeiten erwünscht sind. Insbesondere sind von sorgfältigen Regionalarbeiten, weniger von neuen Theorien, Fortschritte zu erwarten. "The fact that thousands of settlements throughout Europe were abandoned in the Later

Middle Ages is well known, but the causes of the phenomenon are still uncertain" ist die Feststellung von Christopher DYER im Jahre 1982 in der bekannten britischen wirtschaftsgeschichtlichen Zeitschrift ›The Economic History Review‹ über die Situation der europäischen Wüstungsforschung. Im Grunde genommen hat er recht, auch wenn man die bedeutende und oft herangezogene ABELsche Agrarkrisentheorie in Rechnung stellt. Sie verflüchtigt sich nämlich immer dann, wenn man konkret ein Gebiet bearbeitet. Sieht man bei der Erklärung des Phänomens der Wüstungen von ihr ab und macht nicht den Fehler vieler Doktoranden, aus dieser Theorie durch Extrapolation und Deduktion eine Begründung der regional nicht faßbar werdenden Ursachen abzuleiten, ist man vielfach auf mehr oder weniger plausible Vermutungen angewiesen. Das war z.B. die Situation der Untersuchung der Wüstungen im und am Guttenberger Wald (JÄGER/SCHERZER 1984). Bei allen Ansätzen zu gebietsübergreifenden und umfassenden Theorien ist strenger als bisher auf die zeitliche Schichtung und die Typologie der Wüstungen zu achten. So sollten Wüstungen, die eindeutig auf Kriege zurückgehen, wie viele in Altpreußen, nicht ohne weiteres mit solchen zusammengezählt werden, die mutmaßlich auf ökologischen Ursachen beruhen. Auch den Wüstungserscheinungen in überdauernden Siedlungen und den temporären Wüstungen wäre eine noch größere Aufmerksamkeit zu widmen. Mehr als bisher sind großräumige Verschiebungen in den Handelsbeziehungen in Rechnung zu stellen. Als z. B. ab etwa 1440 mehr billiges polnisches Getreide exportiert wurde, gab es an den deutschen Küsten und in Skandinavien einen Verfall der Getreidepreise mit Auswirkungen auf den ländlichen Raum (GISSEL 1978, S. 86f.; ZÖLITZ 1983, S. 89).

Die Fragestellungen und Arbeitsweisen, die bei der Erforschung mittelalterlicher Wüstungen entwickelt worden sind, lassen sich, ergänzt durch weitere Forschungsansätze, auch für die Untersuchung der heute in peripheren Räumen verbreiteten rezenten Wüstungsvorgänge anwenden. Es hat sich dabei der Begriff der Regression im Sinne der Rückbildung gesellschaftlicher und kulturlandschaftlicher Strukturen durchgesetzt. Von Wüstungen derartiger Schrumpfungsprozesse sind Wüstungen streng zu unterscheiden, die ohne Verlust an Substanz das Ergebnis von Verschiebungen in der Siedlungsstruktur sind und durch Verlegungen von Einzelhöfen oder Siedlungen gekennzeichnet werden. Diese können z.B. durch Änderungen in der Bodennutzung, im Verkehr oder durch die Einführung neuer Feldsysteme ausgelöst werden. Anhand der Bergbauernproblematik des österreichischen Alpenraumes sind vor allem jüngere Prozesse der Entsiedlung und Extensivierung in ihren Ursachen, Abläufen und Folgen untersucht worden. Davon ausgehend haben sich Forschungen mit gleichen Ansätzen z. B. im französischen Zentralmassiv angeschlossen (LICHTENBERGER 1966; 1978 a). Wüstungsprozesse können durch Vergrößerung überdauernder Betriebe, die sich die Nutzflächen wüstgefallener Höfe angliedern, zu einer Verbesserung der Agrarstruktur führen.

Folgte im Mittelalter auf den Wüstungsvorgang oft eine neue Inwertsetzung, etwa durch den Übergang zu intensiver Forstwirtschaft oder erneute Rodungen, so ist es heute in peripheren Räumen, aus denen sich die Landwirtschaft zurückzieht, der Fremdenverkehr, welcher eine neue Nutzungschance einleitet. Wüste Almsiedlungen in Norwegen und Schweden werden Sommersiedlungen des Tourismus, Skihütten oder Hotels. Verlassene Bauernhäuser auf den Schären der Ostsee sind Ferienstützpunkte für viele Arten sommerlicher Freizeit.

6.5 Entwicklung räumlicher Organisation – Raumordnung in der Geschichte

Eine Working Group on Historical Changes in Spatial Organisation, die das Exekutivkomitee der internationalen Geographenunion 1976 auf dem Moskauer Geographenkongreß gebildet hat (BAKER/BILLINGE 1982), zeigt das weltweite Interesse an Arbeiten über die Geschichte der Organisation des Raumes. Wir verstehen darunter längerfristig wirksame Einrichtungen, Instrumente und Maßnahmen zur planmäßigen Beherrschung, zur Verwaltung, Gestaltung oder sonstigen systematischen Inwertsetzung eines Raumes. Die bisherigen Forschungsansätze zeigen bereits, daß es sich um eine fruchtbare Fragestellung handelt, obwohl es dazu in der Geographie im Vergleich zu ihren traditionellen Themen verhältnismäßig wenige Arbeiten gibt. Hingegen verfügen die Landesgeschichte, die Raumforschung mit Landesplanung und die ältere historisch-geographische, vor allem auf die Rekonstruktion von Grenzen ausgehende Schule des deutschen Sprachgebietes über beachtliche Forschungsansätze. Insbesondere ist aus der mitteleuropäischen, häufig im Zusammenhang mit historischen Länderatlanten betriebenen Forschung eine Fülle von Studien über die Entwicklung der administrativen Raumorganisation früherer Territorien und heutiger Länder sowie zur Raumplanung in der Geschichte hervorgegangen (FRANZ 1970). Da das Gefüge der administrativen Raumorganisation und seine Veränderungen von grundlegender Bedeutung für die Entstehung, Entwicklung und nicht selten für das Verschwinden zentraler Funktionen (MEYNEN 1979) gewesen ist, hat sich auch die Geographie in den letzten Jahren erneut, jetzt freilich mit anderen Fragestellungen als in der Vor- und Zwischenkriegszeit, mit der Entstehung und den Veränderungen räumlicher Verwaltungsstrukturen beschäftigt.

Zur frühesten Raumorganisation in Europa gehört, wie übrigens auch in Afrika und anderen Erdteilen, die Einteilung eines von einem Volk besiedelten Raumes in Stammesgebiete. In Afrika spielen sie noch in der Gegenwart eine höchst problematische Rolle, die durchaus mit Verhältnissen im Karolingischen Reich des Frühmittelalters vergleichbar ist. In den lateinischen Quellen des europäischen Mittelalters aus dem Gebiet nördlich der Alpen werden die Stammesgebiete „terrae" genannt. Aus der Zeit, da im Bereich der heutigen Bundesrepublik Deutschland noch Stämme vorhanden waren, sind wenig schriftliche Dokumente überliefert. Dafür gibt es aus dem ostmitteleuropäischen Raum, wo sich die Stammesorganisation bis zur ostdeutschen Siedlungsbewegung erhalten hatte, eine so gute Überlieferung, daß eine Rekonstruktion selbst kleiner Stammesgebiete möglich wurde. Vor allem sind wir über die Verhältnisse von Altpreußen gut unterrichtet, wo sich die Stammesorganisation der einheimischen Bevölkerung in den ergiebigen Quellen des Deutschen Ordens widerspiegelt. Deshalb konnte WENSKUS in einer Karte der Lieferung 3 des Historisch-geographischen Atlas des Preußenlandes ›Vorgeschichtliche und mittelalterliche Wehranlagen‹ auch die Stammesgebiete (Landschaften, terrae) und Kleinräume (territoria = Burgherrschaften) der prußischen Urbevölkerung mit ihren Burgen wiedergeben. Mit der gleichen Erscheinung befaßt sich auch JÄGER (1982b), wobei er hervorhebt, daß sich die so deutlich rekonstruierbare Stammesorganisation des Raumes östlich der Elbe dazu eignet, eine Vorstellung von den Verhältnissen zu gewinnen, wie sie westlich der Elbe in vorrömischer Zeit bestanden haben. Eine kartographisch und textlich instruktive Rekonstruktion der ehemaligen slawischen terrae (Wohngaue) als Abbild einer altlandschaftlichen Raumorganisation liegt z. B. für Mecklenburg (ENGEL 1970) und neuerdings für das gesamte Gebiet der DDR und ihren westlichen Rahmen vor (GRINGMUTH-DALLMER 1983). Diese Arbeiten zeigen, was die kombinierende Methode, welche urkund-

6.5 Entwicklung räumlicher Organisation

liche, archäologisch-geographische und namenkundliche Befunde miteinander verknüpft, zu leisten vermag. Wie sich innergebietliche Grenzen der angelsächsischen Frühzeit mit Hilfe von archäologischen und urkundlichen Zeugnissen sowie Vergleichen mit frühneuzeitlichen Gemeindegrenzen rekonstruieren lassen, veranschaulicht eine methodisch anregende Studie aus Südengland (BONNEY 1976). Die altwalisische Territorialorganisation ist im Zusammenhang der Siedlungsverteilung in mehreren Arbeiten von JONES rekonstruiert worden (1983). Über Raumorganisation in der älteren ländlichen Gesellschaft ist auch in Schweden, insbesondere von Geographen, gearbeitet worden, wobei unter Raumorganisation in einer sehr weit gefaßten Begriffsbestimmung vor allem Siedlungs- und Landnutzungsstrukturen und deren bewußte Regulierung verstanden wird (GÖRANSSON 1978; SPORRONG 1982).

Im westlichen und zentralen Mitteleuropa, und zwar im Gebiet zwischen der Nordsee und den Zentralalpen, zwischen der oberen Maas und der thüringischen Saale, treten fürs frühe Mittelalter zahlreiche Landschafts- und Bezirksnamen auf, die in den Urkunden so genau lokalisiert werden, daß es möglich ist, ihre Lage in Karten wiederzugeben. Diese Gebietsnamen dienen überwiegend der Lokalisation von Siedlungen nach der Formel „in pago x in villa y". Während sich im altbesiedelten Land, z. B. auf den Gäuplatten, in den Talungen und Becken, derartige Namen häufen, sind sie im Mittelgebirge spärlich oder fehlen ganz, wie z. B. im Schwarzwald. Ihr Vorkommen in den Alpen unterstreicht deren alte Besiedlung. Es handelt sich in der Regel um Namen für Siedlungsbezirke, die oft von mehr oder weniger breiten Waldgebieten umgeben wurden. Diese in den lateinischen Zeugnissen als „pagi" bezeichneten und im Deutschen oft einen Gaunamen (z. B. Taubergau, Lungau) tragenden Bezirke sind von der sehr umfangreichen älteren sogenannten Gauforschung durchweg als „Gaue" bezeichnet und sogar linienhaft abgegrenzt worden. Insbesondere seit den Studien des Germanisten VON POLENZ (1961) wird von manchen Forschern der Ausdruck „Bezirk" anstelle von „Gau" vorgezogen, da er der Vieldeutigkeit des lateinischen Ausdrucks „pagus" eher gerecht wird und weniger durch zweifelhaft gewordene Theorien belastet ist. Jedenfalls lassen sich nach ihrer siedlungs- und landschaftstypologischen Genese und Funktion viele jener Bezirke mit den slawischen und prußischen terrae vergleichen. In jenen Bezirksnamen spiegelt sich eine räumliche Orientierung damaliger Menschen wider, die auf ein Inkenntnissetzen von Ortslagen und sonstigen räumlichen

Erscheinungen und wohl auch auf eine damit verbundene Raumbeherrschung und Inwertsetzung zielte. Es handelte sich jedoch noch nicht um eine systematische staatliche Gebietseinteilung mit linienhaften Grenzen, wie ältere Forscher angenommen haben. Deshalb sehen auch die jüngsten Darstellungen, etwa die Gaukarte im geschichtlichen Handatlas von Westfalen oder die Karte der Bezirksnamen des 8. bis 12. Jh. im Historischen Atlas von Baden-Württemberg, davon ab, Grenzen zu zeichnen. Durch ihre Namen und punktuellen Signaturen der ihnen zuzuordnenden Siedlungen kommt dennoch ein anschauliches Bild jener altlandschaftlichen Siedlungsgebiete zum Ausdruck. Im ganzen gesehen sind die Beziehungen zwischen den durchweg älteren pagi und den jüngeren Grafschaften noch wenig geklärt. Immerhin gibt es in einer Untersuchung von NIEMEYER (1968) aus Hessen einzelne Beweise für den Übergang vom älteren Gau im Sinne eines altlandschaftlichen, mitunter in die urgeschichtliche Zeit zurückreichenden Siedlungsbezirkes zur Grafschaft als einem Verwaltungsbezirk des frühmittelalterlich-feudalistischen Staates. Dabei ist die ältere Raumeinheit als Kerngebiet in einen neu gestalteten Verwaltungsraum eingegangen. Allerdings gibt es auch Ausnahmen. Im heute niedersächsischen Bereich z. B. sind bei Einrichtung der mittelalterlichen Grafschaften durchweg die älteren Siedlungsgaue zerschnitten worden. NIEMEYER hat auch einen Teil der sehr umfangreichen älteren historisch-geographischen und landesgeschichtlichen Literatur über die Gaue zusammengestellt.

Parallelen zur Herausbildung von Grafschaften aus älteren Gauen gibt es wiederum im östlichen Mitteleuropa. Von 1231 bis 1283 wurde das damalige Preußenland, die Heimat baltischer Volksstämme, vom Deutschen Orden erobert. Er schuf zwar eine neue administrative Raumorganisation mit Burgen und Verwaltungszentren, doch zumindest in der ersten Phase lehnte er sich öfter an die terrae oder Stammesgebiete der Prußen an. So entsprachen die Komtureien des Deutschen Ordens Christburg großenteils dem älteren Bezirk Pomesanien, Elbing der terra Pogesanien und Königsberg war aus Sambia hervorgegangen. Auch Gebiete der Kammerämter und untergeordneten Vogteien waren teilweise aus prußischen territoria (Burgherrschaften) herausgewachsen (WENSKUS 1964; JÄGER 1982b). Wie der Aufbau eines mittelalterlichen Verwaltungsbezirks, und zwar der Komturei Osterode des Deutschen Ordens, auch übergeordnete Entwicklungen transparent werden läßt, hat ABE dargestellt (1972). So wie sich im west-

6.5 Entwicklung räumlicher Organisation

lichen Mitteleuropa die Gaue und Grafschaften im Zusammenhang mit Landesausbau und politischen Maßnahmen in ihren Grenzen veränderten, haben sich auch in Altpreußen die Umrisse der ursprünglichen Verwaltungsbezirke verschoben, insbesondere sind sie im Zusammenhang mit der Ausdehnung von Herrschaft und Besiedlung des Ordens nach Osten gewachsen. Dennoch bleiben ältere Verwaltungsräume in Teilen ihrer Bereiche erhalten. Selbst die landrätlichen Kreise, die im 18. Jh. eingerichtet worden sind, haben noch territoriale Elemente der vorher bestehenden administrativen Raumorganisation enthalten, da sie in ihrer Gebietsausdehnung jeweils mehreren herzoglichen Hauptämtern und diese weitgehend den noch älteren Ordenskomtureien entsprachen. Als allgemeingültig kann festgestellt werden, daß die zu einem bestimmten Zeitpunkt vorhandenen administrativen Raumorganisationen in der Regel in erheblichem Umfang Elemente älterer Gebietseinteilungen enthalten. Ein naheliegendes Beispiel ist die administrative Raumgliederung der Bundesrepublik Deutschland.

Die kirchliche Raumorganisation, die wie die weltliche einen wesentlichen Beitrag zur Entwicklung des zentralörtlichen Gefüges geleistet hat – erwähnt sei nur die Bedeutung der Bischofsstädte (PETRI 1976) –, entwickelte sich im ehemaligen römischen Reichsgebiet in Anlehnung an die weltliche Verwaltung. Auch östlich des Limes sind Zusammenhänge zwischen Bistumssprengeln und Bereichen weltlicher Macht offenkundig. So umfaßte z. B. das 741/742 von Bonifatius gegründete Bistum Würzburg großenteils das Gebiet des alten Würzburger Herzogtums. Im Prinzip kann solche Kontinuität auch bei den untergeordneten Verwaltungsräumen, der Archidiakonate und Dekanate bestehen. „Fest steht jedenfalls, daß längs des Rheines, wo sich Gaue und Grafschaften viel eher deckten als im Innern Schwabens, auch eine enge Verwandtschaft zwischen Comitatus (Grafschaften) und kirchlichen Bezirken feststellbar ist, in einigen Fällen (Breisgau, Ortenau, Lobdengau) völlige Deckungsgleichheit" (SCHAAB 1972). Vielfach hat erst die Reformation die ältere, in manchen Fällen auf prähistorische Raumeinheiten zurückführbare Kirchenorganisation zerstört. Aus den Sprengeln der Urpfarreien (= Altpfarreien, Großpfarreien, Mutterkirchen) lassen sich in Verbindung mit Patrozinien, Ortsnamen, urkundlichen und archäologischen Zeugnissen wichtige Erkenntnisse über die Lage und Ausdehnung von alten Siedlungsräumen gewinnen. Selbstverständlich ist das Netz der Archidiakonate und Dekanate im hochmittelalterlichen Rodungsland viel jünger. Im Prinzip gilt das auch für die Pfarreisprengel. Die ältesten sind häufig mit zunehmender Siedlungsdichte aufgeteilt worden. Wiederum sind es die historischen und historisch-geographischen Atlanten, die durch Verbindung von Karte und Text einen raschen Zugang zu dem Forschungsthema der kirchlichen Raumgliederung ermöglichen. Instruktiv ist z. B. die Karte der kirchlichen Gliederung um 1500 im Historischen Atlas von Baden-Württemberg mit knappem, aber inhaltsreichen Begleittext von SCHAAB. Über die mittelalterliche Kirchenorganisation gibt es neben zahlreichen Einzelstudien auch größere Zusammenfassungen (CLASSEN 1929; KLEINFELDT/WEIRICH 1937). Eine beispielhafte Fallstudie über die Regionalgliederung der evangelischen Landeskirchen in der Bundesrepublik Deutschland und ihre Entwicklung seit 1800 hat LEISER (1979) vorgelegt.

Die heutige kirchliche Raumorganisation gehört zum modernen Bereich der behördlichen Raumgliederung oder Raumorganisation. Darunter wird verstanden der raumbezogene Aufbau staatlicher und körperschaftlicher Behörden mit besonderer Berücksichtigung ihrer Verwaltungssitze und der Grenzen ihrer Verwaltungsgebiete. Untersuchungen über die administrative Raumorganisation der jüngeren Vergangenheit und Gegenwart sind bislang in der Geographie zurückgetreten und auch andere Disziplinen haben erst in den letzten Jahren zahlreiche Beiträge dazu geliefert. Die unzureichende Forschungslage in der Geographie erklärt sich aus besonderer Problematik des Gegenstandes. Während z. B. die Objekte der Landwirtschaft, der Industrie oder des Verkehrs sofort ins Auge fallen und zu weiteren Fragen, auch über Funktionszusammenhänge und Prozesse, anregen und während die Staatstätigkeit über die Wirtschafts-, Sozial- und Verkehrspolitik auch mit ihrer räumlichen Komponente für jeden spürbar wird, entzieht sich die Raumorganisation von Behörden weitgehend der Beobachtung durch die Öffentlichkeit. Da die Geographie lange Zeit allein von beobachtbaren Objekten des Raumes ausgegangen ist, hat erst in jüngster Zeit unter dem Einfluß der Landesplanung und im Zusammenhang mit einer neuen politischen Geographie (ANTE 1985) die administrative Raumorganisation stärkere Beachtung gefunden.

Aus der Erkenntnis, daß jede administrative Raumorganisation raumwirksam ist, arbeiten seit einigen Jahren Geographen zusammen mit Historikern, Juristen und Vertretern weiterer Fachdisziplinen in einem Arbeitskreis der Akademie für Raumforschung und Landesplanung über Probleme, die sich durch die Einrichtung und Veränderung der administrativen Raumorganisation in

Deutschland seit 1800 ergeben haben. Bereits ist aus dieser interdisziplinären Zusammenarbeit eine ganze Serie von Studien hervorgegangen, die in der Reihe ›Beiträge der Akademie für Raumforschung und Landesplanung‹ veröffentlicht worden sind. Durch die vielen Diskussionen der 1970er Jahre über Verwaltungsreform und Neuordnung der Verwaltungsgrenzen und die Arbeiten der 1980er Jahre über die Auswirkungen jener Reformen ist allgemein das Interesse an der Entwicklung der Behördenorganisation und ihrer Verwaltungsgebiete gewachsen. Neuere geographische Arbeiten, wie z. B. die Studie von ZABEL (1981) über die räumliche Behördenorganisation im Herzogtum Nassau 1806–1876, treten neben ältere (FRANZ 1955) und neue historische Darstellungen der Geschichtswissenschaft. Unter diesen ragen die von HUBATSCH angeregte und zunächst edierte Reihe ›Grundriß zur Deutschen Verwaltungsgeschichte 1815–1945‹ (1975 ff.) und ein mehrbändiges Handbuch Deutscher Verwaltungsgeschichte (JESERICH u. a. 1983 ff.) heraus. Einen breiten Raum nimmt auch die räumliche Organisation der Verwaltung und ihre Entwicklung in den großen historischen Atlanten ein (vgl. Kap. 6.6.3).

6.6 Konzeptionen und Formen der Darstellung

6.6.1 Siedlungsformen und Siedlungsphasen – Gefügemuster von Siedlungsräumen und Siedlungsperioden

Um über die Einzelforschung hinaus übergeordnete Gesichtspunkte zu gewinnen, ist eine Konzeption erforderlich, welche gestattet, unter geographischen Aspekten eine große Anzahl von Objekten oder größere Räume zu untersuchen und, wenn möglich und sinnvoll, unterschiedliche Gebiete miteinander zu vergleichen. Denn durch solch wertendes Nebeneinanderstellen tritt die Eigenart der Entwicklung in den einzelnen Räumen stärker heraus. Die Vielzahl der regionalen Einzelforschungen, die sich noch dazu auf den großen Zeitraum seit ur- und frühgeschichtlicher Zeit erstreckt, „drängt nach Zusammenschau, nach systematischer Ordnung, nach Synthese – nicht nur als systematische Ordnung der Vielfalt der Siedlungsformen, sondern ebenso als Synthese der Siedlungsabläufe, der Formungsprozesse und formenden Kräfte, Faktoren, Determinanten, die eine Erklärung, zumindest ein Verstehen der Zusammenhänge ermöglichen" (NITZ zuletzt 1983 a, S. 462 f.).

NITZ unterscheidet regional-historische Synthesen (z. B. SIMMS 1979), typologisch-klassifikatorische (z. B. UHLIG/LIENAU 1972) und typengenetische Synthesen (z. B. BORN 1977) sowie solche, die von übergreifenden Steuerungsfaktoren und Rahmenbedingungen ausgehen. Kartographische Synthesen können mehrere der vorgenannten Verknüpfungen zusammenfassen. Wer allerdings auf die Erkenntnis weniger und zeitlos gültiger allgemeiner Ordnungsprinzipien abzielt, wird entweder zu so generalisierenden Feststellungen gelangen, daß sie nur noch wenig aussagen, oder aber einem nie erreichbaren Ziel nachjagen. Denn die Fülle der formalen, funktionalen und kausalen Phänomene, welche die regionale Vielfalt und zugleich zeitlich unterschiedliche Strukturierung der europäischen Kulturlandschaften herbeigeführt haben, ist so groß, daß sie sich kaum unter wenige Begriffe oder gar einem einheitlichen Gesichtspunkt zusammenfassen lassen.

Als besonders fruchtbar hat sich das Konzept der „Gefügemuster von Siedlungsräumen" erwiesen. Schon 1955 wurde versucht, im Zusammenhang mit der Klärung von Kontinuität und Wandlung im agraren Siedlungsgefüge vier unterschiedliche genetische Typen von Siedlungsgebieten, getrennt nach alt- und jungbesiedelten Räumen, herauszuarbeiten (JÄGER 1958, S. 110). Anhand von Beispielen aus dem mittleren Westdeutschland ließen sich alt- und jungbesiedelte Gebiete mit jeweils alter und junger Siedlungsstruktur unterscheiden. In die gleiche Richtung weist eine neuere und verfeinerte Modellvorstellung von NITZ, welche mehrere europäische Untersuchungen über Siedlungsstrukturen und Agrarlandschaften angeregt hat. Danach werden als Gefügemuster von Siedlungsräumen Bereiche verstanden, welche durch „charakteristische Muster aus einem oder aus mehreren vergesellschafteten Siedlungstypen" gekennzeichnet werden. Gegenwärtige Gefügemuster sind in der Regel das Ergebnis einer längeren, meist mehrphasigen Siedlungsentwicklung. „So hat ein Siedlungsraum nicht selten einen mehrfachen Wandel seines siedlungsgeographischen Gefügemusters erfahren, und es ist zum Verständnis des gegenwärtigen Musters notwendig, diesen ‚historischen Gefügewandel' als eine Abfolge unterschiedlicher Gefügezustände in zeitlichen Querschnitten zu erfassen. Jede historische Gestaltungsphase schafft ein jeweils verändertes Gefügemuster, und unter Auslöschung alter und Hinzufügen neuer Formenelemente – durch Neugründung oder Umbau von Siedlungen – entsteht gewissermaßen Schicht um Schicht schließlich das heutige Gefügemuster. Dabei zeigt sich, daß häufig die ältesten Siedlungsräume als kulturlandschaftliche Kernräume dem frühesten und stärksten Wandel unterliegen" (NITZ 1979, S. 185 f.). Ein ähnliches Konzept enthält das als Einführung in die mitteleuropäischen Verhältnisse empfehlenswerte Buch von BORN über ›Die Entwicklung der Deutschen Agrarlandschaft‹ (1974). Wie sich heutige Gefügemuster, die aus Siedlungsbewegungen des 16. bis 20. Jh. stammen, kartographisch darstellen lassen, ist als Ergebnis der Untersuchung von Siedlungsperioden und Siedlungsformen des zentralpolnischen Masowiens gezeigt worden (KIEŁCZEWSKA-ZALESKA 1979). Für Skandinavien ist HELMFRID (1979) maßgebend.

6.6.2 Kulturlandschaftsgeschichten – Historische Geographien

Die mit Recht von vielen geforderte Zusammenschau (z. B. NITZ 1983 a, S. 462) wird erreicht in den regionalen Studien zur Siedlungsentwicklung, die so breit angelegt sind, daß neben den Siedlungen im engeren Sinn deren naturgeographisches Umfeld und wichtige andere Aspekte des Siedlungsraumes berücksichtigt werden. Ein lehrreiches Beispiel bietet als Ergebnis einer internationalen Tagung mehrerer Fächer eine Reihe von Aufsätzen zur mittelalterlichen bis neuzeitlichen Marschen- und Moorbesiedlung in den Niederlanden und Nordwestdeutschland (M. MÜLLER-WILLE; NITZ; VAN DER LINDEN; BORGER; WASSERMANN; BRANDT; KRÄMER; HOFFMANN/ KÜHN/ HIGELKE 1984). Auf eine noch höhere Integrationsstufe gelangen Kulturlandschaftsgeschichte und Historische Geographie. Zwischen den Werken, die etwa den Titel „Entwicklungsgeschichte" bzw. „Entwicklung der Kulturlandschaft in X" oder „Historische Geographie von Y" tragen, gibt es im Prinzip keine konzeptionellen Unterschiede, wiewohl jede Autorengruppe oder jeder Autor besondere Schwerpunkte setzt. Bei jenen Unterschieden im Titel handelt es sich vielmehr um konventionellen Gebrauch der Wissenschaftssprache, der allerdings wissenschaftsgeschichtliche Gründe besitzt, die hier nicht näher zu erörtern sind. Während die Forschung im englischen und niederländischen Sprachraum eher zum Titel „Historische Geographie" neigt, finden sich im deutschen und skandinavischen Bereich vorwiegend Formulierungen wie etwa „Kulturlandskapets Utveckling på Gotland" (CARLSSON 1979). Zu dieser Gruppe von regionalen Zusammenfassungen gehört zunächst die große Zahl von Landschaftsgeschichten, die sich mit Gebieten etwa von der Größe eines Landkreises, einer historischen Landschaft, einer kleineren oder mittelgroßen Insel befassen. Beispiele für diese allein in der deutschen Sprache wohl über hundert Arbeiten umfassende Gattung sind eine Untersuchung über ›Die Entwicklung der mittelalterlichen Kulturlandschaft des heutigen Kreises Herzogtum Lauenburg‹ (BUDESHEIM 1984), über die Entwicklung der Kulturlandschaft der Hamme-Wümme-Niederung (FLIEDNER 1970) und über die Historische Geographie des westlichen See-Flandern (GOTTSCHALK 1955). Von den Parallelarbeiten aus dem übrigen Europa seien nur noch die County-Bände der bekannten, von HOSKINS herausgegebenen, von zahlreichen Einzelautoren verfaßten Serie ›The Making of the English Landscape‹ erwähnt (z. B. REED 1979), ferner eine schwedische landschaftsgenetische Studie (HELMFRID 1962). Sie weicht insofern von den üblichen Gliederungsnormen ab, als die Darstellung zwar ein fest umrissenes Gebiet beinhaltet, doch weder nach dessen innerem Raumgefüge noch chronologisch gegliedert ist. Vielmehr werden die aus der allgemeinen internationalen Forschung abgeleiteten Fragenkreise nacheinander, jedoch mit Beziehungen zueinander abgehandelt. Bei einer solchen, zunächst auf das Allgemeine ausgerichteten Konzeption darf jedoch der jeweilige, sich aus Querschnitten ergebende Rahmen nicht vernachlässigt werden.

Hier sollen wegen des Zwangs zur Kürze nur weitere Werke genannt werden, die sich mit größeren Räumen befassen. Deshalb müssen auch die vielen Aufsätze außerhalb der Betrachtung bleiben, die landschaftsgeschichtliche Synthesen oder Forschungsberichte enthalten. Solche finden sich z. B. in der neuen Zeitschrift ›Siedlungsforschung‹, die Klaus FEHN in Verbindung mit Geographen, Historikern und Prähistorikern herausgibt.

Zu den Marksteinen der Kulturlandschaftsgeschichte im deutschsprachigen Schrifttum gehört die ›Entwicklungsgeschichte der Kulturlandschaft des Herzogtums Schleswig in historischer Zeit‹ (MAGER 1930/37), deren Inhalt dort zeitlose Gültigkeit besitzt, wo er auf theoriefreier Auswertung der Quellen erarbeitet wurde. Dazu rechnen neben den Archivalien die vielen zeitgenössischen Topographien und älteren Landesbeschreibungen. Vorbildlich war auch die Auswertung des einschlägigen Schrifttums mehrerer historisch-landeskundlich ausgerichteter Natur- wie Kulturwissenschaften. Das methodische Anliegen des zweibändigen Werkes bestand darin, zu zeigen, daß eine „entwicklungsgeschichtliche Behandlung und ursächliche Erklärung der Kulturlandschaften" für die länderkundliche Forschung fundamental sei (1930, S. 6). Um die gleiche Zeit

6.6 Formen der Darstellung 201

wurde die ›Historical Geography of England‹ geschrieben (DARBY 1936), die einen breiten Widerhall gefunden hat. Zwar besteht sie nur aus einer zeitlich geordneten, von der prähistorischen Zeit bis um 1800 reichenden Folge epochaler Querschnitte (vgl. Kap. 2.3), doch stellt sich bei fortschreitender Lektüre die Vorstellung einer Kulturlandschaftsgeschichte ein. Das Werk wirkte insofern innovativ, als es eine ganze Reihe ähnlich konzipierter Historischer Geographien beeinflußt hat. Dazu rechnen ›A New Historical Geography of England‹ (DARBY 1973), ›An Historical Geography of England and Wales‹ (DODGSHON/BUTLIN 1978) sowie eine dreibändige ›Historical Geography of Europe‹ (POUNDS 1973/1980/1985). In allen drei Werken ist der landschaftsgeschichtliche Aspekt durch eine stärkere Betonung der Entwicklung stärker als in der älteren Historischen Geographie von England vertreten. Das gilt auch für die sehr individuell gestaltete ›Historical Geography of Scandinavia‹ von MEAD (1981), deren Konzeption in ausdrücklicher Berufung auf die ›New Historical Geography of England‹ (DARBY 1973) nach den eigenen Worten von MEAD "genetic and evolutionary" ist (S. 1). Der evolutionäre Aspekt kommt auch in einem reich illustrierten Werk zum Ausdruck, das chronologisch wesentliche Themen der englischen Kulturlandschaftsentwicklung von den ältesten Siedlungsperioden bis in die Viktorianische Zeit verfolgt (BAKER/HARLEY 1973). In der Tradition der britischen Historischen Geographie mit starker Betonung der Entwicklung stehen auch die Landschaftsgeschichten von AALEN über Irland (1978), von MILLMAN über Schottland (1975) und von LAMBERT über die Niederlande (1985). Alle drei zeichnen sich durch eine lehrreiche Integration von Text, Karte und Abbildungen aus und erreichen durch die Zusammenfassung einer großen Zahl von Einzelarbeiten die zu Beginn dieses Kapitels geforderten Synthesen.

6.6.3 Historisch-geographische Atlanten

Die ideale und optimale Form der Darstellung kulturlandschaftsgenetischer Forschungsergebnisse ist der textlich erläuterte historisch-landeskundliche Atlas. Denn er verbindet in seinen Karten die Anschaulichkeit der Darstellung einer Vielzahl von Fakten im räumlichen Neben- und Nacheinander mit der Fähigkeit des Wortes zu kausaler Darstellung von Vorgängen, ihren Auswirkungen und kritischer Vorstellung des Materials. Sofern er seine Quellen nachweist, und das ist von einem wissenschaftlichen Atlas zu verlangen, wird er gleichzeitig Ausgangspunkt für weitergehende Forschungen.

Von einem historischen Schulatlas kann freilich diese Forderung nur im Ansatz erfüllt werden, selbst wenn es sich um so ausgezeichnete Werke handelt, wie sie uns im Putzger, im Westermann Atlas zur Weltgeschichte und im Großen Historischen Weltatlas des Bayerischen Schulbuch-Verlages zur Verfügung stehen. Alle drei besitzen übrigens im internationalen Vergleich eine Spitzenstellung. Vor allem der letztgenannte erfüllt durch seine gründlichen Hinweise für Benutzer, deren Lektüre den Atlas erst voll erschließt, und seine Erläuterungshefte bereits wissenschaftliche Ansprüche. In den großen historisch-landeskundlichen Atlanten, wie sie z. B. für die deutschen und österreichischen Bundesländer und neuerdings in Frankreich herausgegeben werden, sind die diachronen oder genetischen Karten durch die Kombination von Strich, Punkt, Flächenraster und Farbe so weit entwickelt, daß sich räumliche Entwicklungsprozesse, die sich über mehrere Jahrhunderte erstrecken, anschaulich darstellen lassen. Da die Atlanten vom Benutzer die Fähigkeit zur Interpretation thematischer Karten verlangen und diese Fertigkeiten heute eher abnehmen, wird der reiche Inhalt jener Kartenwerke nur von einer relativ kleinen Gruppe von Lesern voll ausgewertet. Mit diesem Problem befaßt sich auch unter didaktischem Blickwinkel SCHULZE am Beispiel des ›Geschichtlichen Atlas von Hessen‹ (1984). Er kommt auf die Kritik aus Lehrerkreisen zu sprechen, daß vielfach ein und dieselbe Karte für den Unterricht von der Mittelstufe der Schule bis zum Oberseminar an der Universität verwendet werde. Ich stimme SCHULZE zu, wenn er fragt, ob Lehrer, die mit solchen Karten wenig anfangen können, mit anderen besser umgehen würden (S. 24). Jene Lehrerkritik verkennt, daß ein darstellerisch gut gestalteter Atlas – und das sind durchweg unsere heutigen großen Werke und die genannten Schulatlanten – insofern einen großen Vorzug vor dem gedruckten Text hat, als er eklektisch benutzbar ist. Das Auswählen und Prüfen ist ebenso eine Aufgabe des Schul- wie des Hochschullehrers. Wird sie gemeistert, kann bereits auf einer frühen Altersstufe eine erste Benutzung solcher Atlanten fruchtbar werden und mit reifendem Verständnis kann der Schüler oder der Student immer neues und vertieftes Wissen aus dem Atlas schöpfen. Daß solche Aufgaben in der Regel nur durch Lehrer gelöst werden können, die auf der Universität entsprechend ausgebildet worden sind, wird durch SCHULZE hervorgehoben und kann wohl allgemein vertreten werden.

6.6 Formen der Darstellung

Hier kann keine Sammelbesprechung der kulturlandschaftsgenetischen Aussagen der langen Reihe von historisch-landeskundlichen Atlanten und Kartenserien erfolgen, sondern nur exemplarisch auf einige der für die Landschaftsgeschichte besonders wichtigen Konzeptionen und Formen der Darstellung einführend hingewiesen werden. Eine Bibliographie informiert bereits über Werke aus ganz Europa (FRANZ/JÄGER 1980, S. 1–40).

Verschiedene Atlanten enthalten besondere Karten und Kartenreihen zur Entwicklung der Kulturlandschaft, wie z. B. der Historische Atlas von Baden-Württemberg, der diesem Thema u. a. in Teil IV zwanzig Karten widmet. Allerdings handelt es sich bei manchen Karten um sogenannte querschnittliche Darstellungen (s. Kap. 2.3), die auf einen bestimmten Zeitpunkt abgestellt sind. Der Benutzer selbst muß sich dann durch Vergleich der Karten mit gleichem Objektbereich, aber zu unterschiedlichen Zeitstufen, ein Bild des Entwicklungsvorganges machen. Eine Serie genetischer Karten im eigentlichen Sinne liegt bei der Darstellung der Städte vor.

Im Atlas von Baden-Württemberg wird durch die Verbindung von geometrischen Signaturen mit Farben für das ganze Land eine Gliederung seiner Städte nach ihrer Entstehungszeit geboten. Da neben dem Gewässernetz in Blau auch das Relief mittels Schattenplastik in zartem Grau wiedergegeben wird, lassen sich manche Fragen über den Zusammenhang von naturräumlichen Erscheinungen und Städteentwicklung aufwerfen. Überhaupt sollten die Einzelkarten der historischen Länderatlanten, soweit inhaltlich erforderlich und technisch möglich, eine wenigstens bescheidene Höhendarstellung enthalten. Denn für alle kulturgeographischen und viele historischen Erscheinungen ist neben der Horizontallage die Höhenlage von wesentlicher Bedeutung. So bleibt z. B. im Geschichtlichen Atlas von Hessen eine Darstellung der Höhenverhältnisse, wie er sie in seiner Karte der lokalisierten Ortswüstungen (Nr. 39) gibt, die Ausnahme, obwohl die gleiche Reliefdarstellung die Aussagekraft einer ganzen Reihe weiterer Karten, darunter die Darstellungen der Entwicklung des Eisenbahnnetzes und der Verbreitung und Gründungsphasen der Städte, erhöht hätte. Daß selbst in inhaltsreichen Karten 1:1 000 000 Gewässernetz und Höhenverhältnisse darstellbar sind, zeigt der Atlas des Saale- und Mittleren Elbegebietes (SCHLÜTER/AUGUST 1959–61) in vorbildlicher Weise, weil er zusätzlich auch wichtige Höhenzahlen bringt, die in anderen Landesatlanten in den Grundkarten der kulturgeographischen und historischen Themenbereiche fehlen, so daß bei der Benutzung zusätzlich die Karten der Höhenverhältnisse oder zur Geologie aus der einführenden naturgeographischen Sektion heranzuziehen sind. Als besonderer Typ von Grundkarten enthalten im Atlas von SCHLÜTER und AUGUST die meisten Blätter zur ur- und frühgeschichtlichen Zeit und zum mittelalterlichen Landesausbau die berühmte Darstellung von Otto SCHLÜTER der frühgeschichtlichen Wohnflächen nebst Waldarealen der Frühgeschichte, des Mittelalters und 19. Jh. Dadurch wird für den Betrachter, namentlich im Vergleich mehrerer Karten, die Entwicklung der Kulturlandschaft in wesentlichen ihrer Erscheinungskreise höchst anschaulich dargestellt. Dennoch ist auch dieser Kartentyp nicht ohne Einschränkung zu benutzen. Denn im Unterschied zu einer rein topographischen Grundkarte, welche Teile der Wirklichkeit, wenn auch verkleinert und generalisiert, wiedergibt, handelt es sich bei der Schlüterkarte um ein Forschungsergebnis und damit eine thematische oder Interpretationskarte, die einen zeitbedingten Forschungsstand zusammenfaßt. Ein weiterer Typ einer Grundkarte besteht in der Verwendung eines älteren, aber zuverlässigen topographischen Werkes. Nur wenn es im Original einen relativ großen Maßstab besitzt, eignet es sich für die Darstellung naturräumlicher Verhältnisse. Für die ›Entwicklung der Verkehrsverhältnisse‹, welche Erika NAGEL bearbeitet hat, sind deshalb im Historisch-geographischen Atlas des Preußenlandes (Lfg. 9, 1984) als Grundkarten für die Zeit um 1700 eine Verkleinerung der Schroetter-Karte vom ausgehenden 18. Jh. auf den Maßstab 1:300000 und für das 19./20. Jh. die Topographische Karte 1:300000 von Mitteleuropa gewählt worden.

Der Typ der genetischen Karte ist in allen Landesatlanten, wie ja auch in den bereits erwähnten Städteatlanten (s. Kap. 6.2.2), am reinsten bei der Darstellung der Stadtentwicklung ausgeprägt. Im hessischen Atlas sind z. B. in den mittelalterlichen Stadtgrundrissen, die im aussagekräftigen Maßstab 1:5000 gezeichnet sind, alle wichtigen genetischen Viertel vom 8. Jh. bis ins 16. Jh. dargestellt, während der Atlas von Baden-Württemberg bis in die Römerzeit zurückgreift, andererseits aussagekräftige Karten zur Großstadtentwicklung im Industriezeitalter bietet. Bei der genetischen Darstellung ländlicher Siedlungen sind die Karten 24 und 25 vom Atlas des Saale- und Mittleren Elbegebietes wegen der Wiedergabe der zeitlichen Schichtung in den Fluren unerreicht. Durch die Markierung der Besitzverhältnisse werden Ursachen für die formale und genetische Differenzierung der Fluren transparent gemacht. Zu den genetischen Darstellungen im weiteren Sinne sind die in den Atlanten

6.6 Formen der Darstellung

reichlich vertretenen Karten zu rechnen, die durch Linien, Schraffuren und Farben die Veränderung von Territorien darstellen und auch als Entwicklungskarten bezeichnet werden. Zu den Karten, welche in der Zeit verlaufende Prozesse ausdrücken, gehören schließlich solche mit Bewegungssignaturen. Sie bringen räumliche Ausbreitungsvorgänge und Lageveränderungen in chronologischer Abfolge zum Ausdruck. Ein Beispiel sind die Karten der Ausbreitungs- und Wanderungsbewegungen germanischer Stämme im Atlas des Saale- und Mittleren Elbegebietes (Bl. 10). Dank ausgereifter Methodik und Technik gehören die historisch-geographischen Landesatlanten zu den optimalen Formen der Darstellung. Wenn das vielseitige und vollendete theoretische und methodische Rüstzeug nicht immer mit letzter Vollendung bei der Anfertigung der Karten herangezogen wird, dann liegt das an kaum überwindbaren Hindernissen, unter denen die hohen Kosten besonders schwer wiegen.

LITERATURVERZEICHNIS

Aalen, F. H. A.: Man and the Landscape in Ireland. London 1978.
–: Perspectives on the Irish Landscape in Prehistory and History. In: Reeves-Smyth/Hamond, S. 357–377. 1983.
Abe, K.: Die Komturei Osterode des Deutschen Ordens in Preußen 1341 bis 1525. Köln, Berlin 1972 (= Studien zur Geschichte Preußens, 16).
Abel, W.: Agrarkrisen und Agrarkonjunktur. Hamburg, Berlin 1966.
–: Geschichte der Deutschen Landwirtschaft vom hohen Mittelalter bis zum 19. Jh. 2. Aufl. Stuttgart 1967 a.
–: Wüstungen in historischer Sicht. In: W. Abel (Hrsg.): Wüstungen in Deutschland, S. 28–36. Frankfurt a. M. 1967 b.
–: Die Wüstungen des ausgehenden Mittelalters. 3., neubearb. Aufl. Stuttgart 1976 (= Quellen und Forschungen zur Agrargeschichte, 1).
Adams, I. H.: Agrarian Landscape Terms: A Glossary for Historical Geography. London 1976.
Agache, R.: Aerial Reconnaissance in Northern France. Aerial Reconnaissance for Archaeology. In: CBA, 12, 1975, S. 70 ff.
Akademie für Raumforschung und Landesplanung (Hrsg.): Raumordnung im 19. Jahrhundert, T. 1.2. Hannover 1965, 1967 (= Forschungs- und Sitzungsberichte, 30 u. 39).
–: Grenzbildende Faktoren in der Geschichte. Hannover 1969 (= Forschungs- und Sitzungsberichte, 48).
–: Zur Methodik von Wirtschaftskarten des 19. Jahrhunderts. Hannover 1969 (= Forschungs- und Sitzungsberichte, 50).
Alberti, H.-J. von: Maß und Gewicht. Geschichtliche und tabellarische Darstellung von den Anfängen bis zur Gegenwart. Berlin 1957.
Alleweit, Werner: Beschreibung des Amtes Wolfenbüttel von 1630. Hildesheim 1975 (= Veröffentlichungen d. Hist. Komm. f. Niedersachsen und Bremen, 34, 3).
Anderson, J. P.: The Book of British Topography. A Classified Catalogue of the Topographical Works in the Library of the British Museum, relating to Great Britain and Ireland. London 1881.
Andersson, Th.: Siedlungsgemeinschaften im mittelalterlichen Uppland beleuchtet durch die Bezirksnamen. In: Frandsen u. a. S. 85–92. Kopenhagen 1981.
Andrews, J. H.: Land and People, c. 1685. In: Moody/Martin/Byrne, A new history of Ireland. III: Early Modern Ireland 1534–1691. S. 454–477. Oxford ²1978.

Angelis, Sacchi de, M. E.: The Rural House in Umbria and its Social Component. In: Frandsen u. a., S. 141–147. Kopenhagen 1981.
Ångström, A.: The Change of the Temperature Climate in Present Time. In: Geogr. Annaler, 21, 1939, S. 119–131.
Ante, U.: Politische Geographie. Das geographische Seminar. Braunschweig 1981.
–: Zur Grundlegung des Gegenstandsbereiches der politischen Geographie. Stuttgart 1985 (= Erdkundl. Wiss., 75).
Archäologie und Naturwissenschaften. Bd. 1.2. Bonn 1977, 1981.
Arnold, A.: Die Landschaft an der Porta Westfalica. Die Kulturlandschaft. Jahrbuch d. Geogr. Ges. Hannover 1971. Hannover 1972.
Åse, L.-E.: Shore Displacement in Eastern Svealand and Åland during the last 4000 Years. Meddel. fr. Naturgeogr. Inst. Stockholms Univers. Nr. A 31, 1970.
Aston, M./T. Rowley: Landscape Archaeology. An Introduction to Fieldwork Techniques on Post-Roman Landscapes. Newton Abbot 1974.
August, O.: „Umkreis von Halle" um 1840, 1820 und vorher. In: Petermanns Geogr. Mitt., 96, 1952, S. 232–244. (Zwei instrukt. Kt.)
Austin, D.: Doubts about Morphogenesis. Journal of Hist. Geogr., 11, 1985, S. 201–209.
Bach, A.: Deutsche Namenkunde II: Die deutschen Ortsnamen, 1/2. Heidelberg 1953/54. III: Sachweiser und Register. Heidelberg 1956.
Bader, K. S.: Das mittelalterliche Dorf als Friedens- und Rechtsbereich. Weimar 1957 (= Studien zur Rechtsgeschichte des mittelalterlichen Dorfes, 1).
Bagshawe, R. W.: Roman Roads. Aylesbury 1979 (= Shire Archaeology, 10).
Baker, A. R. H.: Historical Geography in Britain. In: A. R. H. Baker (Hrsg.): Progress in Historical Geography, S. 90–110. Newton Abbot 1972.
Baker, A. R. H./J. B. Harley: Man made the land. Essays in English Historical Geography. Newton Abbot 1973.
Baker, A. R. H./R. A. Butlin (Hrsg.): Studies of Field Systems in the British Isles. Cambridge 1973.
Baker, A. R. H./M. Billinge (Hrsg.): Period and Place. Research Methods in Historical Geography. Cambridge 1982 (= Cambridge Studies in Historical Geography).
Bakker, J. P.: Transgressionsphasen und Sturmflutfrequenz in den Niederlanden in historischer Zeit. In: Tagungsberichte und wiss. Abhandlungen Deutscher Geographentag Würzburg 1957, S. 232–237. Wiesbaden 1958.
Balzer, M.: Untersuchungen zur Geschichte des Grundbesitzes in der Paderborner Feldmark. München 1977.
Bantelmann, A.: Die Landschaftsentwicklung an der schleswig-holsteinischen Westküste. Neumünster 1967 (= Offa-Bücher, 21).

Bantelmann, A./D. Hoffmann/B. Menke: Veränderungen des Küstenverlaufs. – Schleswig-Holstein. In: Kossack/Behre/Schmid: Archäologische und naturwissenschaftliche Untersuchungen an ländlichen und frühstädtischen Siedlungen im deutschen Küstengebiet vom 5. Jh. v. Chr. bis zum 11. Jh. n. Chr. Bd. 1, S. 54–68. Weinheim 1984.
Barbieri, G./L. Gambi: La casa rurale in Italia. Firenze 1970.
Bausinger, H./U. Jeggle/G. Korff/M. Scharfe: Grundzüge der Volkskunde. Darmstadt 1978.
Bayerisches Landesvermessungsamt: Bayerische Städte im jungen Königreich. Ortsblätter des bayer. Flurkartenwerkes im 19. Jh. München 1983.
Beck, H./D. Denecke/H. Jankuhn (Hrsg.): Untersuchungen zur eisenzeitlichen und frühmittelalterlichen Flur in Mitteleuropa und ihrer Nutzung (= Abh. d. Akademie d. Wiss. Göttingen, Phil.-hist. Kl. 3. F., 115 u. 116, 1979 u. 1980).
Beck, W./D. Planck: Der Limes in Südwestdeutschland. Stuttgart 1980.
Becker, B./A. Billamboz/B. Dieckmann, u. a.: Berichte zu Ufer- und Moorsiedlungen Südwestdeutschlands, 2 (= Materialien zur Vor- und Frühgeschichte in Baden-Württemberg, 7, 1985).
Becker, H.: Die Agrarlandschaften des Kreises Euskirchen in der ersten Hälfte des 19. Jh. Euskirchen 1970 (= Veröffentl. d. Vereins d. Geschichte- und Heimatfreunde d. Kreises Euskirchen, A, 13).
–: Das Land zwischen Etsch und Piave als Begegnungsraum von Deutschen, Ladinern und Italienern in den südl. Ostalpen. Köln 1974 (= Kölner Geogr. Arbeiten, 31).
–: Die Feld-Teich-Wechselwirtschaft und ihre agrargeographischen Probleme. In: Würzburger Geogr. Arbeiten, 60, 1983, S. 171–188.
Beckmann, J.: Grundsätze der teutschen Landwirthschaft. 3. Aufl. Göttingen 1783.
Bedal, K.: Historische Hausforschung. Eine Einführung in Arbeitsweise, Begriffe und Literatur. Münster 1978.
–: Fachwerk in Franken. Hof 1980.
Behre, K.-E.: Beginn und Form der Plaggenwirtschaft in Nordwestdeutschland nach pollenanalytischen Untersuchungen in Ostfriesland. In: Neue Ausgrabungen und Forschungen in Niedersachsen, 19, 1976, S. 197–224.
–: Acker, Grünland und natürliche Vegetation während der römischen Kaiserzeit im Gebiet der Marschensiedlung Bentumersiel/Unterems. In: Probleme der Küstenforschung im südl. Nordseegebiet, 12, 1977, S. 67–84.
–: Zur mittelalterlichen Plaggenwirtschaft in Nordwestdeutschland und angrenzenden Gebieten nach botanischen Untersuchungen. In: Beck/Denecke/Jankuhn: Untersuchungen zur eisenzeitlichen und frühmittelalterlichen Flur in Mitteleuropa und ihrer Nutzung. Göttingen 1980, S. 30–44.
–: Ernährung und Umwelt der wikingerzeitlichen Siedlung Haithabu. Neumünster 1983 (= Die Ausgrabungen in Haithabu, 8).

Behre, K.-E.: Plaggenesch von Dunum. In: Kossack/Behre/Schmid: Archäologische und naturwiss. Untersuchungen an ländl. und frühstädtischen Siedlungen im deutschen Küstengebiet vom 5. Jh. v. Chr. bis zum 11. Jh. n. Chr. Bd. 1, S. 109–113. Weinheim 1984.
- /W. Haarnagel: Veränderungen des Küstenverlaufs – Niedersachsen. In: Kossack/Behre/Schmid: Archäologische und naturwiss. Untersuchungen an ländl. und frühstädtischen Siedlungen im deutschen Küstengebiet vom 5. Jh. v. Chr. bis zum 11. Jh. n. Chr. Bd. 1, S. 68–82. Weinheim 1984.
Bekker-Nielsen, H. (Hrsg.): Bibliography of Old Norse-Icelandic Studies. Copenhagen 1974.
Bendach, B./U. Kutter: Niedersachsen in der Reiseliteratur vergangener Jahrhunderte. Göttingen 1980.
Benthien, B.: Die historischen Flurformen des südwestlichen Mecklenburg. Schwerin 1960.
Beresford, M.: History on the ground. London 1957.
–: New Towns of the Middle Ages. London 1967.
- /J. G. Hurst (Hrsg.): Deserted Medieval Villages. London 1971.
- /J. K. S. St Joseph: Medieval England. An Aerial Survey. 2nd ed. Cambridge 1979.
Bertelsmeier, E.: Bäuerliche Siedlung und Wirtschaft im Delbrücker Land. Münster 1942. (Nachdr. als Landeskundl. Karten und Hefte [= Siedlung und Landschaft in Westfalen, 14, 1982].)
Beuermann, A.: Hannoversch-Münden. Göttingen 1951 (= Göttinger Geogr. Abh., 9, 1951).
Bigmore, P.: Villages and Towns. In: Cantor: The English Medieval Landscape, S. 154–192.
Billamboz, A./B. Becker: Dendrochronologische Eckdaten der neolithischen Pfahlbausiedlungen Südwestdeutschlands. In: Berichte zu Ufer- und Moorsiedlungen Südwestdeutschlands, 2. Stuttgart 1985 (= Materialien zur Vor- und Frühgeschichte in Baden-Württemberg, 7. S. 80 bis 97).
Binding, G./U. Mainzer/A. Wiedenau: Kleine Kunstgeschichte des deutschen Fachwerkbaus. 3. Aufl. Darmstadt 1984.
Birch, B. P.: Wessex, Hardy and the Nature Novelists. In: Institute of British Geographers, Transactions, N. S. 6, 3, 1981, S. 348–358.
Birks, H. J. B.: The Use of Pollen Analysis in the Reconstruction of Past Climates: a review. In: Wigley, u. a. 1981, S. 111–138.
Blaschke, K.: Bevölkerungsgeschichte von Sachsen bis zur industriellen Revolution. Weimar 1967.
–: Die Ursachen des spätmittelalterlichen Wüstungsvorganges. Beobachtungen aus Sachsen. In: Schriftenreihe für ländliche Sozialfragen, 70 (Abel-Festschrift I), 1974, S. 55–65.
–: Bergstadt. In: Lexikon des Mittelalters, I. München 1980.
–: Kirchenorganisation und Kirchenpatrozinien als Hilfsmittel der Stadt-

kernforschung. In: H. Jäger (Hrsg.): Stadtkernforschung. Köln, Wien 1986 (= Städteforschung, A, 27).
Blasius, J. H.: Reise im europäischen Rußland in den Jahren 1840–41. Bd. 1.2. Braunschweig 1844.
Bliss, W.: Die Plankammer der Regierung Frankfurt an der Oder 1670 bis 1870. Köln, Wien 1978 (= Veröffentl. aus d. Archiven Preußischer Kulturbesitz, 15).
–: Die Plankammer der Regierung Bromberg 1772–1912. a. a. O. Bd. 16, 1978.
–: Die Plankammer der Regierung Potsdam 1651–1850. a. a. O. Bd. 18, 1981.
–: Die Plankammer der Regierung Marienwerder 1670–1919. a. a. O. Bd. 19, 1982.
Blok, D. P.: Wie alt sind die ältesten niederländischen Deiche? Die Aussagen der frühesten schriftl. Quellen. In: Probleme der Küstenforschung im südlichen Nordseegebiet, 15, 1984, S. 1–7.
Bloss, O.: Die älteren Glashütten in Südniedersachsen. Hildesheim 1977 (= Veröffentl. d. Inst. f. Hist. Landesforschung d. Univ. Göttingen, 9).
Blotevogel, H.-H.: Zentrale Orte und Raumbeziehungen in Westfalen vor der Industrialisierung (1750–1850). Münster 1975 (= Veröffentl. Prov. Inst. f. westf. Landes- und Volksf., R. I, 19).
–: Standorte und Einzugsbereiche von Universitäten und Gymnasien in Westfalen im 18. und 19. Jh. In: H. Jäger: Probleme d. Städtewesens im industriellen Zeitalter. Köln, Wien 1978 c, S. 49–98.
–: Methodische Probleme der Erfassung städtischer Funktionen und funktionaler Städtetypen anhand quantitativer Analysen der Berufsstatistik 1907. In: W. Ehbrecht: Voraussetzungen und Methoden geschichtlicher Städteforschung. Köln, Wien 1979 (= Städteforschung, A, 7, S. 217 bis 269).
Blüthgen, J.: Allgemeine Klimageographie. 3. Aufl. bearb. v. W. Weischet. Berlin 1980.
Bobek, H.: Gedanken über das logische System der Geographie. Mitt. d. Geogr. Ges. Wien, 1957, S. 122–145.
–: Hauptstufen der Gesellschafts- und Wirtschaftsentfaltung in geographischer Sicht. Die Erde, 1959, S. 259–298.
– / E. Lichtenberger: Wien. Bauliche Gestalt und Entwicklung seit der Mitte des 19. Jahrhunderts. Graz, Köln 1966.
Boelcke, W. A.: Die frühmittelalterlichen Wurzeln der südwestdeutschen Gewannflur. Zeitschr. f. Agrargesch. u. Agrarsoz., 12, 1964, S. 131–163.
Bönisch, F.: Zur Auflösung von Vermessungsangaben in geschichtlichen Quellen. Heimatkunde und Landesgeschichte, Weimar 1958, S. 135–150.
–: Die Zusammenführung einiger alter Fußmaße nach der geographisch-maßanalytischen Methode. In: Berichte z. dt. Landeskunde, 24, 1960, S. 197–206.
Boessneck, J. (Hrsg.): Archäologie und Biologie. Archäologisch-biologi-

sche Zusammenarbeit in der Vor- und Frühgeschichtsforschung. Wiesbaden 1969 (= Deutsche Forschungsgemeinschaft, Forschungsberichte, 15).
–: Die Tierknochenfunde aus dem Oppidum von Manching. Wiesbaden 1971 (= Ausgrabungen in Manching, 6).
–: Osteoarchäologie. In: Ausgrabungen in Deutschland, T. 3., 1975, S. 174 bis 182.
Bonney, D.: Early Boundaries and Estates in Southern England. In: P. H. Sawyer: Medieval Settlement. London 1976, S. 72–82.
Borger, G. J.: Die mittelalterliche und frühneuzeitliche Marschen- und Moorbesiedlung in den Niederlanden. In: Siedlungsforschung, 2, 1984, S. 101–110.
Born, M.: Die Grenzen der Erbsittengebiete im hessischen Hinterland. In: Berichte z. dt. Landeskunde, 20, 1958, S. 276–287.
–: Langstreifenfluren in Nordhessen. Zeitschr. f. Agrargesch. u. Agrarsoz., 15, 1967, S. 105–133.
–: Wüstungsschema und Wüstungsquotient. Erdkunde, 26, 1972, S. 208 bis 218.
–: Die Entwicklung der deutschen Agrarlandschaft. Darmstadt 1974 (= Erträge d. Forschung, 29).
–: Die geographische Wüstungsforschung. In: M. Born: Die Entwicklung der dt. Agrarlandschaft, S. 22–27. Darmstadt 1974 (= Erträge d. Forschung, 29).
–: Geographie der ländlichen Siedlungen. Bd. 1. Die Genese der Siedlungsformen in Mitteleuropa. Stuttgart 1977.
–: Acker- und Flurformen des Mittelalters nach Untersuchungen von Flurwüstungen. In: Beck/Denecke/Jankuhn: Untersuchen z. eisenzeitl. und frühmittelalterl. Flur in Mitteleuropa und ihrer Nutzung. Göttingen 1979, S. 310–337.
Bose, Hugo von: Handbuch der Geographie, Statistik und Topographie des Königreichs Sachsen. Dresden 1847.
Bourquin, M.: Die Schweiz in alten Ansichten und Schilderungen. Sigmaringen 1968.
Bradford, J.: Ancient Landscapes. London 1957.
Brandt, K.: Historisch-geographische Studien zur Orts- und Flurgenese in den Dammer Bergen. Göttingen 1971 (= Göttinger Geogr. Abh., 58).
–: Untersuchungen zur kaiserzeitlichen Besiedlung bei Jegumkloster und Betumersiel im Jahre 1970. 1972. In: Neue Ausgrabungen und Forschungen in Niedersachsen, 7, 1972, S. 145–163.
–: Die Höhenlage ur- und frühgeschichtlicher Wohnniveaus in nordwestdeutschen Marschgebieten als Höhenmarken ehemaliger Wasserstände. 1980. In: Eiszeitalter und Gegenwart, 30, 1980, S. 161–170.
–: Der Fund eines mittelalterlichen Siels bei Stollhammer Ahndeich, Gem. Butjadingen, Kr. Wesermarsch, und seine Bedeutung für die Landschaftsentwicklung zwischen Jadebusen und Weser. In: Probleme der Küstenforschung im südlichen Nordseegebiet, 15, 1984a, S. 1–64.

–: Die mittelalterliche Siedlungsentwicklung in der Marsch von Butjadingen (Landkr. Wesermarsch). Ergebnisse archäologischer Untersuchungen. 1984. In: Siedlungsforschung, 2, 1984, S. 123–146.
Bratring, F. A. W.: Die Grafschaft Ruppin in historischer, statistischer und geographischer Hinsicht. Berlin 1799.
–: Statistisch-topographische Beschreibung der gesamten Mark Brandenburg. 3 Bde. Berlin 1804–1809. Neu hrsg. von O. Büsch und G. Heinrich, Berlin 1968.
Braunschweig, Stadt-Vermessungsamt: Die Geschichte der Stadt Braunschweig in Karten, Plänen und Ansichten. Braunschweig 1981.
Bremer, H.: Heidelberg – Wahrnehmungsgeographische und siedlungsgenetische Aspekte. In: W. Pinkwart: Genetische Ansätze in der Kulturlandschaftsforschung. Würzburg 1983. Würzburger Geogr. Arbeiten, 60, S. 405–417.
Bremer, K.: Veränderungen der Waldverbreitung 1780–1860–1940. In: Hist. Handatlas von Brandenburg und Berlin, Lfg. 43, 1973.
Bring, S. E.: Itineraria Svecana. Bibliografisk Förteckning över Resor i Sverige fråm 944 till 1950. Stockholm 1954.
British Museum (Hrsg.): Catalogue of printed maps, charts and plans. 15 vols., 1967. Suppl. 1965–1974, 1977.
–: Catalogue of the manuscript maps, charts and plans and of the topographical drawings in the British Museum London, 1861.
Brongers, J. A.: Air photography and celtic field research in the Netherlands. Text- u. Kt.bd. Amersfoort 1976 (= Nederlandse Oudheden, 4).
Brooks, C. E. P.: Climate through the ages. London 1926.
Brückner, G.: Landeskunde des Herzogtums Meiningen. 2 Bde. Meiningen 1852–53.
Brunet, P. (Hrsg.): Carte des mutations de l'espace rural français 1950 bis 1980. Karte 1:1 000 000 mit Erl.bd. Caen 1984.
Brunken, O.: Das alte Amt Wildeshausen. Landschaftsentwicklung, Besiedlung und Bauernhöfe. Oldenburg 1938 (= Oldenburger Forschungen, 4).
Buchanan, R. A.: Industrial Archaeology in Britain. Harmondsworth 1972.
Buchanan, R. H.: Historical Geography Pre-1700. In: Geographical Society of Ireland: Irish Geography 1934–1984. Dublin 1984, S. 129–148.
– /R. A. Butlin/D. McCourt (Hrsg.): Fields, Farms and Settlement in Europe. Ulster Folk and Transport Museum 1976.
Budesheim, W.: Die Entwicklung der mittelalterlichen Kulturlandschaft des heutigen Kreises Herzogtum Lauenburg. Wiesbaden 1984 (= Mitt. d. Geogr. Ges. in Hamburg, 74).
Bühn, K.: Kleinzentren in Mainfranken. Würzburg 1974 (= Würzb. Geogr. Arb. 40).
Büsch, D./G. Heinrich/W. Scharfe u. a.: Gewerbe um 1800 und 1875. In: Historischer Handatlas von Brandenburg und Berlin, Lfg. 47/48. Berlin 1975.

Bundschuh, J. K.: Geographisches, statistisch-topographisches Lexikon von Baiern etc. 3 Bde. Ulm 1796–97.
–: Geographisches, statistisch-topographisches Lexikon von Franken etc. 6 Bde. Ulm 1799–1801.
Burchard, M.: Die Bevölkerung des Fürstentums Calenberg-Göttingen gegen Ende des 16. Jahrhunderts. Leipzig 1935.
– /H. Mundhenke (Bearb.): Die Kopfsteuerbeschreibung der Fürstentümer Calenberg-Göttingen und Grubenhagen von 1689. Bd. 3 ff. Hildesheim 1959 ff. (= Veröffentl. d. Hist. Komm. Niedersachsen, 27).
Burckhardt, J.: Über das Studium der Geschichte. Weltgeschichtliche Betrachtungen. Aus d. Nachlaß hrsg. von P. Ganz. München 1982.
Burggraaff, P./ H.-R. Egli: Eine neue historisch-geographische Landesaufnahme der Niederlande. In: Siedlungsforschung, 2, 1984, S. 283 bis 293.
Burghardt, A. F.: The Origin of Road and City Network of Roman Pannonia. In: Journal of Historical Geography, 5, 1979, S. 1–20.
Burke, G. L.: The Making of Dutch Towns. London 1956.
Butlin, R. A. (Hrsg.): The Development of the Irish Town. London 1977.
Cabouret, M.: Principaux résultats de la recherche toponymique pour l'étude de l'habitat rural en Norvège. In: Frandsen/Gissel/Hansen: PEC for the study of rural landscape. Denmark session 1979. Copenhagen 1981, S. 93–102.
Cantor, L. (Hrsg.): The English medieval landscape. London 1982.
–: The English medieval landscape. In: The English Medieval Landscape. London 1982, S. 17–24.
–: Forests, Chases, Parks and Warrens. In: Cantor: The English Medieval Landscape. London 1982, S. 56–85.
Carlsson, D.: Kulturlandskapets utveckling på Gotland. Visby 1979 (= Kulturgeogr. Inst. Stockholms Univ. Meddelande, B. 49).
Carter, H.: An Introduction to Urban Historical Geography. London 1983.
Černý-Festschrift mit Schriftenverzeichnis von Prof. Dr. Ervin Černý. Prag 1983 (= Historická Geogr., 21).
Chevallier, R.: Les voies romaines. Paris 1972.
Christensen, E. P.: Demesne Farming in relation to the Landscape and Village Settlement. In: Frandsen/Gissel/Hansen: PEC for the Study of Rural Landscape. Denmark Session 1979. Copenhagen 1981, S. 55–61.
Christlein, R./O. Braasch: Das unterirdische Bayern. Stuttgart 1982.
Clarke, H. B./ A. Simms (Hrsg.): The Comparative History of Urban Origins in Non-Roman Europe: Ireland, Wales, Denmark, Germany, Poland and Russia from the 9th to the 13th Century. Oxford 1985 (= BAR International Series, 255, I/II).
Classen, W.: Die kirchliche Organisation Althessens im Mittelalter samt einem Umriß der neuzeitlichen Entwicklung. Marburg 1929 (= Schriften d. Hessischen Landesamtes f. geschichtl. Landeskunde, 8).

Claval, P.: The Historical Dimension of French Geography. Journal of Historical Geography, 10, 1984, S. 229–245.
Conze, W.: Agrarverfassung und Bevölkerung in Litauen und Weißrußland, T. 1. Die Hufenverfassung im ehemaligen Großfürstentum Litauen. Leipzig 1940 (= Deutschland und der Osten, 15).
Conzen, M. R. G.: Zur Morphologie der englischen Stadt im Industriezeitalter. In: H. Jäger: Probleme des Städtewesens im industriellen Zeitalter. Köln, Wien 1978 (= Städteforschung, A, 5, S. 1–48). S. Whitehand.
Cox, E. G.: A Reference Guide to the Literature of Travel, including Voyages, Geographical Descriptions, Adventures, Shipwrecks and Expeditions. Bd. 1–3. Seattle, WA 1935–49.
Crawford, O. G. S. / A. Keiller: Wessex from the Air. Oxford 1928.
Crumlin-Pedersen, O.: Søvejen til Roskilde. Roskilde 1978.
Curry, L.: Chance and Landscape. In: J. W. House: Northern Geographical Essays. Newcastle-upon-Tyne 1966, S. 40–55.
Dahl, K.: Kort over Danmark 1 : 200000, fredede områder, 3. udg. Kopenhagen 1979.
Dahlbäck, G.: Landhöjning och bebyggelse i nordligaste Uppland. Fornvännen, 69, 1974, S. 121–131.
–: „Ein Schloß vor den Mälarsee zu hängen ..." Die Entstehung Stockholms und ihre politischen und ökonomischen Konsequenzen. Lübecker Schriften z. Archäol. und Kulturgeschichte, 7, 1983.
–: Stadtkernforschung in Schweden. In: H. Jäger: Stadtkernforschung. Köln, Wien 1986 (= Städteforschung, A 27).
Dahlmann, C.: The Open Field System and Beyond. A Property Rights Analysis of an Economic Institution. Cambridge 1980.
Dahlmann, F. Chr. / G. Waitz: Quellenkunde zur deutschen Geschichte. 10. Aufl. Bd. 1. Stuttgart 1969.
Danaher, K.: Irish Vernacular Architecture. Cork 1975.
Danish Committee for Urban History (Hrsg.): Scandinavian atlas of historic towns. Odense 1977 ff.
Darby, H. C. (Hrsg.): An Historical Geography of England before A.D. 1800. Cambridge 1936, ²1951.
–: The Medieval Fenland. Cambridge 1940.
–: On the Relations of Geography and History. London 1953. In: Transactions and Papers of the Institute of British Geographers, 1953, S. 1–11.
–: The Clearing of the Woodland in Europe. In: W. L. Thomas: Man's role in changing the face of the earth. Chicago 1956, S. 183–216.
– (nebst Mitarb.): The Domesday Geography of England. 5 Regionalbde. und Atlasbd. Cambridge 1952–1975.
–: Place Names and Geography. Geogr. Journal, 123, 1957, S. 387–392.
– (Hrsg.): A new Historical Geography of England. Cambridge 1973.
–: Domesday England. Cambridge 1977. (Zus.fassende Auswertung d. Regionalbde.)
–: Historical Geography in Britain 1920–1980, Continuity and Change.

London 1983. In: Transactions of the Institute of British Geographers, N.S. 8, 4, 1983, S. 421–428.
Davidson, D. A./R. L. Jones/C. Renfrew: Palaeoenvironmental Reconstruction and Evaluation. A Case Study from Orkney. London 1976. In: Transactions of the Institute of British Geographers, N.S. 1, 1976, S. 346–361.
Day, A. E.: Discovery and Exploration. A Reference Handbook. The Old World. New York, München 1980.
Deist, A.: Die Siedlungen der Bergbaulandschaften an der hessisch-thüringischen Grenze. H. 2. Würzburg 1938 (Kulturlandschaftsgeschichte seit dem Mittelalter) (= Frankfurter Geogr. Hefte, 12, 1938).
Denecke, D.: Methodische Untersuchungen zur historisch-geographischen Wegeforschung im Raum zwischen Solling und Harz. Göttingen 1969 (= Göttinger Geogr. Abh., 54).
–: Wüstungs- und Wegeforschung in Südniedersachsen. In: Führer zu vor- und frühgeschichtlichen Denkmälern, 17, 1970, S. 17–33. Mainz 1970.
–: Der geographische Stadtbegriff und die räumlich-funktionale Betrachtungsweise bei Siedlungstypen mit zentraler Bedeutung in Anwendung auf historische Siedlungsepochen. In: H. Jankuhn/W. Schlesinger/H. Steuer: Vor- und Frühformen der europäischen Stadt im Mittelalter, I. Göttingen 1973 (= Abh. d. Akad. d. Wiss. Göttingen, Phil.-hist. Kl. 3. F., 83, 1973, S. 33–55).
–: Die Rekonstruktion wüster Orts- und Hausgrundrisse mit Hilfe des Luftbilds. In: Nachrichten aus Niedersachsens Urgeschichte, 43, 1974, S. 69–84.
–: Historische Siedlungsgeographie und Siedlungsarchäologie des Mittelalters. Fragestellungen, Methoden und Ergebnisse unter d. Gesichtspunkt interdisziplinärer Zus.arbeit. Zeitschrift f. Archäol. d. Mittelalters, 3, 1975, 7–36.
–: Innovation und Diffusion of the Potato in Central Europe in the 17th and 18th Centuries. In: R. H. Buchanan u. a.: Fields, Farms and Settlement in Europe. Belfast 1976, S. 60–96.
–: Erzgewinnung und Hüttenbetriebe des Mittelalters im Oberharz und im Harzvorland. Archäol. Korrespondenzblatt 8, 1978, S. 77–85 m. Kt. ca. 1:100000.
–: Zur Terminologie ur- und frühgeschichtlicher Flurparzellierungen und Flurbegrenzungen sowie im Gelände ausgeprägter Flurrelikte. In: Beck/Denecke/Jankuhn: Untersuchungen z. eisenzeitlichen und frühmittelalterlichen Flur in Mitteleuropa und ihrer Nutzung. Göttingen 1979, S. 410–440.
–: Göttingen. Materialien zur historischen Stadtgeographie und zur Stadtplanung. Göttingen 1979a (= Göttingen: Planung und Aufbau, 17, 1979).
–: Methoden und Ergebnisse der historisch-geographischen und archäologischen Untersuchung und Rekonstruktion mittelalterlicher Verkehrs-

wege. In: Jankuhn/Wenskus: Geschichtswissenschaft und Archäologie. Sigmaringen 1979b, S. 433–483.
–: Zum Stand der interdisziplinären Flurforschung. In: Beck/Denecke/ Jankuhn: Untersuchungen z. eisenzeitl. und frühmittelalterl. Flur in Mitteleuropa und ihrer Nutzung. Göttingen 1980, S. 370–423.
–: Stadtkern und Stadtkernforschung. In: H. Jäger:.Stadtkernforschung. Köln, Wien 1986 (= Städteforschung, A 27).
Dietz, J.: Die Veränderungen des Rheinlaufs zwischen Ahrmündung und Köln in historischer Zeit. Köln 1966/67. Rheinische Vierteljahrsblätter, 31, 1966/67, S. 351–376.
Dion, R.: Histoire de la vigne et du vin en France des origines au XIXe siècle. Paris 1959.
Dodgshon, R. A.: The Origins of British Field Systems. London 1980.
– /R. A. Butlin: An Historical Geography of England and Wales. London 1978.
Dölling, H.: Haus und Hof in westgermanischen Volksrechten. Münster 1958 (= Veröffentl. d. Altertumskomm. im Provinziallinst. f. Westfälische Landes- und Volkskunde, 2).
Dörries, H.: Zur Entwicklung der Kulturlandschaft im nordost-schweizerischen Alpenvorland. Hamburg 1928. In: Mitt. d. Geogr. Ges. Hamburg, 39, 1928, S. 180-202.
–: Der gegenwärtige Stand der Stadtgeographie (1930). In: Schöller 1969, S. 3–37.
Dollen, B. von der: Die Koblenzer Neustadt. Planung und Ausführung einer Stadterweiterung des 18.Jh. Köln, Wien 1979 (= Städteforschung, A, 6).
–: Bonn-Poppelsdorf in Karte und Bild. Köln, Bonn 1979a (= Landeskonservator Rheinland, Arbeitsh. 31).
–: Forschungsschwerpunkte und Zukunftsaufgaben der Historischen Geographie: Städtische Siedlungen. Erdkunde, 36, 1982, S. 96–102.
–: Stadtrandphänomene in historisch-geographischer Sicht. In: Siedlungsforschung, 2, 1984, S. 15–37.
Donat, P./H. Ulrich: Bevölkerungszahlen. In: Reallexikon der Germanischen Altertumskunde, Bd. 2, 1976. S. 349–353.
Donkin, R. A.: The Cistercians. Studies in the Geography of Medieval England and Wales. Toronto 1978.
Dorfs, H.P.: Wesel. Eine stadtgeographische Monographie mit einem Vergleich zu anderen Festungsstädten. Bonn-Bad Godesberg 1972 (= Forsch. z. deutschen Landeskunde 201).
Driescher, E.: Veränderungen an Gewässern in historischer Zeit. Eine Untersuchung in Teilgebieten der Bezirke Potsdam, Frankfurt und Neubrandenburg. Ms. Diss. sc. nat. Humboldt Univ. Berlin 1974.
Düsterloh, D.: Beiträge zur Kulturgeographie des Niederbergisch-Märkischen Hügellandes. Bergbau und Verhüttung vor 1850 als Elemente der Kulturlandschaft. Göttingen 1967 (= Göttinger Geogr. Arb., 38).

Düwel, K./H. Jankuhn/H. Siems/D. Timpe: Untersuchungen zu Handel und Verkehr der vor- und frühgeschichtlichen Zeit in Mittel- und Nordeuropa. T. 1.2.3. Göttingen 1985 (= Abh. d. Akad. d. Wiss. Göttingen, Phil.-hist. Kl. 3. F., 143/144/150).
Durand-Drouhin, J. L./L. M. Szwengrub (Hrsg.): Rural Community Studies in Europe. Trends, Selected and Annotated Bibliographies, Analyses. Vol. 1. Oxford 1981.
Dussart, F. (Hrsg.): L'habitat et les paysages ruraux d'Europe. Liège 1971 (= Les congrès et colloques de l'Université de Liège, 58).
Dyer, Chr.: Lords and Peasants in a Changing Society. The Estates of the Bishopric of Worcester 680–1540. Cambridge 1980.
–: Deserted Medieval Villages in the West Midlands. Economic History Review, 1982, S. 19–34.
Ebel, E.: Die Waräger. Ausgew. Texte zu den Fahrten der Wikinger nach Vorderasien, mit Anm., u. Glossar. Tübingen 1978.
École Nationale des Eaux et des Forêts, Nancy (Hrsg.): Actes du symposium international d'histoire forestière, Septembre 1979, Nancy. 2 Bde. Nancy 1982.
École Pratique des Hautes Études: Villages Désertés. Paris 1965 (= Les Hommes et la Terre 11).
Egli, H.-R.: Die Herrschaft Erlach. Bern 1983 (= Archiv d. Hist. Vereins d. Kantons Bern, 67).
Ehbrecht, W.: Voraussetzungen und Methoden geschichtlicher Städteforschung. Köln 1979 (= Städteforschung A, 7).
Eigler, F.: Regular Settlements in Franconia founded by the Franks in the Early Middle Ages. In: Roberts/Glasscock, 1983, S. 83–91.
Einbeck, E.: Die Gestaltung der Bergbaulandschaft im Gebiet des Mansfelder Kupferschieferbergbaus. In: Beiträge zur Kulturgeographie, S. 101–112, 1932 = Petermanns Geogr. Mitt., Erg. H. 214, 1932, S. 101 bis 112).
Elbstrombauverwaltung, Kgl.: Der Elbstrom, sein Stromgebiet und seine wichtigsten Nebenflüsse. Eine hydrographische, wasserwirtschaftliche und wasserrechtliche Darstellung. 3 Bde. u. Kt.- u. Tab. bd. Berlin 1898.
Ellenberg, H.: Steppenheide und Waldweide. Erdkunde, 8, 1954, S. 188 bis 194.
–: Vegetation Mitteleuropas mit den Alpen in kausaler, dynamischer und historischer Sicht. 3. Aufl. Stuttgart 1982.
–: Bäuerliche Bauweisen in geoökologischer und genetischer Sicht. Wiesbaden 1984 (= Erdkundliches Wissen, 72).
Ellmers, D.: Frühmittelalterliche Handelsschiffahrt in Mittel- und Nordeuropa. Neumünster 1972 (= Offa-Bücher, 28).
–: Boot. Archäologisches. In: Reallexikon d. Germanischen Altertumskunde, 3, 1978, S. 238–246.
–: Schiffsarchäologie. In: Jankuhn/Wenskus: Geschichtswissenschaft und Archäologie. Sigmaringen 1979, S. 485–516.

–: Vor- und frühgeschichtlicher Boots- und Schiffbau in Europa nördlich der Alpen. In: Jankuhn/Janssen u. a.: Das Handwerk in vor- und frühgeschichtlicher Zeit II. Göttingen 1983, S. 471–534.
Engel, F.: Siedlungs- und Flurgeschichte. In: Luftbild, Landschaft und Siedlung. Berlin 1941 (= Luftbild und Luftbild-Messung, 22).
–: Karte der historischen Dorfformen. In: Historischer Atlas von Mecklenburg, K. 4. Köln, Graz 1962.
–: Karte der historischen Dorfformen. In: Historischer Atlas von Pommern, K. 3. Köln, Graz 1963.
–: Tabellen alter Maße, Münzen und Gewichte zum Gebrauch für Archivbenutzer. Rinteln 1964 (= Schaumburger Studien, 8).
–: Tabellen alter Maße, Gewichte und Münzen. In: H. Jäger: Methodisches Handbuch für Heimatforschung in Niedersachsen. Hildesheim 1965, S. 65–76.
–: Mittelalterliche Hufenmaße als siedlungsgeschichtliche Quelle. Braunschweig 1954. In: Abh. d. Braunschweigischen Wiss. Ges. 6, S. 272–287. (Abdr. in Engel: Beiträge zur Siedlungsgeschichte und historischen Landeskunde, Köln, 1970.)
–: Grenzwälder und slawische Burgwardbezirke in Nordmecklenburg. Über die Methoden ihrer Rekonstruktion (Gießen 1960). In: F. Engel: Beiträge zur Siedlungsgeschichte und historischen Landeskunde. Köln, Wien 1970, S. 315–342.
–: Beiträge zur Siedlungsgeschichte und historischen Landeskunde. Köln, Wien 1970.
– /H. Lathwesen (Hrsg.): Das Güterverzeichnis des Klosters Möllenbeck bei Rinteln von 1465. Rinteln 1963 (= Schaumburger Studien, 1).
Engelhard, K.: Die Entwicklung der Kulturlandschaft des nördlichen Waldeck seit dem späten Mittelalter. Gießen 1967 (= Gießener Geogr. Schriften, 10).
Ennen, E., u. a.: Rheinischer Städteatlas. Bonn 1972 ff.
–: Die europäische Stadt des Mittelalters. Göttingen 1972 a.
– /W. Janssen: Deutsche Agrargeschichte. Vom Neolithikum bis zur Schwelle des Industriezeitalters. Wiesbaden 1979.
Erdmann, W.: Besiedlungs- und Baugeschichte von Lübecks Hafenvierteln im 12. und 13. Jahrhundert. In: G. Fehring/W. Schadendorf, 1980, S. 87–93.
Eriksson, I./J. Rogers: Social and Demographic Developments in East Central Sweden during the 19th Century. Uppsala 1978.
Erixon, S.: Svenska byar utan systematisk reglering, I–II. Stockholm 1960.
Ernst, G. (Hrsg.): Die österreichische Militärgrenze. Regensburg 1982 (= Schriften d. Regensburger Osteuropainstituts, 8).
Es, W. A. van/J. M. Poldermans/H. Sarfatij/J. Sparreboom: Het bodemarchief bedreigd. Amersfoort, 's-Gravenhage 1983.
Escher, F.: Stadtranderscheinungen in Berlin vom 17. bis zum frühen 19. Jahrhundert. In: Siedlungsforschung 1, 1983, S. 87–102.
Evans, E. E.: The Personality of Ireland. Cambridge 1973.

Ewe, H.: Stralsunder Bilderhandschrift. Historische Ansichten vorpommerscher Städte. Hamburg 1980.
Farmer, D. L.: Grain yields on the Winchester Manors in the Later Middle Ages. In: Economic History Review, Ser. 2, 30, 1977, S. 555–566.
Fauser, A.: Repertorium älterer Topographie. Druckgraphik 1486–1750. 2 Bde. Wiesbaden 1978.
Fehn, H.: Historische Landschaftsnamen und ihr wechselnder Geltungsbereich. Erdkunde, 20, 1966, S. 149–153.
Fehn, K.: Die zentralörtlichen Funktionen früher Zentren in Altbayern. Wiesbaden 1970.
–: Stand und Aufgaben der Historischen Geographie. Wiesbaden 1975. In: Blätter für deutsche Landesgeschichte, 111, S. 31–52.
–: Extensivierungserscheinungen und Wüstungen. Erdkunde, 29, 1975a, S. 136–141.
–: Historische Geographie, Siedlungsgeschichte und archäologische Siedlungsforschung 1966–76 (ein Forschungsbericht). Wiesbaden 1977. In: Blätter für deutsche Landesgeschichte, 113, S. 571–592.
–: Die Historische Geographie in Deutschland nach 1945. Erdkunde, 36, 1982, S. 65–71.
Fehring, G. P.: Zur archäologischen Erforschung mittelalterlicher Dorfsiedlungen in Südwestdeutschland. Zeitschr. f. Agrargeschichte u. Agrarsoz., 21, 1973, S. 1–35.
Fehring, G./W. Schadendorf (Hrsg.): Archäologie in Lübeck. Lübeck 1980.
Feldmann, R.: Das Grundwort „-feld" in Siedlungsnamen des Nordost-Sauerlandes. Bad Godesberg 1964 (= Forschungen z. dt. Landeskunde, 145).
Ferger, I.: Lüneburg. Eine siedlungsgeogr. Untersuchung. Bonn-Bad Godesberg 1969 (= Forschungen z. dt. Landeskunde, 173).
Feyer, U.: Die Anfänge der Industrie in Baden und Württemberg 1829/32. Historischer Atlas von Baden-Württemberg, XI, 6, 1973.
Finley, R.: Population and Metropolis. Cambridge 1981.
Finn, R. W.: Domesday Book – A Guide. Chichester 1973.
Firbas, F.: Spät- und nacheiszeitliche Waldgeschichte Mitteleuropas nördlich der Alpen. 2 Bde. Jena 1949–52.
Fliedner, D.: Die Kulturlandschaft der Hamme-Wümme-Niederung. Gestalt und Entwicklung d. Siedlungsraumes nördlich von Bremen. Göttingen 1970 (= Göttinger Geogr. Abh., 55).
Flohn, H.: Klimaschwankungen im Mittelalter und ihre historisch-geographische Bedeutung. Bad Godesberg 1950. In: Berichte z. dt. Landeskunde, 7, S. 347–57.
–: Klimaschwankungen in historischer Zeit. In: H. von Rudloff: Die Schwankungen und Pendelungen des Klimas in Europa seit dem Beginn der regelmäßigen Instrumentenbeobachtungen. Braunschweig 1967, S. 81–90.

–: Das Problem der Klimaänderungen in Vergangenheit und Zukunft. Darmstadt 1985 (= Erträge d. Forschung, 220).
– /R. Fantechi (Hrsg.): The Climate of Europe: Past, Present and Future. Natural and Man-Induced Climatic Changes. Dordrecht, Boston, Lancaster 1984.
Fog, H./S. Helmfrid: Kulturlandskap och samhällsförändring. Stockholm 1982.
Forstreuter, K.: Gilge. In: E. Weise: Ost- und Westpreußen. Handb. d. hist. Stätten, S. 66 f. Stuttgart 1966.
Fowler, P.: Farms in England. Prehistoric to Present. London 1983.
Frandsen, K. E./S. Gissel/V. Hansen (Hrsg.): Permanent European Conference for the Study of the Rural Landscape. Denmark Session 1979. Copenhagen 1981.
Franke, H. W.: Methoden der Geo-Chronologie. Berlin 1969 (= Verständliche Wissenschaft, 98).
Franz, E. G.: Grangien und Landsiedel. In: H. Haushofer/W. A. Boelcke: Wege und Forschungen der Agrargeschichte, S. 28–50. Frankfurt 1967.
–: Einführung in die Archivkunde. Darmstadt 1974.
Franz, G.: Verwaltungsgeschichte des Regierungsbezirkes Lüneburg. Bremen-Horn 1955.
–: Quellen zur Geschichte des deutschen Bauernstandes im Mittelalter (= Ausgew. Quellen z. Gesch. d. Mittelalters, 31. Darmstadt 1967).
–: Raumplanung in der Geschichte. In: Handwörterbuch der Raumforschung und Raumordnung, II, Sp. 2553–2565. Hannover 1970.
–: Der Dreißigjährige Krieg und das deutsche Volk. Stuttgart ⁴1979.
– /H. Jäger: Historische Kartographie. Forschung und Bibliographie. 3. Aufl. Hannover 1980 (= Akademie f. Raumforschung, Beiträge, 46).
Freeman, T. W.: A History of Modern British Geography. London 1980.
Frei, H.: Der frühere Eisenerzbergbau und seine Geländespuren im nördlichen Alpenvorland. Regensburg 1966 (= Münchener Geogr. H., 29).
Frémont, A.: La région – espace vécu. Paris 1976 (= SUP, Le Géographe, 19).
Frenzel, B.: Dendrochronologie und postglaziale Klimaschwankungen in Europa. Wiesbaden 1977.
Frere, S. S./J. K. S. St Joseph: Roman Britain from the Air. Cambridge 1983 (= Cambridge Air Surveys, 4).
Friedmann, H.: Alt-Mannheim im Wandel seiner Physiognomie, Struktur und Funktionen (1606–1965). Stuttgart 1968 (= Forschungen z. dt. Landeskunde, 168).
Friedrichs, J.: Stadtentwicklung in West- und Osteuropa. Berlin 1985.
Fries, C.: Var gamla bondebygd. In: Svenska Turistföreningens Årsskrift 1949, S. 136–162.
Fries, M.: „Fimbulvinteren" ur vegetationshistorisk synspunkt. In: Fornvännen, 51. Stockholm 1956.

Fries, M.: Skogslandskapet på Sotenäs och Stångenäs i Bohuslän under historisk tid. Uppsala 1958 (= Geographica, 35).

Frimannslund, R.: Farm Community and Neighbourhood Community. The Old Norwegian Peasant Community, 3. Uppsala 1956 (= The Scandinavian Economic History Review, 4).

–: A Cluster Settlement in Western Norway. In: Annales de l'Est, 21, 1959, S. 208–220. Nancy 1959.

Frödin, J.: Uppländska betes- och slåttermarker i gamla tider. Uppsala 1954 (= Geographica, 29).

Frühauf, H.: Eisenindustrie und Bergbau im Raum von Neunkirchen/Saar. Trier 1980 (= Forschungen z. dt. Landeskunde, 217).

Galbraith, V. H.: Domesday Book. Oxford 1974.

Gazley, J. G.: Arthur Young, Agriculturist and Traveller 1741–1820. Manchester 1955.

Gebhard, T.: Wegweiser zur Bauernhausforschung in Bayern. München-Pasing 1957 (= Bayer. Heimatforschung, 11).

–: Überlegungen zur Terminologie der Hausforschung. In: Bayerisches Jahrbuch f. Volkskunde, 1982, S. 45–55.

George, P.: Géographie de la population. Paris 1967 (= Que sais-je?, 1187).

Gerling, W.: Der Landschaftsbegriff in der Geographie. Kritik einer Methode. Würzburg 1965.

Germershausen, P.: Siedlungsentwicklung der preußischen Ämter Holland, Liebstadt und Mohrungen vom 13. bis zum 17. Jh. Marburg 1969 (= Wiss. Beitr. z. Gesch. und Landeskunde Ostmitteleuropas, 87).

Gessner, L. (Hrsg.): Bodenkundlicher Atlas von Niedersachsen. A. Bodenkarte, B. Wirtschaftskarte, C. Entwässerungskarte. 1940 (= Veröffentl. Wirtschaftswiss. Ges. z. Studium Niedersachsen, 16).

Gielge, J.: Topographisch-historische Beschreibung des Landes ob der Enns. 3 Bde. Neubearb. 1814–15.

Gierloff-Emden, H. G.: Luftbild und Karte: Donauauen bei Gundelfingen. In: H. Fehn: Top. Atlas Bayern. München 1968, S. 200–201.

–: Geographie des Meeres. T. 2. Berlin 1980. (Lit. S. 64–71, 75–92.)

Gissel, S.: Zur skandinavischen Wüstungsfrage. Zeitschrift f. Archäologie d. Mittelalters, 6, 1978, S. 73–88.

–: Bol und Bolverfassung in Dänemark. In: Beck/Denecke/Jankuhn: Untersuchungen z. eisenzeitl. und frühmittelalterl. Flur in Mitteleuropa und ihrer Nutzung. Göttingen 1979, S. 134–140.

– (Hrsg.): Desertion and Land Colonization in the Nordic Countries c. 1300–1600. Stockholm 1981.

–: Tracing Old Structures in the Agrarian Cultural Landscape, Especially in Hornsherred, Zealand. In: Frandsen u. a.: PEC for the Study of the Rural Landscape. Denmark Session 1979. Copenhagen 1981, S. 3–8.

–: Dorffluren und Zinsen auf Falster. Neue Wege d. dänischen Siedlungsforschung. In: Genetische Ansätze in der Kulturlandschaftsforschung. In: Würzburger Geogr. Arb. 60, 1983, S. 155–169.

Glässer, E.: Die ländlichen Siedlungen. Ein Forschungsbericht. In: Geogr. Rundschau, 21, 1969, S. 161–170. Wiederabdruck in: Henkel 1983.
–: Norwegen. Darmstadt 1978 (= Wiss. Länderkunden, 14).
Glanville, P.: London in Maps. London 1972.
Glöckner, K./A. Doll: Traditiones Wizenburgenses. Darmstadt 1979.
Godwin, H. (Sir): The History of the British Flora. 2nd ed. Cambridge 1975.
Goedeke, H. (Hrsg.): Erbregister der Ämter Ruthe und Koldingen von 1593. Hildesheim 1973 (= Veröffentl. Hist. Komm. f. Niedersachsen und Bremen, 34, 1).
Goehrke, C.: Die Wüstungen in der Moskauer Rus'. Wiesbaden 1968 (= Quellen und Studien z. Gesch. d. östlichen Europa, 1).
Göransson, S.: Regular Open-Field Pattern in England and Scandinavian Solskifte. In: Geografiska Annaler, 43, 1961, S. 80–104.
–: Tomt och Teg pa Öland – om Byamål, Laga Läge och territoriell indelning (Hof und Feld auf Öland, über Dorfmaß, Laga-Läge [gesetzl. Flurbereinigung] und territoriale Gliederung) (= Forskningsrapporter från Kulturgeografiska Institutionen Uppsala Univ., 27, 1971).
–: Viking Age Traces in Swedish systems for Territorial Organisation and Land Division. In: T. Andersson/K. I. Sandred: The Vikings. Uppsala 1978.
Götze, A.: Frühneuhochdeutsches Glossar. Berlin ⁶1960.
Goldbeck, J. F.: Vollständige Topographie des Königreichs Preußen. 2 Bde. Königsberg, Leipzig 1785–89.
Gottschalk, M. K. E.: Historische Geografie van Westelijk Zeeuws-Vlaanderen. 2 Bde. Assen 1955.
–: Stormvloeden en revieroverstromingen in Nederland, 1. Assen 1971. 2, 1975, 3, 1977.
Gradmann, R.: Das mitteleuropäische Landschaftsbild nach seiner geschichtlichen Entwicklung. In: Geogr. Zeitschr., 7, 1901, S. 361 ff.; 435 ff.
–: Die städtischen Siedlungen des Königreichs Württemberg. In: Forschungen z. dt. Landes- und Volkskunde, 21, 1914, S. 137–228.
–: Altbesiedeltes und jungbesiedeltes Land. In: Studium generale, 1, 1948, S. 163–177.
Graham, B. J.: Anglo-Norman Settlement in County Meath. In: Proceedings of the Royal Irish Academy, 75, Sect. C., 11, 1975.
–: Medieval Irish Settlement. A Review. Norwich 1980.
Gray, J.: The Use of Stable-Isotope Data in Climate Reconstruction. In: Wigley u. a. 1981, S. 53–81.
Grees, H.: Sozialgenetisch bedingte Dorfelemente im ostschwäbischen Altsiedelland. In: H. Grees: Die europäische Kulturlandschaft im Wandel, S. 41–68. Kiel 1974.
–: Ländliche Unterschichten und ländliche Siedlung in Ostschwaben. Tübingen 1975 (= Tübinger Geogr. Studien, 58).
Gregorovius, F.: Wanderjahre in Italien. 5 Bde. 3. Aufl. Leipzig 1870–77.

Gregory, D.: Environmental Determinism. In: R. J. Johnston: The Dictionary of Human Geography, S. 103–105. Oxford 1981.
–: Landschaft. In: R. J. Johnston: The Dictionary of Human Geography, S. 183–184. Oxford 1981.
Grierson, Ph.: English Linear Measures. The Stenton Lecture 1971. Reading 1972.
Grieser, R. (Hrsg.): Das Schatzregister der Großvogtei Celle von 1438 und andere Quellen zur Bevölkerungsgeschichte der Kreise Celle, Fallingbostel, Soltau und Burgdorf zwischen 1428 und 1442. Nachdr. Hildesheim 1960 (= Quellen und Darstellungen z. Gesch. Niedersachsens, 41, 1934).
Grigson, C./J. Clutton-Brock (Hrsg.): Animals and Archeology, 4: Husbandry in Europe. Oxford 1984 (= BAR, S. 227).
Grinda, K.: Die Hide und verwandte Landmaße im Altenglischen. In: Beck/Denecke/Jankuhn: Untersuchungen z. eisenzeitl. und frühmittelalterl. Flur in Mitteleuropa und ihrer Nutzung, S. 92–133. Göttingen 1979.
Gringmuth-Dallmer, E.: Die Entwicklung der frühgeschichtlichen Kulturlandschaft auf dem Territorium der DDR unter bes. Berücksichtigung der Siedlungsgebiete. Berlin 1983 (= Schr. z. Ur- und Frühgeschichte, 35).
–: Zur regionalen Siedlungsstruktur der Merowinger- und Karolingerzeit. Zeitschr. f. Archäologie, 19, 1985, S. 51–81.
–: Der frühgeschichtliche Landesausbau als Element der Produktivkraftentwicklung. In: Produktivkräfte und Produktionsverhältnisse, S. 311 bis 323. Berlin, DDR 1985 a.
– /M. Altermann: Zum Boden als Standortfaktor ur- und frühgeschichtlicher Siedlungen. Jahresschr. f. mitteldeutsche Vorgeschichte, 68, 1985, S. 339–355.
Gripp, K.: Erdgeschichte von Schleswig-Holstein. Neumünster 1964.
Grotefend, H./T. Ulrich: Taschenbuch der Zeitrechnung des Deutschen Mittelalters und der Neuzeit. Hannover 1971.
Grun, P. A.: Schlüssel zu alten und neuen Abkürzungen. Limburg 1966.
–: Leseschlüssel zu unserer alten Schrift. Limburg ²1984.
Grund, A.: Veränderungen der Topographie im Wiener Wald und Wiener Becken. Wien 1901 (= Geogr. Abh., 13, 1).
Guillaume, P./J.-P. Poussou: Démographie historique. Paris 1970 (= Collection U).
Haarnagel, W.: Vor- und Frühgeschichte des Landes Wursten. In: E. von Lehe: Geschichte des Landes Wursten, S. 17–128. Bremerhaven 1973.
–: Die Wurtensiedlung Feddersen Wierde im Nordsee-Küstengebiet. In: Ausgrabungen in Deutschland gefördert von der Deutschen Forschungsgemeinschaft 1950–1975. Römisch-Germanisches Zentralmuseum, Forschungsinst. f. Ur- und Frühgesch., Monographien 1, 2. S. 10–44. Mainz 1975.

–: Die Marschen- und Wurtensiedlungen im Elbe-Weser-Winkel. In: Führer zu vor- und frühgeschichtlichen Denkmälern, 30, 1976, S. 1 bis 22.
–: Das eisenzeitliche Dorf „Feddersen Wierde", seine siedlungsgeschichtliche Entwicklung, seine wirtschaftliche Funktion und die Wandlung seiner Sozialstruktur. In: H. Jankuhn / R. Schützeichel / F. Schwind: Das Dorf der Eisenzeit und des frühen Mittelalters (= Abh. d. Akad. d. Wiss. Göttingen, Phil.-hist. Kl. 3. F., 101, 1977, S. 252–284).
– / P. Schmid: Siedlungen. In: Kossack / Behre / Schmid: Archäologische und naturwissenschaftliche Untersuchungen an ländlichen und frühstädtischen Siedlungen im deutschen Küstengebiet vom 5. Jh. v. Chr. zum 11. Jh. n. Chr. Weinheim 1984, S. 167–244.
Haase, C. (Hrsg.): Die Stadt des Mittelalters. 3 Bde. Darmstadt 1976–84. (= Wege d. Forschung, 243–245; insbes. Bd. 1, S. 60 ff.)
Habbe, K. A.: Das Flurbild des Hofsiedlungsgebiets im Mittleren Schwarzwald am Ende des 18. Jh. Bad Godesberg 1960 (= Forschungen z. dt. Landeskunde, 118).
– / F. Mihl / F. Wimmer: Über zwei ^{14}C-Daten aus fränkischen Dünensanden. In: Geol. Bl. f. Nordostbayern und angrenzende Gebiete, 31, 1981, S. 208–221.
Habich, J. u. a.: Stadtkernatlas Schleswig-Holstein. Neumünster 1976.
Habovštiak, A.: Zur archäologischen Erforschung der mittelalterlichen Wüstungen in der Tschechoslowakei. In: Siedlungsforschung, 2, 1984, S. 225–228.
Hadfield, Ch.: The Canals of South Wales and the Border. Cardiff 1960.
–: British Canals. Newton Abbot 1966 (1985).
Hägerstrand, T.: The Propagation of Innovation Waves. Lund 1952 (= Lund Studies in Geography, B, 4).
Hagedorn, J. / J. Hövermann / H.-J. Nitz: Gefügemuster der Erdoberfläche. Festschr. z. 42. Deutschen Geographentag. Göttingen 1979.
Hahn, H. / W. Zorn: Historische Wirtschaftskarte der Rheinlande um 1820. Bonn 1973 (= Arb. z. rheinischen Landeskunde, 37).
Hajducki, S. M.: A Railway Atlas of Ireland. Newton Abbot 1974.
Hald, K.: Vore Stednavne. Kopenhagen 1950.
Hall, D.: Medieval Fields. Aylesbury 1982 (= Shire Archaeology, 28).
Haller, B. / G. Tiggesbäumker: Die Kartensammlung des Freiherrn August von Haxthausen in der Universitätsbibliothek Münster. Münster 1978 (= Westf. Geogr. Studien, Beih. 2).
Hallewas, D. P.: Mittelalterliche Seedeiche im holländischen Küstengebiet. In: Probleme der Küstenforschung im südlichen Nordseegebiet, 15, 1984, S. 9–27.
Hambloch, H.: Einödgruppe und Drubbel. Ein Beitrag zu der Frage nach den Urhöfen und Altfluren einer bäuerlichen Siedlung. Münster 1960 (= Siedlung und Landschaft in Westfalen, 4).
–: Langstreifenfluren im nordwestlichen Alt-Niederdeutschland. In:

Geogr. Rundschau, 14, 1962, S. 346–357. (Wiederabdr. in H.-J. Nitz, 1974.)

Hamond, F. W.: Phosphate Analysis of Archaeology Sediments. In: T. Reeves-Smyth/F. Hamond: Landscape Archaeology in Ireland. British Archaeological Reports, B, 116. Oxford 1983.

Hannerberg, D.: Die älteren skandinavischen Ackermaße. Ein Versuch zu einer zusammenfassenden Theorie. Lund 1955 (= Lund Studies in Geography, B, 12).

Hansen, V./A. Steensberg: Jordfordeling og Uskiftning. Kopenhagen 1951 (= Det kgl. danske Videnskabernes Selskab, Hist.-fil. skr., 2, 1).

Harck, D.: Stecknitz-Kanal. In: Führer zu archäol. Denkmälern in Deutschland, 2.: Kreis Herzogtum Lauenburg, T. 2., S. 40–44. Stuttgart 1983.

Hard, G.: Zum Wechsel der Bodenbewertung seit dem 18. Jh. Zeitschr. f. Agrargesch. und Agrarsoz., 13, 1965, S. 190–194.

–: Die Geographie. Eine wiss.theoretische Einführung. Berlin 1973 (= Sammlung Göschen, 9001).

Harkness, D./M. O'Dowd (Hrsg.): The Town in Ireland. Belfast 1981.

Harris, A.: Changes in the Early Railway Age. In: H. C. Darby: A New Historical Geography of England. Cambridge 1973, S. 465–526.

Hartmann, F./K.-G. Jahn: Waldgesellschaften des mitteleuropäischen Gebirgsraumes nördlich der Alpen. Stuttgart 1967.

Hasel, K.: Forstgeschichte. Hamburg u. Berlin 1985.

Hatcher, J.: Plague, Population and the English Economy 1348–1530. London 1977.

Haworth, E. Y./J. W. G. Lund (Hrsg.): Lake Sediments and Environmental History. In: Studies in Palaeolimnology and Palaeoecology in Honour of Winifrid Tutin. Leicester 1984.

Hayen, H.: Ein bronzezeitliches Speichenrad. In: Moorarchäologische Untersuchungen. Archäologische Mitt. aus Nordwestdeutschland, 1, 1978, S. 1–18.

–: Der Bohlenweg VI (Pr) im Großen Moor am Dümmer. Hildesheim 1979.

–: Handwerklich-technische Lösungen im vor- und frühgeschichtlichen Wagenbau. In: H. Jankuhn/W. Janssen/R. Schmidt-Wiegand/H. Tiefenbach: Das Handwerk in vor- und frühgeschichtlicher Zeit, T. 2., S. 415–470. Göttingen 1983 (= Abh. d. Akad. d. Wiss. Göttingen, Phil.-hist. Kl. 3. F., 123).

Heeg, J.: Das älteste bayerische Herzogsurbar. Analyse und Edition. Masch.-geschr. Phil. Diss. Würzburg 1984.

Hehn, V.: Italien. Ansichten und Streiflichter. 9. Aufl. Berlin 1905.

Heighway, C. M. (Hrsg.): The Erosion of History. Archaeology and Planning in Towns. London 1972.

Heimberg, U.: Römische Flur und Flurvermessung. In: H. Beck/D. Denecke/H. Jankuhn: Untersuchungen zur eisenzeitl. und frühmittel-

alterl. Flur in Mitteleuropa und ihrer Nutzung. S. 141–195 (= Abh. d. Akad. d. Wiss. Göttingen, Phil.-hist. Kl. 3. F., 115, 1979).
Heinrich, G.: Handelsstraßen des Mittelalters 1300–1375–1600. In: Hist. Handatlas von Brandenburg und Berlin, Nachtr. H. 5. Berlin 1980.
Heinzelmann, M.: Beobachtungen zur Bevölkerungsstruktur einiger grundherrschaftlicher Siedlungen im karolingischen Bayern. In: Frühmittelalterliche Studien, 11, 1977, S. 202–217.
Helbig, H./L. Weinrich: Urkunden und erzählende Quellen zur deutschen Ostsiedlung im Mittelalter, T. 1.: Mittel- und Norddeutschland, Ostseeküste. Darmstadt 1968.
Helleiner, K. F.: Europas Bevölkerung und Wirtschaft im späten Mittelalter. Mitt. Inst. f. österr. Geschichtsf. 62, 1954, S. 254 ff.
Heller, R. (Hrsg.): Isländer Sagas. 2 Bde. Leipzig, Wiesbaden 1982.
Hellfaier, D./M. Last: Historisch bezeugte Orte in Niedersachsen bis zur Jahrtausendwende. Gräberfelder d. Merowinger- und Karolingerzeit in Niedersachsen. Hildesheim 1976 (= Studien und Vorarbeiten zum Hist. Atlas Niedersachsen, 26).
Hellmann, M.: Das Lettenland im Mittelalter. Münster, Köln 1954.
–: Grundzüge der Geschichte Litauens. 2. Aufl. Darmstadt 1976.
Helmfrid, S.: The Storskifte, Enskifte and Laga Skifte in Sweden – General features. In: Morphogenesis of the Agrarian Cultural Landscape. Stockholm 1961 (= Geografiska Annaler, 43, S. 114–29).
–: Östergötland „Västanstång". Studien über die ältere Agrarlandschaft und ihre Genese (= Geografiska Annaler, 44, 1962).
–: Räume und genetische Schichten der skandinavischen Agrarlandschaft. In: Hagedorn/Hövermann/Nitz 1979, S. 187–226.
Hendinger, H.: Wandlungen der Waldbesitzstruktur und Forstwirtschaft in Franken durch machtpolitische und wirtschaftsliberale Einflüsse in napoleonischer Zeit. In: Forstwissenschaftl. Zentralbl., 85, 1966, S. 65–128.
Henkel, G.: Dorferneuerung. Die Geographie d. ländl. Siedlungen vor neuen Aufgaben. In: Geogr. Rundschau, 31, 1979, S. 137–142.
– (Hrsg.): Die ländliche Siedlung als Forschungsgegenstand der Geographie. Darmstadt 1983 (= Wege d. Forschung, 616).
Henze, D.: Enzyklopädie der Entdecker und Erforscher der Erde. Bd. 1 ff. Graz 1975 ff.
Herlihy, D.: Quantification and the Middle Ages. In: R. Lorwin/J. M. Price: The Dimensions of the Past. Materials, Problems and Opportunities for Quantitative Work in History. New Haven, London 1972, S. 13 bis 51.
– /Chr. Klapisch-Zuber: Les Toscans et leur familles. Une étude du Catastro florentin de 1427. Paris 1978.
Herold, A.: Der zelgengebundene Anbau im Randgebiet des fränkischen Gäulandes. Würzburg 1965 (= Würzburger Geogr. Arb., 15).
Herrmann, J.: Wasserstand und Siedlung im Spree-Havel-Gebiet in frühgeschichtlicher Zeit. In: Ausgrabungen und Funde, 4, 1959.

Herwijnen, G. van, u. a. (Hrsg.): Historische stedenatlas van Nederland. Delft 1980 ff.
Herzog, F.: Das Osnabrücker Land im 18. und 19. Jahrhundert. Eine kulturgeogr. Untersuchung. Oldenburg 1938 (= Wirtschaftswissenschaftl. Ges. z. Studium Niedersachsens, A, 40).
Hesmer, H./F. G. Schroeder: Waldzusammensetzung und Waldbehandlung im niedersächsischen Tiefland westlich der Weser und in der Münsterschen Bucht bis zum Ende des 18. Jh. Bonn 1963 (= Decheniana, Beih. 11).
Hessler, W.: Mitteldeutsche Gaue des frühen und hohen Mittelalters. Berlin 1957.
Hettner, A.: Allgemeine Geographie des Menschen. Bd. 1. (Hrsg.: H. Schmitthenner). Stuttgart 1947.
Hicks, S.: Pollen Analysis and Archaeology in Kuusamo, Northeast Finland, an Area of Marginal Human Interference. In: Institute of British Geographers, Transactions, N.S., 1, 3, 1976, S. 362–384.
Higounet, Ch.: Paysages et villages neufs du Moyen Age. Darin u. a.: Le peuplement de Toulouse au XIIe siècle (1943), S. 401–405, sowie: Mouvements de population dans le Midi de la France du XIe au XVe siècle (1953), S. 417–437. Bordeaux 1975.
– u. a. (Hrsg.): Atlas historique des villes de France. Paris 1982 ff.
Hildebrandt, H.: Zum Problem der Rheinischen Zweifelderwirtschaft. In: Mainzer Naturwiss. Archiv 16, 1977, S. 7–34.
–: Studien zum Zelgenproblem auf Grund methodischer Interpretation agrargeschichtlicher Quellen. Mainz 1980 (= Mainzer Geogr. Studien, 14).
Hillebrecht, M.-L.: Die Relikte der Holzkohlewirtschaft als Indikatoren für Waldnutzung und Waldentwicklung. Göttingen 1982 (= Göttinger Geogr. Abh., 79).
Hindle, B. P.: Medieval Roads. Aylesbury 1982.
Hinkel, H.: Die historisch-geographische Beschreibung am Ende des 18. Jh. als Quelle für geschichtlich-landeskundliche Karten. In: Karten in Bibliotheken (Hrsg.: L. Zögner), S. 51–63. Bonn-Bad Godesberg 1971 (= Kartensammlung und Kartendokumentation, 9).
Histoire de la France urbaine. Paris. 1. G. Duby (Hrsg.): La ville antique, 1980. 2. J. Le Goff (Hrsg.): La ville médiévale, 1980. 3. E. Le Roy Ladurie (Hrsg.): La ville classique, 1981. 4. M. Agulhon (Hrsg.): La ville de l'âge industriel, 1983.
Hoeniger, R.: Der Schwarze Tod in Deutschland. Berlin 1882.
Höhl, G.: Fränkische Städte und Märkte in geographischem Vergleich. Bad Godesberg 1962 (= Forschungen z. dt. Landeskunde, 139).
Hoffmann, D. H./H. J. Kühn/B. Higelke: Landschafts- und Siedlungsgeschichte im Bereich der heutigen Marscheninseln und Watten Nordfrieslands. Ergebnisse archäologisch-geowiss. Untersuchungen 1975–81. In: Siedlungsforschung, 2, 1984. S. 147–185.

Hofmann, H. H.: Kaiser Karls Kanalbau. 2. Aufl. Sigmaringen 1977.
- / G. Schuhmann: Franken in alten Ansichten und Schilderungen. 2. Aufl. Sigmaringen 1981.
Hofmeister, A. E.: Besiedlung und Verfassung der Stader Elbmarschen im Mittelalter, 2 Teile. Hildesheim 1979/81 (= Veröffentl. d. Inst. f. Hist. Landesf. d. Univ. Göttingen, 14).
–: Zum mittelalterlichen Deichbau in den Elbmarschen bei Stade. In: Probleme der Küstenforschung im südl. Nordseegebiet, 15, 1984, S. 41–50.
Hollingsworth, T. H.: Historical Demography. 2. Aufl. Cambridge 1967.
Hommel, M.: Entwicklung und Integration junger Industriestädte im nördlichen Ruhrgebiet. In: H. Jäger: Probleme des Städtewesens im industriellen Zeitalter. S. 108–133 (= Städteforschung A, 5. Köln, Wien 1978).
Hooke, D.: Anglo-Saxon Landscapes of the West Midlands, the Charter Evidence. PhD thesis, Birmingham University, 1980.
–: Open-field Agriculture – The Evidence from the Pre-Conquest Charters of the West Midlands. In: T. Rowley: The Origins of Open-Field Agriculture. S. 39–63. London 1981.
–: Pre-Conquest Estates in the West Midlands – Preliminary Thoughts. Journal of Hist. Geogr., 8, 1982, S. 227–244.
Hooker, R. H.: The Weather and the Crops in South England 1885–1921. Quarterly Journal Royal Meteorol. Soc., 48, 1922, S. 115–38.
Hoppe, Ch.: Die großen Flußverlagerungen des Niederrheins in den letzten zweitausend Jahren und ihre Auswirkungen auf Lage und Entwicklung der Siedlungen. Stuttgart 1970 (= Forsch. z. dt. Landeskunde, 189).
Horner, A. A.: The Scope and Limitations of the Landlord. Contribution to Changing the Irish Landscape, 1700–1850. In: Permanent European Conference for the Study of the Rural Landscape. Denmark Session 1979 (Hrsg.: K. E. Frandsen/S. Gissel/V. Hansen), S. 71–78. Copenhagen 1981.
Hoskins, W. G.: The Making of the English Landscape. London 1957.
–: Provincial England. London 1963.
–: Fieldwork in Local History. London 1967.
Hottes, K.: Wie läßt sich der von Waibel für die Landwirtschaftsgeographie entwickelte Formationsbegriff für die Industriegeographie verwenden? In: Heidelberger Geogr. Arb., 36, 1971, S. 35–41.
- (Hrsg.): Industriegeographie. Darmstadt 1976 (= Wege d. Forschung, 329).
Hubatsch, W. (Hrsg.): Grundriß zur deutschen Verwaltungsgeschichte 1815–1945. Reihe A: Preußen, Bd. 1–7. Marburg 1975–78. Reihe B: Mitteldeutschland, Bd. 13. Marburg 1976. Bd. 17. Marburg 1978. Reihe C: Süddeutschland.
Hucker, B. U.: Die untergegangene Bergstadt Blankenrode im Diemel-Eder-Kupfererzrevier. In: W. Kroker/E. Westermann: Montanwirt-

schaft Mitteleuropas vom 12. bis 17. Jh. S. 103–110. Bochum 1984 (= Der Anschnitt, Beih. 2).
Hübner, L.: Beschreibung des Erzstiftes und Reichsfürstentums Salzburg. 3 Bde. Salzburg 1796, repr. 1983.
Humphreys, L.: A Handbook to County Bibliography. London 1917 (umfaßt auch Städte und Irland).
Hurst, J. G.: A Review of Archaeological Research. In: M. Beresford/J. G. Hurst: Deserted Medieval Villages, S. 76–144. London 1971.
Ilešič, S.: Die Flurformen Sloweniens im Lichte der europäischen Flurforschung. Kallmünz (Regensburg) 1959 (= Münchener Geogr. H., 16).
Imhof, A. E.: Einführung in die historische Demographie. München 1977.
–: Sozialgeschichtliche Familienforschung. In: Taschenbuch für Familiengeschichtsforschung (Hrsg.: W. Ribbe/E. Henning), S. 43–65. Neustadt/Aisch ⁹1980.
Ingram, M. J./D. J. Underhill/G. Farmer: The Use of Documentary Sources for the Study of Past Climates. In: Wigley u. a. 1981, S. 180–213.
Irsigler, F.: Stadt und Umland im Mittelalter – Zur zentralitätsfördernden Kraft von Fernhandel und Exportgewerbe. In: E. Meynen: Zentralität als Problem der mittelalterlichen Stadtgeschichtsforschung, S. 1–14. Köln, Wien 1979 (= Städteforschung, A, 8).
Iversen, J.: The Late-Glacial Flora of Denmark and its Relation to Climate and Soil. In: Danmarks Geol. Unders., 96, 1954, S. 87 ff.
Jacob, F.-D.: Historische Stadtansichten. Entwicklungsgesch. und quellenkundl. Momente. Leipzig 1982.
Jäger, E.: Prussia-Karten 1542–1810. Weißenhorn 1982.
Jäger, H.: Entwicklungsperioden agrarer Siedlungsgebiete im mittleren Westdeutschland seit dem frühen 13. Jh. Würzburg 1958 (= Würzburger Geogr. Arb., 6).
–: Das Luftbild im Dienst der historischen Landeskunde. In: Landeskundliche Luftbildauswertung im mitteleuropäischen Raum, 3, 1960, S. 17 bis 23.
–: Die Allmendteilungen in Nordwestdeutschland in ihrer Bedeutung für die Genese der gegenwärtigen Landschaften. Geografiska Annaler 43, 1961, S. 138–150.
–: Zur Methodik der genetischen Kulturlandschaftsforschung. In: Berichte zur deutschen Landeskunde, 30, 1963, S. 158–196.
– (Hrsg.): Historisch-landeskundliche Exkursionskarte von Niedersachsen 1:50 000, Duderstadt, Hildesheim 1964 (= Veröffentl. d. Inst. f. Hist. Landesforschung d. Univ., 2, 1).
–: Historische Geographie im Felde. In: H. Jäger: Methodisches Handbuch für Heimatforschung in Niedersachsen. Hildesheim 1965 (= Veröffentl. d. Instituts f. Hist. Landesforschung d. Univ., 1).
–: Der Wald im nördlichen Süddeutschland und seine historisch-geographische Bedingtheit. In: Mélanges de géographie offert à Omer Tulippe, Vol. 1, S. 597–613. Gembloux 1968.

–: Raumnamen und Geländenamen als landschaftsgeschichtliche Zeugnisse. In: Braunschweiger Geogr. Studien, 3, 1971, S. 119–133.
–: Historische Geographie. 2. Aufl. Braunschweig 1973.
–: Das Dorf als Siedlungsform und seine wirtschaftliche Funktion. In: H. Jankuhn/R. Schützeichel/F. Schwind: Das Dorf der Eisenzeit und des frühen Mittelalters, S. 62–80 (= Abh. d. Akad. d. Wiss. in Göttingen, Phil.-hist. Kl. 3. F. 101, 1977 a).
–: Die spätmittelalterliche Kulturlandschaft Frankens nach dem Ebracher Gesamturbar vom Jahr 1340. In: Festschrift Ebrach 1127–1977 (Hrsg. G. Zimmermann), S. 94–122. Ebrach 1977 b.
–: Der Beitrag der Historischen Geographie zur mittelalterlichen Archäologie. Zeitschr. f. Archäologie d. Mittelalters, 6, 1978 a, S. 7–32.
–: Zur Erforschung der mittelalterlichen Kulturlandschaft. In: Westfälische Geogr. Studien, 35, 1978 b, S. 5–24.
– (Hrsg.): Probleme des Städtewesens im industriellen Zeitalter. Köln, Wien 1978 c (= Städteforschung, A, 5).
–: Wüstungsforschung in geographischer und historischer Sicht. In: H. Jankuhn/R. Wenskus: Geschichtswissenschaft und Archäologie, S. 193–240. Sigmaringen 1979 (= 1979 a) (= Vorträge und Forschungen, 22).
–: Zur Größe mittelalterlicher Dörfer in Niedersachsen. In: Gedenkschrift für Heinrich Wesche (Hrsg.: W. Kramer, u. a.), S. 79–98. Neumünster 1979 b.
–: Zeitgleiche Quellen als Hilfsmittel der genetischen Siedlungsforschung. In: W. Kreisel u. a.: Siedlungsgeogr. Studien, 1979 c, S. 91–120.
–: Bodennutzungssysteme (Feldsysteme) der Frühzeit. In: H. Beck/D. Denecke/H. Jankuhn: Untersuchungen z. eisenzeitl. und frühmittelalterl. Flur in Mitteleuropa und ihrer Nutzung, S. 197–228. Göttingen 1980.
–: Revolution oder Evolution der Historischen Geographie. Erdkunde, 36, 1982 a, S. 119–123.
–: Reconstructing Old Prussian Landscapes, with special reference to spatial organisation. In: Baker u. Billinge 1982, S. 44–50 (= 1982 b).
–: Land Use in Medieval Ireland. A Review of the Documentary Evidence. In: Irish Econ. Soc. Hist., 10, 1983, S. 51–65.
–: Deutschland. Klima, Landschaft und Umwelt. In: Artemis Lexikon des Mittelalters, 3, Lfg. 4, 1984, Sp. 869–877.
–: Das Stadtbild in Grundriß und Aufriß. In: Civitatum communitas. Festschrift Heinz Stoob (Hrsg.: H. Jäger/F. Petri/H. Quirin), S. 867–874. Köln, Wien 1984 (= Städteforschung, A, 21, I/II) (= 1984 a).
–: Entwicklungsphasen irischer Städte im Mittelalter. In: Civitatum communitas. Festschrift Heinz Stoob (Hrsg.: H. Jäger/F. Petri/H. Quirin), S. 71–95. Köln, Wien 1984 (= Städteforschung, A, 21, I/II) (= 1984 b).
–: Donau. In: Reallexikon f. Germanische Altertumskunde, 6, Lfg. 1/2, 1985.
– (Hrsg.): Stadtkernforschung. Köln, Wien 1986. = Städteforschung, A, 27.

Jäger, H./A. Krenzlin/H. Uhlig: Beiträge zur Genese der Siedlungs- und Agrarlandschaft in Europa. Wiesbaden 1968 (= Erdkundl. Wiss., 18).
- /F. Petri/H. Quirin (Hrsg.): Civitatum communitas. Festschrift Heinz Stoob. Köln, Wien 1984 (= Städteforschung, A 21, I/II).
- /W. Scherzer: Territorienbildung, Forsthoheit und Wüstungsbewegung im Waldgebiet westlich von Würzburg. Würzburg 1984 (= Mainfränkische Studien, 29).

Jänichen, H.: Bezirksnamen des 8.–12. Jh. In: Historischer Atlas von Baden-Württemberg, Erl. z. Kt. IV, 3. Stuttgart 1972.

Jakob, H.: Die Bedeutung der Phosphatmethode für die Urgeschichte und Bodenforschung. In: Beiträge z. Frühgesch. d. Landwirtschaft, 2, 1955, S. 67–85.

Jalmain, D.: Archéologie aérienne en Ile-de-France. Paris 1970.

Jankuhn, H.: Archäologische Landesaufnahme. In: Reallexikon f. Germanische Altertumskunde (Hrsg.: H. Beck/H. Jankuhn u. a.), S. 391–394, Bd. 1. Berlin 1973.

–: Zusammenfassende Schlußbemerkungen. In: H. Jankuhn/W. Schlesinger/H. Steuer: Vor- und Frühformen der europäischen Stadt im Mittelalter, S. 305–322. Göttingen 1974 (= Abh. d. Akad. d. Wiss. Göttingen, Phil.-hist. Kl. 83, 84).

–: Archäologie und Geschichte, 1. Berlin 1976.

–: Bevölkerung, B. D. In: Reallexikon der Germanischen Altertumskunde (Hrsg.: H. Beck/H. Jankuhn u. a.), S. 345–348, S. 353–357. Bd. 2. 1976.

–: Typen und Funktionen eisenzeitlicher Siedlungen im Ostseegebiet. In: H. Jankuhn/R. Schützeichel/F. Schwind: Das Dorf der Eisenzeit und des frühen Mittelalters, S. 219–252. Göttingen 1977 (= Abh. d. Akad. d. Wiss. Göttingen, Phil.-hist. Kl. 3. F. 101) (= 1977a).

–: Einführung in die Siedlungsarchäologie. Berlin 1977b.

–: Möglichkeiten und Grenzen archäologischer Stadtkernforschung. In: W. Pinkwart: Genetische Ansätze in der Kulturlandschaftsforschung, S. 389–404. Würzburg 1983 (= Würzburger Geogr. Arb. 60).

- /W. Schlesinger/H. Steuer: Vor- und Frühformen der europäischen Stadt im Mittelalter. Göttingen 1973/74 (= Abh. d. Akad. d. Wiss. Göttingen, Phil.-hist. Kl. 83, 84).

- /R. Schützeichel/F. Schwind: Das Dorf der Eisenzeit und des frühen Mittelalters. Göttingen 1977 (= Abh. d. Akad. d. Wiss. Göttingen, Phil.-hist. Kl. 3. F. 101).

- /W. Janssen u. a. (Hrsg.): Das Handwerk in vor- und frühgeschichtlicher Zeit. Göttingen 1981/83 (= Abh. d. Akad. d. Wiss. Göttingen, Phil.-hist. Kl. 3. F. 122, 123).

- /K. Schietzel/H. Reichstein (Hrsg.): Archäologische und naturwissenschaftliche Untersuchungen an ländlichen und frühstädtischen Siedlungen im deutschen Küstengebiet vom 5. Jh. v. Chr. bis zum 11. Jh.

n. Chr. Bd. 2: Handelsplätze des frühen und hohen Mittelalters. Weinheim 1984.
- /R. Wenskus: Geschichtswissenschaft und Archäologie. Sigmaringen 1979 (= Vorträge und Forschungen 22).
Janssen, W.: Studien zur Wüstungsfrage im Fränkischen Altsiedelland zwischen Rhein, Mosel und Eifelnordrand. Köln 1975. = Bonner Jahrbücher. Beih. 35 (2 vols.).
–: Dorf und Dorfformen des 7. bis 12. Jahrhunderts im Lichte neuer Ausgrabungen in Mittel- und Nordeuropa. In: H. Jankuhn/R. Schützeichel/F. Schwind: Das Dorf der Eisenzeit und des frühen Mittelalters, S. 285–356. Göttingen 1977 (= Abh. d. Akad. d. Wiss. Göttingen, Phil.-hist. Kl. 3, F. 101).
–: Altfluren am Mittel- und Niederrhein. In: Beck/Denecke/Jankuhn: Untersuchungen zur eisenzeitl. und frühmittelalterl. Flur in Mitteleuropa und ihrer Nutzung, S. 338–375. Bd. 1. Göttingen 1979 (= Abh. d. Akad. d. Wiss. Göttingen, Phil.-hist. Kl. 3, F. 115).
–: Ein spätmittelalterlicher Eisenverhüttungsbezirk in Reichshof-Windfus bei Eckenhagen, Oberbergischer Kreis, und seine Bedeutung für die Entstehung der Kulturlandschaft. In: Würzburger Geogr. Arbeiten 60, S. 51–76. Würzburg 1983.
- /D. Lohrmann: Villa – Curtis – Grangia. Landwirtschaft zwischen Loire und Rhein von der Römerzeit bis zum Hochmittelalter. München 1983 (= Francia, Beih. 11).
Jensen, G. F.: Place-Names and the Scandinavian Settlement in England. In: Permanent European Conference for the Study of the Rural Landscape. Denmark Session (Hrsg.: Frandsen/Gissel/Hansen), S. 119–122. Copenhagen 1981.
Jensen, K. M./R. H. Jensen: Kulturlandskabet i Borris og Sdr Felding. Geografisk Tidsskrift, 78/79, 1979, S. 61–99.
Jeserich, G. A./H. Pohl/G.-Chr. von Unruh: Deutsche Verwaltungsgeschichte. Bd. 1–3. Stuttgart 1983–84.
Jessen, K.: Naturforholdene og Mennesket i Danmarks Oldtid. Fortid og Nutid, 13, 1939, S. 65–94.
Johnston, R. J.: The Dictionary of Human Geography. Oxford 1981.
–: Introduction. In: R. J. Johnston/P. Claval: Geography since the Second World War, S. 1–14. London, Totowa, N.J. 1984.
Jones, G. R. J.: Early Territorial Organisation in England and Wales. Geografiska Annaler, 43, 1961, S. 174–181.
–: The Multiple Estate as a Model Framework for Tracing Early Stages in the Evolution of Rural Settlement. In: L'habitat et les paysages ruraux d'Europe, S. 251–267. Liège 1971 (= Les Congrès et Colloques de l'Université de Liège, 58).
–: Multiple Estates and Early Settlement. In: P. H. Sawyer: Medieval Settlement. Continuity and Change. London 1976, S. 15–40.
–: The Pattern of Medieval Settlement in the Commote of Rhos Is Dulas

and its Antecedents. In: Würzburger Geogr. Arbeiten, Bd. 60. Würzburg 1983, S. 41–50.
Jones Hughes, T.: Historical Geography of Ireland from circa 1700. In: Irish Geography 1934–1984 (Hrsg.: Geogr. Soc. of Ireland), S. 149–166. Dublin 1984.
Juillard, E./A. Meynier/X. De Planhol/G. Sautter: Structures agraires et paysages ruraux. Un quart de siècle de recherches françaises. Nancy 1957 (= Annales de l'Est, Mém. 17).
Käubler, R.: Junggeschichtliche Veränderungen des Landschaftsbildes im mittelsächsischen Lößgebiet. Wiss. Veröffentl. d. Deutschen Museums f. Länderkde., NF 5, 1983, S. 71–97.
Kant, I.: Physische Geographie. Akademieausgabe, IX. Berlin und Leipzig 1923.
Keller, H. (Hrsg.): Weser und Ems, ihre Stromgebiete und ihre wichtigsten Nebenflüsse. Eine hydrographische, wasserwirtschaftl. und wasserrechtl. Darstellung. 3 Bde. Berlin 1901.
Kelletat, D.: Beiträge zur regionalen Küstenmorphologie des Mittelmeerraumes (= Zeitschr. f. Geomorphologie. Suppl. 19, 1974).
Kenny, S.: Sub-Regional Specialization in the Lancashire Cotton Industry, 1884–1914. A study in Organizational and Locational Change. Journal of Historical Geography, 8, 1982, S. 41–63.
Keuning, H. J.: Siedlungsform und Siedlungsvorgang. In: Zeitschr. f. Agrargesch. und Agrarsoz., 9, 1961, S. 153–168.
Keyser, E.: Neue deutsche Forschungen über die Geschichte der Pest. In: Vierteljahrsschr. f. Soz.- und Wirtschaftsgeschichte, 44, 1957, S. 243 ff.
–: Städtegründungen in Nordwestdeutschland im Mittelalter. Der Stadtgrundriß als Geschichtsquelle. Remagen 1958 (= Forschungen z. dt. Landeskunde, 111).
–: Bibliographie zur Städtegeschichte Deutschlands. Köln, Wien 1969.
Kiefmann, H.-M.: Geographische und archäologische Untersuchungen zur älteren Entwicklung der Kulturlandschaft in der Gemarkung Bosau, Kr. Ostholstein. Archäol. Korrespondenzbl., 3, 1973, S. 469–475.
–: Historisch-geographische Untersuchungen zur älteren Kulturlandschaftsentwicklung in der Siedlungskammer Bosau, Ost-Holstein, unter bes. Ber. d. Phosphatmethode. Masch.-Diss. Math.-Nat. Kiel 1975.
Kiełczewska-Zaleska, M. (Hrsg.): L'évolution de l'habitat et des paysages ruraux d'Europe. Warszawa 1978 (= Geographia Polonica, 38).
–: Siedlungsperioden und Siedlungsformen in Zentralpolen, dargestellt am Beispiel von Masowien. In: Hagedorn/Hövermann/Nitz 1979, S. 227–260.
Kiely, B.: Ireland from the Air. London 1985.
Kindinger, W.: Beiträge zur Entwicklung der Kulturlandschaft in der zentralen Rhön. Würzburg 1942 (= Fränkische Studien, N.F. 4).
Kinzl, H.: Die Gletscher als Klimazeugen. In: Deutscher Geographentag Würzburg. Tagungsber. u. wiss. Abh. S. 222–231. Wiesbaden 1958.

Kirk, W.: Historical Geography and the Concept of the Behavioural Environment. In: Indian Geographers Journal, Silver Jubilee Vol. New Delhi 1951, S. 152–160.
Kisch, G.: Das Mühlenrecht im Deutschordensgebiet. In: H. Kisch: Studien zur Rechts- und Sozialgeschichte des Deutschordenslandes. S. 87 bis 164. Sigmaringen 1973.
Klaar, A.: Die Siedlungs- und Hausformen des Wiener Waldes. Remagen 1936 (= Forschungen z. dt. Landes- und Volkskunde, 31, 5).
–: Baualterspläne österreichischer Städte. Bd. 1 f. Wien 1973 ff.
Klang, L./M. Wildgren: Det Fossila Kulturlandskapet vid Skärkinds Prästgård, Östergötlands Län. Kulturgeografiskt Seminarium 1/73 (Hrsg.: Kulturgeogr. Inst. Stockholm 1973).
Klasen, J.: Die Flußaue westlich von Kleve. In: Kalender für das Klever Land, S. 16–24. 1969.
Klein, H.: Über Schwaigen im Salzburgischen. Mitt. d. Ges. f. Salzburger Landeskunde, Bd. 71, S. 109–128. Salzburg 1931.
–: Das Große Sterben von 1348/49 und seine Auswirkungen auf die Besiedlung der Ostalpenländer. Mitt. d. Ges. f. Salzburger Landeskunde, Bd. 100, S. 91–170. Salzburg 1960.
Kleinau, H.: Geschichtliches Ortsverzeichnis des Landes Braunschweig. Hildesheim 1968.
Kleinfeldt, G./H. Weirich: Die mittelalterliche Kirchenorganisation im Oberhessisch-Nassauischen Raum. Marburg 1937 (= Schr. d. Hess. Landesamtes f. Geschichtl. Landeskunde, 16).
Klöpper, R.: Entstehung und Lage der zentralen Siedlungen in Niedersachsen (= Forsch. z. deutschen Landeskunde 71, 1952).
Klose, O. (Hrsg.): Schleswig-Holstein und Hamburg. In: Handbuch der Historischen Stätten Deutschlands, 1. Stuttgart 1964.
– (Hrsg.): Dänemark. In: Handbuch d. Hist. Stätten. Stuttgart 1982.
– /L. Martius: Ortsansichten und Stadtpläne der Herzogtümer Schleswig, Holstein und Lauenburg. Neumünster 1962.
Köllmann, W./P. Marschalck: Bevölkerungsgeschichte. Köln 1972.
Köppke, J.: Hildesheim, Einbeck, Göttingen und ihre Stadtmark im Mittelalter. Untersuchungen z. Problem v. Stadt u. Umland (= Schr. d. Stadtarchivs und d. Stadtbibliothek Hildesheim, 2. Hildesheim 1968).
Koerner, F.: Die Bevölkerungsverteilung in Thüringen am Ausgang des 16. Jahrhunderts. Leipzig 1958 (= Wiss. Veröffentl. d. Deutschen Inst. f. Länderkunde, N.F., 15/16).
Köster, R.: Entstehung und Entwicklung der Landschaft um Alt-Lübeck am Unterlauf von Trave und Schwartau. Lübeck 1962 (= Mitt. d. Geogr. Ges. Lübeck, 50).
Kötzschke, R.: Die Urbare der Abtei Werden a. d. Ruhr. Bd. A, B, Einl. u. Reg. Bonn 1906, 1917, 1950, 1958 (= Publ. d. Ges. f. Rheinische Geschichtskunde, 20/2, 3 u. 4).

Kötzschke, R.: Karl der Große als Agrarpolitiker, im besonderen auch für deutsche Landschaften. In: Festschrift Edmund E. Stengel, S. 181–194. 1952.

–: Salhof und Siedelhof im älteren deutschen Agrarwesen. Leipzig 1953 (= Ber. u. Verhandl. d. Sächs. Akad. d. Wiss. Leipzig, Phil.-hist. Kl. 100, 5).

Kohl, J. G.: Reisen im Inneren von Rußland und Polen. 3 Bde. Dresden, Leipzig 1841.

–: Reisen in Südrußland. 2 Bde. Dresden, Leipzig 1841.

–: Reisen in Irland. 2 Bde. Leipzig 1843.

–: Reisen in England und Wales, 3 Bde. Dresden, Leipzig 1844.

–: Reisen in Schottland. 2 Bde. Dresden, Leipzig 1844.

Koller, H.: Der Ausbau der Stadt Hallein im hohen und späten Mittelalter. In: Civitatum communitas (Hrsg.: H. Jäger/F. Petri/H. Quirin), S. 181 bis 193. Köln, Wien 1984. = Städteforschung, A, 21, I/II.

Konstanzer Arbeitskreis für mittelalterliche Geschichte (Hrsg.): Die Anfänge der Landgemeinde und ihr Wesen. 2 Bde. 2. Aufl. Sigmaringen 1985.

Kossack, G./K.-E. Behre/P. Schmid (Hrsg.): Archäologische und naturwissenschaftliche Untersuchungen an ländlichen und frühstädtischen Siedlungen im deutschen Küstengebiet vom 5. Jh. v. Chr. bis zum 11. Jh. n. Chr. Bd. 1: Ländliche Siedlungen. Weinheim 1984.

Kraatz, H.: Die Generallandesvermessung des Landes Braunschweig von 1746–1784. Ihre Ziele, Methoden und Techniken und ihre flurgeogr. Bedeutung. Göttingen 1975 (= Forschungen z. Nieders. Landeskunde, 104).

Krämer, R.: Historisch-geographische Untersuchungen zur Kulturlandschaftsentwicklung in Butjadingen. In: Probleme d. Küstenforschung im südl. Nordseegebiet, 15, S. 65–122. 1984.

–: Landesausbau und mittelalterlicher Deichbau in der hohen Marsch von Butjadingen. In: Siedlungsforschung, 2, 1984, S. 147–164.

Kral, F.: Spät- und postglaziale Waldgeschichte der Alpen auf Grund der bisherigen Pollenanalysen. Wien 1979.

Kramer, J.: Sturmfluten. Küstenschutz zwischen Ems und Weser. Norden ²1983.

Kramer, W.: Die Flurnamen des Amtes Moringen. Phil. Diss. Göttingen 1963.

Kraus, Th.: Das Siegerland, ein Industriegebiet im Rheinischen Schiefergebirge. Stuttgart 1931 (= Forschungen z. dt. Landeskunde, 28).

– /E. Meynen/H. Mortensen/H. Schlenger: Atlas östliches Mitteleuropa. Bielefeld 1959.

Krausch, H.-D.: Die Wälder und Wiesen im Spreewald in geschichtlicher Entwicklung. Wiss. Zeitschr. d. Päd. Hochschule Potsdam, Math.-nat.-wiss. Reihe, 1, 1955. H. 2. S. 121–148.

–: Die Menzer Heide. Jahrbuch f. Brandenburgische Landesgeschichte, 13, 1962, S. 96–118.

–: Natürliche Vegetation. In: Historischer Handatlas von Brandenburg und Berlin, Lfg. 13. Berlin 1965.
Krause, J.: The Medieval Household: Large or Small? Economic Hist. Review, Ser. 2, 9, 1956/57, S. 420–432.
Krausen, E.: Die handgezeichneten Karten im Bayerischen Hauptstaatsarchiv sowie in den Staatsarchiven Amberg und Neuburg a. d. Donau bis 1650. Bayerische Archivinventare. Neustadt/Aisch 1973.
Krenzlin, A.: Das Wüstungsproblem im Lichte ostdeutscher Siedlungsforschung. In: Zeitschr. f. Agrargeschichte und Agrarsoz., 7, 1959, S. 153 bis 169.
–: Zur Genese der Gewannflur in Deutschland. Geografiska Annaler, 43, 1961, S. 190–203.
–: Die Entwicklung der Gewannflur als Spiegel kulturlandschaftlicher Vorgänge. Bad Godesberg 1961. In: Ber. z. dt. Landeskunde, 27, 1961, S. 19 bis 36 (= 1961 a).
–: Die Aussage der Flurkarten zu den Flurformen des Mittelalters. In: Untersuchungen z. eisenzeitl. und frühmittelalterl. Flur in Mitteleuropa und ihrer Nutzung (Hrsg.: H. Beck/D. Denecke/H. Jankuhn), S. 376 bis 409, Bd. 1. Göttingen 1979 (= Abh. d. Akad. d. Wiss. Göttingen, Phil.-hist. Kl. 3. F. 115).
–: Die Siedlungsformen der Provinz Brandenburg. In: Hist. Atlas von Brandenburg, N.F. Lfg. 2. Berlin 1983.
–: Beiträge zur Kulturlandschaftsgenese in Mitteleuropa. Gesammelte Aufsätze aus vier Jahrzehnten. Wiesbaden 1983 (= Erdkundl. Wiss., 63) (= 1983 a).
– /L. Reusch: Die Entstehung der Gewannflur nach Untersuchungen im nördlichen Unterfranken. Frankfurt 1961 (= Frankfurter Geogr. Hefte, 35, 1).
Kress, H.-J.: Die islamische Kulturepoche auf der Iberischen Halbinsel. Eine hist.-geogr. Studie. Marburg 1968 (= Marburger Geogr. Schr., 43).
Krings, W.: Wertung und Umwertung von Allmenden im Rhein-Maasgebiet vom Spätmittelalter bis zur Mitte des 19. Jahrhunderts. Assen 1976 (= Maaslandse Monografieen, 20).
–: Industriearchäologie und Wirtschaftsgeographie. Erdkunde, 35, 1981, S. 167–174.
–: Forschungsschwerpunkte und Zukunftsaufgaben der Historischen Geographie: Industrie und Landwirtschaft. Erdkunde, 36, 1982, S. 109 bis 114.
Kröhan, H.: Ausbau der Wasserstraßen. In: Historischer Handatlas von Brandenburg und Berlin, Lfg. 9. Berlin 1964.
Kroker, W./E. Westermann (Hrsg.): Montanwirtschaft Mitteleuropas vom 12. bis 17. Jahrhundert. Bochum 1984 (= Der Anschnitt, Beih. 2).
Kroll, H. J.: Ur- und frühgeschichtlicher Ackerbau in Archsum auf Sylt. Eine botanische Großrestanalyse. Masch.-Diss. Math.-nat. Kiel 1975.

Kroll, H. J.: Vorgeschichtliche Plaggenböden auf den nordfriesischen Inseln. In: Beck/Denecke/Jankuhn: Untersuchungen zur eisenzeitl. und frühmittelalterl. Flur in Mitteleuropa und ihrer Nutzung, S. 22–29, Bd. 2. Göttingen 1980 (= Abh. d. Akad. d. Wiss. Göttingen, Phil.-hist. Kl. 3. F. 116).

Kromer, B./A. Billamboz/B. Becker: Kalibration einer 100jährigen Baumringsequenz aus der Siedlung Aichbühl (Federsee). In: Becker u. a. 1985, S. 241–247.

Krüger, H.: Das älteste Deutsche Routenhandbuch – Jörg Gails „Raißbüchlin". Faks. mit Routenkt. vom Hrsg. Graz 1974.

Küchenthal, W.: Bezeichnung der Bauernhöfe und Bauern im Gebiet des früheren Fürstentums Braunschweig-Wolfenbüttel und des früheren Fürstentums Hildesheim. 2. Aufl. Hedeper 1966 (= Niedersächs. Dorfbücher, Erg.bd.).

Kühlhorn, E. (Hrsg.): Historisch-landeskundliche Exkursionskarte von Niedersachsen 1:50000 m. Erl.h.: Blätter Osterode (1970), Göttingen (1972), Moringen (1976), Diepholz und Rahden (1977), Wolfsburg (1977), Esens (1978), Lüneburg (1982). Hildesheim 1970–1982 (= Veröffentl. d. Inst. f. Hist. Landesf. d. Univ. Göttingen, 2, 2–8).

– /G. Streich (Hrsg.): Historisch-landeskundliche Exkursionskarte von Niedersachsen 1:50000. Blatt Stadthagen (Bearb.: D. Brosius). Hildesheim 1985.

Kuhn, Hans: Das alte Island. 2., erw. Aufl. Köln 1978.

Kuhn, W.: Ostsiedlung und Bevölkerungsdichte. In: Ostdeutsche Wissenschaft (Hrsg.: Ostdeutscher Kulturrat), 7, S. 31–68. München 1960 (Wiederabdr. in: W. Kuhn: Vergleichende Untersuchungen z. mittelalterl. Ostsiedlung, Köln, Wien 1973).

–: Die Siedlerzahlen in der deutschen Ostsiedlung, 1963 (Wiederabdr. in: W. Kuhn: Vergleichende Untersuchungen zur mittelalterlichen Ostsiedlung, S. 211–234. Köln, Wien 1973).

–: Ostsiedlung und Bevölkerungsdichte, 1960 (Wiederabdr. in: W. Kuhn: Vergleichende Untersuchungen zur mittelalterlichen Ostsiedlung, S. 173 bis 210. Köln, Wien 1973).

Kuls, W. (Hrsg.): Probleme der Bevölkerungsgeographie. Darmstadt 1978 (= Wege d. Forschung, 468).

–: Bevölkerungsgeographie. Stuttgart 1980 (= Teubner Studienbücher Geographie).

Laborde, J. B. de: Description générale et particulière de la France. 12 Bde. Paris 1781–96.

Lamb, H. H.: Climate, Present, Past and Future. Vol. 2. Climatic history and future. London 1977 (repräs. Standardwerk von 835 S.).

–: Climate, History and the Modern World. London 1982.

–: Climate in the Last Thousand Years: Natural Climatic Fluctuations and Change. In: Flohn/Fantechi 1984, S. 25–64.

Lambert, A. M.: The Making of the Dutch Landscape. London ²1985.

Lambert, G./Chr. Orcel: L'état de la dendrochonologie en Europe occidentale et les rapports entre dendrochronologie et archéologie en Suisse. In: Archives suisses d'anthropologie générale, 41, 1977, S. 73–97.
Lamping, H.: Administrative und zentralörtliche Gebietsgliederung. Beitr. z. Entw. und wechselseitigen Beeinflussung. Frankfurt a. M. 1975.
Lamprecht, O.: Die Wüstungen im Raume Spielfeld-Radkersburg. Graz 1953 (= Veröffentl. d. Hist. Komm. f. Steiermark, 34).
Landau, G.: Die Territorien. Hamburg, Gotha 1854.
Lang, A. W. (Hrsg.): Historisches Seekartenwerk der Deutschen Bucht. 130 Seekt. in Faks. Neumünster 1969–1979.
–: Untersuchungen zur morphologischen Entwicklung des Dithmarscher Watts von der Mitte des 16. Jahrhunderts bis zur Gegenwart. Hamburg 1975 (= Hamburger Küstenforschung, 31).
Lange, E.: Botanische Beiträge zur mitteleuropäischen Siedlungsgeschichte. Ergebnisse z. Wirtschaft u. Kulturlandschaft in frühgeschichtl. Zeit. Berlin 1971 (= Schr. z. Ur- und Frühgeschichte, 27).
–: Wald und Offenland während des Neolithikums im herzynischen Raum aufgrund von pollenanalytischen Untersuchungen. In: F. Schlette: Urgeschichtliche Besiedlung in ihrer Beziehung zur natürlichen Umwelt, S. 11–20. Halle 1980 (= Wiss. Beitr. d. Univ. Halle, 6).
Langosch, K. (Hrsg.): Brevis Germaniae Descriptio von J. Cochlaeus 1512 (m. Deutschlandkarte d. Erhard Etzlaub von 1501). 3. Aufl. Darmstadt 1976.
–: Lateinisches Mittelalter. 4. Aufl. Darmstadt 1983.
Larkin, R. P./G. L. Peters: Landscape. In: Dictionary of Concepts in Human Geography, S. 139–144. Westport, CT 1983.
Laux, H.-D.: Forschungsschwerpunkte und Zukunftsaufgaben der Historischen Geographie: Bevölkerung. In: Erdkunde, 36, 1982, S. 103–109.
Lechner, K.: Das große Sterben in Deutschland. Innsbruck 1884.
Leerhoff, H.: Niedersachsen in alten Karten. Neumünster 1985.
Leibundgut, H./M. Lendi (Hrsg.): Stadtentwicklung. In: Dokumente und Informationen zur schweizerischen Orts-, Regional- und Landesplanung. Sondernr. Zürich 1985.
Leimgruber, W.: Domanial Estates in an Old Settlement Area. The Example of the Laufen Basin in the Former Prince-Bishopric of Basle. In: Frandsen, u. a.: Permanent Conference for the Study of the Rural Landscape. Denmark Session, S. 79–84. Copenhagen 1981.
Leiser, W.: Die Regionalgliederung der evangelischen Landeskirchen in der Bundesrepublik Deutschland. Hannover 1979 (= Beiträge d. Akad. f. Raumforschung u. Landesplanung, 24).
Leister, I.: Rittersitz und adeliges Gut in Schleswig-Holstein. Remagen 1952 (= Forschungen z. dt. Landeskunde, 64).
–: Landwirtschaft und agrarräumliche Gliederung Irlands zur Zeit Arthur Youngs. In: Zeitschr. f. Agrargeschichte und Agrarsoz., 10, 1962, S. 9 bis 44.

Leister, I.: Das Werden der Agrarlandschaft in der Grafschaft Tipperary. Marburg 1963 (= Marburger Geogr. Schr. 18).
–: Wachstum und Erneuerung britischer Industriegroßstädte. Köln, Wien 1970.
Lengerke, A. von: Reise durch Deutschland, in besonderer Beziehung auf Ackerbau und Industrie. Prag 1839.
–: Beiträge zur Kenntnis der Landwirtschaft in den kgl. preußischen Staaten. 5 Bde. Berlin 1846–53.
Lenz, K.: Die Wüstungen der Insel Rügen. Bad Godesberg 1958 (= Forschungen z. dt. Landeskunde, 113).
Lenz, W.: Kleine Geschichte großer Lexika. Gütersloh 1972.
Le Roy Ladurie, E.: Times of Feast, Times of Famine. A History of Climate since the Year 1000. London 1972. Orig. u. d. T.: Histoire du climat depuis l'an mil. Paris 1967.
Leskiewiczowa, J./B. Smoleńska: La structure de la propriété foncière aux alentours de Varsovie. Geographica Polonica 38, 1978, S. 171–179.
Lewis, S.: A Topographical Dictionary of Ireland etc. 2 Bde. u. Atlas. 2. Aufl. London 1842. Neudr. Port Washington 1970.
Ley, D./M. S. Samuels (Hrsg.): Humanistic Geography. Prospects and Problems. London 1978.
Lichtenberger, E.: Die Agrarkrise im französischen Zentralmassiv im Spiegel seiner Kulturlandschaft. In: Mitt. d. Österr. Geogr. Ges. 108, 1966, S. 1–24.
–: Wirtschaftsfunktion und Sozialstruktur der Wiener Ringstraße. Die Wiener Ringstraße – Bild einer Epoche. Köln, Wien 1970.
–: Von der mittelalterlichen Bürgerstadt zur City. In: Beiträge zur Bevölkerungs- und Sozialgeschichte Österreichs. Internationaler Statistikerkongreß Wien 1973, S. 297–331. Wien 1973.
–: Aspekte zur historischen Typologie städtischen Grüns und zur gegenwärtigen Problematik. In: Städtisches Grün in Geschichte und Gegenwart. Hannover 1975 (= Forschungs- und Sitzungsber. d. Akad. f. Raumf. u. Landesplanung, 101. S. 13–24).
–: Wachstumsprobleme und Planungsstrategien von europäischen Millionenstädten in der zweiten Hälfte des 19. Jahrhunderts. In: Probleme des Städtewesens im industriellen Zeitalter (Hrsg.: H. Jäger), S. 197–219. Köln, Wien 1978 (= Städteforschung, A, 5).
–: The Crisis of Rural Settlement and Farming in the High Mountain Region of Continental Europe. In: Geographia Polonica, 38, 1978a, S. 181–187.
–: Die Sukzession von der Agrar- zur Freizeitgesellschaft in den Hochgebirgen Europas. In: Innsbrucker Geogr. Studien, 5, 1979, S. 401 bis 436.
–: The German-Speaking Countries. In: R. J. Johnston/P. Claval: Geography Since the Second World War. London 1984, 156–184.
Lienau, C./H. Uhlig (Hrsg.): Flur und Flurformen. Zweite, stark

überarb. Fassung. Gießen 1978 (= Materialien zur Terminologie d. Agrarlandschaft, I).
Linde, G.: Ortnamn i Västergötland. Stockholm 1982.
Linden, H. van der: Die Besiedlung der Moorgebiete in der Holländisch-Utrechter Tiefebene und die Nachahmung im nordwestdeutschen Raum. In: Siedlungsforschung, 2, 1984, S. 77–99.
Lindquist, S.-O.: Det förhistoriska kulturlandskapet i östra Östergötland. Stockholm 1968.
Linke, W.: Frühestes Bauerntum und geographische Umwelt. Eine historisch-geogr. Unters. d. Früh- und Mittelneolithikums westfäl. u. nordhess. Bördenlandschaften. Bochum 1976 (= Bochumer Geogr. Arbeiten, 28).
Livingstone, D. N./R. T. Harrison: Immanuel Kant, Subjectivism, and Human Geography. A Preliminary Investigation. In: Institute of British Geographers, N.S., 6, 3, 1981, S. 359–374.
Lob, R. E.: Zum Stand der Wüstungsforschung in der ČSSR. Geogr. Zeitschr. 60, 1972, S. 286–301.
Lobel, M. D./W. H. Johns: Historic Towns. Maps and Plans of Towns and Cities in the British Isles with Historic Commentaries from earliest Time to 1800. London 1969 ff.
Löffler, G.: Quantitative Methoden in der Wüstungsforschung. Geografiska Annaler B, 2. 1979, S. 81–89.
Löffler, G./R. Zölitz: Hufe und Bol – Flächenmaß oder Steuereinheit? Mittelalterl. und neuzeitl. Maßsysteme und ihre Beziehungen zueinander. In: Kiel Papers SFB 17 (Hrsg. H. Hintz), S. 203–215. Kiel 1980.
Loose, R.: Siedlungsgenese des Oberen Vintschgaus. Trier 1976 (= Forschungen z. dt. Landeskunde, 208).
–: Eisengewinnung am Donnersberg. Winnweiler 1980.
Lorch, W.: Die Mikroschürfung, eine neue Methode der Wüstungsforschung. In: Zt.schr. f. Erdkunde. 1938, S. 177–184.
–: Nachweis ehemaliger Wohnplätze durch die Phosphatmethode. In: Kosmos, 1951, S. 169–173.
Lübben, A.: Mittelniederdeutsches Handwörterbuch 1888. Repr. Darmstadt 1970.
Luftbild und Vorgeschichte. In: Luftbild und Luftbildmessung, 16, 1938.
Lynch, A.: Man and environment in S. W. Ireland. Oxford 1981 (= British Archaeological Reports, 85).
M(a)cCracken, E.: The Irish Woods since Tudor Times. Newton Abbott 1971.
M(a)cGhee, R.: Archaeological Evidence for Climatic Change during the Last 5000 Years. In: Wigley u. a., 1981, S. 11–138.
Machann, R./A. Semmel: Historische Bodenerosion auf Wüstungsfluren deutscher Mittelgebirge. In: Geogr. Zt.schr. 58, 1970, S. 250–266.
Machann, R.: Wüstungen im Steigerwald. Würzburg 1972 (= Mainfränkische Studien, 5).

Mackenroth, G.: Bevölkerungslehre, Theorie, Soziologie und Statistik d. Bevölkerung. Berlin 1953.
Mälzer, G.: Reisen zur Zeit Napoleons. Von-Asbeck-Sammlung der Univ.-Bibl. Würzburg. Würzburg 1984.
–: Die Rhön. Alte Bilder u. Berichte. Würzburg 1985.
Mager, F.: Entwicklungsgeschichte der Kulturlandschaft des Herzogtums Schleswig in historischer Zeit. Bd. 1. Breslau 1930. Bd. 2. Kiel 1937.
–: Die Landschaftsentwicklung der Kurischen Nehrung. Königsberg 1938.
–: Wildbahn und Jagd Altpreußens im Wandel der Jahrhunderte. Neudamm, Berlin 1941.
–: Geschichte des Bauerntums und der Bodenkultur im Lande Mecklenburg. Berlin 1955.
–: Der Wald in Altpreußen (= Ostmitteleuropa in Vergangenheit und Gegenwart, 7/1, 2. Köln, Graz 1960).
Maier, J./R. Paesler/K. Ruppert/F. Schaffer: Sozialgeographie. Braunschweig 1977 (= Das Geographische Seminar).
Mangelsdorf, G.: Lage und Alter mittelalterlicher Ortswüstungen im Elbhavelland. In: Zt.schr. f. Archäologie, 11, 1977, S. 207–225.
–: Mensch-Umwelt-Beziehungen im Lichte des mittelalterlichen Wüstungsgeschehens im Havelland. In: Mitt. d. Sektion Anthropologie d. Biologischen Ges. d. DDR, 35, 1978. S. 117–125.
Manley, G.: Climate and the British Scene. London 1952.
Margary, H. (Hrsg.): A Collection of Early Maps of London. London 1982.
Margary, I. D.: Roman Roads in Britain. London 1967.
Marten, H.-R.: Die Entwicklung der Kulturlandschaft im alten Amt Aerzen des Landkreises Hameln-Pyrmont. Göttingen 1969 (= Göttinger Geogr. Abh. 53).
Martiny, R.: Hof und Dorf in Altwestfalen. Das westf. Streusiedlungsproblem. Stuttgart 1926 (= Forschungen z. dt. Landes- und Volkskunde, 24).
Mason, W. S.: Bibliotheca Hibernica. Dublin 1823. Neu hrsg. v. N. D. Palmer, Shannon 1970.
Mayhew, A.: Rural Settlement and Farming in Germany. London 1973.
Mead, W. R.: An Historical Geography of Scandinavia. London 1981.
Meckseper, C.: Kleine Kunstgeschichte der deutschen Stadt im Mittelalter. Darmstadt 1982.
Meibeyer, W.: Die Rundlingsdörfer im östlichen Niedersachsen. Braunschweig 1964 (= Braunschweiger Geogr. Studien, 1).
–: Die Siedlungen des Vorsfelder Werders. In: Braunschweigische Heimat, 51, 1965, S. 65–77.
Meitzen, A.: Siedlung und Agrarwesen der Westgermanen und Ostgermanen, der Kelten, Römer, Finnen und Slawen. Bd. 1–3 u. Atlas. Berlin 1895. Neudr. Aalen 1963.
Mendthal, H.: Geometria Culmensis. Ein agronomischer Tractat aus d. Zeit d. Hochmeisters Conrad von Jungingen (1393–1407). Leipzig 1886.

Menke, B.: Beiträge zur Geschichte der Erica-Heiden Nordwestdeutschlands. In: Flora, 153, 1963, S. 521–548.
Merkel, K.: Grundsteuerreinerträge 1925. In: Historischer Handatlas von Brandenburg und Berlin, Lfg. 18, 1966.
Mertins, G.: Die Kulturlandschaft des westlichen Ruhrgebietes. Gießen 1964 (= Gießener Geogr. Schr. 4).
Methling, H., u. a.: Entwicklung des Eisenbahnnetzes 1838–1966. In: Historischer Handatlas von Brandenburg und Berlin, Lfg. 22, 1967.
Meurer, P. M.: Topographia Geldriae. Geldern 1979.
Meusel, H.: Erläuterungen zu Blatt 4 „Flora und Vegetation" im Mitteldeutschen Heimatatlas. Mit Ktn. 1 : 1,75 Mill. In: Berichte d. dt. Landeskunde, 19, 1957, S. 150–160.
Meyer, B.: Bodenkunde und Siedlungsforschung. In: Reallexikon d. german. Altertumskunde, 3, 1978, S. 117–120.
Meyer, G.: Die Schriftgattung der Topographien seit dem 18. Jahrhundert betrachtet vornehmlich an Hand von Beispielen aus Nordwestdeutschland. In: Berichte z. dt. Landeskunde, 40, 1968, S. 92–120.
–: Wege zur Fachliteratur: Geschichtswissenschaft. München 1980 (= UTB, 1001).
Meynen, E. (Hrsg.): Zentralität als Problem der mittelalterlichen Stadtgeschichtsforschung. Köln, Wien 1979 (= Städteforschung, A, 8).
–: Der Grundriß der Stadt Köln als geschichtliches Erbe. Ererbte Straßenzüge. In: Civitatum communitas (Hrsg.: H. Jäger/ F. Petri/ H. Quirin). Köln, Wien 1984, S. 281–294.
Meynen, H.: Wachstumshemmnisse und Siedlungsanreize in Kölner Stadtrandbereichen im 19. und 20. Jahrhundert. Siedlungsforschung 1, 1983, S. 151–166.
Mikesell, M.: The Rise and Decline of Sequent Occupance. In: B. J. L. Berry: The Nature of Change in Geographical Ideas, S. 1–15. Urbana, Ill. 1978.
Millman, R. N.: The Making of the Scottish Landscape. London 1975.
Ministere de l'Intérieur (Hrsg.): Dénombrement de la population 1846–1901. 8 Bde. Paris 1847–1902.
Mitchell, A. (Sir)/ C. G. Cash: A Contribution to the Bibliography of Scottish Topography. 2 Bde. Edinburgh 1917.
Mitchell, B. R./ P. Deane: Abstracts of British Historical Statistics. Cambridge 1962.
Mitchell, B. R./ H. G. Jones: Second Abstract of British Historical Statistics. Cambridge 1971.
Mitchell, F.: The Irish Landscape. London 1976.
Mitterauer, M.: Markt und Stadt im Mittelalter. Beitr. z. hist. Zentralitätsforschung. Stuttgart 1980 (= Monographien zur Geschichte d. Mittelalters, 21).
Möncke, G. (Hrsg.): Quellen zur Wirtschafts- und Sozialgeschichte mittel- und oberdeutscher Städte im Spätmittelalter. Freiherr-vom-Stein-Gedächtnisausgabe. Bd. 37. Darmstadt 1982.

Molenda, D.: Bergstädte und Merkantilismus in Oberschlesien und Kleinpolen im VII. Jahrhundert. In: V. Press (Hrsg.): Städtewesen und Merkantilismus in Mitteleuropa. Köln, Wien, 1983, S. 286–300.

Momsen, I. E.: Die Bevölkerung der Stadt Husum von 1769 bis 1860. Versuch e. hist. Sozialgeographie. Kiel 1969 (= Schr. d. Geogr. Inst. d. Univ. Kiel, 31).

Morin, F.: Berlin und Potsdam im Jahre 1860. Berlin 1860, repr. 1980.

Morrison, A.: Early Man in Britain and Ireland. An Introduction to Palaeolithic and Mesolithic Cultures. London 1980.

Morrison, M. E. S.: Evidence and Interpretation of "Landnam" in the North-East of Ireland. In: Botaniska Notiser, 112, 1959, S. 185–204.

Mortensen, G.: Der Gang der Kirchengründungen (Pfarrkirchen) in Altpreußen. In: Historisch-geogr. Atlas d. Preußenlandes (Hrsg.: H. Mortensen/G. Mortensen/R. Wenskus/H. Jäger), Lfg. 3, 1973.

Mortensen, H.: Die landschaftliche Bedeutung der Ausdrücke Wildnis, Wald, Heide, Feld usw. in den Quellen des deutschen Nordostens. In: Friedrichsen-Festschrift, S. 127–142. Breslau 1934.

–: Fragen der nordwestdeutschen Siedlungs- und Flurforschung im Lichte der Ostforschung. In: Nachr. d. Akad. d. Wiss. Göttingen, Phil.-hist. Kl. 1946/47, S. 37–59.

–: Über einige Probleme deutscher historisch-siedlungsgeographischer Forschung. In: Morphogenesis of the Agrarian Cultural Landscape (Papers of the Vadstena Symposium), S. 221–228. Stockholm 1961 (= Geografiska Annaler, 43, 1961).

–: Die Arbeitsmethoden der deutschen Flurforschung und ihre Beweiskraft. In: Ber. z. dt. Landeskunde, 29, 1962, S. 205–214.

–: Alte Straßen und Landschaftsbild am Beispiel des Nordwestharzes. In: Neues Archiv f. Niedersachsen, 12, 1963, S. 150–166.

–: Verzeichnis der kulturgeographischen und landeskundlichen Schriften von Hans Mortensen. In: Zeitschr. f. Agrargesch. u. Agrarsoz., 13, 1965, S. 8–11.

– /G. Mortensen: Die Besiedlung des nordöstlichen Ostpreußens bis zum Beginn des 17. Jahrhunderts. Bd. 1 u. 2. Leipzig 1937/1938.

– /–: Über die Entstehung des ostdeutschen Großgrundbesitzes. In: Nachrichten d. Akad. d. Wiss. Göttingen, Phil.-hist. Kl., 2, 1955, S. 21 bis 33.

– /–/R. Wenskus/H. Jäger (Hrsg.): Historisch-geographischer Atlas des Preußenlandes. Wiesbaden 1968 ff.

Moser, O.: Das Bauernhaus und seine landschaftliche und historische Entwicklung in Kärnten. Klagenfurt 1974.

Moyes, A.: Transport. In: R. A. Dodgshon/Butlin: An Historical Geography of England and Wales. London 1978, S. 401–429.

Mühlmann, W. E.: Geschichtliche Bedingungen, Methoden und Aufgaben der Völkerkunde. In: Lehrbuch der Völkerkunde. Stuttgart 1939, S. 1–43.

Müller, K.: Geschichte des Badischen Weinbaus. 2. Aufl. Lahr 1953.
Müller, K. E.: Grundzüge des ethnologischen Historismus. In: W. Schmied-Kowarzik, J. Stagl: Grundfragen der Ethnologie. Berlin 1981, S. 193–231.
Müller-Miny, H.: Geographisch-landeskundliche Erläuterungen zur Tranchot-von Müfflingschen Kartenaufnahme der Rheinlande 1801–1828 mit Bezug auf die heutigen Blätter der Topographischen Karte 1:25000. (Dazu gehören 12 Bl. d. Tranchot-von Müfflingschen Aufnahme und 22 Bl. d. Top. Kt. 1:25000.) Bonn-Bad Godesberg 1977 (= Nachr. aus d. Öffentl. Vermessungswesen Nordrhein-Westfalen, 10, 2. Sonderh.).
Müller-Using, D.: Großtier und Kulturlandschaft. Göttingen 1960.
Müller-Wille, M.: Eisenzeitliche Fluren in den festländischen Nordseegebieten (= Siedlung u. Landschaft in Westfalen, 5. Münster 1965).
–: Flursysteme der Bronze- und Eisenzeit in den Nordseegebieten. Zum Stand d. Forschung über "celtic fields". In: H. Beck/D. Denecke/H. Jankuhn: Untersuchungen z. eisenzeitl. und frühmittelalterl. Flur in Mitteleuropa und ihrer Nutzung, S. 196–239. Göttingen 1979 (= Abh. d. Akad. d. Wiss. Göttingen, Phil.-hist. Kl. 3. F. 115).
–: Mittelalterliche und frühneuzeitliche Siedlungsentwicklung in Moor- und Marschengebieten. In: Siedlungsforschung, 2, 1984, S. 7–41.
Müller-Wille, W.: Methoden und Aufgaben der waldgeographischen Forschung mit bes. Berücks. der Verhältnisse in Westfalen. In: Westfälische Forschungen, 1, 1938, S. 95–114.
–: Feldsysteme in Westfalen um 1860. Deutsche Geogr. Blätter, 42, 1939, S. 119–131. Wiederabdr. in: Westfäl. Geogr. Studien, 39, 1983, S. 154–166.
–: Die Akten der Katastralabschätzung 1822–35 und der Grundsteuerregelung 1861–65 in ihrer Bedeutung für die Landesforschung in Westfalen. In: Westf. Forschungen, 3, 1940, S. 48–64.
–: Langstreifenflur und Drubbel (1944). In: Nitz 1974, S. 247–314.
–: Zur Kulturgeographie der Göttinger Leinetalung. In: Göttinger Geogr. Abh. 1, 1948, S. 92–102.
–: Westfalen. Landschaftl. Ordnung und Bindung e. Landes. Münster 1952.
–: Leo Waibel und die deutsche geographische Landesforschung. In: Ber. z. dt. Landeskunde, 11, 1952a, S. 58–71.
–: Hans Dörries als Geograph und Landesforscher. In: Ber. z. dt. Landeskunde, 14, 1955, S. 1 ff.
–: Siedlungs-, Wirtschafts- und Bevölkerungsräume im westlichen Mitteleuropa um 500 n. Chr. In: Westf. Forschungen, 9, 1956, S. 5–25.
–: Zur Systematik und Bezeichnung der Feldsysteme in Nordwestdeutschland. In: Zt.schr. f. Erdkunde 9, 1941, S. 40–42. Wiederabdr. in: K. Ruppert: Agrargeographie (= Wege d. Forschung 171, 1973, S. 183–188).
–: Gedanken zur Bonitierung und Tragfähigkeit der Erde. In: Westf. Geogr. Studien, 35, 1978, S. 25–56.

Müller-Wille, W.: Probleme und Ergebnisse geographischer Landesforschung und Länderkunde. Gesammelte Beitr. 1936–1979. Münster 1983 (= Westf. Geogr. Studien, 39/40).
Muir, R.: The English Village. London 1980.
–: The Lost Villages of Britain. London 1982.
Nagel, E.: Entwicklung der Verkehrsverhältnisse. Herzogtum Preußen um 1700; Ost- und Westpreußen 19./20. Jahrhundert. In: Historisch-geographischer Atlas des Preußenlandes (Hrsg.: H. Mortensen, u. a.), Lfg. 9, 1984.
Nagel, F. N.: Die Entwicklung des Eisenbahnnetzes in Schleswig-Holstein unter bes. Berücks. d. stillgelegten Strecken. Wiesbaden 1981 (= Mitt. d. Geogr. Ges. in Hamburg, 71).
National Maritime Museum (Hrsg.): Catalogue of the Library. Bd. 1 u. 4. London 1968 u. 1972.
Newcomb, R. M.: Twelve Working Approaches to Historical Geography. In: Yearbook of the Association of Pacific Coast Geographers, 31, 1969, S. 27–50.
–: Environmental Perception and its Fulfilment during Past Times in Northern Jutland, Denmark. Århus 1969 (= 1969a).
–: Planning the Past. Folkestone 1979.
Neweklowsky, E.: Die Schiffahrt und Flößerei im Raume der Oberen Donau. 3 Bde. Linz 1952–64 (= Schr.reihe d. Inst. f. Landeskunde von Oberösterreich, 5, 6, 16).
Newson, L.: Cultural Evolution – A Basic Concept for Human and Historical Geography. Journal of Hist. Geogr., 2, 1976, S. 239 bis 255.
Niedersachsen in alten Karten. Eine Ausstellung d. Niedersächs. Archivverwaltung. Göttingen 1976.
Niedersächsische Landesbibliothek, Hannover (Hrsg.): Katalog des Schrifttums über die Baltischen Länder. 2 Bde. Hannover 1971.
Niedersächsisches Amt für Bodenforschung, Hannover (Hrsg.): Karte des Naturraumpotentials von Niedersachsen. Bodenkundl. Standortkarte 1:200000. Hannover 1978 ff.
Niedner, F./G. Neckel (Hrsg.): Thule. Altnord. Dichtung und Prosa. 24 Bde. Jena 1912–30. Rp. 1963–67.
Niemeier, G.: Gewannfluren, ihre Gliederung und die Eschkerntheorie. In: Petermanns Geogr. Mitt., 90, 1944, S. 57–74.
–: Die Ortsnamen des Münsterlandes. Ein kulturgeogr. Beitr. z. Methodik d. Ortsnamenforschung. Münster 1953 (= Westf. Geogr. Studien, 7).
–: Die Eschkerntheorie im Lichte der heutigen Forschung. In: Ber. z. dt. Landeskunde, 29, 1962, S. 280–286.
–: Die Problematik der Altersbestimmung von Plaggenböden. Erdkunde, 26, 1972, S. 196–208.
Niemeyer, W.: Der Pagus des frühen Mittelalters in Hessen. Marburg 1968 (= Schr. d. Hess. Landesamts f. geschichtl. Landeskunde, 30).

Nitz, H.-J.: Regelmäßige Langstreifenfluren und fränkische Staatskolonisation. Geogr. Rundschau, 13, 1961, S. 350–365.
–: Langstreifenfluren zwischen Ems und Saale – Wege und Ergebnisse ihrer Erforschung in den letzten drei Jahrzehnten. In: Siedlungs- und agrargeographische Forschungen in Europa und Afrika (Niemeier-Festschrift), S. 11–34. Braunschweig 1971 (= Braunschweiger Geogr. Studien, 3).
– (Hrsg.): Historisch-genetische Siedlungsforschung. Darmstadt 1974 (= Wege d. Forschung, 300).
–: Small-Holder Colonization in the Heathlands of Northwest Germany during the 18th and 19th Century. In: Geographia Polonica, 38, 1978, S. 207–213.
–: Gefügemuster von Siedlungsräumen. In: Hagedorn/Hövermann/Nitz 1979, S. 185–186.
–: Ländliche Siedlungen und Siedlungsräume – Stand und Perspektiven d. Forschung und Lehre (1979/80). In: G. Henkel: Die ländliche Siedlung als Forschungsgegenstand der Geographie, S. 454–470. 1983 a.
–: Feudal Woodland Colonization as a Strategy of the Carolingian Empire in the Conquest of Saxony. In: B. K. Roberts/R. E. Glasscock: Villages, Fields and Frontiers, S. 171–184. Oxford 1983 (= BAR Int. Ser., 185).
–: Die mittelalterliche und frühneuzeitliche Besiedlung von Marsch und Moor zw. Ems und Weser. In: Siedlungsforschung, 2, 1984a, S. 43–76.
–: Siedlungsgeographie als historisch-gesellschaftswissenschaftliche Prozeßforschung. In: Geogr. Rundschau, 36, 1984b, S. 162–169.
Nock, O. S.: 150 Years of Main Line Railways. Newton Abbot 1980.
Nordhagen, R.: De senkvartaere (spätquartäre) klimavekslinger i Nordeuropa og deres betydning for kulturforskningen. Oslo 1933.
Norman, E. R./J. K. S. St Joseph: The Early Development of Irish society. The evidence of aerial photography. Cambridge 1969.
Nougier, L.-R./J. Beaujeu/M. Mollat: Histoire universelle des explorations de la préhistoire à la fin du moyen age. 4 Bde. Paris 1960 ff.
Oberbeck, G.: Die mittelalterliche Kulturlandschaft des Gebietes um Gifhorn. Bremen-Horn 1957 (= Schr. d. Wirtschaftswissenschaftl. Ges. z. Studium Niedersachsens. N.F., 66).
–: Siedlungsgeographie. In: Jäger 1965, S. 427–445.
O'Brien, P.: European Economic Development – The Contribution of the Periphery. In: The Econ. Hist. Review, Ser. 2, 35, 1982, S. 1–18.
Oderstrombauverwaltung, Kgl. (Hrsg.): Der Oderstrom. 3 Bde. u. Atlas. 1896.
Ogilvie, A. G.: The Time-Element in Geography. In: Transactions and Papers of the Inst. of British Geographers, 18, 1952, S. 1–15.
Ohler, N.: Quantitative Methoden für Historiker. Eine Einf. München 1980.
Olwig, K.: Landscape Research Group on Literature and Landscape. Journal of Hist. Geogr., 8, 1982, S. 187–188.

Opgenoorth, E.: Einführung in das Studium der Neueren Geschichte. Braunschweig 1969.
Oppl, F.: Wien im Bild historischer Karten. Wien, u. a. 1983.
Ordnance Survey (Hrsg.): Hadrian's Wall. Southampton 1964.
–: The Antonine Wall. Southampton 1969.
–: Field Archaeology in Great Britain. 5. Aufl. Southampton 1973 a.
–: Britain before the Norman Conquest. Karte 1:625 000 m. Erl. Southampton 1973.
–: Map of Roman Britain 1:1 000 000 m. Erl. 4. Aufl. Southampton 1979.
–: Londinium. Southampton 1981.
Otremba, E.: Die Entwicklungsgeschichte der Flurformen im oberdeutschen Altsiedelland. In: Ber. z. dt. Landeskunde, 9, 1951, S. 363 bis 381.
– (Hrsg.): Atlas der deutschen Agrarlandschaft. Wiesbaden 1962–72. T. 1, Bl. 9/10: Ortsformen und Flurformen um 1850 im Gebiet der Bundesrepublik Deutschland.
–: Räumliche Ordnung und zeitliche Folge im industriellen Raum. Geogr. Zeitschr., 51, 1963, S. 30–53.
Ott, H.: Studien zur spätmittelalterlichen Agrarverfassung im Oberrheingebiet. Stuttgart 1970 (= Quellen und Forsch. z. Agrargeschichte, 23).
Overbeck, H.: Die deutschen Ortsnamen und Mundarten in kulturgeographischer und kulturlandschaftsgeschichtlicher Bedeutung. Erdkunde, 11, 1957, S. 135–145.
Overbeck, F.: Botanisch-geologische Moorkunde unter bes. Berücks. der Moore Nordwestdeutschlands als Quellen zur Vegetations-, Klima- und Siedlungsgeschichte. Neumünster 1975.
Pallas, P. S.: Reise durch verschiedene Provinzen des Russischen Reiches in den Jahren 1768–74. 4 Bde. St. Petersburg 1771–76. Repr. Graz 1967.
Parkes, D. N./N. J. Thrift: Times, Spaces and Places – A Chronogeographic Perspective. Chichester, New York 1980.
Parry, M. L.: Secular Climatic Change and Marginal Agriculture. In: Transactions of Inst. of British Geogr., 64, 1975, S. 1–13.
–: Climatic Change, Agriculture and Settlement. Folkestone 1978.
Pauli, L.: Die Alpen in Frühzeit und Mittelalter. Die archäol. Entdeckung e. Kulturlandschaft. München 1981.
Pessler, W.: Das altsächsische Bauernhaus. Braunschweig 1906.
Petri, F. (Hrsg.): Bischofs- und Kathedralstädte des Mittelalters und der frühen Neuzeit. Köln, Wien 1976 (= Städteforschung, A, 1).
–: Die fränkische Landnahme und die Entstehung der germanisch-romanischen Sprachgrenze in der interdisziplinären Diskussion. Darmstadt 1977 (= Erträge d. Forschung, 70).
–: Heinz Stoobs Begriff der Exulantenstadt im Lichte der neueren Forschung. In: Civitatem communitas (Hrsg.: H. Jäger/F. Petri/H. Quirin), S. 844–865. Köln, Wien 1984.
Petrikovits, H. v.: Römischer Handel am Rhein und an der oberen und

mittleren Donau. In: Düwel/Jankuhn/Siems/Timpe T. 1, 1985, S. 299 bis 336.
Pfeifer, G.: Das Siedlungsbild der Landschaft Angeln. Breslau 1928 (= Veröffentl. d. Schleswig-Holsteinischen Univ.-ges., 18).
Pfister, Chr.: Klimageschichte der Schweiz 1525–1860. Das Klima der Schweiz von 1525–1860 und seine Bedeutung in d. Geschichte von Bevölkerung und Landwirtschaft. 2 Bde. Bern, Stuttgart 1984 (= Academica Helvetica, 6, I/II).
Phillips, C. W. (Hrsg.): The Fenland in Roman Times. London 1970 (= Research Series, Royal Geogr. Soc., 5).
Pietrusky, U.: Zur Bevölkerungsgeographie des historischen Isolats der vormaligen evangelischen Reichsgrafschaft Ortenburg in Niederbayern (1615–1940). In: Mitt. d. Geogr. Ges. München, 64, 1979, S. 77–99.
Pijassou, R.: Un grand vignoble de qualité. Le Médoc. 2 Bde. Paris 1980.
Pinkwart, W. (Hrsg.): Genetische Ansätze in der Kulturlandschaftsforschung (Jäger-Festschrift) (= Würzburger Geogr. Arb. 60, 1983).
Pitz, E.: Landeskulturtechnik, Markscheide- und Vermessungswesen im Herzogtum Braunschweig bis zum Ende des 18. Jahrhunderts. Göttingen 1967 (= Veröffentl. d. Niedersächs. Archivverw., 23).
Planhol, X. de: Aux origines de l'habitat rural lorrain. In: Dussart 1971, S. 69–91.
– /J. Popelard: Les limites alsaciennes de l'habitat rural de type lorrain. In: Buchanan u. a. 1976, S. 152–161.
Plessl, E.: Ländliche Siedlungsformen Österreichs im Luftbild. Bad Godesberg 1969 (= Landeskundl. Luftbildauswertung im mitteleurop. Raum, 9).
Plewe, E.: Carl Ritters Stellung in der Geographie. In: Tagungsberichte und wiss. Abh., Deutscher Geographentag Berlin 1959, S. 59–68. Wiesbaden 1960.
– (Hrsg.): Die Carl-Ritter-Bibliothek. Wiesbaden 1978 (= Erdkundl. Wissen, 50).
Pohlendt, H.: Die Flurwüstungen als kulturlandschaftliches Problem am Beispiel von Flurwüstungsgebieten des norddeutschen Flachlands. In: Göttinger Geogr. Abh., 1, 1948, S. 82–91.
–: Die Verbreitung der mittelalterlichen Wüstungen in Deutschland. Göttingen 1950 (= Göttinger Geogr. Abh., 3. [umfangreiches Schriftenverz. m. bes. Berücks. d. regionalen Lit.]).
–: Die Feldsysteme des Herzogtums Braunschweig im 18. Jahrhundert. In: Ergebnisse und Probleme moderner geographischer Forschung, S. 179 bis 195. Hannover 1954 (= Veröffentl. d. Akad. f. Raumf. u. Landesplanung, 28).
– (Mitarb.): Der Landkreis Helmstedt. Bremen-Horn 1957 (= Die Landkreise in Niedersachsen, D, 15).
Pokorný, O.: Plán Prahy z roku 1791. Prag 1980.
–: Plán Pražského hradu a části Hradčan z poloviny 18. stol. Prag 1985.

Polenz, P. von: Landschafts- und Bezirksnamen im frühmittelalterlichen Deutschland, I. Marburg 1961.
Porter, S. C.: Glaciological Evidence of Holocene Climatic Change. In: T. M. L. Wigley/M. J. Ingram/G. Farmer: Climate and History. Studies in Past Climate and their Impact on Man. Cambridge 1981, S. 82–110.
Posch, F./M. Straka/G. Pferschy: Atlas zur Geschichte des steirischen Bauerntums. Graz 1976.
Pounds, N. J. G.: An Historical Geography of Europe. I: 450 B. C.–A. D. 1330. Cambridge 1973. II: 1500–1840. Cambridge 1979. III. 1800–1914. Cambridge 1985.
Prange, W.: Siedlungsgeschichte des Landes Lauenburg im Mittelalter. Neumünster 1960 (= Quellen u. Forsch. z. Geschichte Schleswig-Holsteins, 41).
–: Wüstungen in Holstein und Lauenburg. In: Det nordiske Ødegårds prosjekt, 1, 1972, S. 85–109.
Prince, H. C.: Parks in England. Shalfleet 1967.
–: Progress in Historical Geography. In: R. U. Cooke/J. H. Johnson: Trends in Geography. Oxford 1969, S. 110–122.
–: Real, imagined and abstract worlds of the past. In: Progress in Geography 3, 1971, S. 1–86.
–: England circa 1800. In: H. C. Darby: A New Historical Geography of England. Cambridge 1973, S. 389–464.
–: Historical Geography in 1980. In: E. H. Brown: Geography Yesterday and Tomorrow. Oxford 1980, S. 229–250.
Pröve, H.: Dorf und Gut im alten Herzogtum Lüneburg. Göttingen 1929 (= Studien u. Vorarbeiten z. Hist. Atlas Niedersachsens, 11).
Provinzialinstitut für Westfälische Landes- und Volksforschung: Geschichtlicher Handatlas von Westfalen. Münster 1975 ff.
Quasten, H.: Die Wirtschaftsformation der Schwerindustrie im Luxemburger Minette. Saarbrücken 1970 (= Arbeiten aus d. Geogr. Inst. d. Univ. d. Saarlandes, 13).
Quirin, H.: Einführung in das Studium der mittelalterlichen Geschichte. Braunschweig 1964, ⁴1985.
–: Ista villa iacet totaliter desolata. Zum Wüstungsproblem in Forschung und Kartenbild. In: Festschrift f. Walter Schlesinger (Hrsg. H. Beumann). Köln, Wien 1973, S. 197–272.
Rackham, O.: Trees and Woodland in the British Landscape. London 1976.
–: Ancient Woodland, its History, Vegetation and Uses in England. London 1980.
Radke, G.: Viae publicae romanae. In: Pauly's Realencyclopädie der classischen Altertumswissenschaft. Suppl. 13. Stuttgart 1971.
Raftis, R.: The Estates of Ramsey Abbey. Toronto 1957.
Ramskou, Th.: Lindholm Høje Gravpladsen. København 1976 (= Nordiske Fortidsminder, Ser. B, 2).

Rassem, M./J. Stagl: Statistik und Staatsbeschreibung in der Neuzeit, vornehmlich im 16.–18. Jahrhundert. Paderborn 1980.
Rau, R.: Quellen zur karolingischen Reichsgeschichte. T. 1. Darmstadt 1955 (= Freiherr-vom-Stein-Gedächtnisausgabe, 5).
Raum, J. W.: Evolutionismus. In: H. Fischer: Ethnologie. Eine Einf. Berlin 1983, S. 275–301.
Reed, M.: The Buckinghamshire Landscape. London 1979.
Reeves-Smyth, T./F. Hamond: Landscape Archaeology in Ireland. Oxford 1983 (= British Archaeological Reports, BS, 116).
Rehbein, E.: Zu Wasser und zu Lande. Eine Gesch. d. Verkehrswesens von d. Anfängen bis zum Ende d. 19. Jh. München 1984.
Reichstein, H.: Untersuchungen an Tierknochen von der Isenburg bei Hattingen/Ruhr. Ein Beitr. z. Nahrungswirtschaft auf hochmittelalterl. Burgen. Hattingen 1981.
–: Tierhaltung, Jagd und Fischfang. In: G. Kossack/K.-E. Behre/P. Schmid: Ländliche Siedlungen. Weinheim 1984, S. 274–284.
–: Tierwelt, tierische Nahrung. In: H. Jankuhn/K. Schietzel/H. Reichstein: 1984a, S. 78–82; 215–230.
– /M. Tiessen: Untersuchungen an Tierknochenfunden (1963–64). Neumünster 1974 (umfangr. Bibliogr.) (= Ausgrabungen in Haithabu, 7).
Reichstein, J.: Alte Salzstraße. In: Führer zu archäologischen Denkmälern in Deutschland, Bd. 2: Kreis Herzogtum Lauenburg, 2, S. 32–34. Stuttgart 1983.
Reinhardt, W.: Küstenentwicklung und Deichbau während des Mittelalters zwischen Maade, Jade und Jadebusen. In: Jahrb. d. Ges. f. bildende Kunst u. vaterl. Altertümer zu Emden, 59, 1979, S. 17–61.
–: Die Sibetsburg – Landschaft und Geschichte. In: J. Graul/W. Reinhardt: 600 Jahre Sibetsburg, S. 5–59. Wilhelmshaven 1983.
–: Zum frühen Deichbau im niedersächsischen Küstengebiet. In: Probleme d. Küstenforschung i. südl. Nordseegebiet, 15, 1984, S. 29–40.
Reuling, U.: Landkreis, ehemaliger, und Stadt Marburg. In: Historisches Ortslexikon des Landes Hessen, 3, 1979.
Reynolds, S.: An Introduction to the History of English Medieval Towns. Oxford 1977.
Ribbe, W./E. Henning (Hrsg.): Taschenbuch für Familiengeschichtsforschung. 9. Aufl. Neustadt/Aisch 1980.
Richter, Gertraud: Klimaschwankungen und Wüstungsvorgänge im Mittelalter. In: Petermanns Geogr. Mitt. 1952, S. 249–254.
Richter, Gerold: Kaiserzeitliche Waldverwüstung in der schleswigschen Geest. Stolzenau, Weser 1967 (= Mitt. d. florist.-soziol. Arbeitsgemeinschaft, 12).
Richter, Gregor: Lagerbücher- oder Urbarlehre. Stuttgart 1979.
Rieckenberg, H. J.: Königstraße und Königsgut in Liudolfingischer und frühsalischer Zeit (1019–1056). Unveränd. Nachdr. d. Textes von 1941. Darmstadt 1965.

Riley, D. N.: Early Landscape from the Air. Studies of Crop Marks in South Yorkshire and North Nottinghamshire. Sheffield 1980.
–: Aerial Archaeology in Britain. Aylesburg 1982 (= Shire Archaeology, 22).
Rippel, J. K.: Die Entwicklung der Kulturlandschaft am nordwestlichen Harzrand. Hannover 1958 (= Schr. d. Wirtschaftswiss. Ges. zum Studium Niedersachsens, N. F. 69).
–: Eine statistische Methode zur Untersuchung von Flur- und Ortsentwicklung. Geografiska Annaler 43, 1961, S. 252–263.
Ritter, C. 1862, zitiert nach J. Wimmer: Historische Landschaftskunde, S. 304. Innsbruck 1885.
Roberts, B. K.: Rural Settlement in Britain. London 1977.
–: Village Plans. Aylesbury 1982 (= Shire Archaeology, 27.).
Roberts, B. K./R. E. Glasscock (Hrsg.): Villages, Fields and Frontiers. Studies in European Rural Settlement in the Medieval and Early Modern Periods. Oxford 1983 (= BAR Int. Ser. 185).
Röder, J.: Die Sandsteinindustrie um Miltenberg. In: Führer zu vor- und frühgeschichtl. Denkmälern, 8, 1967, S. 55–60.
Röhricht, R.: Deutsche Pilgerreisen nach dem Heiligen Lande. 2. Aufl. Innsbruck 1900.
Röll, W.: Die kulturlandschaftliche Entwicklung des Fuldaer Landes seit der Frühzeit. Gießen 1966 (= Gießener Geogr. Schr. 9).
Rønneseth, O.: Frühgeschichtliche Siedlungs- und Wirtschaftsformen im nördlichen Norwegen. Neumünster 1966 (= Göttinger Schr. z. Vor- und Frühgeschichte, 6).
–: „Gard" und Einfriedung. In: Geografiska Annaler, Ser. B, 2, 1975.
Rösch, M.: Ein Pollenprofil aus dem Feuenried bei Überlingen am Ried. In: Becker/Billamboz/Dieckmann u. a. 1985, S. 43–199.
Rösener, W.: Bauern im Mittelalter. München 1985.
Rogić, V.: Auswirkungen der österreichischen Militärgrenze auf die Dinarisch-Pannonische Kulturlandschaft. In: G. Ernst 1982, S. 41–56.
Rostankowski, P.: Siedlungsentwicklung und Siedlungsformen in den Ländern der russischen Kosakenheere. Berlin 1969 (= Berliner Geogr. Abh. 6).
–: Die Entwicklung osteuropäischer ländlicher Siedlungen und speziell der Chutor-Siedlungen. Berlin 1982 (= Gießener Abh. z. Agrar- und Wirtschaftsforschung d. europäischen Ostens, 117).
Rowley, T. (Hrsg.): The Origins of Open-Field Agriculture. London 1981.
–: Medieval Field Systems. In: L. Cantor: The English Medieval Landscape. London 1982, S. 25–55.
Rubner, H.: Die Wälder der Inn-Salzach-Platte. In: Mitt. d. Geogr. Ges. München, 41, 1956, S. 7–101.
–: Die Hainbuche in Mittel- und Westeuropa. Untersuchungen über ihre ursprüngl. Standorte und ihre Förderung durch die Mittelwaldwirtschaft. Bad Godesberg 1960 (= Forschungen z. dt. Landeskunde, 121).

–: Wald und Siedlung im Frühmittelalter am Beispiel der Landschaften zwischen Alpen und Main. In: Berichte z. dt. Landeskunde, 32, 1964, S. 114–127.

Rubner, K./F. Reinhold: Das natürliche Waldbild Europas. Hamburg, Berlin 1953.

Rudloff, H. von: Die Schwankungen und Pendelungen des Klimas in Europa seit dem Beginn der regelmäßigen Instrumenten-Beobachtungen 1670. Braunschweig 1967.

Rüttgerodt-Riechmann, I.: Stadt Göttingen. Denkmaltopographie d. Bundesrep. Deutschland. Braunschweig, Wiesbaden 1982 (= Baudenkmale in Niedersachsen, 5, 1).

Rusiński, W.: Wüstungen. Ein Agrarproblem d. feudalen Europas. In: Acta Poloniae Historica, 5, 1962, S. 48–78.

Russell, J. C.: British Medieval Population. Albuquerque 1948.

Saalfeld, D.: Bauernwirtschaft und Gutsbetrieb in der vorindustriellen Zeit. Stuttgart 1960 (= Quellen u. Forsch. z. Agrargesch., 6).

Sabelberg, E.: The Persistence of Palazzi and Intra-Urban Structures in Tuscany and Sicily. In: Journal of Hist. Geogr., 9, 1983, S. 247 bis 264.

Salvesen, H.: Jord i Jemtland. Det Nordiske Ødegårdsprosjektet, 5. Östersund 1979.

Sandnes, J.: Ödetid og Gjenreisning. Oslo 1971.

– /H. Salvesen: Ödegardstid in Norge. Oslo 1978 (= Det nordiske ödegardsprosjekt, 4).

Sarfatij, H.: Stadtkernforschung in den Niederlanden – eine Bilanz. In: H. Jäger: Stadtkernforschung. Im Druck (= Städteforschung A 27).

Sawyer, P. H. (Hrsg.): Medieval Settlement. Continuity and Change. London 1976.

Scamoni, A. u. a.: Karte der natürlichen Vegetation der DDR 1:500000 m. Erl. In: Beiträge zur Vegetationskunde. Berlin 1964 (= Feddes Repertorium, Beih. 141).

Schaab, M.: Kirchliche Gliederung um 1500. Beiwort zu Karte VIII, 5. In: Historischer Atlas von Baden-Württemberg. Stuttgart 1972.

–: Geleitstraßen um 1550. In: Historischer Atlas von Baden-Württemberg, Lfg. 9, X, 1, Stuttgart 1982.

Schäfer, A.: Inventar der handgezeichneten Karten und Pläne zur europäischen Kriegsgeschichte des 16.–19. Jahrhunderts im Generallandesarchiv Karlsruhe. Stuttgart 1971 (= Veröffentl. d. Staatl. Archivverw. Baden-Württemberg, 25).

Schäfer, H.-P.: Die Entwicklung des Straßennetzes im Raum Schweinfurt bis zur Mitte des 19. Jahrhunderts. Würzburg 1976 (= Würzburger Geogr. Arb. 44).

–: Die Entstehung des mainfränkischen Eisenbahnnetzes. T. 1: Planung und Bau der Hauptstrecken bis 1879. Würzburg 1979 (= Würzburger Geogr. Arbeiten, 48).

Schäfer, H.-P.: Verkehr und Raum im Königreich Bayern rechts des Rheins. Manuskript, Würzburg 1982.
–: Forschungsschwerpunkte und Zukunftsaufgaben der Historischen Geographie: Verkehr. Erdkunde 36, 1982, S. 114–119.
–: Aufsatzreihe über Zerstörung und Aufbau von Gemünden. In: 40 (vierzig) Jahre Wiederaufbau der Stadt Gemünden am Main, S. 8–46. München 1985.
Schaefer, I.: Über Anwande und Gewannstöße. In: Mitt. d. Geogr. Ges. München, 39, 1954, S. 117–145.
Scharfe, W.: Abriß der Kartographie Brandenburgs, 1771–1821. Berlin 1972 (= Veröffentl. d. Hist. Komm. zu Berlin, 35).
–: Festungen in Brandenburg. In: Hist. Atlas von Brandenburg und Berlin, Nachtr. 4. Berlin 1980.
– (Hrsg.): General- und Postkarte von den preußischen Staaten von D. F. Sotzmann 1802. Berlin 1981.
–: Historisch-topographische Karte von Brandenburg um 1800. Bl. Berlin SW u. SO 1:200000. Berlin 1984 (= Einzelveröffentl. Hist. Komm. Berlin, 46).
Scheffer, F.: Boden in Mitteleuropa. In: Reallexikon der Germanischen Altertumskunde, 3, 1978. S. 108–117.
– /B. Meyer: Bodenkundliche Untersuchungen im Leinetalgraben und ihre Beziehungen zur Siedlungsgeschichte und Archäologie. In: Deutsche Königspfalzen, 2, 1965, S. 74–77.
Schefold, M.: Alte Ansichten aus Württemberg. 2 Bde. Stuttgart 1956/57.
–: Der Schwarzwald in alten Ansichten und Schilderungen. Sigmaringen, 2. Aufl. 1981.
–: Die Bodenseelandschaft. Alte Ansichten und Schilderungen. Sigmaringen, 3. Aufl. 1984.
Schepers, J.: Haus und Hof deutscher Bauern. Bd. 2: Westfalen-Lippe. Münster 1960.
Scherg, L.: Die Zisterzienserabtei Bronnbach im Mittelalter. Würzburg 1976 (= Mainfränkische Studien, 14).
Scherzer, W.: Symptome der spätmittelalterlichen Wüstungsvorgänge. In: Würzburger Geogr. Arbeiten, 60, 1983, S. 107–121.
Scheuerbrandt, A.: Südwestdeutsche Stadttypen und Städtegruppen bis zum frühen 19. Jahrhundert. Heidelberg 1972 (= Heidelberger Geogr. Arb., 32).
Schich, W.: Würzburg im Mittelalter. Städteforschung A, 3. Köln/Wien 1977.
–: Stadtrandphänomene bei den Städten im Großberliner Raum vom 13. bis zum 16. Jahrhundert. Siedlungsforschung 1, 1983, S. 65–85.
Schlenger, H.: Friderizianische Siedlungen rechts der Oder bis 1800. In: Geschichtlicher Atlas von Schlesien, Beih. 1. 2. Aufl. Sigmaringen 1985 (m. 3 Farbkt. 1:125000).
Schlesinger, W.: Vorstudien zu einer Untersuchung über die Hufe. In: Kri-

tische Bewahrung. Beitr. z. dt. Philologie (Hrsg. E.-J. Schmidt), 1974 (Festschrift W. Schröder), S. 15–85.
–: Stadt und Burg im Lichte der Wortgeschichte. Studium generale, 16, 1963, S. 433–444.
–: Hufe und mansus im Liber donationum des Klosters Weißenburg. In: Beiträge zur Wirtschafts- und Sozialgeschichte d. Mittelalters (Hrsg. K. Schulz), 1976 (Festschrift Herbert Helbig zum 65. Geb.), S. 33–85.
–: Die Hufe im Frankenreich. In: H. Beck/D. Denecke/H. Jankuhn: Untersuchungen zur eisenzeitl. u. frühmittelalterl. Flur in Mitteleuropa und ihrer Nutzung, S. 41–70. Göttingen 1979 (= Abh. d. Akad. d. Wiss. Göttingen, Phil.-hist. Kl. 3. F. 115).
Schliephake, K.: Scheldetal–Schelderwald. In: Gießener Geographischer Exkursionsführung (Hrsg.: W. Schulze/H. Uhlig), S. 291–309. Gießen 1982.
Schlüter, O.: Die Siedlungsräume Mitteleuropas in frühgeschichtlicher Zeit. 3 Bde. Remagen 1952–58 (= Forschungen z. dt. Landeskunde, 63, 74, 110).
– /O. August: Atlas des Saale- und mittleren Elbegebietes. T. 1–3. Leipzig 1959–61.
Schmid, P./W. H. Zimmermann: Flögeln – zur Struktur einer Siedlung des 1. bis 5. Jh. n. Chr. im Küstengebiet d. südl. Nordsee. In: Probleme d. Küstenforschung im südl. Nordseegebiet, 11, 1976, S. 1–78.
Schmid, P.: Die kaiserzeitlich-völkerwanderungszeitliche Besiedlung auf der Geestinsel Flögeln im Elbe-Weser-Dreieck. In: H. Beck/D. Denecke/H. Jankuhn: Untersuchungen z. eisenzeitl. u. frühmittelalterl. Flur in Mitteleuropa und ihrer Nutzung. Göttingen 1979 (= Abh. d. Akad. d. Wiss. Göttingen, Phil.-hist. Kl. 3, F. 115, S. 250–266).
–: Siedlungsstrukturen. In: G. Kossack/K.-E. Behre/P. Schmid: Ländliche Siedlungen. Weinheim 1984, S. 193–244.
Schmidt, B.: Beitrag zum Aufbau der holozänen Eichenringchronologie in Mitteleuropa. In: Archäolog. Korrespondenzbl., 11, 1981, S. 361 bis 363.
– /H. Schwabedissen: Ausbau des mitteleuropäischen Eichenjahrring-Kalenders bis in Neolithische Zeit (2061 v. Chr.). In: Archäol. Korr.bl., 12, 1982, S. 107–108.
Schmidt, K. L. (Hrsg.): Die historische Dimension im Geographieunterricht. Mit Beitr. von Nitz, Jäger, Friese, Altmann u. Herbst. Köln 1980 (= Geographie und Schule, Jg. 2, 3).
Schmidt-Wiegand, R.: Das Dorf nach den Stammesrechten des Kontinents. In: H. Jankuhn u. a. 1977, S. 408–443.
–: Pflugwende und Anwenderecht. Rechtssprachgeographie im Spannungsfeld zwischen Wortgeographie und Kulturgeographie. Rheinische Vierteljahrsbl. 47, 1983, S. 236–243.
Schmied-Kowarzik, W./J. Stagl: Grundfragen der Ethnologie. Beitr. z. gegenwärtigen Theorie-Diskussion. Berlin 1981.

Schmitt, M.: Vorbild, Abbild und Kopie. In: Civitatem communitas (Hrsg.: H. Jäger/F. Petri/H. Quirin), 1. Köln, Wien 1984, S. 322–354.
Schmitt, M./J. Luckhardt: Realität und Abbild in Stadtdarstellungen des 16. bis 19. Jahrhunderts. Untersuchungen am Beispiel Lippstadt. Münster 1982.
Schnath, G.: Historische Kartographie. In: Methodisches Handbuch für Heimatforschung in Niedersachsen (Hrsg.: H. Jäger), S. 396–408. Hildesheim 1965.
Schneider, H.-Chr.: Altstraßenforschung. Darmstadt 1982 (= Erträge d. Forschung, 170).
Schneider, S.: Luftbild und Luftbildinterpretation. Berlin 1974.
–: Angewandte Fernerkundung. Methoden u. Beispiele. Hannover 1984.
Schoder, R. V.: Das antike Griechenland aus der Luft. Bergisch Gladbach 1975. Orig. u. d. T.: Ancient Greece from the Air.
Schöller, P.: Aufgaben und Probleme der Stadtgeographie. Erdkunde, 7, 1953, S. 161–184.
–: Kulturraumforschung und Sozialgeographie. In: Aus Geschichte und Landeskunde (Festschr. Franz Steinbach). Bonn 1960, S. 672–685.
– (Hrsg.): Allgemeine Stadtgeographie. Darmstadt 1969 (= Wege der Forschung 181).
–: Die deutschen Städte. Wiesbaden 1967 (= Erkundl. Wissen, 17).
– (Hrsg.): Zentralitätsforschung. Darmstadt 1972 (= Wege d. Forschung, 301).
–: Grundsätze der Städtebildung in Industriegebieten. In: Probleme des Städtewesens im industriellen Zeitalter (Hrsg. H. Jäger), S. 99–107. Köln, Wien 1978 (= Städteforschung, A, 5).
Schöller, P./H. H. Blotevogel/H. J. Buchholz/M. Hommel: Bibliographie zur Stadtgeographie. Deutschsprachige Literatur 1952–1970. Paderborn 1973 (= Bochumer Geogr. Arbeiten, 14).
Schröder, J. von: Topographie des Herzogtums Schleswig. Oldenburg i. H., 2. Aufl., 1854, repr. 1973.
– /H. Biernatzki: Topographie der Herzogtümer Holstein und Lauenburg, des Fürstentums Lübeck und des Gebiets der Freien und Hansestädte Hamburg und Lübeck. 2 Bde. Oldenburg i. H. 1855–56, repr. 1973.
Schröder, K. H.: Weinbau und Siedlung in Württemberg. Remagen 1953 (= Forschungen z. dt. Landeskunde, 73).
–: Farmstead Development in Central Europe since the Middle Ages. In: Buchanan u. a. 1976, S. 143–151.
–: Vererbungsformen und Betriebsgrößen in der Landwirtschaft um 1955. In: Hist. Atlas von Baden-Württemberg, Lfg. 8, 1980.
Schröder, K. H./M. Schaab (Hrsg.): Historischer Atlas von Baden-Württemberg. Stuttgart 1972 ff.
Schröder, K. H./G. Schwarz: Die ländlichen Siedlungsformen von Mitteleuropa. Trier, 2. Aufl., 1978 (= Forschungen z. dt. Landeskunde, 175).

Schroeder-Hohenwarth J.: Die preußische Landesaufnahme 1816–1875. Nachr. aus dem Karten- und Vermessungswesen RI, 5, 1958.

Schröder-Lembke, G.: Entstehung und Verbreitung der Mehrfelderwirtschaft in Nordostdeutschland. In: Zt.schr. f. Agrargesch. u. Agrarsoz., 2, 1954, S. 123–133.

–: Wesen und Verbreitung der Zweifelderwirtschaft im Rheingebiet. In: Zt.schr. f. Agrargesch. u. Agrarsoz. 7, 1959, S. 14–31.

–: Zur Flurform der Karolingerzeit. In: Zt.schr. f. Agrargesch. u. Agrarsoz. 9, 1961, S. 143–152.

Schüpp, H.W.: Stadtbild und Historismus. Überlegungen z. Serie von Braunschweig-Abbildungen in Otto von Heinemanns „Das Königreich Hannover und das Herzogtum Braunschweig". In: Civitatem communitas (Hrsg.: H. Jäger/F. Petri/H. Quirin), I, S. 355–373. Köln, Wien 1984 (= Städteforschung, A, 21).

Schütte, L.: Städte im Mittelalter und ihre ältesten Herren. In: Geschichtlicher Handatlas von Westfalen, Lfg. 2, 1982, Kt. 1.

–: Der villicus im spätmittelalterlichen Westfalen. Vorträge u. Forsch. 27. Sigmaringen 1983, S. 343–368.

Schütte, S.: Das neue Bild des alten Göttingen. Göttingen 1984.

Schützeichel, R.: „Dorf", Wort und Begriff. In: Jankuhn/Schützeichel/Schwind 1977, S. 9–36.

–: Zur Erforschung der Herkunftsnamen in spätmittelalterlichen Quellen aus der Stadt Köln. In: Civitatem communitas (Hrsg.: H. Jäger/F. Petri/H. Quirin), I. Köln, Wien 1984 (= Städteforschung, A, 21, S. 148 bis 157).

– (Hrsg.): Gießener Flurnamen-Kolloquium. Heidelberg 1985 (= Beitr. z. Flurnamenforschung, N.F. Beih. 23).

Schuh, R.: Ortswüstungen und Flurnamen. In: Gießener Flurnamen-Kolloquium (Hrsg.: R. Schützeichel). Heidelberg 1985, S. 330–342.

Schulze, H.K.: Historische Kartographie im akademischen Unterricht. In: Mitt.bl. d. Arbeitskreis f. Hist. Kartographie, 23, 1984, S. 22–31.

Schumm, K.: Inventar der handschriftlichen Karten im Hohenlohe-Zentralarchiv Neuenstein. Karlsruhe 1961 (= Inventare d. nicht-staatlichen Archive in Baden-Württemberg, 8).

Schwarz, K.: Der frühmittelalterliche Landesausbau in Nordostbayern archäologisch gesehen. In: Ausgrabungen in Deutschland, 1, 2, 1975, S. 338–409.

Schwind, F.: Beobachtungen zur inneren Struktur des Dorfes in karolingischer Zeit. In: Jankuhn/Schützeichel/Schwind 1977, S. 444–493.

Schwind, M.: Kulturlandschaft als objektivierter Geist. In: Deutsche Geographische Blätter, 46, 1951, S. 5–28.

–: Kulturlandschaft als geformter Geist. Darmstadt 1964.

Schwippe, H.J.: Zentrale Orte im Ostmünsterland. Zur Anwendung quantifizierender Methoden auf eine amtl. Statistik d. frühen 19.Jh. In: Jäger 1978c, S. 134–158.

Scollar, I.: Archäologie aus der Luft. Düsseldorf 1965 (= Schr. d. Rheinischen Landesmuseums Bonn, 1).
Seedorf, H. H.: Der Wert historischer Karten für die Landeskunde in Niedersachsen. In: Neues Archiv f. Niedersachsen, 31, 1982, S. 408 bis 423.
Sick, W. D.: Der alemannische Raum in der Zeit des Humanismus nach der 'Cosmographia' Sebastian Münsters. Alemannisches Jahrb. 1981/83, 1984, S. 153–182.
Simmons, I./M. Tooley (Hrsg.): The Environment in British Pre-History. London 1981.
Simmons, I. G./G. W. Dimbleby/C. Grigson: The Mesolithic. In: I. G. Simmons/M. Tooley: The Environment in British Pre-History. London 1981, S. 82–124.
Simms, A.: Irland – Überformung eines keltischen Siedlungsraumes am Rande Europas durch externe Kolonisationsbewegungen. In: Hagedorn u. a. 1979, S. 261–308.
–: Die Historische Geographie in Großbritannien. In: Erdkunde, 36, 1982, S. 71–79, bes. S. 74 ff.
–: Frühformen der mittelalterlichen Stadt in Irland. In: Würzburger Geogr. Arbeiten (Hrsg.: W. Pinkwart), 60, 1983 (Festschr. f. Helmut Jäger), S. 27–39.
–: Rural Settlement in Medieval Ireland. In: Roberts/Glasscock 1983, S. 133–152.
Simonsen, A.: Breiavatnet og Stavangers eldste historie. In: Stavanger Museums Årbok 1971, S. 39–49.
Sippel, K.: Führungsblatt zu der Wüstung Gosselndorf und anderen mittelalterlichen Dorfstätten im westlichen Seulingswald. Wiesbaden 1985 (= Archäolog. Denkmäler in Hessen, 46).
–: Führungsblatt zu der Wüstungskirche Waldradeberg und anderen mittelalterl. Dorfstätten im östlichen Seulingswald. Wiesbaden 1985 (= Archäolog. Denkmäler in Hessen, 47).
–: Die Wasserburg Friedewald, das „Nadelöhr" und die Wüstung Harmundseiche im Seulingswald. Wiesbaden 1985 (= Archäolog. Denkmäler in Hessen, 48).
Slotta, R.: Einführung in die Industriearchäologie. Darmstadt 1982.
Smith, A. G., u. a.: Dendrochronological Work in Progress in Belfast: The Prospect for an Irish Post-Glacial Tree-Ring Sequence. In: Proceedings 8th International Conference on Radiocarbon Dating, 1. Wellington 1972, S. 92–96.
–: The Neolithic. In: I. G. Simmons/M. Tooley: The Environment in British pre-history. London 1981, S. 125–209.
Smith, P.: Houses of the Welsh Countryside. A Study in Hist. Geogr. London 1975.
Smyth, W. J.: Social Geography of Rural Ireland: Inventory and Prospect. Irish Geography 1984, S. 204–236.

Sotriffer, K.: Domus Alpina. Bauformen und Hauslandschaften im Alpenbereich. Wien 1982.
Speck, A.: Die historisch-geographische Entwicklung des sächsischen Straßennetzes. In: Wiss. Veröffentl. d. Deutschen Inst. f. Länderkunde, N.F. 12, 1953, S. 131–174.
Sperling, W.: Formen, Typen und Genese des Platzdorfes in den böhmischen Ländern. Wiesbaden 1982 (= Erdkundl. Wissen, 61).
Sporrong, U.: Individualistic Features in a Communal Landscape. Some Comments on the Special Organisation of a Rural Society. In: Baker/Billinge, S. 145–154. Cambridge 1982.
–: Phosphatkartierung und Siedlungsanalyse. Geogr. Annaler, B, 50, 1968, S. 1.
–: Zur interdisziplinären Wüstungsforschung in Skandinavien. In: Siedlungsforschung, 2, 1984, S. 229–236.
Sprandel, R. (Hrsg.): Quellen zur Hanse-Geschichte. Darmstadt 1982. (= Freiherr-vom-Stein-Gedächtnisausgabe. Bd. 36).
St Joseph, J. K. S.: The Uses of Air Photography. 2. Aufl. 1977.
Staab, F.: Untersuchungen zur Gesellschaft am Mittelrhein in der Karolingerzeit. Wiesbaden 1975 (= Geschichtl. Landeskunde, 11).
Staerk, D.: Die Wüstungen des Saarlandes. Saarbrücken 1976 (= Veröffentl. d. Komm. f. saarländ. Landesgeschichte und Volksforschung, 7).
Stagl, J.: Apodemiken. Eine räsonnierte Bibliogr. d. reisetheoretischen Lit. d. 16., 17. und 18. Jh. Paderborn 1983 (= Quellen und Abh. z. Gesch. d. Staatsbeschreibung u. Statistik).
Ståhle, C. I.: Centrala Uppland under Tiohundratalet. Karte ca. 1:650000. Svenska Turistföreningens Årsskrift 1949, S. 66/67.
Statiska Centralbyrån (Hrsg.): Historisk statistik för Sverige, 1. Befolkning. Stockholm 1955.
Steensberg, A.: Bondehuse og vandmøller i Danmark gennem 2000 ar. København 1952 (= Arkaeologiske Landesbyundersøgelser, 1).
Steinbach, F.: Gewanndorf und Einzelhof. In: Aloys Schulte zum 70. Geburtstag. S. 44–61. Düsseldorf 1927.
Steinberg, H. G.: Bevölkerungsentwicklung des Ruhrgebietes im 19. und 20. Jahrhundert. Düsseldorf 1978 (= Düsseldorfer Geogr. Schr., 11).
Stephan, H.-G.: Archäologische Studien zur Wüstungsforschung im südlichen Weserbergland. Hildesheim 1978 (= Münstersche Beitr. z. Ur- und Frühgeschichte, 10/11).
Sticker, G.: Abhandlungen aus der Seuchengeschichte und Seuchenlehre. Gießen 1908–12.
Stolz, O.: Die Schwaighöfe in Tirol. Innsbruck 1930 (= Veröffentl. d. Deutschen und Österr. Alpenvereins, 3).
Stoob, H.: Kartographische Möglichkeiten zur Darstellung der Stadtentstehung in Mitteleuropa, bes. zwischen 1450 und 1800. In: Forsch.- und Sitz.ber. d. Akad. f. Raumf. u. Landesplanung, VI, 1956, S. 21–76.
–: Forschungen zum Städtewesen in Europa, 1. Köln, Wien 1970.

Stoob, H.: Blankenrode. In: Führer zu vor- und frühgeschichtl. Denkmälern, 20, 1971, S. 261–267.
- (Hrsg.): Deutscher Städteatlas. Dortmund 1973 ff.
- (Hrsg.): Westfälischer Städteatlas. Dortmund 1975 ff.
- (Hrsg.): Die mittelalterliche Städtebildung im südöstlichen Europa. Köln, Wien 1977 (= Städteforschung, A, 4).
- (Hrsg.): Mitteilungsbl. d. Arbeitskreis f. Hist. Kartographie. Zuletzt Nr. 23, Münster 1984.
- (Hrsg.): Die Stadt. Gestalt und Wandel bis zum industriellen Zeitalter. 2. Aufl. Köln, Wien 1985.
- (Hrsg.): Urkunden zur Geschichte des Städtewesens in Mittel- und Niederdeutschland bis 1350. Köln, Wien 1985 (= Städteforschung, C, 1) (= 1985 a).
Strahm, Chr.: Die Voraussetzungen für eine Chronologie der Feuchtbodensiedlungen in Süddeutschland. In: Materialh. z. Vor- und Frühgesch. in Baden-Württemberg, 7, 1985, S. 248–252.
Strauss, G.: Sixteenth-Century Germany. Its Topography and Topographers. Madison, Wis. 1959.
Sturm, H.: Unsere Schrift. Neustadt/Aisch 1961.
Tacke, E.: Die Entwicklung der Landschaft im Solling. Oldenburg 1943 (= Schr. d. wirtschaftswiss. Ges. z. Studium Niedersachsens, 13).
Tait, A. A.: The Landscape Garden in Scotland 1735–1835. Edinburgh 1980.
Tatham, G.: Environmentalism and Possibilism. In: G. Taylor: Geography in the Twentieth Century. London 1951, S. 128–164.
Taylor, Chr.: Fields in the English Landscape. London 1976.
–: Village and Farmstead. A History of Rural Settlement in England. London 1983.
Taylor, G./A. Skinner: Maps of the Roads of Ireland (1778). Shannon 1969.
Teuteberg, H. J. (Hrsg.): Urbanisierung im 19. und 20. Jahrhundert. Köln, Wien 1983 (= Städteforschung, A, 16).
Thompson, F. M. L. (Hrsg.): The Rise of Suburbia. Leicester 1982.
Thórarinsson, S.: The Thousand Years' Struggle against Ice and Fire. Reykjavik 1956.
–: Klimatologie in Island und Grönland. In: Kulturhist. Leksikon f. nord. Middelalder, 8, 1963.
Thorpe, H.: The Influence of Enclosure on the Form and Pattern of Rural Settlement in Denmark. In: Transactions and Papers of the Inst. of British Geogr., 17, 1951, S. 111–129.
Thümmel, M. A. von: Reise in die mittäglichen Provinzen von Frankreich im Jahre 1785–86. 10 Bde. Leipzig 1791–1805.
Tiefenbach, H.: Bezeichnungen für Fluren im Althochdeutschen, Altsächsischen und Altniederfränkischen. In: H. Beck/D. Denecke/H. Jankuhn: Untersuchungen z. eisenzeitl. und frühmittelalterl. Flur in Mittel-

europa und ihrer Nutzung. Göttingen 1980 (= Abh. d. Akad. d. Wiss. Göttingen, Phil.-hist. Kl. 3. F. 116, S. 287–322).
Timmermann, O. F.: Beispiele für Aussagevermögen und Aussagewert von Flurnamen. In: Ber. z. dt. Landeskunde, 24, 1960, S. 156–168.
Tinkhauser, G./L. Rapp: Topographisch-historisch-statistische Beschreibung der Diözese Brixen. 5 Bde. Brixen 1855–91.
Tuan, Yi-Fu: Topophilia, a Study of Environmental Perception, Attitudes und Values. Englewood Cliffs, N.J. 1974.
Tütken, H.: Geschichte des Dorfes und Patrimonialgerichtes Geismar bis zur Gerichtsauflösung im Jahre 1839. Göttingen 1967 (= Studien z. Gesch. d. Stadt Göttingen, 7).
Turner, M.: English Parliamentary Enclosure. Its Historical Geography and Economic History. Folkestone 1980.
Uhlhorn, F.: Grenzbildungen in Hessen. In: Grenzbildende Faktoren in der Geschichte. Hannover 1969 (= Forschungsber. d. Akad. f. Raumf. u. Landesplanung, 48, S. 51–66).
Uhlig, H.: Luftbildauswertung zur Erforschung der Kulturlandschaft. In: Deutscher Geographentag Essen, Tagungsber. u. wiss. Abh. Wiesbaden 1955, S. 228–239.
–: Die Kulturlandschaft. Methoden d. Forschung und das Beispiel Nordostengland (bes. Kap. IV). Köln 1956 (= Kölner Geogr. Arbeiten, 9/10).
– /C. Lienau (Hrsg.): Die Siedlungen des ländlichen Raumes. Rural settlements. L'habitat rural. Gießen 1972 (= Materialien zur Terminologie d. Agrarlandschaft, 2). Siehe Lienau 1978.
Ulbert, G./T. Fischer: Der Limes in Bayern. Stuttgart 1983.
Vaughan, W.E./A.J. Fitzpatrick: Irish Historical Statistics. Population 1821–1971. Dublin 1978.
Verdenhalven, F.: Alte Maße, Münzen und Gewichte aus dem deutschen Sprachgebiet. Neustadt/Aisch 1968.
Verhulst, A.E.: Probleme der mittelalterlichen Agrarlandschaft in Flandern. In: Zt.schr. f. Agrargesch. u. Agrarsoz., 9, 1961, S. 13–19.
–: Karolingische Agrarpolitik: Das Capitulare de Villis und die Hungersnöte von 792/93 und 805/06. In: Zt.schr. f. Agrargesch. u. Agrarsoz., 13, 1965, S. 175–189.
–: Probleme der Stadtkernforschung in einigen flämischen Städten des frühen und Hochmittelalters. In: H. Jäger: Stadtkernforschung. Köln, Wien 1986 (= Städteforschung, A, 27).
Verhulst, A.E./M.K.E. Gottschalk: Transgressies en occupatiegeschiedenis in de kustgebieden van Nederland en België. Gent 1980 (= Centre belge d'histoire rurale, Publ., 66).
Vikingatidens ABC. Hrsg. v. Statens Historiska Museum. Borås 1981.
Vogel, W./L. Zögner (Hrsg.): Preußen im Kartenbild. Ausstellung d. Geheimen Staatsarchivs und der Staatsbibl. Preußischer Kulturbesitz. Berlin 1979.

Voss, F.: Neue Ergebnisse zum jüngsten Transgressionsablauf im Bereich der schleswig-holsteinischen Ostseeküste. In: Jankuhn/Schietzel/Reichstein 1984, S. 83–96.
– /Müller-Wille/E.-W. Raabe: Das Höftland von Langballigau an der Flensburger Förde. In: Offa, 30, 1973, S. 60–132.
Wagner, A.: Klimaänderungen und Klimaschwankungen. Braunschweig 1940 (= Die Wissenschaft, 92).
Wagner, G. W. J.: Statistisch-topographisch-historische Beschreibung des Großherzogtums Hessen. 2 Bde. Darmstadt 1829–31.
Wagner, H.: Geschichte der Zisterzienserabtei Bildhausen im Mittelalter. In: Mainfränkische Studien, 15, 1976.
Wagner, H.-G.: Die historische Entwicklung von Bodenabtrag und Kleinformenschatz im Gebiet des Taubertals. In: Mitt. d. Geogr. Ges. München, 46, 1961, S. 99–149.
–: Die Bodenabtragung im Wandlungsprozeß der Kulturlandschaft. In: Ber. z. dt. Landeskunde, 35, 1965, S. 91 ff.
Wallerstein, I.: The Modern World-System, I. New York, London 1974. II. New York, London 1980.
Wassermann, E.: Reihensiedlungen mit Aufstreck-Breitstreifenfluren im westlichen Ostfriesland. In: Siedlungsforschung, 2, 1984, S. 111 bis 122.
Waterbolk, H. T.: Hauptzüge der eisenzeitlichen Besiedlung in den Niederlanden. In: Offa, 19, 1962, S. 9 ff.
–: Siedlungskontinuität im Küstengebiet der Nordsee zwischen Rhein und Elbe. In: Probleme d. Küstenf. im südl. Nordseegebiet, 13, 1979, S. 1-21.
Watkins, C.: The Use of Forestry Commission Censuses for the Study of Woodland Change. In: Journal of Historical Geography, 10, 1984, S. 396–406.
Weber, L.: Preußen vor 500 Jahren. Danzig 1878.
Weber, W.: Die Entwicklung der nördlichen Weinbaugrenze in Europa. Eine hist.-geogr. Untersuchung. Trier 1980 (= Forschungen z. dt. Landeskunde, 216).
Weikinn, C.: Quellentexte zur Witterungsgeschichte Europas von der Zeitwende bis zum Jahre 1850. 4 Bde. Berlin 1958–63.
Weiss, R.: Das Alpwesen Graubündens. Erlenbach–Zürich 1941.
–: Volkskunde der Schweiz. Erlenbach–Zürich 1946.
–: Häuser und Landschaften der Schweiz. Erlenbach–Zürich 1959.
Wenskus, R.: Probleme einer kartographischen Darstellung der Ausbreitung deutscher Stadtrechte in den Städten des Ostens. Blätter für deutsche Landesgeschichte 91, 1954, S. 285–276.
–: Kleinverbände und Kleinräume bei den Preußen des Samlandes. In: Die Anfänge der Landgemeinde und ihr Wesen, S. 201–254. Stuttgart, Konstanz 1964 (= Vorträge und Forschungen, 8).
–: Vorgeschichtliche und mittelalterliche Wehranlagen, Landschaften,

Kleinräume, Bezirksnamen. In: Historisch-geographischer Atlas d. Preußenlandes, Lfg. 3. 1968.
Wenzel, H.-J.: Die ländliche Bevölkerung. Gießen 1974 (= Materialien zur Terminologie d. Agrarlandschaft, 3).
Whitehand, J. W. R. (Hrsg.): The urban landscape: Historical development and management. Papers by M. R. G. Conzen. London 1981.
Wiegelmann, G. (Hrsg.): Geschichte der Alltagskultur. Münster 1980 (= Beitr. z. Volkskultur in Nordwestdeutschland, 21).
Wiener Stadt- und Landesarchiv (Hrsg.): Österreichischer Städteatlas. Wien 1982 ff.
Wigley, T. M. L./ M. J. Ingram/ G. Farmer (Hrsg.): Climate and History. Studies in Past Climate and their Impact on Man. Cambridge 1981.
Willerding, U.: Beiträge zur jüngeren Geschichte der Flora und Vegetation der Flußauen. In: Flora, 149, 1960, S. 435–476.
–: Über Klimaentwicklung und Vegetationsverhältnisse im Zeitraum Eisenzeit bis Mittelalter. In: H. Jankuhn/ R. Schützeichel/ F. Schwind: Das Dorf der Eisenzeit und des frühen Mittelalters. Göttingen 1977 (= Abh. d. Akad. d. Wiss. Göttingen, Phil.-hist, Kl. 3. F. 101 [umfangr. Schrifttum], S. 357–405).
–: Bibliographie zur Paläo-Ethnobotanik des Mittelalters in Mitteleuropa 1945–1977. Zt.schr. f. Archäologie des Mittelalters, T. 1, 6, 1978, S. 173 bis 223; T. 2, 7, 1979, S. 207–225.
–: Botanische Beiträge zur Kenntnis von Vegetation und Ackerbau im Mittelalter. In: H. Jankuhn/ R. Wenskus: Geschichtswissenschaft und Archäologie. Sigmaringen 1979 (= Vortr. u. Forschungen, 22 [umfangr. Bibliographie], S. 271–353).
–: Anbaufrüchte der Eisenzeit und des frühen Mittelalters, ihre Anbauformen, Standortverhältnisse und Erntemethoden. In: H. Beck/ D. Denecke/ H. Jankuhn, 1980, S. 126–196.
–: Zum Ackerbau der Bandkeramiker. In: Beiträge z. Archäologie Nordwestdeutschlands und Mitteleuropas (= Materialhefte z. Ur- und Frühgeschichte Niedersachsens, 16, 1980, S. 421–456).
–: Frühe Bauernkulturen in Niedersachsen. Archäolog. Mitt. aus Nordwestdeutschland, Beih. 1, 1983, S. 179–219.
–: Zur Geschichte der Unkräuter in Mitteleuropa. Neumünster 1986 (= Göttinger Schr. z. Vor- und Frühgeschichte, 21).
Wimmer, J.: Historische Landschaftskunde. Innsbruck 1885.
Windhorst, H.-W.: Beiträge zur Geographie der Wald- und Forstwirtschaft. Darmstadt 1978 (= Wege d. Forschung, 517).
Winkelmann, R.: Die Entwicklung des oberrheinischen Weinbaus. Marburg 1960 (= Marburger Geogr. Schr., 16).
Winter, H.: Das Bürgerhaus zwischen Rhein, Main und Neckar. Tübingen 1961.
Wipo: Gesta Chuonradi II. Imperatoris. Darmstadt 1973 (= Ausgew. Quellen z. dt. Geschichte d. Mittelalers, 11).

Wirth, E.: Theoretische Geographie. Stuttgart 1979.
–: Kritische Anmerkungen zu den wahrnehmungszentrierten Forschungsansätzen in der Geographie. In: Geogr. Zt.schr., 69, 1981, S. 161–198.
Wiswe, H.: Grangien niedersächsischer Zisterzienserklöster. Entstehung u. Bewirtschaftung spätmittelalterl.-frühneuzeitl. landwirtschaftl. Großbetriebe. Braunschweigisches Jahrbuch, 34, 1953, S. 5–134.
Witt, Werner: Thematische Kartographie. 2. Aufl. Hannover 1970 (= Abh. d. Akad. f. Raumforschung u. Landesplanung, 49).
Witthöft, H.: Umrisse einer historischen Metrologie zum Nutzen der wirtschafts- und sozialgeschichtlichen Forschung. Maß und Gewicht in Stadt und Land Lüneburg, im Hanseraum und im Kurfürstentum/ Königreich Hannover vom 13. bis zum 19. Jh. Bd. 1. 2. Göttingen 1979 (= Veröffentl. d. Max-Planck-Inst. f. Gesch., 60).
Wöhlke, W.: Bremervörde und sein Einzugsgebiet. Göttingen 1952 (= Göttinger Geogr. Abh., 12).
–: Die Kulturlandschaft des Hardehauser und Dahlheimer Waldes im Mittelalter. Münster 1957 (= Landeskundl. Karten u. Hefte, Siedlung und Landschaft in Westfalen, 2).
–: Die Kulturlandschaft als Funktion von Veränderlichen. Geogr. Rundschau, 1969, S. 298–308.
–: Daseinsgrundfunktionen als Kern einer neuen Siedlungsgeographie. In: Würzburger Geogr. Arbeiten (Hrsg.: W. Pinkwart), 60, 1983, S. 419–434.
Wolff, P. (Hrsg.): Guide international d'histoire urbaine. Bd. 1: Europe. Paris 1977. (Darin u. a. Bibliographien über Deutschland [W. Ehbrecht], Österreich [W. Rausch, u. a.] und die Schweiz [G. Boesch].)
Yarwood, D.: The Architecture of Britain. London 1976.
Yates, E. M.: Land and Life at the Fen Edge as depicted in the Medieval Muniments of Methwold, Norfolk; With a Methodol. Discussion. London 1984 (= Univ. of London, King's College, Dept. of Geogr. Occasional Papers, 17).
Young, A.: A Six Months' Tour through the North of England. 4 Bde. London 1770/71. (Dt. Ausg. Leipzig 1772/75.)
–: A Tour in Ireland. 2 Bde. London 1780. (Dt. Ausg. 1780.)
–: Voyages en Italie et en Espagne pendant les années 1787 et 1789. Paris 1860.
Zabel, N.: Räumliche Behördenorganisation im Herzogtum Nassau (1806–1876). Wiesbaden 1981 (= Veröffentl. d. Hist. Komm. f. Nassau, 29).
Zeuner, F. E.: Dating the Past. 4. Aufl. London 1958.
Ziller, L.: Der Hof zu Elsenwang. In: Mitt. d. Ges. f. Salzburger Landeskunde f. 1978, 1979, S. 45–57.
Zimmermann, L.: Der ökonomische Staat Landgraf Wilhelms IV. Bd. 1. 2. Marburg 1933–34 (= Veröffentl. d. Hist. Komm. f. Hessen und Waldeck, 17, 1. 2).
Zimmermann, W. H.: Flurformen, Gerät, Düngung, Ernte. In: Kossack/ Behre/Schmid 1984, S. 246–263.

Zögner, L./G. Zögner (Hrsg.): Preußens amtliche Kartenwerke im 18. und 19. Jahrhundert. Ausstellung anl. d. 25jährigen Bestehens d. Inst. f. Angew. Geodäsie, Außenstelle Berlin. Berlin 1981. (14 Kt. ausschnitte, 58 Kt. nachweise und Bibliogr.)
- (Hrsg.): Faksimile-Edition von 25 Karten des 17. bis 20. Jahrhunderts. Berlin 1980-84.

Zölitz, R.: Bodenphosphat als Siedlungsindikator. Möglichkeiten und Grenzen d. siedlungsgeogr. und archäol. Phosphatmethode. Neumünster 1980 (= Offa. Erg. reihe, 5).

–: Geographische Siedlungsprospekte in Schleswig-Holstein. Archäol. Korr. bl., 12, 1982, S. 517–533.

–: Die siedlungsstrukturelle Entwicklung der Insel Falster vom Mittelalter bis zum Ende des 17. Jahrhunderts. Quantitative Untersuchungen z. hist. Siedlungsgeogr. d. ländl. Raumes. Kiel 1983.

Zschocke, R.: Die Entwicklung der landwirtschaftlichen Betriebsgrößen in den Rheinlanden und ihre Auswirkung auf die Kulturlandschaft. In: Les Congrès et Colloques de l'Université de Liège, 1971, S. 423–441.

REGISTER

Personen sind nur angeführt, wenn sie nicht als Autoren im Literaturverzeichnis erscheinen.

Abbildungen, Druckgraphik topographische 54. 56 ff. 166
Absolutismus 136
Acker
 -bau 72. 121
 -gerät 120 f.
 -land 149
 -standort 64
 Wölb- 77. 119
Agrar- (s. auch Landwirtschaft)
 -geschichte und Agrarsoziologie, Zeitschrift für 175
 -gesellschaft 175 f.
 -konjunktur 87 f.
 -krise 87. 190
 -politik 88
 -raum 175 ff.
 -reform, litauische 151
 -technik 73
Akademie für Raumforschung und Landesplanung 196 f.
Akten 39. 40
 -kunde 40
Allmende 26. 139. 152. 162
Almsiedlung 140 f. 191
Altersbestimmung s. Chronologie
Altertum
 Kommission für die Altertumskunde Mittel- und Nordeuropas 128. 141
 Siedlung im 138. 147. 149
Altlandschaft s. Landschaft
Altsiedelland (s. auch Landschaft) 44. 149. 151 ff. 157. 193. 198
Altstraßenforschung 109 ff.

Analysen
 Baumjahresring- 79
 Holzkohlen- 100 ff.
 Phosphat- 100 ff.
 Pollen- 59 ff. 79
 Warven- 79
Anbau
 -grenzen 81. 85
 -rotation 106. 139. 177 f.
 -methoden 64
Anpassung, freie 22
Anschauung
 subjektivistische 23
 Grundformen der 9
Archäologie 59. 63. 76. 79. 117
 Industrie- 106. 115
 Landschafts- 4. 106
 Moor- 59. 62
 Osteo- 68 f.
 Unterwasser- und Schiffs- 112
 Wüstungs- 120
Architektur 118
Archiv 34. 39
Archivalien 107
Atlas, Atlanten
 historische 197. 202
 historisch-geographische 48. 201 ff.
 historisch-landeskundliche 32 f. 202 f.
 volkskundliche 144
 Agrar- 157
 Planungs- 67
 Schul-, historische 202
 Sprach- und Wort- 40

Atlas, Atlanten (Forts.)
  Stadtkern- von Schleswig-Holstein 116
  Städte- 34. 42. 116f. 165f. 204
  Baden-Württemberg, historischer 90. 175. 194. 196. 203
  Bayerischer Schulbuch-Verlag 202
  Brandenburg und Berlin, Historischer Handatlas von 66. 73
  Frankreich, historisch-landeskundliche 202
  Hessen, geschichtlicher 202f.
  Mitteldeutscher Heimat- 66. 203f.
  Mitteleuropa, östl. 66. 202
  Österreich, historisch-landeskundliche 202
  Preußenland, Historisch-Geographischer Atlas 51. 55. 114. 176. 192. 204
  Putzger 202
  Quellen 201f.
  Westermann 202
  Westfalen, Geschichtlicher Handatlas von 172
Aue
  -lehm 60
  -kultivierung 92
Ausbauland, Landesausbau 26. 64. 157
  –, mittelalterlicher 150
  –, Mittel- und Hochgebirge 150
Ausgrabungen 68. 113. 121

Bänderton 60
Bastide 173
Bauer(n)
  bäuerliche Wirtschaft 66. 71
  -krieg 132
  -schaft 152
  -stand 41. 71
  Berg- 175
Baum (Arten und Nutzung) 7. 61. 67. 142
Befestigung (Burg) 100. 109. 125. 139. 192. 194

Beharrung (s. auch Persistenz) 29
Behördenorganisation, räumliche 197
Bergbau 42. 122. 142
  Relikte im Gelände 122ff.
Besiedlung 66. 72. 100
  ostdeutsche 134
  hochmittelalterliche 102
  der Alpen 135
  Entwicklung der 61. 134
Besitzgefüge 120
Besitzrechte 16
Betrachtungsweisen 9. 10
  chorologische 10
  chronologische 9
  diachrone 9
  genetische 9
  längsschnittliche 10ff.
  querschnittliche 10ff.
  synchrone 9
Betriebe 132
  bäuerliche 147. 176
  forstwirtschaftliche 105
  landwirtschaftliche 102
  Formen der 11. 135
  Größe der 176
  Parzellen der 120
  Systeme der 78
  Guts- 159. 176
Bevölkerung(s) 42. 65. 129ff.
  frühere 173. 192
  karolingerzeitliche 132
  im ländlichen Raum 129
  im Mittelalter 131ff.
  -bewegung 134f.
  -daten 131ff.
  -entwicklung 11. 135
  -multiplikator 132ff.
  -zahl 90. 130ff.
Beziehungen, zentralörtliche 108
Bibliographien 34. 39ff.
  Atlanten- 203
  Karten- 34. 89f. 90
  Landesbeschreibungs- 56
  Spezial- 56

Bibliotheken 34. 51f. 57f.
　öffentliche 36f.
　wissenschaftliche 32. 40. 51f. 58
　Kataloge 51
　Luftbild- 36
Binnenseen 88ff.
Biologie 59
Biotop 90
Boden 73. 75
　-abtragung 121
　-bewertung 78
　-bewirtschaftung 76
　-erosion 100. 121
　-karte 68. 72f. 74. 88
　-kunde 63. 72. 76
　-nutzung 64. 78. 106. 177f.
　-politik 11
　-zustand 64
　Plaggen- 76
Bodenforschung, Niedersächsisches Amt für 72
Bohrstock 101
Botanik 63. 76. 79
Briefe (Quelle) 39
Bronzezeit 75. 77
Buch (als Quelle)
　Amts- 39
　Domesday- 42. 133
　Geschäfts- 39
　Lager- 42
　Land- 42
　Sal- 42
　See- 41
　Tage- 39
　Zins- 42
Burg s. Befestigung
Burgherrschaft 192. 194

Camden, William 53
Celtic fields 17
Chroniken 39. 41f.
Chronologie 9. 62
　Dendro- 59ff. 117. 166
　Geo- 59ff. 88
City 168

Clüver, Philipp 8
Cochläus, Johannes 55
curtis (Hofanlage) 146

Darstellungsformen 197
Daten (s. auch Statistik) 132
　-verarbeitung 130
Datierung 60f.
Defoe, Daniel 53
Deich
　-bau 97f.
　Fluß- 92f.
Demographie 129ff. 173
Denkmal
　-pflege 67. 168. 188
　-pflege; Hessen, Landesamt für 121
　-topographie 116
　　Bau- 116
　　Kunst- 116
Determinanten (s. auch Faktoren) 7. 20f. 197
Determinismus 20. 22
　Naturmilieu- 20. 22. 140
　Neo- 20
Deutsche Forschungsgemeinschaft 59f. 76. 100. 112
Deutscher Orden 108. 192. 194ff.
Dichtung 23. 39
Diffusion 31
Dokumente (s. auch Quellen, historische)
　schriftliche 39
　staatlich-administrative 24
Domänen 74
Doppelhof 147
Dorf 18f. 27. 47f. 105. 136ff. 144ff.
　britisches 18
　germanisches 163. 138. 149
　mittelalterliches 145ff.
　schwedisches 18. 119
　vorindustriezeitliches 140
　-anger 139
　-bevölkerung 132. 134
　-brunnen 139

Dorf (Forts.)
-definition 27. 139
-funktion 140
-größe 134
-hirten 139
-kern 160
-namen 149f.
-ordnung 136
Haufen- 162
Klein- 147. 152. 156. 159
Drainage 89f.
Drubbel 16. 149. 156
Druckgraphik s. Abbildungen
Dünen 60. 77f.
Düngung 72f. 76
Mineral- 73. 100
Dynamik 30

Einfriedigung 18. 145
Einzelhof (s. auch Hof) 18. 138. 144ff. 149. 152
Einzelpersönlichkeit 25f.
Eisenbahn 73. 107f. 115
-netz 115. 185f.
-relikte 115
-verkehr 185f.
Eisenzeit 64
Eiszeit 63. 89
Kleine – 86
Nach- 61. 78
Engels, Friedrich 137
Entdeckungen (s. auch Reisen) 52. 54
Entscheiden 24f.
Entwicklung (s. auch Evolution) 6. 28
Phasen der 6. 142
Stufen der 6. 9. 14. 16. 106
Enzyklopädien (s. auch Lexika) 18. 39f.
Erbrecht 135
-register 43
Erfahrungen 11
Ergotismus 87
Ernte 76

Ertrag(s)
landwirtschaftlicher 85
-relationen 74
-steigerung 73
Esch 149. 156
Ethnologie 26. 30
Eutrophierung 89
Evolution(s) 9. 28. 30
-theorie 29

Faggot, Jacob 27
Faktoren, Bedingungen (s. auch Determinanten) 20. 22. 197f.
anthropogene 22f.
ethnische 151
der Kulturlandschaftsentwicklung 11f. 22. 141
der Landesnatur 22f.
Feld
prähistorisches 76
-systeme 36. 107. 154. 177f. 190
Innen- 152
Fenland 139f.
Feuer 75
Fiennes, Celia 53
Fisch(e) 70
-fang 69. 100
-sterben 92
Fischerei 42. 71
Flüsse (s. auch Gewässer) 90ff.
Abflußregime der 94
Flur 16f. 19. 26. 64. 77
mittelalterliche 154
prähistorische 102
römische 102
-analyse 101. 156
-bereinigung 136. 157
-entwicklung 151
-form 19. 68. 76. 118. 153ff. 158. 176
-forschung 37
-gefüge 120. 153
-grundriß 140
-karte 35f.
-namen 50

-parzellierung 120. 155
-system 120
-verfassung 153
-wüstung 119 ff. 155
Alt- 156
Ausbau- 44
Block- 155 f.
Gewann- 16. 153 ff.
Kern- 44
Langstreifen- 16. 120. 155 f.
Ur- 155
Vorzeit- 38
Wallhecke 119
Formen
-reihe 17. 158
-wandel 28
Anpassungs- 140
Fortbildungs- 17
Primär- 16
Rückbildungs- 17
Sekundär- 16
Forschung
belgische 93
britische 11. 105. 147
deutsche 93. 105 f. 191
englischsprachiger Länder 24
französische 93. 147
niederländische 93
Altlandschafts- 21. 80
Gau- 193
Paläoklima- 63
Urlandschafts- 21
Vereisungs- 79
Zentralitäts- 167
Ansätze der 142
Forst 71. 187
-ordnung 103
-wirtschaft 7. 42. 61. 103 f. 124 f. 191
Fremdenverkehr 111. 136
Frucht 75
-wechsel 64
-wechselwirtschaft 73
Furt 92
Funktionswandel 28

Gärten 43
Gau (Raumbezirk) 193 ff.
Gebäude s. Haus
Gebietsreform 125
Geburtenrückgang 85
Geest
niederländische 77. 158
nordwestdeutsche 76
Gegenwart 5. 9 f.
Gehöft (s. auch Hof) 142 ff.
Mehrbetriebs- 152
Geländeforschung 37. 109. 122
Gemeinde (s. auch Gruppen) 26
Gemeinschaft 26 f.
Genese
Landschafts- 9
Stadt- 167 ff.
Geographie, passim
angelsächsische 13. 23
britische 7. 18. 23. 63. 141. 147
dänische 44
deutsche 71
französische 18. 147
humanistische 23
irische 8. 81
marxistische 141
politische 196
schwedische 18. 27. 44
Relikt- 9
Sozial- 24 ff.
Wahrnehmungs- 24 ff. 39
Geologie 60. 63. 79
Geometria Culmensis 102. 107 f.
Geomorphologie 60
Geoökologie 143
Geschichte 6. 8. 30
britische 105
Gewässer- 88 ff.
Geschichtswissenschaft 104
Gesellschaft(s)
ländliche 141. 158 ff. 161. 163 f. 175 ff.
-strukturen 11. 158 ff.

Getreide
 -arten 64. 81. 86
 -auswinterung 85
 -ertrag 85
Gewässer 88 ff. (s. auch Meer)
 -bau 91 f.
Gewerbe (s. auch Handwerk; Hütten) 42. 105
 -gebiete 182 f.
Glas 142
 -hütten 123
 -öfen 123
Gletscher
 -forschung 79
 -vorstoß 60
Goethe, Johann Wolfgang von 53
Grafschaft 194 f.
Grangie s. Vorwerk
Grenze 92. 105. 125 ff. 187. 194 ff.
 -gürtel 126
 -steine 126
 Landes- 126
 Militär-, österreichische 126
 Sprach- 127
 Auswirkung der 125
Grünland 43. 89
Grundherrschaft 42. 138. 145 f.
 -licher Hof 138. 145 f.
Grundsteuer 73
Gruppen 25 f.
 Quasi- 26
Gruppensiedlung s. Dorf

Häfen 115
 Nord- und Ostsee- 112
Hakluyt Society 52
Handel(s) 184 ff.
 -stadt 171
 -straße 184 ff.
 und Verkehr 185
Handwerk (s. auch Gewerbe) 141. 171
Hansegeschichte, Quellen zur 41
Hartmann, Nicolai 2

Haus 142 ff.
 Bauern- 18. 119. 143 ff.
 Bürger- 18. 116 ff. 144. 166
 Fachwerk- 143. 166
Hausforschung 18. 119. 142 ff.
Haustiere 69 f. 105. 179
Haxthausen, August Freiherr von 53
Henneberger, Kaspar 54
Herberstein, Sigmund Freiherr von 52
Hilfswissenschaften 39
Historische Dimension 5 f.
Historisches Erbe 20
Historische(n) Geographie 7 f. 93. 103. 130. 135. 168. 199 ff.
 britische 8. 104 f. 199 ff.
 deutsche 199 ff.
 irische 8. 201
 niederländische 106. 199 ff.
 skandinavische 199 ff.
 Atlanten der 201 ff.
Historische Stätten, Handbuch der 41
Historisch-landeskundliche Exkursionskarte von Niedersachsen 111. 116. 121. 123. 126. 188
Hochofen 122
Hochwasser 92 ff.
Hof, Gehöft 142 ff. 158 ff.
 adeliger 162
 frühmittelalterlicher 139
 grundherrlicher 145 f. 162
 Hof-Dorf-Problem 146
 -geschichte 160
 -stammbaum 160
 -teilung 103
 Acker- 163
 Doppel- 147
 Einöd- 146
 Gruppen- 139. 148
 Haufen- 139. 145
 Meier- 160. 163
 Ur- 160
 Voll- 159 ff.

Holz
 -funde 61
 -hochofen 122
 -kohle 121
 -kohlenwirtschaft 122. 142
 -maße 103
 -nutzung 141
Hütten 183
 -platz 101. 123
 -wirtschaft 122. 142
Hufe, mansus 102. 132. 160
Hungersnöte 87

Idealismus 23
Indikatoren 17
Individuum 24. 27
Industrialisierung 65. 136
Industrie 105
 -archäologie 106. 115. 122
 -gebiet 182 f.
 -geographie 182
 -länder 137
 der Steine und Erden 123
Industrielle Revolution 114
Informationsträger 105 ff.
Innovation 17. 30 f. 184
Itinerare 39. 50

Jagd 69 ff. 100. 141. 181
Jungbesiedeltes Land (s. auch Ausbauland) 44
Jungsteinzeit s. Neolithikum

Kant, Immanuel 8
Kapellen 118
Karl der Große 113
Karolingerzeit
 -liche Flur 156
 -liches Dorf 134
 Quellen der 132
Karten (s. auch Atlas)
 geologische 88
 handgezeichnete 90
 historische 105
 -auswertung 109

 -sammlungen 34
 -werke 32
Bodengüte- 74
Flur- 35
Fund- 68
Gau- 194
Gemarkungs- 44
Gewässer- 90
Grund- 204
Interpretations- 165 f.
Kataster- 35. 116. 118
Quellen- 165 f.
Straßen-, römische 50
Vegetations- 67
Wirtschafts- 182 f.
Kartographie
 historische 35. 40
 Stadt- 172
Kartierungen 120 f.
Kataster
 -karte 35. 116
 Florentiner- 131
Kirche(n) 118
 -organisation 109. 188. 195
 -provinz 92
 Wüstungs- 121
Kirchspielnamen 48
Klima 64. 72. 93
 hochmittelalterliches 84
 neolithisches 84
 -forschung 78 f.
 -geschichte 78 ff. 80 ff. 93
 -optimum 84 ff.
 -schwankung 60. 78 f. 82 f.
 -veränderung 83
 -verschlechterung 86 f.
 Temperaturreihe 82
 Wetterlagen 84
 Witterungsbeschreibung 80
Klöster
 wüste 121
 Bronnbach 149
 Ebrach 149
 Zisterzienser- 149

Kommission für die Altertumskunde Mittel- und Nordeuropas 128
Kommunismus (s. Marxismus)
Kommunistisches Manifest 137
Konvergenz 17
Kotten 159 ff.
Krankheiten 82. 86 f.
Krieg(s)
 -geschichte 108
 Bauern- 132
 Dreißigjähriger - 135
Krünitz, Johann Georg 18
Küsten 60
 deutsche 69. 80. 95 ff.
 niederländische 97
 -deich 94 f.
 -forschung 96
 -morphologie 99
 -schiffahrt 109
 -schutz 96
 -veränderung 60
 frühe Handelsplätze an den 167. 190
Kultur
 -steppe 70
 -ströme 17. 47. 108
Kulturlandschaft(s) 1 ff. (s. auch Faktoren; Regression)
 frühgeschichtliche 134. 144
 mittelalterliche 200
 -entwicklung 9. 11 f. 71. 141. 147
 -forschung 128 ff.
 -genese 11. 137. 179
 -geschichte 22. 59. 199 ff.
 -kernräume 199
 -relikte 105 f.

Längsschnitte 9 f.
Land(es)
 -beschreibung 39. 54 ff. 200
 -forschung, historische 57
 -gemeinde 26. 152
 -hebung 112. 158
 -nutzung 187
 Gäu- 90
 Offen- 80. 110
Landesaufnahme
 archäologische 67
 historisch-geographische 106. 119
 Vermessung 102. 178
Landesgeschichte 105
 Blätter für deutsche - 41
Landhebung 60. 112. 158
Landscape 3 f. 65. 106. 200
Landschaft(s) 1 ff.
 historische 3
 irische 1
 -archäologie 4. 106
 -genese 9
 -geschichte 6 f. 93. 107. 203
 -namen 44. 48
 -park 179
 -schutz 111
 Agrar- 18. 64. 122
 Alt- 9. 12. 18. 68. 80. 101. 194
 Kultur- (s. dort)
Landwirtschaft (s. auch Bauer; Betriebe; Ertrag) 42. 53. 61. 65. 72. 77. 85. 88. 106
 mitteleuropäische 81
 Nutzungssysteme der 83. 107. 120
Latein, mittelalterliches 40
Lebensqualität 14
Leland, John 53
Lexikon (Wörterbuch, Glossare) 39 f.
 Dialekt- 40
 Dictionary of Human Geography 25
 des Mittelalters 18
 Orts- 46
 Real- der Germanischen Altertumskunde 18. 113
Limes 125
Limnologie 88

Register

Luftbild 36 ff. 68. 116
- -archäologie 37. 116. 120
- -auswertung 101. 109 f.
- -bibliothek 36
- -forschung 36 ff.

Mackinder, Sir Halford John 6
mansus s. Hufe
Mark (s. auch Allmende)
  gemeine 162
  -beschreibung 90
Marschen 76. 98 f. 152
  -besiedlung 97. 199
  -rat 62. 96
  -zone 96
Marx, Karl 137
Marxismus (Geschichtsauffassung) 29
Mastschwein 43
Maß(e) (s. auch Metrologie)
  Getreide- 74
  Holz- 103
  Land- 101 f.
  Waldflächen- 103
Meer(es)
  -küsten 60
  -kunde, historische 88 ff.
  -spiegel 63. 81. 95 f.
Meeresspiegelschwankungen 80 f. 88. 95 ff. 98 f.
Merian, Matthäus 54. 56
Meteorologie 83
Methode(n) (s. auch Verfahren)
  fluranalytische 101
  historisch-geographische 191
  komparative 19
  morphogenetische 17. 20
  progressive 20
  reduktive 20
  regressive 15
  retrogressive 15. 155. 178
  retrospektive 15
  topographisch-genetische 17
  typologische 17. 20
  Analogie- 19

Korrespondenz- 102. 160
Längsschnitts- 9. 13
Phosphat- 76. 100 f.
Querschnitts- 13 f.
Kombination von 20. 154. 192
Metrologie (s. auch Maße) 43 f. 101 ff.
Meyer, Joseph 18
Mikroschürfung 101. 119. 121
Mittelalter 84 ff. 110. 131 ff. 184 ff.
Mittelsteinzeit 88
Modelle, dynamische 104
Moor 66. 81. 88 f.
  -archäologie 59. 62
  -weg 110
  Decken- 75
  Flach- 91
Mühlen 89 f.
  -regal 89
  -stau 89. 91
  Wasser- 92
Mundy, Peter 53
Museen 57
  Freilicht- 144

Nahrungsspielraum 82
Namen
  -forschung 50. 68
  -gefüge 45
  -kunde 45
  Bezirks- 45. 193
  Flur- 50
  Gau- 49. 193
  Gelände- 44. 49 f. 122
  Gewässer- 44
  Landschafts- 44 f. 48. 193
  Orts- 44 f. 149
  pagus- 193
  Siedlungs- 44 f. 139
  Wald- 44
Natur
  -bedingungen 68. 203
  -bewertung 21
  -Mensch-Verhältnis 21
  -raumpotential 72

Natur (Forts.)
-wissenschaft 59
in frühgeschichtlicher Zeit 139
im Mittelalter 139
Neolithikum 62ff. 72. 75. 77. 80. 83. 110
Klima im 84

Ökodiagramm 75
Östergötland 12
Open field 40
Ortsformen 118. 140. 176
Ottar aus Haloga 54

Paläo-Ethnobotanik 61. 63.ff. 68. 177
Paläolimnologie 79
Paläo-Ökologie 61. 63f. 88
Park(s)
-anlage 105
Landschafts- 179
Peripherie 107
Permanent European Conference for the Study of the Rural Landscape 129
Persistenz (s. auch Beharrung) 9. 30
Peuplierung 162
Pflanzen
-reste 64
-soziologie 44. 180
Kultur- 64. 81. 86. 105. 177
Natur- 86
Nutz- 64
Innovation von Nutz- 64
Plaggen
-boden 76
-wirtschaft 76
Planung (s. auch Raum)
Akademie für Raumforschung und Landes- 196f.
Landes- 106f. 191. 196f.
Regional- 107
Stadt- 168
Politik 196

Pollen 75
fossile 60
-analyse 59ff. 64. 79. 81
-diagramme 7. 76
Possibilismus 22
Priele 152
Produktivkraft 75
Prozeß
Diffusions- 31
Entscheidungs- 24
Prußen 19. 192f.

Quellen, historische 32. 39ff. 117. 135. 160 (s. auch Buch; Dokumente)
karolingerzeitliche 132
ländliche 162
mittelalterliche 176
-kunde 40f.
-sammlungen 41
Querschnitt(s)
zeitlicher 198
-analyse 13
-methode 9. 13f.

Rastplätze 51
Ratzel, Friedrich 31
Raum
-forschung 191
-gliederung 196
-ordnung 107. 183. 191
und Zeit 8. 59
Kern- 199
ländlicher 136ff.
Raumerschließung, sprachliche 45
Raumorganisation
administrative 45. 191. 195f.
britische 193
irische 19
kirchliche 195f.
mitteleuropäische 193
prußische 19. 192
schwedische 193
slawische 19
Realprobe 46

Recht(s)
 -geschichte 139
 -sprache 138
 Besitz- 16
 Meier- 164
 Stadt- 41. 149
Regression, kulturlandschaftliche 81. 190
Reichsbodenschätzung 74
Reise(n)
 -beschreibung 39. 50. 52. 107
 -handbücher 50
 -literatur 51 f.
 -wege 51
 Entdeckungs- 54
 Ostsee- 54
 Pilger- 50
 See- 54
Relikte 105–127
Revolution 30
Ritter, Carl 11. 52
Rodungen (s. auch Ausbauland) 46. 77. 191
 mittelalterliche 150
Ruderalflora 121
Rückschreibung 16. 153
Ruinen 106. 121

Sagas 148
Salz 114
 -straße 110
Sand (s. auch Dünen)
 -verlagerung 77
 Flug- 77
Saumpfade 109
Schichten, sozialökonomische 141
Schiffahrt(s) 107 ff.
 -hindernisse 91
 -kanäle (s. dort)
 -literatur 52
 -wege 90 f. 107 f.
 Binnen- 112 ff.
 Küsten- 111
Schiffahrtskanäle 107. 113 f.

Schiffe 61
Schiffsarchäologie 112
Schneedecke 85
Schotterterrassen 60
Schwaigen (Viehwirtschaftshöfe) 150
Schwerz, Johann Nepomuk von 27
Seehandelsrouten 113
Seuchen 87. 134 f.
Siedlung(s) 42. 88. 101. 103. 136 ff.
 friderizianische 48
 germanische 138. 149
 ländliche 26. 118. 136 ff. 154
 mitteleuropäische 134. 149. 154
 -alter 44
 -form 146. 153 f. 197 ff.
 -gefüge 149. 197 ff.
 -kontinuität 198
 -namen 44 f. 195
 -periode 197 ff.
 -raum 195. 197 f.
 -relikte 115 ff. 118
 -wandlung 198
 Alm- 140 f. 191
 Aus- 157
 Dauer- 141
 Einzel- 138. 146. 149
 Feuchtboden- 60
 Gewerbe- 142
 Gruppen- 136. 138. 145 ff. 159
 Neu- 135
 Ost- 41. 134
 Pfahlbau- 62
 Rundlings- 154
 Schwarm- 147
 Streu- 138. 149
Siedlungsforschung 136 ff.
 britische 36
 deutsche, passim 72
 skandinavische 35
 Zeitschrift für 174
Signaturen 43
Slawen 19
Slawenzeitliche Landschaft 155. 169. 193

Sonderkulturen 85. 179
Sozialgeographie 25 ff.
Soziologie 30
Spencer, Herbert 29
Sprache(n)
 -grenze 127
 -raum 130
 Rechts- 138
Sprachlich-kulturelle Ausgleichslinie 127
Spranger, Eduard 2
Staatskolonisation, fränkische 156
Staatstätigkeit 196
Stadt 47. 110. 138. 164 ff.
 bayerische 170
 französische 173
 frühe 169
 irische 173
 mittelalterliche 143. 167
 mitteleuropäische, südöstl. 172
 niederländische 173
 niedersächsische 171
 westfälische 170
 -begriff 167. 169
 -bild 115
 -einzugsbereich 171
 -entwicklung 136. 167. 169. 203 f.
 -erneuerung 115
 -forschung 115 ff. 128
 -geographie 117. 164
 -geschichte 128. 164
 -grundrisse 33. 115 ff. 165
 -kartographie 172
 -kernforschung 168
 -morphologie 106. 117. 164
 -planung 168
 -rand 174
 -recht 169. 172
 -typen, regionale 172 f.
 Alt- 168
 Bergbau- 171
 Festungs- 171
 Gründungs- 105. 173
 Minder- 167
 Rechts- 169
Städteatlanten 34 f. 115 f. 165
Städtebuch, Deutsches 172
 Institut für vergleichende Städtegeschichte, Münster 128
 Wirtschaft der 171
Stämme (s. auch Terrae) 144
Stammesgebiete 192. 194. 205
Standortanzeiger 75
Statistik 39. 55
 britische 74. 130 f.
 historische 74
Steinindustrie 123
Stift
 Erz- Mainz 126
 Hoch- Würzburg 126
Strandwall 76. 99
Straßen (s. auch Weg) 107 ff.
 römische 184 f.
 -netze 111
 -verkehr 185
 Handels- 111. 185
 Heer- 111
 Land- 107 ff.
 Salz- 110
 Wasser- 112 f. 187
 Chausseebau 110
Stufenrain 119. 121
Sturmflut 93. 98 f.
Subjektivismus 22 f.
Substanz, tradierte 5
Sümpfe 87. 91
Synthese 197 f.
Systemtheorie 27

Technisierung 136
Teiche 122
Teichwirtschaft 124
Terminologie 9. 50. 145
 der Agrarlandschaft 18. 138. 154
terrae 192
Territorien 124 ff.
Tertiärzeit (Klimaveränderungen) 83
Thaer, Albrecht von 27

Theorie (s. auch Modelle)
  Agrarkrisen- 190
  Dreistufen- 29
  Evolutions- 28
  Stammes- 144
  Stufen- 30
  System- 27
Thünen, Heinrich von 31
Thünensches Gesetz 21
Tiergarten 71
Tierwelt (s. auch Haustiere; Wildtiere) 69
Todesrate 82. 85
Topographie 39. 54. 200
  ältere 107. 200
  Abbildungen 57
Topophilia 24
township 152
Transgression (Überflutung) 93. 96
Transport s. Verkehr
Typisieren 19

Uferwall 152
Umbenennungen 46
Umwelt 143
  historische 81. 101. 179
  natürliche 63
  prähistorische 81
  -krise 14
  -wahrnehmung 24. 55. 57
Unkraut 75
Urbare 42. 147
Ur- und Frühgeschichte 59. 69
Urkunden 40
Ursächlichkeit 21

Vegetation(s) (s. auch Pflanzen)
  mitteleuropäische 65
  -geschichte 65. 80
  -karte 67
  -kunde 65
Vererbungsformen 175
Verfahren
  archäologische 59
  historisch-naturwissenschaftliche 59
  quantitative 103
  technische 59
Vergleich (Methode) 19
Verhalten 24
Verkehr(s) (s. auch Straßen; Schiffahrtskanäle)
  mittelalterlicher 184
  -netz 184f.
  -verhältnisse 204
  -weg 61. 105
  Pendel- 136
  Straßen- 185
Verlandung 89
Verwaltung(s)
  -geschichte, deutsche 197
  -gliederung 55
  -grenzen 197
  -reform 197
  -zentren in Altpreußen 194
Viehhaltung 72. 100. 179
Villa 138. 146
Villikation 163. 176
Völkerwanderungszeit 91
Volkskunde 26. 107. 144. 170
Volkszählungen, historische 130f.
Vorwerk (Grangie) 146. 149

Wahrnehmung 24ff. 55. 57
Wahrnehmungsforschung 53
Wald (s. auch Forst) 42. 71. 75. 78. 80. 124f. 162. 180ff.
  -allmende 139
  -fläche 181
  -flächenmaße 103
  -gesellschaften 66
  -gewerbe 65. 122f.
  -hufen 154
  -nutzung 101. 124. 141f.
  -ordnung 103
  -relikte 124
  -weide 65. 70
  -wirtschaft 124f.
    Nieder- und Mittel- 124

Wald (Forts.)
　Rest- 44
　Ur- 125
Warven 88
　-analyse 79
Wasser (s. auch Limnologie)
　-leitungsnetz 92
　-mühlen 92
　-spiegel 89. 91
　-standsschwankungen 89. 92. 99.
　　113
　-straße 107ff. 112. 187
　Hoch- 94f.
Watt 121
Weberei 141
Wechsellagen 87f.
Wege 107ff.
　-spuren 123
　Bohlen- 61
　Handels- 51. 111
　Hohl- 124
　Ochsen- 111
　Rad- 115
　Reise- 51
　Schiffs- 112
　Verkehrs- 61. 109. 113
　Wander- 115
Weide 139
　-allmende 139
　-wirtschaft 67. 179
Weiler 47. 144. 147. 149. 159
Wein 81.
　-bau 86. 179
Weltbild, anthropozentrisches 23
Wertung 20f. 24. 139
Wiese 89. 180 (s. auch Grünland;
　Weiden)
Wikinger 54. 112
　-schiffe 112
Wildbahn 181
Wildtiere 69ff.
Winzer 132
Wirtschaft(s) 88. 134. 171
　bäuerliche 66
　-fläche 105
　-formen 11. 135
　-karte 183
　-raum 174. ff. 183
　Hütten- 122f.
　Montan- 122
　Plaggen- 65
　Volks- 88
　Wasser- s. Limnologie
　Weide- 67
Wölbacker 77. 119
Wörterbücher s. Lexika
Wüstung(en/s) 105. 119f. 134
　im Havelland 22
　mittelalterliche 120. 155
　neuzeitliche 191
　russische 189
　schottische 86
　skandinavische 81
　städtische 121
　-archäologie 120
　-flur 120. 155
　-kirche 121
　-lokalisation 121
　-ursache 189f.
　-vorgänge 7. 81. 86. 128. 146.
　　164. 190f.
　Flur- 119ff.
　Orts- 119f.
Wüstungsforschung 101. 106. 119f.
　128. 188f.
Wulfstan (angelsächsischer Kaufmann und Entdecker) 54
Wurten 121
　-bau 97
　-dorf 152

Zaun 139
Zeichnungen, topographische 57
Zeit 8. 28
　-rechnung 40
Zelgen 50. 107
Zentralität 167. 170. 173. 192
Zielsetzungen 11
Zwecksetzungen 12
Zwergstrauchheiden 65f.